ちくま学芸文庫

国家と市場

国際政治経済学入門

スーザン・ストレンジ
西川 潤　佐藤元彦 訳

筑摩書房

STATES AND MARKETS
by Susan Strange
First published 1988
Second edition first published 1994
Bloomsbury Revelations edition first published 2015

This translation of *States and Markets* is published
by arrangement with Bloomsbury Publishing Plc.
through The English Agency (Japan) Ltd.

訳者まえがき

西川　潤

本書は、Susan Strange, *States and Markets: An Introduction to International Political Economy*, 2nd ed., London, Pinter Publishers, 1994. の全訳である。

本書の初版は一九八八年に公にされ、八九年、九三年と三刷を経た後、第二版が九四年初めに出版された。この間、ソ連・東欧の共産党体制の崩壊と、これらの国の中央集権的国家計画経済から市場経済への移行、東西冷戦体制の終結という、本書の主題にもある程度関連した大きな時代的変化が起こったので、著者は主としてこれらの点に関する叙述を書き改め、また図表を精選して、ページ数を初版とくらべると合計三ページ増やし、第二版を世に問うたのである。

訳者たちは初版にもとづいて訳稿を整え、九三年には訳業を終えていたが、ゲラ校正の段階で第二版が出版されたため、第二版にもとづき、とくに第一部の第二章、第二部の諸章、第四部の最終章については訳稿をかなりの程度改めた。ゲラの大幅な書き替えをご寛恕いただいた東洋経済新報社の出版に関する良心的努力に敬意を表するとともに、出版の遅れに関しては読者の皆さんにお詫びを申しあげたい。

訳書には『国際政治経済学入門』という題をつけ、原著の表題である「国家と市場」を副題とした。これは、著者自身が、一九七〇年代以降発達してきた「国際政治経済学」という新しい学問分野を、世界の政治経済、国際関係の学習を目指す初学者に平易に説くことを本書の目的としているからである〔文庫化にあたり表題は原著通りにあらためた〕。

一九七三〜七四年の第一次石油ショックは、先進国に大きな衝撃を与えたが、同時にそれは先進国で発達した国際政治学、国際関係論という学問分野にも大きな衝撃を与えた。すなわち、これらの学問分野では従来、政治と経済はそれぞれ別個のものとしてあつかわれてきたのだが、石油ショック以降、国際政治の動きが国際経済の動きと密接に関連しており、両者を整合的なフレームワークで理解することの必要性が痛感されるようになった。ここから、国際政治学者の中には、経済の動きと一見関係がないような政治、安全保障の動きを「高次の政治」(high politics)、経済と密接に関連した政治の動き(たとえば石油禁輸、食糧輸出差止めなどの経済制裁等)を「低次の政治」(low politics)と区別する人びともでてきたが、むしろ国際政治の動きがいろいろな次元で経済の動きと相互関連しているとみる人びとの間で「国際政治経済学」(international political economy)と呼ばれる学問的アプローチが発達することになった。ストレンジは、この国際政治経済学派の指導的な先達の一人である。国際政治経済学とは、資本主義世界経済に起こる変化を、経済的な市場の動きとそれに影響を及ぼす諸種の権力（国家または公的な諸種の取決め）との相関関係の総合的な産物として理解しようとする学派であると、ここでは理解しておこう。ここに本書の原題の意味がある。なお、「国際政治経済学派」について興味をもたれる読者は、日本での代表的なこの派の学者である川田侃の『国際政治経済学をめざして』（御茶の水書房、一九八八年）を参照していただきたい。

国際政治経済学派の中で、しかしストレンジは彼女独自の立場を確立している。それは、彼女自身の言葉を使えば「非アメリカ世界」または「ヨーロッパ」学派と呼んでもよい立場である。つまり、超大国アメリカでは、現在の国際関係を前提として、そこでの「関係的権力」の動きのモデル的理解――パワー・ゲーム、「囚人のジレンマ」等のゲーム論的説明――が幅をきかせてきた。これは、国際経済学の分野で先進大国起源の自由貿易論（静態的な比較生産費による優位の説明）が教科書的説明でつねに永遠の真理であるかのように説かれるのとまったく同一である。

しかしながらストレンジは、国際政治経済の動態の説明にあたっては、「関係的権力」よりもむしろ、「構造的権力」を重視する。つまり、経済または経済の枠組みに影響を与える国家（公的）権力は、人びとが歴史的・時代的な影響のもとにもつ何らかの価値観または価値観の組み合せ（ミックス）によって、つねに形成される。これらの基本的価値観を、彼女は、安全保障、富、自由、公正の四つに分類するが、さらにこれらの価値観または価値観の組み合せによって決定される権力構造を、第二部「世界経済における権力の構造」で、安全保障構造、生産構造、金融構造、知識構造の四分野について検証する。構造的権力論はマルクス主義にもあるが、マルクス主義（および従属学派）では、権力が経済一元論的にとらえられている。しかし、ストレンジは安全保障、知識など人間の多面的な行動をも視野に入れたうえで、これらの構造がつねに歴史的に決まってくるとする。こうした歴史的、多面的な視点は、まさしくヨーロッパの正統的な社会科学の伝統を継承するものといえよう。

世界経済の基本的な権力構造を検討した後、本書の第三部ではさらに、前述の基本的な価値観または価値観ミックスが影響をもって形成していくような「二次的権力構造」として、海空輸送、貿易、エネルギー、国際福祉または開発の四分野をとりあげ、著者の分析枠組みが、どの程度現実の世界政治経済の動きの分析に役立ちうるかを示している。第三部は、第一部、第二部の理論篇に対して、応用篇としての性格をもっている。したがって、二次的権力構造はいま述べた四つの分野にとどまらず、われわれは同じ分析ツールを用いて、さらに多面的な国際政治経済の動きを説明していくことが可能だろう。

著者は、第四部「自分自身の答えを見出したまえ……」と題した最終章で、学問分析の相対性と同時に、今日の世界政治経済の動きをみるためには、「国益」的視点を離れて、グローバルな視点に立つことの重要性を指摘している。本書は、世界経済のグローバル化時代に、これを分析する枠組みのグローバル化の必要性を説いた国際学入門書としてユニークな立場を確保しているといってよい。

国際政治経済または世界資本主義システムの動きを検討するのに、著者が行ったように「権力」(国家)と「市場」(経済)の相関関係を、基本的価値観の組み合せから説明するだけで十分か、という疑問は、国際政治経済学派に対して当然向けられよう。これは、政治、経済と同時に、文化のシステム形成要因としての役割を重視する社会経済学派から提起されている批判である。とりわけ、今日のように世界資本主義システム内部での地域的個性の理解が重要になってきているとき、社会経済学派の問題提起をけっしておろそかにすべきではない。本書でも自由、公正、知識といった形で、文化の問題には触れているが、「自由」「公正」概念が歴史的、文化的につねに同一のものでありうるか、という問いには必ずしも答えていないし、むしろ「安全保障」「富」(これらの「基本的価値」の普遍性も同様に問われうるに違いない)と同じく普遍的概念として提示されている。また、「知識」も文化というよりは、むしろ「権力構造」として、政治経済学の枠内で扱われている。

しかし、本書が基本的には「グローバル経済」の分析枠組みとして、「権力-市場」のダイナミズムを提起したこと、とりわけアメリカ学派の「相関権力」による静態的な国際政治経済学アプローチに対し、「構造権力」の重要性という問題提起を行って世界資本主義システムの動態的分析に貢献したことは、共に国際政治経済学に新たな流れを切り開くものとして、高く評価できる。

ストレンジは、国際通貨・金融システムの研究者として知られており、なかんずく彼女の「カジノ資本主義」批判は一九八〇年代に資本主義世界に広まったバブル経済の虚妄性を鋭く衝いた最初の学問的業績として、世界に大きな刺激を与えた。本書は、ストレンジが鋭い問題意識のもとに長年積み重ねた国際システムに関する着実な研究を踏まえて、グローバル化しつつある世界経済の動きを分析する理論的枠組みを提示したものとして、多くの学徒に知的刺激を与えるものであろう。

ストレンジは一九二三年生まれで、ロンドン大学政治経済学部（London School of Economics and Political Science, LSE）を卒業後、『エコノミスト』や『オブザーバー』紙の記者、特派員として仕事をした。その後、ロンドンのユニヴァーシティ・カレッジで国際関係論を教えた。一九六五年に「チャタム・ハウス」の名で有名な王立国際問題研究所（RIIA）の主任研究員となり、その後、母校のLSEでも講義を行い、一九七八年から八八年までLSEの国際関係論教授に就任した。八八年から九二年にかけてはフィレンツェにEC（当時）が設置したヨーロッパ大学院（European University Institute）で教え、その後ウォーリィック大学（University of Warwick）に移り、現在、同大学教授である。「謝辞」でも述べているように、この間、アメリカ、カナダ、日本、オーストラリア等各地の大学（日本では国際大学）で客員教授として教えている。一九七〇年代にはイギリス国際学会（British International Studies Association）設立の発起人となり、アメリカに本部をもつ国際学会（International Studies Association, ISA）の当初副会長、そして九五年からは会長に選出されている。名実ともに世界の指導的な国際政治経済学者である。

彼女の主要著作としては次のものがある。

Sterling and British Policy: A Political Study of an International Currency in Decline, Oxford, Oxford University Press, 1971（本山美彦ほか訳『国際通貨没落過程の政治学——ポンドとイギリスの政策』三嶺書房）.

International Monetary Relations, Volume 2 of A. Shonfield, ed., *International Economic Relations of the Western World 1959–71*, Oxford, Oxford University Press, 1976.

The International Politics of Surplus Capacity: Competition for Market Shares in the World Recession, co-ed. with R. Tooze, London, Allen & Unwin, 1981.

Paths to International Political Economy, ed. by S. Strange, London, Allen & Unwin, 1984（町田実監訳『国際関係の透視図——国際政治経済学への道』文眞堂）.

Casino Capitalism, Oxford, B. Blackwell, 1986（小林襄治訳『カジノ資本主義——国際金融

恐慌の政治経済学』岩波現代文庫).

Rival States, Rival Firms: Competition for World Markets Shares, with J. M. Stopford, J.S. Henley Cambridge, Cambridge University Press, 1991(江夏健一監訳『ライバル国家、ライバル企業——世界市場競争の新展開』文眞堂).

なお、本書の翻訳は、第三、四章を佐藤が、それ以外の章は西川が担当した。訳語の統一は西川が行った。第八～一〇章の訳業には、杉浦孝昌、清水和巳、中山智香子の皆さんの助力を得た。原稿の整理、ワープロ入力には、野口晴子、重頭ゆかり両君にあたっていただいた。日本語版索引の作成は高橋美弥子君にお願いした。

文章中の(　)は原著者のもの、〔　〕は訳者が補ったものである。

一九九四年一〇月

目次

第二部　世界経済における権力の構造

図表目次

謝辞

多くの人たちが、そう意識していない人をもふくめて、わたくしがこの本を書くのを助けてくれた。これらの方々の名前をすべてここに記すことはとてもできない。まず、わたくしはロンドン大学政治経済学部（LSE）、また最近一〇年余りわたくしが訪ねた他の大学や研究機関の同僚や学生たちにお礼をいわなければならない。これらの場所で、わたくしは試行錯誤を通じて、あらゆるレベルの大学生たちに、国際政治経済学という学問の紹介を行ってきた。こうした試みの最初のものは、チャタム・ハウス（国際戦略研究所の所在するビル）で、南カリフォルニア大学の修士課程後期の学生たちのために開かれたロンドン研修プログラムの夜間クラスであった。一番最近の二つをあげると、カリフォルニア大学デービス校の学部学生たちのために、またジョーンズ・ホプキンズ大学高等国際学部のボローニャ・センターで開かれた修士コースで行った講義がある。この間、わたくしは、南カリフォルニア大学ロサンジェルス分校、ミネソタ大学、オーストラリア国立大学、ヨーロッパ大学院、そして日本の国際大学で、学生たちを教えたり指導をしたりすることから、大きな学問的利益を得た。もちろん、世界中からロンドン大学政治経済学部に集まってきた学生たちを忘れるわけにはいかない。かれらによりこの学部は真に国際的な学部となり、また学生たちは、ほとんど一世紀以上にのぼる長い伝統から、教師たちの権威をものともせず、師の知識に挑戦して質問をする巧みな術を身につけるようになった。かれら——とくにわたくしがありがたい接触の機会をもった研究生たち——にわたくしは、とりわけ大きな感謝を捧げたい。

また、他の国や他の大学でこの主題に関するわたくしの関心を、たとえ多くの点で必ずしも意見が一致しないにせよ、分かちもった多数の学者たち——まだお目にかかっていない人たちをもふくめて——がいる。ここでとりわけ、ロジャー・トゥーズ、ゴータム・セン、ジェームズ・メイヤール、ピーター・ワイルズ（以上はロンドン大学政治経済学部）、ボブ・カードル、ジョナサン・アロンソン、ジョン・ズイスマン、マルセロ・デ・チェッコ、マイケル・ホッジス、デヴィッド・ワイトマン、デヴィッド・カレオ、ボブ・コヘーン、デヴィッド・ボールドウィン、ボブ・コックス、そしてジョナサン・ホールの皆さんの名前をここであげておきたい。

この本を書き上げる段階で、研究助手ケート・グロッサー、秘書兼タイピストのマーガレット・ボスウェル、そして編集者のヘザー・ブリスの楽しい、そして効果的な援助を得ることができた。これらの皆さんに、わたくしの心からのお礼を申し上げたい。

国家と市場

——国際政治経済学入門

プロローグ　ある孤島の物語

暗い嵐の夜であった。一隻の船が疾風のもとで山のように隆起する海を息もたえだえに航行していた。突然、船の真只中で恐るべき爆発が起こった。明かりはすべて消えた。原因はわからないが、エンジンが壊れたようだった。船上は恐怖に包まれた。人びとは泣き叫びながら、あらゆる方向に向けて駆け出し、お互いにぶつかった。誰もが、救命艇に乗り込もうとしていた。舷側はゆっくりと一方に傾いていった。エンジンの爆発でその方向に穴があいたに違いない。パニック状態が広がった。人びとはあわてて救命艇をおろそうとしたが救命艇の大部分は釣柱からはずれなかったり、あるいは暗黒の海に転落してしまった。ただ三つの救命艇のみが安全に船を離れることができたが、間もなく船は大きく傾くと、嵐の海面下に沈んでいった。これからは、この三つの幸運な救命艇に乗った人びとに起こった物語である。

救命艇の一つには、たまたま船の航海士のマーティンに従った一群の人たちがいた。マーティンは冷静に三人の乗組員、マイク、ジャック、テリーを指揮して救命艇を漕ぎ出したのである。かれらに従った少数の乗客の中には、恋人同士のジョンとジューン、そしてメグという母親とその子供たちケンとロージーがいた。

三日三晩、かれらは暴風雨に翻弄されながら、恐怖に満ちた旅をした。理由はわからないが、ラジオも作動しなかった。広い大洋の只中でどこにいるのかもわからなかった。漂流して三日目、飲料水も少なくなった頃、波が砕ける音が聞こえた。暗礁に乗り上げるのを奇跡的に免れて、かれらはくたくたになって砂浜に上陸し、生の喜びを確認しつつ、砂上で眠りこんだ。

朝になって、かれらはこの孤島の海岸を探検した。新鮮な水や、ココナツヤシ、そして礁湖の中には魚が見出された。一団の指揮をとっていたマーティンは、救命艇が無事に砂浜に引き揚げられているのを確認し、粗末な小屋を建てるように手配した。数日後の夜、マーティンは皆を集め、背後の丘を探検した状況を説明した。かれは、人間の足跡らしいものを見たといった。「皆さん、われわれは危険に直面するかもしれない。木を切って、防御柵を作らなければなりません。槍も作り、見張り番を立てて、パトロール隊を出すようにしましょう」。この問題について討論がもたれた。ジョンとジューンは二人で手をつないでいれば幸福だったので、防御柵の建設にとりかかろうとは望まなかった。二人には他のことが眼中に入らなかったのである。メグは、果実や木の実を探し、野菜を栽培する菜園を作りたいといった。だが、乗組員たちはマーティンの命令を受けることに慣れていたので、彼の指示を受け入れた。小さなグループは、だんだん、マーティンの指示通りに行動するようになった。

他方で、難破船から逃れた第二の救命艇もまたこの島にたどり着いた。だが、このボートは、他の地点に漂着した。かれらは第一のグループを見なかった。それぞれのグループは、かれらが唯一の生存者だと信じこんでいたのである。このボートに乗り組んだ人たちは最初のグループとは違った人たちだった。それは若い学生たちで、他の学生よりも少し年上のジェリーに指揮されていた。ジェリーが、かれらを集め、ボートを水面に降ろし、無事に難破船から漕ぎ出したのである。このボートにはしたがって、高級船員も乗組員もいなかった。また教授もいなかった。海上に三日三晩漂ったのち、かれらは風に吹き寄せられてこの島に漂着したのだが、最初のグループがどこにいるかは知らなかった。かれらは、いまの窮状について、学生たちがいつもやるように果てしなく討論し、万一陸地を見つけたときはどうするかを語り合った。かれらは、ジェリーの理想主義的路線に同調し、コミューンを建設しようと考えた。各人は能力に応じて働き、必要に応じて受け取るのだ。意思の決定にも平等原則が貫かれ、同じ規則がすべての人に適用される。

岸に漂着した最初の朝、一同は嬉々としてココナツの実を集めたり、礁湖で魚をとったりした。数日経って、最初の問題が起こった。二人の恋人、ボブとベティーは――ちょうど最初の救命艇でのジョンとジューンのように――与えられた仕事を放り出して、手をつないで森の中に行ってしまったのである。他の人たちは二人がたるんでいると思った。その後、誰が魚を取り、誰がココナツの実を集め、家を作るかについて長い討論が行われた。ジョーは実際的な人物で、船を逃げ出すとき、大工箱をもって出たのだが、かれはのこぎりや斧を使えば、他の人が一週間かかる仕事を一時間でできるのだから、食糧を多くもらうか、自由時間を余計に与えられるべきだ、と主張した。エイモスは体が大きくたくましくて、働くのが好きである。かれは余計に報酬をもらうべきだろうか。さて、かれらのキャンプ地は防御柵をもたないばかりかトイレもなかった。誰もトイレ作りを引き受けようとはしなかったので、キャンプ地はやや汚れ、悪臭を放つようになった。しかし、誰もが依然としてコミューンはすばらしいアイデアだと信じていた。

第三の救命艇に乗った人たちが、同じ孤島の別の地に上陸した。かれらもまた唯一の生き残りだと信じていた。このグループには、老人が何人か、そして母子たちも多く、乗組員たちもいた。その中には、難破船の料理人の何人かがいた。難破船のパーサーで料理長でもあるジャックは口数が少なく、たくましい性格だが、皆に「用があれば何でもいいつけて下さい」と呼びかけた。しかし、当初は、このグループの中でそうしようとした人はいなかった。一人一人が自分のココナツ実を集め、それぞれ魚を捕まえて料理したのである。

数日後、母親たちは、ココナツ実の食事は子供たちの腹くだしの原因になるので、魚をとりに行きたいが、子供をおいて魚とりには行けないと訴えた。老人たちはその辺に座り込んで、どうしていいかわからず、かわいそうな状態だった。誰も小屋を作ろうとはせず、トイレさえも作ろうとしなかった。そこで、ジャックは提案した。魚と熟れたココナッツの実を物々交換するのではなく、ボートの中にあった釘袋を活用して、釘を貨幣として使ってはどうだろうか。はじめに、各人に等しい本数の釘を与える。この釘は魚、ココナッツ、果実、また小屋の建築や衣類の修繕など個人のサービスを売買するのに用いられる。助けがくるまで、人びとの生活を容易にするため、こうしてはどうだろうか。ジャックが、見張り番に立ち、安全と衛生の世話をするが、かれに各人が、週二本釘を与える。そして、足が不自由で健康も良くないトッドおじさんに週一本釘を与える。トッドおじさんはそのかわりに、母親たちが魚とりに行ったり、狩りに行ったりする間、子供たちを預かって読み書きを教える。

この市場経済はうまくスタートしたように見えたが、若干の問題が起こった。釘で計った魚の値段はいい値段だったので、誰もが魚とりに行きたがった。しかし、誰がボートを使うかをどうして決めたらいいだろうか。最初にボートを使用する権利、またいつ何時間ぐらいボートを使用するかをメンバーの間で取り決める必要があった。また、人びとは焼魚とココナッツの食事に飽きるようになった。穀物や野菜を作ってはどうだろうか。だが、農産物が生育する間、担当者の食事をどのように保証したらいいだろうか。ある人は、野生の山羊をつかまえた。だが、この山羊は全員に等しく配分されるべきだろうか、それとも最高の入札者に売られるべきだろうか。ジェーンおばさんが病気になった。彼女の看護を誰がしたらいいだろうか。こうした集団としての決定はどのようにとられるべきだろうか。しかし、このグループは少なくとも小屋をもち、食事を獲得できた。老人たちでさえも、救援が遅れたにせよどうやらやっていけると信じていた。

この物語の次の部分はこうである。もしある時点で、三つのグループが、難破船からの脱出者はかれらばかりではなかったことを知ったときには、何が起こるだろうか。この部分では、読者に頭を働かせてほしい。つまり、孤島の物語はいまや政治経済学の寓話となるのである。いま、それぞれ異なった社会的価値観をもった三つのグループがある。マーティンのグループは秩序と安全を重視している。それは要塞社会である。ジェリーの学生グループは、正義と公正を重視する。このグループは共同体として懸命に働いている。ジャックのグループは、富、生産の効率を重んじる。これは市場社会である。こう述べてくると、頭のよい読者はこういうだろう。「ああわかった。あなたは三つの競合するモデルを比べているのですね。要塞社会は現実主義的モデルでしょう。コミューン社会は理想主義的モデルで、市場社会は経済主義的モデルですね。経済学者たちにはこのモデルはおなじみのものです。政治学の学生は現実主義的モデルに親しみ深いし、社会学者は理想主義的モデルに親近感をもつでしょう」。別のいい方をすれば、この三つのモデルはそれぞれ権威に関して、国家主義的モデル、社会主義的モデル、そして自由主義的モデル——これは経済学の核心である市場関係モデルにほかならないが——を表している、といってもいいだろう。

この時点で、どちらも興味深い二つのゲームをすることができる。一つは、この三つのグループがそれぞれ出会ったとき、何が起こるかを考えてみることである。各グループは他のグループに対してどのような反応をみせるだろうか。読者はこの物語をどのように進め、終わらせるだろうか。この話が架空の孤島で起こり、難破者たちが「結局は救出される」時点まで。このゲームをすることによって、読者は、他の人びとが現実をどのように感じているか、また、自分の現実世界についての経験や、歴史や人間的価値についての特定の解釈を他の人びとがどう見るか、を知ることができる。また読者は、起こる可能性がもっとも高い事態がどのようなものかについて、皆の見方が一致しているわけではないことをも発見するだろう。

また、違ったゲームをしてみると、結論は第一のゲームよりもさらに異なってくる。つまり、この物語が現実にはどう終わるだろうかについて人びとがどう考えるか、ということではなく、人びとがこの物語をどう終わらせたいか、ということを知るゲームである。このゲームを正直にやれば、各人がもっている規範意識、要求、「ハッピー・エンド」とは何かに関する概念などを知ることができよう。人びとは実際には秩序や安全、富、社会的調和、公正な社会の探求などについて違った価値観をもっているのである。

ここで、それぞれ異なったいくつかのシナリオを考えてみよう。一つは次のようなものである。マーティンの要塞グループは安全保障を第一に考え、敵――現実のものであれ、架空のものであれ――に対して防御態勢をとったため、かれらのパトロールが最初に他のグループを発見したとする。

マーティンはこういう。「ジャックの集団が豊かになることはわれわれの安全を損なうため、許されない。われわれのグループから母親たちや恋人たちが抜け出して学生たちのグループに加わることも許されない。まず、われわれの側から行動しよう」。向こうの集団がこの遭遇を予期していなかった機会をとらえて、マーティンは最後通告をつきつける。「われわれのグループに加わるか、さもなければ……」。このあと、物語がどう展開するかは、他のグループが降伏して軍事的権威を受け入れるか、それとも他のグループが戦う準備までして抵抗するか、にかかっている。この物語の進行は、また次のような条件によっても異なる。つまり、他の二つのグループが降伏したのち、かれらが、権威主義的だが秩序をもち、安全な社会で平等な相手として寛大に遇されるか、それとも勝者が権力を握った後腐敗し、他のグループを召使のように扱い、あるいはかれらを「植民地」として搾取するかどうか、にも左右される。

別のシナリオを考えてみよう。学生たちのグループがある日山羊狩りに出たとする。キャンプからはるか遠方で、かれらは偶然マーティンの要塞を見つけた。学生たちは何が起こっているかを理解し、最悪の事態に備えるべきだと考えた。かれらはいち早く武装し、自分たちの側から最後通牒をつきつける。「要塞を壊すか、さもなければ攻撃するぞ」と。

また、他のシナリオを採用して、市場グループの一人が偶然、この島でやはりかれらが唯一の生存者であるのではない、という発見をしたとする。ただちに会議が招集され、かれらの見たところ高い生活水準を失うのを恐れて、ジャックを有給の防衛隊の長として、この隊を維持するために「安全保障税」を二倍に引き上げることを決めた、としよう。かれらの防衛隊は、マーティンの要塞で夜警が居眠りしている間に奇襲することを企て、実行する。このシナリオによれば、マーティンの鉄の支配から、かれらの傘下の人びとを救い出すのは市場グループだが、かれらは同時に、市場の規模を拡大し、労働分業を進展させて専門化をすすめる可能性を高める。そのあとにかれらは容易に、だんだんむさくるしくなり、思想的にもばらばらな学生たちのコミューンを乗っ取ることができるだろう。

これら三つのシナリオはそれぞれ、かつて文字どおりに同じ船に乗っていた人びとの間でさえも、暴力が起こる可能性を示している。これは、現実的だろうか、また悲観主義的だろうか。三つのグループ間の平和的共存はありうるだろうか。もしあるとすれば、この諸国家を象《かたど》ったミニ社会の中で、指導者たちはそれぞれ、他のグループとの間に同盟関係を結んだり、またおそらくはそのあとで同盟関係を破ったりして、初歩的な外交ゲームを始めるだろうか。かれらは相互防衛条約を結ぶだろうか。かれらは、差別的な貿易措置を実行するだろうか。

この寓話から得られる明白な教訓は、異なる社会はそれぞれの政治経済学を作る場合に、いくつかの価値の中からそれぞれ異なる価値を選び出すということである。ある社会では、外部からの脅威を重視し、そして、または軍事的権威のもとで、富の創造よりも安全保障を重視し、個人や反対派の自由には低い優先度しかおかない。民主主義的な国家でさえ、戦争の場合にはあらゆる方法で市民の自由を制限する。われわれは、このことを図0のモデルAに示そう。この場合には、権威と市場のシーソーゲームで、市場の方が低く位置する。

他の社会では、富の創造を安全保障や自由（この自由とは、貧困や欠乏からの解放という意味での経済的自由をも含めた広い定義をとる）よりも重視するだろう。モデルCで、われわれはシーソーが逆の方向に動くのを見る。この場合には、国家（または他の権威）は市場力に対してあまり干渉しない。このモデルでは貨幣の使用が、労働分業を通じて富を増大させ、そこには、信用の創出や使用を通じて、金融的な権力構造の萌芽が見られる。

また別のモデル（これは学生たちのコミューンのように、個人の自由や公正がともに高い優先度をもつ）では、市場と権威の双方とも重視されず、この二つは均衡を保ち、安全保障

図０　３つの救命艇それぞれがもつ価値選好

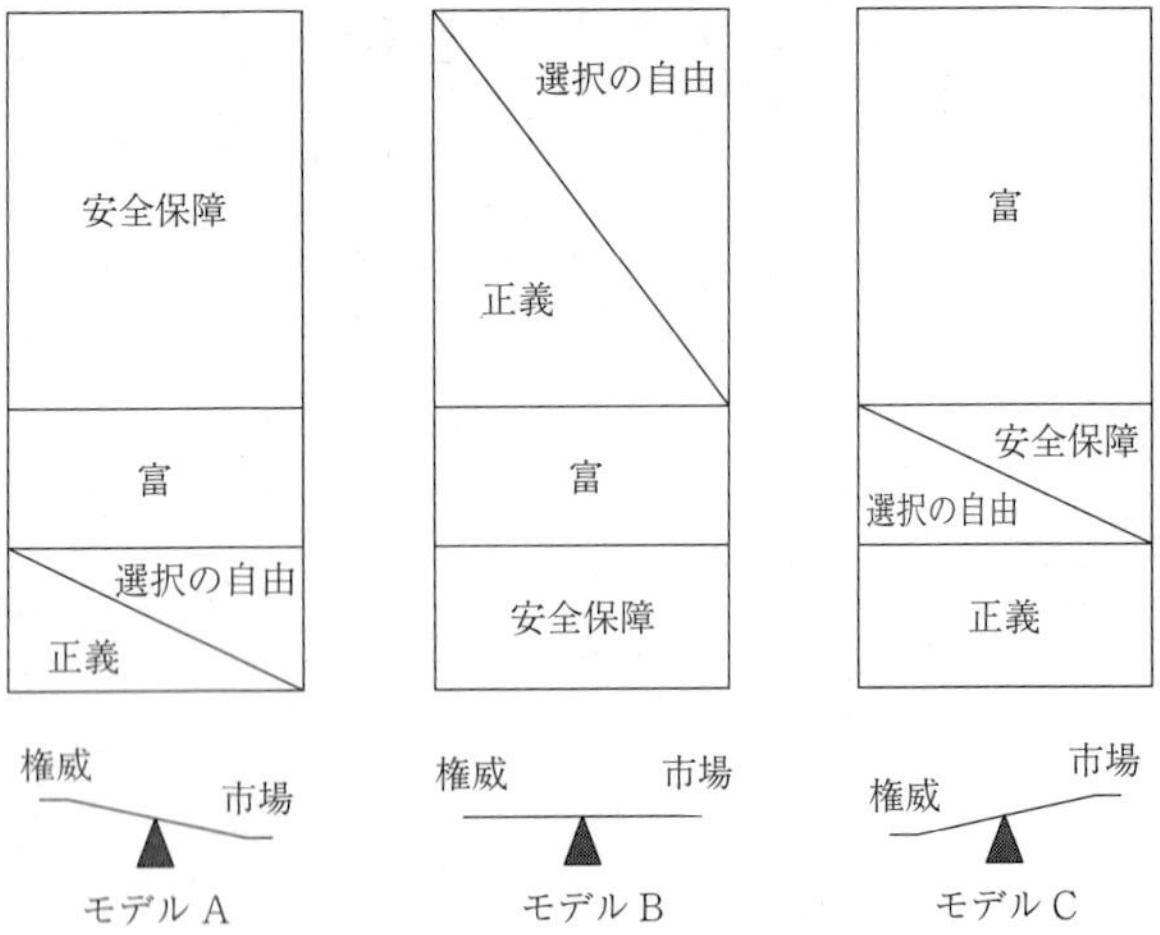

と富の追求には二次的な重要性しか付与されない。これをモデルＢで同じくおおまかな形で示した。

権力の所在が明確でなく、国家間の権力配分も不平等な国際経済では、ある国家が、自己の政治経済学を先に述べた三つのモデルのどれかに立脚させて支配を行う場合には、そしてもしこの国家が十分強力であるならば、この国際経済全体の政治経済に関する哲学を同じ方向へともっていこうと努めるだろう。それが、どのような結論を導くかは、安全保障を追求する軍事力、富を追求する生産力、思想や信念を他人に受け入れさせるに十分な魅力と能力――これらに依存することになろう。

しかし、ここで前述の寓話を引き合い

に出したのは、その結論は、関係者がそれぞれもつ目的と同様、主観的な判断の領域に属する、ということである。国際政治経済学の理論はその根底を、個人の選好、先入観念、経験などにもつのである。したがって、それがどのような形をとるかは読者しだいともいえる。わたくしの物語は、デンマーク製のブロック玩具のレゴのように、作者しだいでどうにでも無限に形を変えるのである。わたくしの物語を読者があまり真剣に受けとめないにしても、レゴ玩具と同様に、そこから読者が何かを学びとることを期待したい。

第一部　国際政治経済学の研究方法

第一章　異なる諸価値と諸理論間の紛争

本書は普通の教科書の形をとってはいない。学生たちに与えられるテキストはしばしば、かれらが知らなければならないとされていること、またはかれらが考えなければならないと想定されていることを書いている。だが、この本はそうではない。この本は読者に、世界経済の政治学をどう考えるか、その方法論を示唆しようとしている。どう考えるかの選択は読者しだいなのだ。読者が超保守主義者であろうと、急進的なマルクス主義者であろうと、それは読者の自由である。また、世界のいろいろな問題を純粋に国家主義的な見地から考えようと、あるいはもっと広い立場から世界主義的に考えようと、それも自由である。読者が自由貿易主義者であろうと、保護主義者であろうと、それもかまわない。読者がマネタリストの引締め政策を支持しようと、ケインズ主義の呼び水的財政金融政策を好もうと、それもかまわない、読者は、技術的変化があまりに急速に進行していると考え、「小さいことはいいことだ」(Small is beautiful) として、技術的変化を緩慢化させる必要があるとする立場をとろうと、または技術こそが人間生活特有の諸問題のいくつかを解決する役に立つと大胆に信じる新しい世界を構想しようと、それも自由である。読者の前に示されているのは、出来合いの定食ではないし、一品料理でさえもない。本書に盛られたのは、読者自身が食事や作り方を選ぶための材料なのだ。

このようにいうのは、一つには、わたくしが高等教育の役割は心を開くことであって、心を閉ざすことではないと確信しているからである。最良の教師とは、自分に無批判的に従い、自分のいうことや書くことを忠実に繰り返す弟子たちや追随者たちの群れを作り出す人びとではない。最良の教師とは、ある主題についてより経験が少なく、また、これを考える機会も少ないような人びとが、より広範な読書、ざっくばらんな討論、そしてより秩序だった物の考え方によって、自分自身の思考を発展させ、訓練を受けていくようにしむけ、助けていく人びとなのである。

まず最初に、社会科学において理論がもつ性質についての考え方を明らかにしておこう。

社会科学における理論

国際政治・経済体制がどう動くか、についての理論がもつ性質については多くの混乱した議論が見出される。その結果、実はまったく理論ではないような「理論的」業績が横行することになる。ここで、理論というのは辞書で用いられ、定義されているような意味においてである（すなわち「説明対象となるような現象から独立した諸原理の一つに基づいて、あることを説明するような仮定」*Concise Oxford Dictionary*）。

国際政治経済学への接近を行うに当たって、理論とは呼べないものについての四つの否定的な前提をここで示し、また理論と呼べるための三つの前提を述べておこう。

否定的な前提

第一に、実は社会理論の多くは新しい述語や用語を用いて既知の事実を叙述したり、古い話を繰り返したりする以上のものではなく、とりたてて理論的説明を試みているとはいえない。いくつかの事象を因果関係——それがあった場合のことだが——の説明なく並べたてるのは理論とはいえない。ただし、ある叙述の背後に理論があまりに自明のこととみなされ、明示的に示されていない場合もあることは事実だ。

第二に、いわゆる国際関係に関する理論のある種のものは、たんに既知の事実を新しい分類やくくり方で装って叙述し直したものにすぎない。こういっても、新しい分類の仕方が新しい理論の定義に必要ないというわけではない。しかし、分類それ自身は説明とは異なり、したがって、それ自体を理論と呼ぶことはできない。このことは、既知の諸現象を叙述するのに新しい述語や用語を用いるのと同じケースである。

第三に、教育面でしばしば、個人の社会的行動についてその若干の側面を学生や読者に理解させるために、他の社会科学や知識分野から単純な知的装置や概念を借用してきた。たとえば、囚人のジレンマの話、需要曲線、限界効用概念のグラフによる説明などがそれである。しかしこれらはどれも国際制度にみられる逆説や謎を解くものではない。こうした概念が若干の教師たちに人気を博しているのは、わたくしの意見では、それが、戦後アメリカが力を入れて作り上げてきたアメリカ支配型の国際組織が近年崩壊し、また不十分さを露呈してきた現象について、政治的にも、また道徳的にも中立的な「説明」（実際はいい逃れなのだが）として用いられてきたからである。学生たちがこうした概念を好んで受け入れるのは、それが単純だからである。これらの概念は、すでに常識としてかれらが知っている「個人は利己的に行動する」ということをかれらに確認させる。しかし、これらの概念は社会的行動を単純化した装置なのであって、社会的行動を説明する理論とはいえない。地球規模の政治経済学において、企業、政党、あるいは国家の諸行動を説明するのにそれらは役立たないのである。これらの仮説は、理論にとって必要な証拠を示すことさえできない。それはたとえば、世界地図が、海底移動やかつて存在したといわれるゴンドワナランドの存在に対する証明だ、というのと同様である。付け加えていうならば、こうした「教育的」概念を発展させてきた他の学問分野では通常、この種類の仮説が政策担当者に役立つとか、現実生活に実際に適用される可能性とかいうことについては、なんらの幻想ももたれていないのである。

最後に、国際関係研究に計量技術を適用することは、理論を前進させるものではなかった。どの変数を重視するかはあまりに恣意的に行われてきたし、何が原因で何が結果かを決めるやり方も、説明の基礎を提供するにはあまりに主観的であった。多くの場合、こうした方法はもっぱら平凡な心理を言い換えるか、またはある国家の他の国家に対する歴史的な行動パターンについての常識を数字的に表現したにすぎないのである。

積極的な仮定

第一に述べたいのは、理論を仮定するということは、常識ではたやすく説明できない国際体系のある側面を説明しようとする必要からだ、ということである。理論は、個人、集団、社会制度の動きについて、単純な説明では解けないような謎や逆説的な現象が現れたとき、これを説明するために用いられる。なぜ家が焼けるとき人びとがそこから逃げ出すかを説明するのに理論はいらない。ある商店街の一方の店にばかり人びとが入り、他方の店には入らないというとき、これを説明するのに理論が必要なのである。国際関係の学問は解けにくい謎から出発した。たとえば、戦争から得られる経済的利益が、経済的費用をけっして上回らないにもかかわらず、国民国家がたえず戦争を引き起こすのはなぜだろうか、といった類の謎である。そこからいくつかの理論が生じた。今日の国際政治経済学は、別の種類の解けない謎に挑戦している。たとえば、国際金融制度は「実物経済」の運行に不可欠である。そして政府関係者であろうと民間の専門家であろうとすべての人がこの制度を守るためにはこれを立て直す必要が切迫しているということについて同意しているにもかかわらず、なぜ諸国家はこの制度を立て直し安定させる行動がとれないのだろうか。ここからまたいくつかの理論が生じる。これとは対照的なのだが、いわゆる「情報革命」と呼ばれる常識はよい理論を表しているとはいえない。この用語が急速な技術変化を示していることは確かだが、それは技術的変化と社会的変化間の因果関係を、理論あるいは証拠によって明白に表現するものではない。この政治的・経済的関係両面での変化はきわめて大きく、そこに権力および(または)富の再配分がもたらされているにもかかわらず、「情報革命」はこれを表現していない。したがって、この用語はある現象に関する因果関係を明らかにしたり、そこに連続的に発生する諸効果を見る上でわれわれの理解を前進させるものでもないし、新しいものを付け加えることもないのである。

第二に、理論は必ずしも予言をしたり、予測をしたりする必要はない。これは社会科学が自然科学と異なるところである。自然科学は予測することができる——しかしつねに、または必ず、予測をするともかぎらない。多くの科学は、天文学から微生物学に至るまで、何が起こっているかに関する理解を深めるが、必ずしもなぜそれが起こるかについて納得のいく説明を提供するとはかぎらない。社会科学はけっして確信をもって予測をすることはできない。なぜなら、人間関係における非合理的な要素はあまりに数多く、これらの要素の一つ一つの動き方や組み合せはさらに数多いからである。社会科学の中でもっとも多く予測に使われてきたのが経済学である。しかし、それがうまくいったという記録はあまりに貧弱なので、経済学者たちを褒めたたえ、かれらから何事かを得ようとしたすべての人たちは何か他のやり方を探さざるをえなかったほどである。経済学者はとりわけ、世界経済に関する予測については失敗してきた。なぜなら国際貿易や国際取引に関する基礎理論の多くは、今日の統合された世界市場経済の状態にもはやそぐわなくなっているからである。予測に関連した政策判断は選択の問題である。ある理論家が、説明的な理論から政策的な処方箋を導き出すかどうかはその人しだいなのだ。その人は必ずしも理論を政策形成に適用する必要はない。なぜなら、政策決定とは必然的に理論の外部にある価値判断やリスクの評価を伴うからである。だからこれらの価値判断やリスクの評価は、無責任なアカデミー内の理論家よりはむしろ、実際の知識をもつ政策決定者たちによって行われるのが当然なのだ。

第三に、理論が科学的であるといわれるのはただ、理論家が合理性や不偏不党性という科学的美徳を尊重し、物事を説明する諸命題を体系的に作り上げようと考えるかぎりにおいてである。「社会科学」という用語がここでも用いられているのはもっぱら、この学問の扱う主題は岩の起源や分子の構成ではなく、むしろわたくしたちの感情の動きに関連しているということ、またこの主題が富や権力に関連した主観的に重要な諸問題を対象としているということ、そして、それにもかかわらずわれわれの研究に関しては「科学的」態度を依然として守り続けなければならないということを、思い起こしておくがためである。実際、理論と社会科学に関連して起こる多くの問題は、最終的には社会科学者が自然科学者に対してもつ劣等感からもたらされているのであり、またとくにわれわれに関していえば、表面的には厳密なように見える経済「科学」に対して、政治経済学者がもつ劣等感からもたらされているものである。

国際関係の性質

以上に述べた注意は必要なものである。なぜなら、わたくしは現代の国際政治経済学に関する文献は次のような特徴をもつと考えているからだ。第一にこれらは、あまりにアメリカの学界によって支配されており、したがってアメリカの経験やアメリカの国益に基づいた多くの隠された、あるいは無意識的でさえある価値判断や仮定を前提として成り立っているからである。第二に、これらの文献は大部分、ごく限られた領域の問題しか対象としていないからである。

この後の方の点を若干敷衍しておこう。多くの教科書やより分析的な性格をもつ専門的な著作の大部分はまず、いわゆる国際経済関係の政治学と呼んでよいものを対象としている。この言葉によって意味されることとは、それが政府に代表される諸国家間の関係に関連して起こる諸問題や諸主題を対象としているということである。議論の対象として取り上げられる一連の主題は、主要な経済問題に関して国家間に行われる外交の主題をそのまま追っている。たとえば、貿易のルール、投資が国境を越えて行われる条件、諸通貨が相互に調整されたり国際収支の赤字が融資されるやり方、そして国際資本市場や国際銀行を通じて得られる信用の作られ方、などである。これらは最近二〇年以上にわたって国際経済に関する外交の主要な討論主題となってきた問題のいくつかである。これらを西西問題と呼ぶこともできる。これらは北アメリカ、西ヨーロッパ、日本など豊かな工業国——すなわちおおまかにOECD（経済協力開発機構）諸国——間の主要な討議対象となってきた。

一九七〇年代半ばあるいはその少し前から、国際経済関係の政治学に関心をもつ若干の学者たちは南北問題と呼ばれうる（実際にそう呼ばれてきた）諸問題を付け加えてきた。これらの中には、贈与や譲許《じょうきょ》的条件による信用供与などの形をとった援助——いわゆる開発援助——がどの程度供与されるか、またその条件は何か、一次産品価格の変動を安定化させたり、可能であれば引き上げる方法は何か、貧しい国の政府や企業が豊かな国の政府や企業から技術を獲得するやり方はどうか、まだ国家の基礎が確立していない新興国政府が、豊かで強力な西側のマス・メディア——映画、テレビ、ラジオ、新聞、通信そしてもちろん広告——により提供される西側の思想や価値観の悪影響から自らを守るにはどうしたらよいか、などがある。南の国——貧しい発展途上国——がこれらの主題のどれかについて成功を収めた例は少なかったにせよ、これらの主題は国際経済関係の正式の議題に追加されてきたのである。これらの主題はしたがって、国際政治経済学の学生が知らなければならないとされている事柄のリストに付け加えられてきた。

それから東西関係がある。この主題は、一方ではOECD諸国、他方ではソ連によって主導されるソ連圏——あるいはコメコンという名でよく知られている国際組織の加盟国（コメコンというよりはCMEA、つまり相互経済援助機構と呼ぶのが正しい）の国々との間に起こる諸問題である。また、この東西問題は、OECD諸国がもう一つの社会主義大国である中国との間にもつ関係と重ね合わせられることもあるが、この二つはしばしば区別されている。これらを区別しておくのはよいことである。なぜなら、東西対話は今日までそれほど進んでこなかったのに対し、あまり実りをもたらさなかったとはいえ南北対話は積み重ねられてきたからである。OECD諸国とCMEA諸国間の政策的問題はそれほど討論されてこなかったが、西側、東側それぞれの内部で覇権大国とそれぞれの同盟国間の政策問題は討議されてきた。

論理的にいえば、国際経済関係の政治学はまた、東南関係、つまり主要な社会主義国と発展途上国（LDC）間の諸問題を付け加えることによって、完璧なものとなるだろう。しかし、東南問題はしばしば対象外とされてきた。その理由は主として、アメリカでこの問題にはあまり関心をもたれなかったし、また情報も存在しなかったからである。

政治経済学の研究について既存の主題は、かなり網羅的なものでさえも、「偏った」あるいは「特定の」それしかなく、真に政治経済学と呼ぶにはあまりに限られたものでしかない。国際経済関係の政治学に関する文献は政府の関心を反映したものであり、民衆のそれを示すものではない。それはつねに、もっとも強大な政府の利害関係を重視する傾向をもつ。このような国家による主題の限定をそのまま受け入れる学者は、国家官僚の侍僕であっても、独立した思索者あるいは批判者とはいえない。

わたくしがここで述べているのは、国家――より正確にいえば、何であれ政治的権威のこと――が市場に与える影響、また反対に市場力が国家に与える影響をそれぞれ構造的に分析する方法を用いて、政治学と経済学を総合する方法である。マーティン・スターニランドは、(わたくしや他の多くの学者がそうだったのだが) 政治学があまり経済学に注意を払わず、また経済学が政治学に注意を払わなかったと正しく指摘したが、実はそう述べるだけでは十分でない (Staniland, 1985)。国家と市場の間に関連があるということを理解するだけでは十分ではないのだ。スターニランドが述べているように、ポーカー・ゲームでトランプ遊びと金儲けとの間に関係があるということを理解することと、ポーカー遊びの方法とゲームでの勝ち方を知っていることとは同一とはいえない。多くの人びとは総合を実現する必要があると書いてきた。しかし現実にそれを仕遂げた学者は少ない。

このような総合を行うことがいかに重要かは、経済学および政治学の本質自体と関連している。経済学とは——学生たちが大学初年度で学ぶように——稀少な資源を無限の欲求にいかに合わせるかに関連した学問である。これらの稀少な資源をいかにうまく使用するかは、基本的には効率の問題である。ここで重要なことは「もっとも効率的な資源の配分は何か」という問いだ。これに関連して、市場はどのように動くか、どの政策が最良か、また経済制度の各部分はどのように機能するかなど、つねに効率か非効率かが重要である一連の関連した問題が提起される。多くの経済学研究または探究の主題として何らかの「市場の失敗」が取り上げられるのはその一例である。

しかし、政治学とは公共秩序または公共財を提供することに関連した学問である。実際、いくつかの大学では政治学部は行政学部と呼ばれているほどである。政治学の学生は、どの秩序が最良であり、この秩序はいかにして達成され維持されるかについての、それぞれ矛盾した諸理論を知らなければならないとされる。かれらは通常、自国の政治制度について、また他国のそれについて、多くを知っていなければならないとされる。かれらの中には世界政治を専攻する者もあろう。しかし、ここでも重要な問題は秩序と平和の維持、最低限の公共財の提供、また絶えず起こる問題やそれらの間に生じる紛争をいかに管理するか、などである。たとえば、国家間の貿易関係に関する研究も明示的であろうとそうでなかろうと、利害関係の衝突、おそらくは貿易戦争が起こり、さらには軍事紛争にまで発展するかもしれないという想定のもとに、しばしば行われているのである。このような仮定を必要とする歴史的証拠はごくわずかしかない。しかし、世界政治の研究にこうした問題を含める理由を考えてみると興味深い。ほとんどすべての国際政治に関する標準的教科書は、秩序の維持をこの学問の唯一の問題（プロブレマティーク）[1]とはいわないまでも、主要な問題として扱っているのである。

政治学、経済学双方とも他の学問を前提とする傾向がある。経済学において市場は、戦争、革命その他の困難によって攪乱されないだろうという前提のもとで研究される。ここでは、政府や一連の法や正義に関する行政は当然のこととされている。他方で、政治学は経済が合理的かつ円滑に機能し続けるということを前提としている。その経済が一群の官僚によって決定され動かされる指令経済であろうと、また慎重に利潤極大化を追求する生産者や抜け目のない消費者による多様な決定を反映した市場経済であろうと、それは同じなのだ。西洋の自由主義的伝統のもとでは、政治学ではつねに秩序と自由、また安全と公正との間にトレード・オフが起こるとしている。もしわれわれが、そのいずれかをより多く望むのであれば、他方の若干を犠牲にしなければならないとされる。しかし、それがさらにすすんで効率の次元にまで展開することは稀である。つまり、秩序と公正の双方を支えるに必要な富をつくり続ける能力という次元である。もし、富と秩序の双方を必要とするのであれば、公正と自由が犠牲にされなければならないだろうか。この問題は急進的な左翼の人びとから提起された。とくに、官僚＝権威主義学派と呼ばれるラテンアメリカの学者たちがそうである。かれらは、発展途上国における政治体制と政党配列、資本主義的市場志向型経済の拡大、それが生み出しうる所得分配パターン間には関係があると主張した。しかし全体として見れば、多くの政治学者たちは政治学の背景となる経済を静態的なものと仮定してきたし、また現実経済世界で明らかに進行しているダイナミズムはしばしば見過ごされてきたことは事実である（Strange, 1970: 304–15）。

このことは自由主義的な経済学や政治学の主流派ではなく、その外側から政治経済学に近づいた多くの優れた学者たちについては当てはまらない。たとえば、ロバート・コックスは、官僚・労使関係および異なる国での労働運動の比較研究から出発した人だが、いくつかの斬新で影響力をもった論文を書いたのち、これらを『生産、権力および世界秩序』（一九八七年）という重要な本にまとめた。これは、世界秩序の三つのレベル間の関連、諸生産構造から結果する社会的経済的関係、国家権力の政治的計画、そしてなかんずく現在支配的な世界秩序の性質を分析することを試みた本である。グンナー・ミュルダール、ダドレー・シアーズ、ジェラルド・ヘライナー、アーサー・ルイス、ウォルト・ロストウ、ハンス・シンガー、アルバート・ハーシュマン、そしてもちろんラウル・プレビッシュらの開発経済学者たちは、政治学を経済学から分離することが不可能であることを十分知っていた。これは、マイケル・マン、ジョナサン・ホール、クリストファー・チェース－ダンその他の、主としてフランソワ・ペルーやフェルナン・ブローデルの仕事に示されたフランス学派の伝統に従った歴史的社会学者たちについても同様である。われわれはまた、マックス・ウェーバー、ジョセフ・シュンペーター、カール・ポラニー、サイモン・クズネッツそしてカルロ・キポラらによって切り開かれた道を進んだ経済史学者たちにも大きな影響を受けている。それから、国際政治経済学の今日の展開に忘れてはならないのは、右翼ではアルフレッド・チャンドラー、ジョン・ダニング、レスリー・ハンナーら、そして左翼では、イマヌエル・ウォラーステイン、マイケル・バラット‐ブラウン、エルンスト・マンデル、フレッド・ブロック、テディー・ブレットらの急進的な歴史学者たちである。

しかし、その他のことに関しては、それぞれ競合する教説が存在するだけである。つまり、国家の政策がめざすべき目標や、政治学と経済学（あるいは、より正確には国家と市場）が相互にいかに関連すべきか、についての規範的な組み合せをもったいくつかの思考である。これは、すでに心を決めたイデオローグたちを満足させるのに十分だ。こうしたイデオローグとは、国内外で政府がとるべき政策手段や目標を狭く考えようとする現実主義者であるかもしれないし、または世界経済がどのようにすればもっとも効率的に組織されうるかを思い描く自由主義的経済学者であるかもしれないし、また、敗者にいかに公正と正義をより多く与えるかに関心をもつラジカル派やマルクス主義学者であるかもしれない。

われわれにとって必要なことは別である。つまり、分析の枠組み、現在や過去の人間条件がいかに経済的、政治的、社会的状況に影響を植えつけるかについての診断法にほかならない。これは、この問題についてつくりうる、そしてつくられるべき処方箋を作成するために、またその方向へと世論の関心を向けるために、必要な前提条件である。というのは、いま存在する教説はどれも、分析について既成の方法をもっており、その結果、不可避的にそれが導こうと意図している結論を導くようにつくられているからである。

したがって、世界政治や国際政治経済学の学生はしばしば三つの定食間の選択をせまられる(2)。この主題についての接近方法はあまりに型どおりなので、学生たちは、現実主義者からオードブルをとり、自由主義者からメインコースをとり、そしてマルクス主義者やラジカル派からデザートをとるというわけにはいかない。また、これら定食のシェフ間に真の意味での論争があるわけでもない。これらの学派はそれぞれ、ある特定の仮定のもとに問いを設定して分析を始めるので、そこから導かれる答えも決まりきったものになる。これらの学派はそれぞれ違った出発点から異なった(予定された)到着点へと旅をするが、お互いにけっして交差することのない三つのおもちゃの汽車のようだ。

明日の世界で何が起こるかを少しでも予測すると主張するような包括的な理論を求めるべきではない。なぜなら、このような理論は存在しないし、したがって見出すこともできないからだ。社会科学が自然科学を模倣して、国際制度の社会的、政治的、経済的動きを支配するような規則的なパターンをもった「法則」を明らかにしようとするような野心は、つねに徒労に終わったし、また徒労に終わることになろう。非常に多くの貴重な時間や忍耐強い努力が、このような野心を追求するために捧げられてきたが、こうした時間や努力の大部分は、人間の美徳や狂気、政策の気まぐれ、そしていろいろな偶然事がいかに突発するか、などについての原理のいくつかを学び直すことに捧げた方がよっぽどよかっただろう。こういったからといって、社会「科学者」は、真理について、物理学者や地質学者のように何事にも妥協せず、一心不乱にこれを追究してはならないと主張するのではない。そうではなくて、社会科学が求めるのは異なった種類の真理であり、これは問題の本質からして得られないような、われわれにとって到達不可能な夢物語をめざすことによって得られるものではない。

要するにわれわれがなすべきことは、世界経済についての分析方法を見出すことである。このような分析方法によって、学生や読者はいくつかの選択を見出すことができるし、政策提案においてもはるかに現実を重視することができるようになる。他方で思想家同士の間を隔てる壁を破り、かれらの間に何らかのコミュニケーションをもたせ、さらには討論さえも引き起こすような分析方法を見出さなければならない。

わたくしはこのことが不可能ではないと信じている。われわれは人間が社会組織を通じて求める基本的価値、富、安全、自由、公正などを考えることから出発しなければならない。また、次のことをも認識しておいた方がよい。つまり、異なる社会（または異なった時点における同一の社会）は、四つの基本的価値のそれぞれを追求した場合にせよ、それらのどれを重視するか、その優先順位は異なっているということである。あらゆる社会は食糧、住居、その他の物的財を生産する必要がある。しかし、ある社会は物的状態での富の生産を再優先させるだろう。あらゆる社会は、個人に対して同じ社会の中の他人またはその社会以外の他の社会からする暴力、または支配から逃れるようなより大きな安全を保障するようにつくられるだろう。しかし、ある社会では秩序と安全を第一におくだろう。実際、社会組織が孤立した個人生活より優れているのは、他の人間と協同することが、富の可能性を増し、個人の安全を強化するからである。しかしながら、社会組織は自由または個人の選択権に関するある種の選択を伴う。また、ある種の社会的取決めの相対的公正を他の社会的取決めに優先させる。ロビンソン・クルーソーのような孤立した個人は、自由や公正というこの二つの価値に関する問題をもたない。かれの選択の自由に関する唯一の限界は、自然およびかれ自身の能力だけである。かれ自身の自由は制約をもたないし、他人によって脅かされることもない。また、公正の問題も生じない。――おそらく、かれの生活上の要求または必要とする資源と植物や動物のそれとの間には生じるかもしれないが。つまり、ロビンソン・クルーソーの前には資源の分配を要求してかれの要求との間に調整を求めるような他の人間は現れないからである。

ひとたび社会が形成されるとき、そこにはある種の富、ある種の安全、社会成員にとってのある種の選択の自由、そしてある種の公正に関する取決めが必要である。これらの基本的価値は、水素、酸素、炭素、窒素などの化学的要素と同じような役割を果たす。つまり、これらの要素の比重や組み合せを変えることによって、まったく異なった化学的物質ができるのと同じなのである。違った例をとれば、料理人は、小麦粉、卵、ミルク、油をそれぞれ異なった量で、また異なった方法で組み合わせることによって、違った種類のケーキ、パンケーキ、ビスケット、クッキーなどをつくることができるのと同じである。

したがって、いろいろな社会はこれらの基本的価値の組み合せが異なるに従って異なっていく。これが、この本の冒頭で述べた孤島の物語の背後に横たわる、単純だが重要な点である。また、理想的な諸社会も、現実の諸社会がそうであるように、どの特定の基本的価値を重視するか、またそれらの組み合せをどのようにするかによって異なるのである。

プラトンとホッブズはより秩序を重んじた。この二人の学者は、混沌とし、不安な時代に生きた。ルソーとマルクスはより公正を要求した。この二人は、周囲に見られた不平等に心を痛めた。アダム・スミス、メイナード・ケインズ、ミルトン・フリードマンらはみな――それぞれ異なるにせよ――富をより多く生産することこそ重要であると考えた。ハイエクとジョン・スチュアート・ミルはより自由を必要とした。ただ、自由には他の諸価値よりも問題がつきまとう。つまり、それはゼロサム・ゲームと関連しているのである。わたくしにとってのより多くの自由は、あなたにとってのより少ない自由を意味するかもしれない。ある民族集団にとっての民族解放は、他の集団の奴隷化を導くかもしれない。

したがって、われわれがいろいろな意味で遠い社会を自分に親しい社会と比べて研究する人類学者であろうと、また、たとえば社会主義社会を市場社会と比べる比較政治経済学者であろうと、あるいは、単一の包括的な社会経済体制をとる世界システムをそれと共存する一連の国民社会と比べる国際政治経済学者であろうと、いずれの場合にも共通の政治経済学という分析方法を適用することができる。つまり、これらの社会における取決めにおいてどの価値がもっとも重視されているのか。また、もっとも考慮されていない価値は何か。二次的だが、すべての政治分析につきまとう古い問題もある。「そこから誰が何を得るのか。誰が利益を得、誰が損失をこうむるのか。誰がリスクを背負い、誰がリスクを免れるのか。財やサービス、より根本的には単に富にとどまらず、安全、選択の自由、ある種の公正などのあらゆる価値の一部分を、社会の他の部分から得る機会を得るのは誰で、この機会に恵まれないのは誰か」。

それゆえ、わたくしが国際政治経済学の定義を行おうとすれば、それは、生産の全体的なシステム、交換、分配、そしてそれらに反映される価値の組み合せに影響を与える社会的、政治的、経済的取決めに関連している、ということである。こうした取決めは神によって与えられたものではないし、また目的性をもたない偶然の動きから結果したものでもない。そうではなくて、これらの取決めは人間がつくった諸制度や一連の定められた規則や習慣の組み合せの枠内で起こる人間の決定の結果なのである。

このことから次のことがいえる。国際政治経済の研究は、原因をつねに重視することを避けられない、ということである。国家、企業、個人等にとっての今日の結果は昨日に原因があったことを示している。現代の国際政治経済はただ、そのルーツを探索し、かつて何が起こったかを時のカーテンをさかのぼって凝視する努力なくしてはこれらを理解することができない。もちろん、歴史の理解について唯一の「正しい」それは存在しない。どのような歴史家も、証拠集めやその提示のしかたにおいて不偏不党で、まったく中立的な証人であるということはない。しかし、そうだからといって歴史がそのまま無視されてよいということにはならない。また、歴史をあまりに狭く、あるいは党派的に考えてもならない。ヨーロッパ人であろうとアメリカ人であろうと、インド、中国、日本などの政治経済史から、西ヨーロッパや北アメリカの政治経済史と同様に、多くのことを学びうるだろう。政治思想であれ経済思想であれ、思想史を事象の政治経済史から切り離すときに忘れがちなことは、過去に関する感覚はつねに現在の問題や未来の解決法に関する考え方に大きな影響を及ぼすということである。幸いなことに、国際政治経済学が歴史的な見方と関連していることについて、ヨーロッパではつねにこれが重視されてきたが、いまやこの考え方がアメリカの学界にも広まってきたように見える。というのも、ヨーロッパ人は過去を思い起こさせる事物に取り囲まれて暮らしている。この過去とは、アメリカでも最古の白人植民地でさえもせいぜい数百年の歴史にしかならないのに比べ、ヨーロッパでは数千年の過去にさかのぼるのである。それゆえ、ヨーロッパ人にとっては歴史的な見方に対する感受性がより強くなる。しかし、いまやアメリカの政治経済学者たちの新しい世代はこの感受性を分かちもつようになっている。

第三に、現在の取決めと過去の原因のほかに、国際政治経済を理解するためには未来の可能性を考えなければならない。わたくし自身は未来を予見することはできない、と考えている。しかし未来を無視することはできない。政治経済学者が問わなければならないことは、国家、企業、個人にとって未来に開かれている諸選択が何か、を問うことである。世界はより豊かになるだろうか。より安全で安定し、秩序だったものとなるだろうか。いままでそうであったよりもさらに公正になるだろうか。こうした問いは重要であり、正当である。こうした問いを発することによって、多くの人びとの関心がこの学問にひきつけられる。ある人びとは答えを見つけるまで安心しないだろう。それほど自信をもたない他の人びとは、問題の所在やいくつかの選択を明らかにすることで満足するだろう。後者は、最適の解決に関する個人的な見解は現在の政治や市場社会においては日の目を見ないだろうということを知っているが、それでも読書や人の意見を聞いたり考えたりすることによって冷静で合理的な分析を行う道徳的な責任をもつと感じているのである。現実世界における最終決定は価値選択や権力関係に基づいて決まるにもかかわらず、人間の感受性や思想もまたある種の役割を演じることができるし、これらをいくつかの選択間のコストやリスクの合理的評価という形で提示することは十分可能なのである。わたくしの意見では、国際政治経済学について先験的、規範的アプローチをとるか、あるいは経験的、分析的アプローチをとるかは、個人的な気質、経験、訓練などの違いの問題にほかならない。そのどちらが正しいか誤っているかという問題ではない。国際政治経済学は、他の国際関係や外交政策のそれと同様に、この二つの方法をとることができるのである。

物事がいかに管理されるか、どのような特定のやり方で管理されるか、そしてこれが未来にとってどのような現実的な選択の道を開くか——これら政治経済学の三つの側面、あるいは問題意識は「経済学」という言葉の語源にも含まれている。この言葉はギリシア語のオイコノミア（oikonomia）に発する。家計を意味するこの言葉は、古代世界においては、核家族を意味するのではなく、拡大家族と奴隷たちからなる家父長的な生産・生活単位を意味した。この単位は周囲の土地から収穫を得たり、そこで放牧をしたりして暮らしていたのである。オイコノミアの管理はしたがって、農耕や畜産、攻撃や盗みからの安全保障、男女・老若間の習慣的な関係、子供の教育、そして正義による紛争の解決などにおけるいくつかの選択を意味していたのである。言い換えれば、このオイコノミアは経済学というよりは政治学的な意味を多くもっていたのだ。

「政治経済学」がフランス語、イタリア語または英語で一般的に用いられるようになったのは一八世紀末のことであった。その頃、この用語は国家の繁栄、そして国家の「経済的」諸問題——と今日では呼ばれるだろう事柄——の秩序づけに関連した政治的管理の部分をとりわけ狭い意味で指すようになったのである。アダム・スミスが一七七六年に『諸国民の富』を著したとき、かれがこの言葉で理解していたのは、このような近代の国民国家と関連した狭義の意味においてであった。実際、アダム・スミス以前に、フランス人たちはイギリス人よりも政治経済学にはっきりした関心を示していた。フランスの統治者や学者たちはすでに国民の富と国家の権力との間の密接な関連を意識していた。アメリカのトーマス・ジェファーソンのように、一八世紀フランスの重農学派の人びとは、農業こそが国民の富の基礎であると考え、農業の経営こそが政治経済学の第一の問題関心であると見た。反対に、アダム・スミスは商工業を国民の富の基礎であるとして、狭量な重商主義を商工業の成長の主要な障害であると考えた。かれによれば、政治経済学の問題関心とは、通貨量やその管理に注意を払いながら、いかにこのことを成し遂げるかであった。歴史はスミスが正しく、重農学派が誤っていたことを証明した。それだからこそスコットランドとイングランドで次の世代に政治経済学の主要な論戦が戦わされることになり、フランスではそれが起こらなかったのである。

そして「政治経済学」という言葉が一九六〇年代頃まで半世紀以上も使われなくなったことについて主として責任があるのもイギリス人たちであった。この主題はきわめて複雑でわかりにくいものとなったので、一八九〇年に経済の問題を簡単な、誰もが理解できる日常的な言葉で説明しようと試みた書物が現れるに至った。その著者はアルフレッド・マーシャルだが、この主題を政治経済学から区別すべく新しい用語をつくり出した。かれはこの本の題名を『経済学原理』(*Principles of Economics*)と名づけたのである。政治経済学の研究がふたたび盛んになり、正統化されたのは(急進的な左翼の学者を除いて)、ようやく一九六〇年代になってのことであった。この時期には、この用語は特定の国民経済の管理についてよりもむしろ世界経済の管理への関心から用いられるようになっていた。アメリカの経済学者リチャード・クーパーが一九六八年に公にした有名な著作は『相互依存の経済学』(*The Economics of Interdependence*)と題された。この本は、とりわけアメリカによって主導される自由主義的民主主義工業国による多角的な協力を主張していた。それは、諸国民国家の政策を調整して世界経済を管理するのに一致した効果的なやり方が見出されないかぎり、国際経済統合や貿易・金融の相互依存から得られる利益も十分には発揮されないだろうというものである。(3)

クーパーの主張は、仲間の経済学者たちよりもむしろ国際組織に興味をもつアメリカの学者たちによってさらに展開された。一九七〇年代の初めにかれらは、なぜ一九五〇年代、六〇年代に国際経済関係を支配していたような明らかに安定した特定の「ゲームのルール」が、一九七〇年代にだんだん守られなくなるようになったかを問うようになった。やや奇妙な呼び方だが、国際「レジーム」と呼ばれるようになったものの解体が、アメリカの国際政治経済学で支配的な問題となったのである。この主題を扱った一連の論文を集めた本を編纂したスティーブン・クラスナーはレジームを「明示的にであれ、暗黙のうちにであれ、アクター（国際経済関係を動かす諸主体）の諸期待がそこで一致する諸原理、規範、ルール、意思決定の諸過程」であると定義している（Krasner, 1983）。

クラスナーがこの論文集の序論で述べた議論の独創性は、レジームとは構造的な力とその結果間に介入する変数であるという点にある。この議論は、いろいろな国際レジームという主題に関してぞくぞくと現れたアメリカ人学者の著作の多くよりもむしろわたくしの議論に近いものである。アメリカの学者たちはしばしば、国際市場経済で物事が管理されているやり方を所与のものとして扱い、なぜある特定の原理、規範、そしてルールが支配的となり、他の原理、規範、ルールは支配的とならないか、という問題についての根本的な理由を掘り下げることはしないのである。また、たとえかれらの研究が「なぜ」という問題を提起したにせよ、可能な説明の範囲があまりに狭く限定されている。広く読まれたコヘインとナイの『パワーと相互依存』と題する著作は、通貨と海洋管理という「特定分野」（イシュー・エリア）――この言葉もまた国際関係論からとられたものだが――においてアメリカ‐カナダ、アメリカ‐オーストラリアの関係を調べたものである。この本は、レジーム変化についての可能な説明として、諸国家の相対的な政治力、言い換えれば政治構造の変化をあげているが、経済力や経済構造の変化を排除している。かれらは結局のところ、経済過程をきわめて狭義のものとしてしか理解していないのである（Keohane and Nye, 1977）。

国際組織や国際経済関係の政治学へと関心が集中したために、政府間の関係がもっぱら取り扱われ、同様に重要な超国家的関係、すなわち政治的国境の両側に位置する社会的政治的集団、または経済企業間の、あるいはこれらの集団や企業と外国政府間の国境を越えた関係が無視される傾向も見られた。会社、銀行、宗教指導者、大学、そして科学界などはすべて超国家的関係の重要な参加者である。このような超国家的関係において、国境を越えたある政府との結びつきが、政府間関係よりもはるかに重要な政治経済学的意味をもつ場合のあることを理解する必要がある。たとえば実業界においては、アメリカの最高裁、時にはより下位の裁判所、そしてアメリカの連邦政府のある部局や中央部局によって行われる決定が国境を越えた重要性をもちうることは周知の事実である。アメリカ政府の「全世界的な行動範囲」（global reach）は現代の国際政治経済学における重要な特徴の一つだが、これは国際組織やいわゆる国際レジームを主要な関心事とする場合に見過ごされやすい事実である。(4)

国際関係――とくに経済的関係――をはぶいたり過小評価したりすることが、「レジーム」問題意識に基づく政治経済学の重要な欠陥だとするならば、これに劣らぬ重要な欠陥は、この立場にたつ研究者や学徒にとってはこれらの「原理、規範、ルールそして意思決定過程」は誰の権力を反映しているかを問おうとしないことである。また、この立場の人びとはこうした権力の源泉を明らかにしようとも考えない。それは強制力に基づくものだろうか。または市場での成功や富に基づくものだろうか。それとも、他の人びとをあるイデオロギー、信念体系、またはある種の思想の組み合せに共鳴させることに基づくのだろうか。

権力に関するこうした基本的な構造的設問を提起せず、またある国際「レジーム」に付与された価値をつねに明らかにする必要があるとは考えないことによって、あるレジームはそれが存在しない場合よりもよいとする仮説はなんら挑戦を受けないままになってしまう。しばしば、ある種の組み合せの規範やルールが解体したり崩壊したりすることは悪いことであり、残念なことで、可能ならばそれをやめさせるべきであるという仮定がまかりとおってしまう。こうした仮定は解体以前の現状（*status quo*）が解体以後の状況よりも望ましいと考えている。しかしこうした仮定は、無意識のうちに秩序や安定の価値を他の諸価値よりも大きく評価することになる。とくに、世界経済に関して一九四五年以後の時期に構想され部分的には強制的に実行された世界経済に関する国際取決めの秩序と安定性を過大評価することになるのである。その理由は容易にわかる。これらの大戦後の「諸レジーム」は、主導権をもっていたアメリカによって実施されたのだが、他のいかなる国もそのような権力をもってはいなかったからだ。アメリカの学者たちがこうした取決めをすばらしいものであり、よく考えられたものであると仮定することは当然ともいえる。しかしかれらはさらにすすんで、これらの取決めがいかなる権力関係を反映しているか、またアメリカばかりでなく、世界中の正しく考えようとする人びとにとって望ましいと考えられる価値の組み合せをさらにすすんで問い直すことはしないのである。

それとは反対に、わたくしがここで提唱している研究方法は、政府‐市場、そして市場‐政府の結びつきを重視することによって、また、安全保障・富・自由・公正という四つの基本的な価値に注意を集中することによって、レジームと同様に非レジーム、また非決定や決定の失敗に関心を向けることになる。この場合に決定とは積極的な政策形成として現れ、国際政治経済の動きに影響を与えてきたし、いまも与えているような決定なのである。

この方法をとることによって、政府がほとんど関心を向けない「隠された討論主題」を明らかにすることができるように思う。つまり、国際協定も、組織も、問題の所在をPRする事務局も、また必ずしも諸アクターの考え方が一致することになる当然の規範や原理も見られないようなところに存在する「隠された討論主題」である。こうした問題の提起を行わないということは、現状維持型の偏見を示すことにほかならず、レジーム・アプローチの弱点を明らかにすることになる。というのも、国際政治経済において権力が行使されるさまざまなやり方の中でも――この問題をわれわれは次章で分析するが――、ある問題を討論主題の外に追いやる権力、またたとえ討論したにせよ、それについて具体的なことはなにも引き出さないようにする権力――これらの権力もまた他の権力に劣らず重要だからである。

第二章　世界経済における権力

政治経済学、とりわけ国際政治経済学を学ぶとき、経済生活における権力の役割を重視しないわけにはいかない。それぞれの政治経済体制——アメリカの政治経済とソ連のそれとの比較、または一八世紀西欧諸国の政治経済と現代世界における高度に統合度を高めた政治経済との比較等——は、すでに述べたように、社会を形づくる四つの基本的価値のどれに優先度をおくかによって異なってくる。すなわち、富、秩序、公正、自由のどれに大きな比重を与えた組み合せをつくるかによるのだ。この組み合せがどのようにつくられるかは、結局は権力の問題に帰着する。

権力こそが、権威と市場の関係を決定する。市場が支配的な役割を演じることができるのは、ただ権力をふるい、権威を発揮するものがそのように仕向けるかぎりにおいてのことであるし、それは特定の政治経済学に立脚しているのである。市場に基づく民間企業経済と国家による指令経済との差異は、たんに政府が市場での諸アクターに与える自由の程度ばかりでなく、また市場がその中で機能するような枠組みにも依存している。そしてこの枠組みは何らかの権力分配を意味している。この枠組みが安定しているか安定していないか、また確実性が高いか不確実性が高いか、上向いているか下向いているかなどは、権力をもった人びとのとる一連の決定に基づいている。そして重要なのは、政府が市場にどれだけ直接の権力を発揮するかということばかりではない。同時に政府が、市場が、その中で機能する枠組みや関連条件に及ぼす間接的な影響にも依存しているのである。

政治経済学の研究においては、したがって権威がどこにあるか、誰が権力をもつか、を問うだけでは十分ではない。なぜ、これこれの人びとが権威をもち、権力の源泉は何々か、を問うことが重要である。(1) 権力の源泉は強制力の行使だろうか、より大きな富の所有だろうか。それは道徳的権威だろうか、つまり、権力は人びとに広くアピールし、有効なものとして受け入れられ、政治家、宗教指導者、哲学者など主張者の立場を正当化するような強力な思想を明らかにすることから生まれるのだろうか。多くの政治経済において、権威を行使し、市場にどれだけ大きな役割を与えるかを決め、またその下で市場が機能するようなルールを定めるような人びとは、権力を次の三つの源泉——力、富、思想——のすべてから得るのである。また、それぞれ異なった集団が異なった種類の権力を異なった源泉から引き出している場合もある。その場合にこれら権力集団は、異なった権力基盤をもち、政治経済のいろいろな側面にはたらきかけるのだが、かれらの影響が対立し合うこともある。

ここで重要なことは次の点である。すなわち、国際政治経済学の研究や分析の最終的な目的、結果を得るためには、次の根本的な問題に対して明示的または暗黙のうちにでも答えを与えておかなくてはならない。この根本的な問題とは、権力が政治経済を形づくるのにどのように用いられているか、それが費用、便益、リスク、機会等をこのシステム内の社会集団、諸企業、諸組織にいかに分配しているか、ということである。政治経済に関する多くの著者たちは、こうした問いに明示的に答えることを避けるだろう。これは、かれらが結論、とりわけ政策に関連した勧告を引き出す際に、その問題がどれだけ重要かを見ていないからだし、または、誰が権力をもち、なぜ、いかに権力が用いられているかに関する暗黙の仮定を読者が受け入れずみだと考えているからである。しかし、もしわたくしのように、読者が異なった価値選択をそれぞれもち、いかなる種類の権力が実際に重要で決定的であるかについて必ずしも一致していない人びとのために役立つような形で政治経済学のテキストを書こうとしている人間にとっては、国際政治経済の本質について、またそれがいかに機能しているかについてのある特定の見解――わたくしの見解のような――の背後に横たわる権力に関する仮定を明らかにしておくことが大切なのだ。本章でわたくしが行おうとしていることは、このことなのである。わたくしはここで、国際政治経済の眺望についてどのように考えているかをスケッチのような形で示しておく。その後、この眺望の中で、とりわけ重要なものと見ているものについて、一義的に重要なそれ（第二部の第三～六章）、また二義的に重要と見ているもの（第三部の第七～一〇章）との両方について、なぜわたくしがこの眺望の中で重要と考えているかを述べることにしよう。読者が、なぜ国際政治経済がある種の「誰が何を獲得するか」という問題に帰着するか、つまりわれわれの周囲に見てとることのできる基本的な価値の特定の組み合せに結果するのか、を理解しようと望むにせよ、また読者がある体制を変化させるような解決策を求めたり政策的勧告を必要としているにせよ、それは、わたくしの関知しないところである。いずれの場合にしても、われわれは権力の吟味から出発しなければならない。

構造的権力と関係的権力

本章では、次のような主張が行われている。すなわち、政治経済において行使される権力には、構造的権力と関係的権力の二種が存在するが、現在、世界システム内で国家間、またはビジネス企業間に展開している競争的ゲームにおいてはますます、構造的権力こそが、関係的権力よりもはるかに重要な役割を帯びるようになっている、ということである。関係的権力とは、現実主義的政治学者の手になる国際関係論の教科書で通常扱われているのだが、Aがはたらきかけて Bに何かをさせるような力――Bはこのはたらきかけがなければこうした行動をとらない――権力を指している。一九四〇年に、ドイツは関係的権力をスウェーデンに対して行使し、スウェーデンはその「中立的」国土をドイツ軍が通過するのに開放した。また、アメリカはパナマに関係的権力を行使し、パナマ運河使用の条件を設定させた。他方で、構造的権力とは、世界の政治経済構造を形づくり、決定するような力である。この構造の内部で、世界の政治制度、ビジネス企業、そして（それに劣らず重要なのだが）科学者や専門家たちが行動をしている。この構造的権力とは、後に説明するが、国際経済関係を規定すると仮定されているルールや慣習に関する国際レジーム（これはアメリカ人学者の用語である）を設計したり、討論の主題を設定したりする権力以上のものを指している。これは構造的権力の一面だが、全体像ではない。アメリカが小麦や穀物（イギリスに対してはとうもろこし）を交易するやり方に関する構造的権力のために、買手も売手も「先物取引」を行うことによって、危険をヘッジしている。ロシアでさえも、穀物を購入するときはこうしたやり方を受け入れなければならない。ロンドンのロイズ銀行は国際保険市場での大立て者である。ロイズ銀行は、群小保険業者や引受人たちにとっての大きなリスクを大再引受業者に「販売する」ことを可能とさせる。こうして保険システムは、大きなリスクを引き受け管理するので、大国や再引受業者に集中するのである。保険を必要とする人はだれでも、こうしたやり方を受け入れなければならない。要するに、構造的権力とは、どのように物事が行われるべきかを決める権力、すなわち国家、国家相互、または国家と人民、国家と企業等の関係を決める枠組みを形づくる権力、を与えるものにほかならない。ある関係を結んでいる当事者間の相対的権力は、当事者の一方がこの関係が結ばれる周囲の構造を決定する力をもっていれば、それに左右されることは当然である。

わたくしにとっては、政治経済学における権力の分類をこのように理解することが、権力を経済力と政治力に分けるよりもはるかに有用であるように思われる。ある人が多くのお金をもち、それを使うならば経済的権力があるという。つまりこうした人びとは購買力をもっている。かれらはまた、他の人びとが切実に欲しているようなものを販売しているとき、経済的権力をもつといわれる。こうした経済的権力は、売手が一人だったり、または要するに、独占力や寡占力をもっている場合に、それだけ大きい。かれらはまた、他の人びとに生産させ、またはサービスを販売させるように資金を融資したり、資本を投資したりできるとき、経済的権力をもつといわれる。銀行は、信用をコントロールすることによって経済的権力をもつ。同様に、われわれは、人びとが国家機関やその他の制度を動かし、またそれらを自分たちの望みにそって動かしたり、他人の好みを満たすために用いたりすることができるならば、政治的権力があるという。だが、こうした区別につきまとう困難は、特定の状況の下で――とくに国際政治経済学では――政治力と経済力との間に明白な区別を設けることが（後にいくつかの例が示すように）きわめて困難だ、ということである。政治的権力を、購買力や生産を支配する権力、資本を動員する権力ぬきに考えることはむずかしい。そして、経済的権力を、政治的権威によって支持されることなく、つまりもっぱら政府当局によってのみ提供される法的、物理的安全なくして行使することは不可能である。経済的権力をもつ多くの主体が個人であることはもはやないし、あったとしても稀である。このような権力者は、独自の権威ヒエラルキーをもつ法人や国家企業となっており、そこで行われる決定は基本的には経済的というよりも政治的なものである。中堅管理者や職場労働者の行動は、経済的利益が得られるから行われるのではなく、会社の社長や管理職が命令する権威をもっているからそれに従うだけである。それがなぜかを問う必要はない。社長や管理職は将軍で、自分は一兵卒にすぎないのだ。

次に行う議論は、構造的権力とは単一の構造をもつものではなく、四つのそれぞれ区別されるが関連した構造内で見出されるということである。この見方は、構造的権力に関するマルクス派、または新マルクス派の見解とは異なる。なぜなら、これらの学派はわたくしの四つの構造の中でただ一つ、生産構造のみを強調しているからだ。これはまた、ロバート・コックスによる構造的権力の解釈とも異なる。コックスもまた、生産的構造をもっとも重視しているのだ（Cox, 1987）。コックスは、生産を社会における社会的、政治的権力の基礎と見た。したがって、国家は生産構造を支配している特定階級または諸階級の権威を政治面で表現する構築物にほかならない。しかしながら諸国家は、無政府的な世界秩序の中にある。このイメージまたはモデルを図で表すと、クラブ・サンドウィッチ、または何層にもなったケーキのような形が考えられる。つまり、生産が最低の層を形づくり、世界秩序が最上層となり、その中間に国家が世界秩序とその立脚する生産構造両面の変化に対応して横たわっている、という構図である。わたくしが描くイメージはそうではなくて、四つの面をもった三角形、三角四面体のそれである。一つ一つの面は他の三面と接続しており、他の諸面によって支えられている。各面は四つの構造の一つを表しており、これらの構造を通じて権力が特定の関係に対して及ぼされる。もし、このモデルが透明なガラスかプラスチックでできているとしたら、諸価値間の関係を図2のように、四つの面をもつピラミッドの四つの壁の関係として表現することができるだろう。どの面もつねに、または必然的に他の三面より重要とはかぎらない。それぞれの面が他の三面によって結びつけられ、支えられているのだ（図2-1）。

このように構造的権力は、人びとの安全をとくに暴力に関してコントロールする（脅かしたり、守ったりする）立場にある人びとが握っている。また、構造的権力は生存のための財やサービスの生産様式、生産方法を決めたり、支配したりすることのできる人びとが握っている。第三に、この権力は——国家資本主義的であろうと私的資本主義的であろうと、また両者の混合体制であろうと、少なくともすべての先進経済において——信用を提供し、分配する能力をもった人びとが握っている。この信用のコントロールは重要である。なぜなら、信用の供与とは、信用を得るためにはたらいたり、交換をしたりすることなく

図 2-1　国家 - 市場シーソーをめぐる 4 つの構造

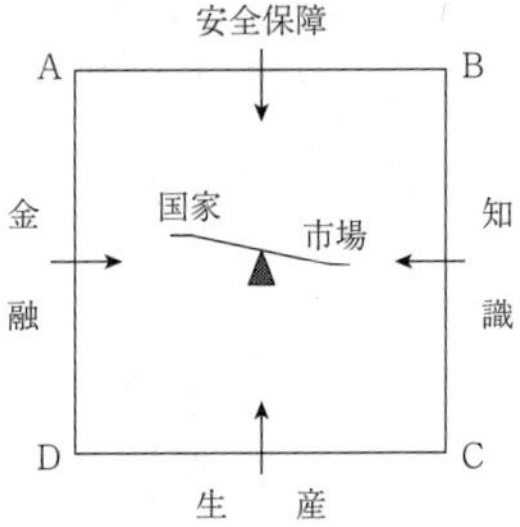

三次元図にすると

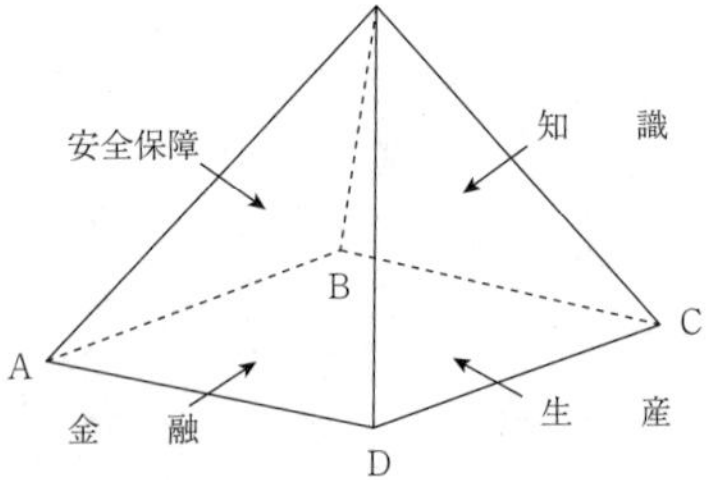

どの構造も他の 3 構造に影響を及ぼすが，どれも支配的構造とはいえない．

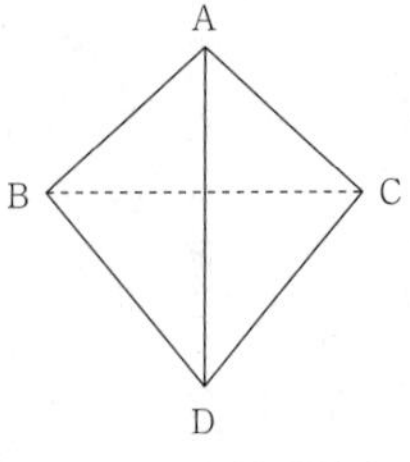

ここで，ACD は生産構造，ABD は安全保障構造，ABC は金融構造，
BCD は知識構造を表している．

して、購買力を獲得できることを意味しているからだ。つまり、信用とは結局のところ、借手の側に対する評価や、貸手の側がもつ相手の返済能力に対する確信に依存して、獲得されうるのだ。最後に、第四の要因として、構造的権力はまた知識を所有したり、知識へのアクセスを部分的にでも制限したり決定したりする人びとによって行使される。また、構造的権力はとりわけ、何層にも重なったケーキ、クラブ・サンドウィッチ型のモデルには適合しない。なぜなら、この権力は、国家、またはその他の「政治的」制度の範疇や枠組みを超えて広がっている可能性が高いからである。しかしその政治経済における重要性は、これをきちんと整理し叙述することが容易ではないにせよ、けっして過小評価されるべきではない。

国際政治経済における権力問題に関するこのアプローチは、結論的にいえば、とくにアメリカで行われている現代の国際政治経済学の多くが前提としている仮説に疑問を投じているように見える。この仮説とは、アメリカが国際体制における覇権を失ったがために、はっきりいえば、世界経済は今のような不安定な状態、不確定性、また無秩序状態を引き起こし、経済的な予測が不可能とはいわないまでも、あてにならないものとなってしまった、というものである。それゆえに、国際経済関係の今日的問題を解決する見通しについては、広範な悲観的または絶望的な空気さえもが広がるようになった。しかし、われわれが提起したモデル、分析的枠組みを用いるならば、次のような結論がもたらされると思う。

つまり、アメリカ政府とこれに依存する大企業は実際のところ、現体制における、また現体制を動かす構造的権力を喪失したのではないということである。アメリカの政府や企業は、この権力の使い方について考え方を変えているかもしれない。だが、これを失ったとはいえない。また、これら四つの権力構造を考えるならば、アメリカの政府や企業が近い将来においてこれを放棄することも考えられない。わたくしのこの結論にはすべての読者の同意が得られないかもしれないが、その場合でも、次のことを述べておきたい。国際政治経済における権力を正しく評価して現実に近づくためには、ここで概略を述べ、本書の後半でさらに展開されるような構造的アプローチ、またはそれに似たアプローチを採用して、相関的権力という通俗的概念を放棄しなければならない、ということである。まして権力をまったく無視してきた理論経済学者たちは、国際政治経済の問題にアプローチすることさえできないだろう。

本書の残りの部分で、世界政治経済における構造的権力の諸様相、または諸源泉のそれぞれについて、さらに立ち入り、展開しようと考える。これは、基本的にはわたくしにとって歪んでおり、視野の限られた国際経済関係アプローチをもてあそぶことから遠ざかる試みである。これはまた、構造的権力の四つの基本的源泉を把握した上で、従来の研究方法に代わるアプローチを展開する試みでもある。ひとたび、これら構造的権力の源泉こそが重要であることが理解されるならば、国際政治経済における貿易、援助、エネルギー、国際交通システムなどの諸主題は実際には二次的な構造の問題だ、ということが示されるだろう。これらの問題が重要であるのは、偶然的なことではなく、安全、生産、金融、知識という四つの基本的構造によって形成されたものだからである。もし、わたくしが長大で詳細な教科書を書くとすれば、国際経済の諸部門の若干、たとえば穀物、魚、鉛、鉱物、自動車、武器、コンピュータ、織物、玩具、フィルム、広告、保険またはデータバンク・サービス等を扱うような章を設けることができただろう。しかし、本書の目的は、大部分の教科書のように読者に対して著者が国際政治経済に関して知るべきだと信じていることを教え込むのではなく、著者が国際政治経済の研究をする際に注意を向けなければならないと考える諸問題について、例をあげてこれを論証することを目的としている。したがって、わたくしは個々の部門別の研究に立ち入ることが必要であるとも、また望ましいとも（実際、本書が読者に手軽く読まれることを目的とするならば）思わなかったのである。

構造的権力の四源泉

この四面からなる構造的権力の概念をいくつかの例によって検討する前に、この概念が立脚している四つの源泉について多少敷衍しておこう。これは、常識的な話の域を出るものではない。しかし、常識はしばしば「国家」の性質に関する難解な象牙の塔内部の議論や、非常に抽象的だったり、ある場所、ある社会、人間経験のある時期にのみ立脚した狭い「権力」の定義によって曇らされているので、当たり前のことをもう一度ここで述べておくことが必要のように思われる（自分の常識に自信のある読者は、この後の数パラグラフをとばして読んでいただきたい）。

第一に、暴力的な紛争が個人の安全を脅かす可能性が存続するかぎりにおいて、他の人間にこの脅威からの保護を提供するような人は、安全以外のその他の事柄、たとえば食糧の分配や司法などについても、権力を行使することができる。安全に対する脅威が大きければ大きいほど、それだけ高い代価が喜んで支払われ、保護を与える防衛力がそのまま自分の保護対象に他の種類の脅威を与えてしまう危険も甘受されてしまう。国家の中では、もっとも不安定であると自らを感じている国家が、現在の秩序やある時点または地域で支配的なイデオロギーに対して挑戦する「革命的」国家となり、そのための費用を喜んで支払い、軍事政府、また秘密警察のような「国家保安部隊」を設けるといったリスクを引き受けるのである。

何が、誰によって、いかなる手段を通じて、またどのような土地、労働、資本、技術の組み合せを通じて生産されるか、またそれぞれの生産要素にどれだけ報酬が支払われるべきか――こうした問題を決めるのが誰かは、政治経済において基本的な問題である。これは安全を脅かすものに対する防衛手段を誰が決めるのか、という問題と同様である。コックスや多くの急進左翼の学者たちが主張しているように、生産手段はある階級が他の諸階級に権力を及ぼす基礎である。いかなる生産手段を使用するのか、またこれを変えるか、を決定することのできる階級は、基本的な法制を定め、政治制度を組織し、法的・行政的手続きや先例をつくって、他の人びとがこれに挑戦したり、これを覆すことを困難とさせることによって、生産に対する構造的権力を強め、自らの社会的・政治的権力を守ることができる。今日では、世界中で生産される財やサービスのますます多くの部分が、何らかの形で、世界経済の需要に対応して生産されている。それはもはや必ずしも地方的な必要、趣向、需要に対応しているのではない。したがって生産に対する構造的権力は、国民国家の国境を越える社会的・政治的変化の基礎となっている。かつて国境は、たんに国民文化や言語を隣国から区別するばかりでなく、また国民国家の社会構造や国民経済を他国から区別すべく引かれていた。その役割は今日の国境よりもはるかに大きかったのである。今では国家権力が国家領土内に限られているという意味での限界は依然として存在するが、他の面での国境は崩れてきたので、世界市場を対象とする生産に対する構造的権力がだんだん文化的、言語的、イデオロギー的影響を及ぼすようになってきた。

構造的権力の第三の柱または面は、小さい共同体や発展途上経済にはそれほど妥当しないが、社会体制のいかんを問わず先進工業経済に特有のものとみなされている。実際、金融——信用のコントロール——は他のいかなる要素よりも最近の四半世紀に重要性を増してきた要因であるし、とりわけ国際経済関係、法人企業の競争において決定的な重要性をもつにいたっている。金融の諸側面はしばしば複雑であり、銀行・金融業に従事している専門家たちにとってさえもあまりに技術的、難解で容易には理解しにくいと考えられている。しかし、金融が安全、生産、研究など他の諸面での結果を左右するような権力を備えていることは驚くばかりである。構造的権力の四つの側面の中でも、これはマルクス主義者やラジカル派の学者たち――かれらは生産に関する構造的権力については説得的な議論を展開してきたのだが――がほとんど理解していない側面である。これら左翼の学者の多くは依然として、投資する前には今年増加した利潤をためて資本を蓄積しなければならず、資本主義は何らかの形で資本の蓄積に依存している、という古めかしい観念を玩んでいる。かれらに理解できないのは、ある先進経済で投資されるのは貨幣ではなく信用だということである。また、この信用はたえず創造されうるのだ、ということも理解していない。信用を蓄積する必要はないのだ。それゆえ、信用をつくり出す能力に関して他人の信頼を獲得する人間は誰でも資本主義経済――または社会主義経済でさえ――をコントロールするだろう。工業、そして農業でさえもハイテク時代における金融需要は非常に大きいので、最近四、五〇年間、世界の経済成長は、利潤の蓄積を待っていたとしたならば、けっして実現できなかっただろう。そうした巨額の資金需要はただ信用の創造を通じてのみ充足されてきたのである。

最後に、これは第四の点だが、知識は権力にほかならず、他人が尊重し、求めるような種類の知識に対する他人のアクセスを実現したり、獲得させたり、または拒否したりすることのできる人間は、誰でもきわめて特殊な種類の構造的権力を行使するのである。これはまた、知識に対するアクセスを所与とした場合に、知識が伝達されるチャネルを統制できる人間についても同様である。かつて、僧侶や賢者はしばしばこのような支配的な力を王や将軍たちに対して行使した。この構造的権力はきわめて微妙で、すぐ掌中からのがれていくような性質のものだったので、この権力に対する統制を維持しつづけるのは容易なことではなかった。そのため、どんな宗教でも僧侶たちは、かれらの権力を軍人や貴族たちよりもはるかに嫉妬深く囲い込んで守っていたのである。俗人たちを外側に退け、無知の状態にとどめておくということは、知識に対する構造的権力を保持する必要不可欠の手段であった。今日、関係的権力を獲得し、他の種類の構造的権力——すなわち、安全、生産、金融——を強めるためにもっとも求められている知識は技術である。新素材、新生産物、植物や動物を代替する新しいシステム、情報を収拾しストックし、引き出す新しいシステムなどに関する先進技術はすべて、構造的権力とともに関係的権力に対しても道を開くものである。

これら四つの種類の構造的権力に共通しているのは、これらの権力の所有者が他人に対して、ある特定の決定または選択を行うべく直接的に圧力をかけることなく、他人がもっている選択の範囲を変えることができる、ということである。このような権力は「目に見える」ものではない。他人に対して開かれている選択の範囲は、さもなければ他人がもたなかったであろう機会を他人に与えることによって広げられる。そしてこの範囲は、他人が考慮に入れていたよりもはるかに大きな費用や危険を課すことによって制限される。こうして他の人びとにとってある選択はより困難となり、他方で他の選択がいっそう容易となる。母親か父親がこういうとしよう。「もしおまえが利口でよく勉強するならば、誕生日に自転車を買ってあげよう」。この場合、子供にとっては、よく勉強をすることと友達と遊びに出ていくこととの間の選択は依然として自由である。しかし両親の構造的権力が家族の予算を左右するということによって、この場合の選択は勉強をする側に大きく動くであろう。国際政治経済から他の例をとってみよう。巨大石油会社は石油を探査しこれを販売する権力をもっていた。一九五〇年代、六〇年代に産油国は石油会社に利権を提供していた。しかし会社がその代償として生産について支払う利権料により、これらの会社は政府に対する構造的権力をかち得ていたのである。政府は追加的な収入なくしてやっていくことを選択できただろう。しかしこの利権料は他の可能な所得源泉のどれよりも大きかったので、選択の範囲、いくつかの方法の間の比重については、石油生産、石油販売に関する構造的権力がこれを大きく左右したのである。産油国が生産に関する石油会社の構造的権力に対して挑戦を行うにいたるのは、ただ産油国が石油事業についての知識を手にいれ、会社からの利権料を貯めて資金力を強めてからのことであった。それまでは、一九五一年のイラン、その後のインドネシアの例が示したように、石油会社を追い出す費用は多くの場合きわめて高いものについた。

わたくしが提起した四面体のプラスチック・ピラミッドのイメージについて、もう一つ述べておきたいことは、それぞれの面が他の三面と結びついている、ということである。それぞれの面は他の諸面と合わさっている。これは、たんに一つの土台にのっているということではなくて、これらを結ぶ諸点によってバランスが保たれているのである。それぞれの面——安全、生産、金融、知識プラス信念——のどれかが他の三つにとって基本的である、ということはありうる。しかし他の諸面が一つの面に対して永久に依存しており、後者の他面への依存度がそれに比べて小さい場合には、後者の一面が支配的であることを意味している。これは必ず起こることではないし、またつねに妥当するともいえない。

たとえば、国際関係の面での現実主義者たちは次のように主張している。結局のところ軍事力、そして他人の服従を促すような強制力を使用する可能性こそが重要なのだ、と。論理をつきつめれば、これは疑いもなく真実である。しかし、現実の世界においては、すべての関係がこのような圧力に従っているとはいえない。どんな決定もこのような極端な場合まで進むわけではない。多くの時、多くの場合に、強制力がある決定をもたらす選択に何らかの影響を与えたにせよ、これらの決定が全体としてみれば強制力に依存しているわけではなく、また強制力が権力の唯一の源泉であるということも事実ではないことが見出される。

いくつかの例

構造的権力が、たんに一つの源泉からだけではなく、複数の源泉から同時にもたらされるということ、つまりプラスチック・ピラミッドの一つの面ばかりでなく、複数の面からもたらされるという事例をいくつか見ておこう。一九四八年にアメリカは、ヨーロッパで、ソ連以外のいかなるヨーロッパの強国よりも通常兵器において優位を占めていることを示したばかりであった。また、アメリカは広島と長崎で非通常兵器では原子爆弾という大量殺戮兵器を独占している(一時的だったが)ことを通じて、ソ連および他のすべての国に対して優越していることを示した。しかし、この種の戦略力はそれだけでは西ヨーロッパでの経済的生活の歯車をふたたび動かすには十分ではなかった。ヨーロッパ産業の復興のために食糧や資本財を提供する生産的権力なくしては、また当時どこでも受けとられていたドル通貨で信用を供与する金融的権力なくしては、アメリカはこの国が行ったようにマーシャル援助の受入れ国に対して権力を行使することはできなかっただろう。また、アメリカの構造的権力は、安全保障構造、生産構造、金融構造のうちでどれかに優越するということで立脚したのでもなかった。アメリカの権威は海外諸国で、アメリカが自国の国民と同時に他の諸国民に対してもよりよい戦後の世界をつくり出すべく力を行使している、という一般的な信念がひろがったことによってさらに強化されていた。ルーズベルトは、アメリカの戦争の目的として四つの自由を掲げたし、アメリカが一九二〇年時（第一次大戦後、創設された国際連盟にアメリカは参加しなかった）のように心変わりをしない証拠として、国連をサンフランシスコに誘致していた。トルーマン大統領は議会での最初の演説において、ルーズベルトの立場を支持し、アメリカは自由とよりよい物質的な生活を求める人びとを助けると固く約束をした。アメリカの信念に対する信頼がこの国の道徳的権力を強め、それがまた他の構造的権力の諸源泉を強化したのである。

もう一つ、部分的には思想の力からもたらされた権力のずいぶん違った例として、イランでシャーの退位後にアヤトラ・ホメイニとかれの信奉者たちによって行使されたそれがある。シャーが欲望と権力への渇望から、たんに外国の操り人形となったばかりでなく、伝統的なイスラム教の価値にとって無縁、または害を及ぼしさえする文化や物質主義的な思考にとらわれてしまったとする見方こそが、シャーの政府の崩壊とシャー自身の亡命に大きくあずかって力あったのである。ただし、アヤトラたちがイスラム教の美徳を擁護し宣揚する力は、もしかれらが国内外で権威を固めるために十分なだけ国家や軍隊に統制を及ぼしていなかったならば、ごく限られたものにすぎなかっただろう。疑いもなく思想の力は不可欠なものであった。しかし、その力が発揮されたのは、それが軍事的能力と経済資源と結びついて事態の動きを左右すべく使われたからであった。

構造的権力は、部分的には思想に発するが、また部分的には強制力や富にも発する。これは国家、または政府権力を握っているものに限られてはいない。たとえば、マフィアはその支配下にある人びとの服従をかち得るために暴力による脅し——そして暴力そのもの——を用いている。マフィアは保護すると称して人びとからあがりをとりあげる。しかし、マフィアがかくも長期にわたって勢威をふるってきたのはまた、古く単純で固定的な社会の信念に根ざしているところが大きい。つまり、家族、親分、名誉など個人的な関係に対する忠誠心こそが大事だという信念である。国際政治経済における勢力としてマフィアが存続してきた事実を過小評価すべきではない。マフィアの仕事の詳細は秘密のベールに覆われているが、国際的な麻薬取引、武器取引、金融操作などにより、マフィアは非政府的権威の重要な源泉の一つとなっている。かれらの権威はそれでも、国家に根ざす構造が国境を越えた麻薬や武器取引の規制、金融取引の規制などに弱点をもたなければこれほど強大なものとはなっていなかっただろう。

基本的な構造に関する弱点や強さによって、国家間、また他の諸機関との権力関係は影響を受ける。たとえば、一九三六年にヒットラーがラインラントの再軍備化にのりだしたことを考えてみよう。この地域は、第一次世界大戦後ヴェルサイユ条約によって非武装地域と宣言されていた。この地域はヨーロッパの安全保障構造におけるクッション、または緩衝地帯と考えられており、ドイツが再びヨーロッパ戦争を引き起こすのを防ぐ役割を果たしていた。ところが、ヒットラーが軍隊をこの地域に進めたとき、かれはたんに「不平等条約」を告発するだけでは十分ではないことに気がついた。かれは以前に何度となくこうした告発を声高に叫んでいたのである。この構造の弱みを明らかにするために力のショーが何度となく繰りひろげられた。ヒットラーの軍隊が抵抗に遭遇しなかったのは、フランスが軍事力を欠いていたためではなかった。実際、当時フランスの軍隊はおそらくドイツの軍隊よりも、兵力においても空軍力においても勝っていた。フランスの力が弱かったのは、イギリスとの間に意見の相違、とくにヴェルサイユにおける解決法が賢いかどうかについて意見が分かれていたからである。イギリスは依然として、ドイツと直接交渉し、またドイツを出し抜くためにイタリアと外交的取引をすることによって、戦争を回避することができる、と考えていた。問題をどうとらえるか、また何をなすべきかについての信念、これらの点について英仏間の見方が大きく違っていたために、かつての同盟国から安全保障に関する構造的権力が欠落してしまったのである。一九三六年に英仏が傍観していたことにより、ヒットラーはこの両国が抵抗する意思を欠いているとみなすにいたり、さらに、比較的低出費でオーストリアとチェコスロバキアを侵略し、重要な軍事的勝利をおさめたのである。関係的権力のみならず、諸構造の強固さに関する見方が、この場合には重要な結果をもたらすことになった。

もう一つ別な例をあげておこう。これは市場に関する強制的な構造的権力を使用した例である。第一次世界大戦時に、また第二次世界大戦時にもそうだったが、イギリスとアメリカが海軍力を使用して中立国との貿易に介入した例である。この両国の目標は、敵国に商品を売ろうと望んだ無実の平和的な貿易業者たちであった。これら貿易業者たちの船は航海中、両国の海軍パトロールによっていつでも停船させられ、もし船長が出発港で英米両国政府により発行されるナヴィサートと呼ばれる書類——旅客船、貿易船双方とも敵国に向かわないことを確認する書類——を呈示することができなければ、船も積荷も没収される、と宣言された。連合国海軍が中立国の商船に対して関係的権力を行使することは、きわめて偏った安全構造の中で貿易が行われるという状況の基礎を形づくり、またその必要条件となった。この状況が受け入れられ、商船が両海軍国によって課されたルールに従ったために、このやり方は短期間ではあったが、レジームまたは権力構造と似たものとなった。そして、このレジームが解体されたのは、海上での英米両国の構造的権力が衰退したからではなく、大戦の終了とともに連合国が、もはや市場を歪め、それに介入するような安全構造のための権力行使を必要としなくなったからであった。

社会科学の限界

さまざまな構造的権力が、ある体制の下での分配関係、またいくつかの価値組み合せに影響を与えるという重要な問題について、世界の政治史、経済史から多くの例をもってくることは容易である。また、いかに関係的権力が構造的権力に転化し、実際には政治力と経済力とを区別することがむずかしいか、を証明することも容易である。要するに政治経済を見る上で新しい方法を開発すること、それをいくつかの例で論証することが必要なのである。なぜなら、今日の社会科学におけるほとんどの著作は、経済的、政治的、社会的現象のいわゆる「グローバル化」を知的に受けとめることができていないからである。わたくしの試みはベストとはいえないかもしれないし、また他の人びとによって改善されることができよう。しかし、世界経済の政治学を解明すると称してきた多くの社会科学においてその限界があまりに明白となっているので、新しい見方、新しい分析的な枠組みがかつてなく必要となっているのである。

しかし、読者はこう尋ねるかもしれない。これら社会科学の限界とは何か、なぜこうした限界のために国際政治経済学の発展が阻まれているのか、と。この二つは大きな問題である。これらの問題を包括的に扱うことはできないが、ここで簡単にそれぞれの問題について答えの方向を示しておこうと思う。

主に、この限界は主要な三つの社会科学――経済学、政治学、国際関係論――のこれまでの歴史に基づいている。経済学と政治学はともに二〇世紀初めに発達したが、その過程では、国境によりそれぞれ異なる政治的・経済的体制が、あたかも動物のそれぞれ異なった種、または犬や馬のそれぞれ異なる血統のように、それぞれ区別して研究され、分析され、または比較されてきたし、それが実際の目的にかなうと考えられてきた。第三の国際関係論は、戦争と平和という問題意識に集中してきたので、この学問での主要な「アクター」、または登場者は国民国家であり、また世界秩序以外の問題をここで扱うことは困難であった。それは、国際政治学の最近の教科書の表題からも知られるとおりである。世界のさまざまな出来事について、学生たちが世界経済という問題について緊急の答えを求めようとしているときに、学問の専門化や学問分野間の嫉妬意識等によって、三つの社会科学間に障壁が築かれ、学生が同時に経済学、政治学、国際関係論を多少ずつ学ぼうとしても、それらが相互に適合しないということを見出すのが落ちだった。学生たちは、正当なことだが、こうしたそれぞれの学問の切り抜きパズル的なやり方が一つの全体像を構成しないと不満の声をあげてきたのである。

もちろん、こうした事態の重要な原因の一つは、経済学の研究から権力という問題が脱落してきたことによる。これが、現代の経済学者たちが好んで誉め言葉として用いる「厳密」「正確」「エレガント」等という言葉によって示されていることの内実である。これは実際上近視眼的な見方にすぎないのだが、そのためK・W・ロスチャイルドは数年前に次のように述べた。

「他の主要な社会的分野と同様に、個人は地位をめざして戦っている、と仮定するのが妥当だろう。つまり、経済ゲームにおいても権力がある人間の地位を改善するために用いられるのである。そして、経済的な立場を利用して権力を引き出し、また権力や権威を引き出す試みが行われる、と考えてよいだろう。したがって、権力は理論面であろうと応用面であろうと経済学においてたえず繰り返して扱われなければならない主題なのである。それにもかかわらず、最近一〇〇年間の経済理論の主要な流れを振り返るならば、そこには権力に関する考察が不思議にも欠落していた、といわなければならない」。(Rothschild, 1971 : 7)

つまり、経済理論家を驚かせたり、既存の経済理論によって説明できないようなことが起こった場合には、いつでもそれは「外生的要因」、または「外部からの衝撃」と呼ばれてきたのである。政府であろうと市場での作用であろうと、何らかの権力要因が介入するということをもともと想定もしなかった経済学者たちは、このような衝撃に揺さぶられてきた。そして、経済理論の前提と一致しない行動は、もちろん、いかにそれが普通の人間にとって重要なことであろうとも、恭しく「非合理的」と呼ばれ、経済学の枠内にこれを組み入れようとすることはけっして行われなかった。

何人かの経済学者たちが、公共選択の理論を展開してこの非現実的な理論の鎧を壊そうと試みたことは事実である。この理論によれば、経済主体は利得を極大化し、費用を極小化するように努める。しかし、少なくともわたくしには、この理論からもたらされる利益は経済分析がもつ前提によって限定されてしまっているように思われる。つまり、人びとはいつも、まずなによりも、あらゆるものを安価に獲得しようと努めるので、費用こそがあらゆる人間行動の究極の決定因である、という前提である。一般的にいえば、応用経済学または記述的な経済学が、半世紀近くも経済学という学問分野の片隅におかれてきたことは情けない。というのは、現実世界や、物事の動きに実際に影響を与える政治的要因や、歴史的経験に注意を払うことが必要な開発経済学や、その他の農業経済学、交通経済学など専門的な分野で仕事をしてきた経済学者たちに対しては、上記の非難はそれほど当てはまらないからである。開発経済学者が、たとえば、輸出向け商品の市場をその内外ではたらいている政治力を考慮しないで検討することは不可能である。ある開発経済学者の著作から引用しよう。

「市場の動きは自然に進み、そこでの動きは経済的必然性から生じる因果関係によって決まると、経済学の議論は仮定している。——しかし、市場が社会的・政治的システムから発生すると見なすならば、そこでの動きはある種の経済的・技術的変数を所与として、政治的決定や制度的メカニズムによって起こったり、停止したりする、と考えるのが妥当だろう。これは国家のレベルでも、また国際的レベルでも同様である」(Vaitsos, 1976: 114)。

ヴァイツォスは、さまざまな財やサービスに関する市場は、部門ごとに、また時間的に異なる決定や制度の産物であって、政治的権力や政治的利害を排除した分析になじむものではない、ということを正しく指摘している。

また、普通の人は人間行動を描写するのに、たとえば「あつものに懲りてなますを吹く」といった諺に表されるように、ある種の常識をもっているが、これが経済理論に適合するとはかぎらない。原因と結果との間にある種の遅れが生じることは、経済理論も理解し、これを説明しよう(あまり成功しているとはいえないが)と試みてきた。たとえば、為替レート変化の利益があらわれるのには時間がかかるが、その一方で、輸入品コストはただちに上昇することから起こる有名なJカーブの例のように。しかし、最近の経験によれば、人間の経済行動は多様な結果をもたらすが、これが経済学者たちにはきちんととらえられていない。保険会社にとっては常識のことだが、将来のリスクをどう評価するかは部分的には、良きにせよ悪しきにせよ、過去の経験の影響を受け、必ずしも期待されるような費用によって評価されるわけではない。同じく、たとえばより良い生活といった将来の可能性をどう評価するかは、その人の人生体験が厳しければそれだけ強いものとなり、その結果、機会の評価も、貧しく飢えた人たちにとっては、豊かで快適な生活を送っている人たちよりも、より大きなものとして認識されるだろう。

他方、政治学者たちは、権力がある特定の社会的・経済的構造の枠内で行使され、ある種の立法的な限界や制度的な影響に服従していると仮定する傾向がある。比較政治学の最良の研究書も、個々の国家や意思決定に関する国民的システム間の共通性や差異——どちらかといえば、差異のほうが多いのだが——に関心を集中し、世界経済からもたらされる共通の要素、たとえば資本、技術知識、病気、あるいは思想等の大きな移動性といった要素を考慮に入れなかった。ダール（Dahl, 1961）がコネティカット州のニューヘヴン地方政府について多様な種類の意思決定権力を分析したときに用いた古典的なモデルは、コックスとジャコブソン（Cox and Jacobson, 1973）が国際機関の意思決定について同じモデルを適用したときにはそのまま妥当しないことが明白であった。というのも、国家が一度宣言したことを引っ込めたり、拒否権を行使したり、同意（または拠出金）を撤回したりする自由をもつために、国際機関が憲章や規約をもっていたにせよ、権力の行使については地方政府の場合よりもはるかに流動的であり構造性に欠けているのである。この場合には、国民国家の法制が所与のものと考えられている。たとえ、政治学者たちが国家間の差異を検討する際に、法律が強制力、そして、または不平等な富からもたらされたと見たにせよ、またさらには国民的な志向、理想、価値等についての一般的な同意からもたらされたと見たにせよ、いずれの場合にしても法律がこうした権力を制度化し合法化することを前提として成り立つと考えている場合においても、かれらは法制を所与のものとして扱う傾向がある。

経済学者たちが権力を無視し、政治学者たちがもっぱら権力が国家内でどのように行使されるかについて関心をもってきた一方で、国際関係論の分野では、多くの学者たちが、ある国家が他の国家に行使する相関的権力にひたすら関心を集中させてきた。かれらは多くの場合、構造的権力、または構造を決定する権力、すなわち、どのようなゲームを行い、そのゲームを展開するためのルールをどう決めるかという権力等を考察することを無視し、またはこれを考えることを拒否さえしてきた。これは、あたかも次のようにいっているようである。「この男はこの女に対して相関的権力をもっている。なぜなら男は女を叩きだすことができるからだ」。こういうことは、男性支配型の社会構造こそが男に社会的な地位、法律上の権利、そして家族の資金に対する支配権を与えているので、女がいわれたとおりのことをしているかぎりにおいては、女を叩きだすと脅かす必要さえも感じないほどである、という事実を忘れているかのようである。第二に、これら国際関係論の学者たちは、国家間で権力が行使されるやり方に関心を集中しているために、他の諸社会集団や諸組織の問題を排除してきた。したがってかれらは、対象とする国家を一つの同質的な単位として扱い、物神化する傾向を示したのである。

第三に、この学派は権力の源泉となる資源を、もっぱら国家間の関係において用いられ、そこにのみ適用されるような資源についての見方に限定した。その古典的な例はクラウス・ノアの『諸国家の戦争能力』と題した本である。この研究は、領土、人口、原料、武力、外貨準備等を列挙したが、結果としてはこれらの要因を合計してどの国が最大の権力をもつか、また国際紛争においてもっとも有効であるような資産の組み合せは何か、を予言することはむずかしいと結論せざるをえなかった(2)。

国際関係論のすべての学派が、これら三つの種類の批判の対象となるわけではもちろんない。マルクス学派、そして第三世界(とくにラテンアメリカ)の従属学派は、構造的権力の重要性をよく承知していた。だが、かれらは構造的権力の解釈を生産構造および貿易構造に限定する傾向を示した(第四章を見よ)。国際関係論で複数のアクターの作用を重視する人びとは、国家間の関係を超える多国籍企業や国際機関等非国家アクターの重要性を指摘した。しかし、かれらがこれら国際関係面での複数のプレイヤーを重視するのは、国家Aの国家Bに対する行動を助けたり妨げたりするという形でプレイヤーが介入する場合であるように見える。かれらはこう問題をたてる。非国家的アクターは外交ゲームにおいていかなる役割を演じるのか。国家間の関係を超えて非国家アクターがもつ構造的権力がどのようなものかと問われることはめったにない。ナイとコヘインの理論的な枠組みは、構造的権力を二義的なものとしてしか捉えず、国際レジームまたは国際組織における国家の順位づけにもっぱら関心をはらっている。これは、世界経済における諸国家の相対的な重要性を測定することを目的としたものである。しかし、これは諸国家の構造的権力を示しはするが、他の種類の構造的権力を表しはしない。その意味で、かれらの理論的枠組みはむしろ歪んだ鏡でしかない。つまり、いくつかの国家が歴史的・政治的理由からある組織から排除されていたり、またはある機関での投票制度が現在の権力分布よりもむしろ過去のそれに基づく場合もあるからだ。

これら国際政治経済に関する三つの主要な社会科学のヴィジョンに問題点が見出されるということは、疑いもなく国際政治経済学自身の発展を阻害した。これらの問題点は研究や教育にとっての障害となった。その結果、国際政治経済学の展開にとって有用な貢献はこれら三つの学問分野以外からもたらされた。たとえば、法律家、歴史家、社会科学者たちである。とりわけ近年、社会学者たちはあらゆる人間社会に適応可能な単純な一般理論を求めることを退けて、ヨーロッパばかりでなくアジアや中東の社会の歴史に入りこんで、社会の中でだれが権力をもっているのか、これらの権力源泉はなにか、そしてこの権力は

なんの目的をもって用いられているか、等という普遍的な問題の手掛りを得ようと努めている。(3)

国家それ自体が、社会的一体性とか強靭な市民社会とかいった、目に見えない、計量化することもできない資源の重要性を明確に認識している。こうした資源は、土地面積とか人口とか、時には軍事力等の面でさえも国家のもつ欠陥を補って余りあるのだ。国家はしばしば、食糧やエネルギーの自給力、またはこれらの資源や原料に対するアクセス手段の安全保障等をすすんで重視し、その資源観はきわめて包括的である。ある場合には、通信システムや海路・空路の支配、技術力や熟練力をわが物とすること、また自国民が他国で尊敬され共感の対象となること等をも含んでいる。たとえば、社会主義国がキューバを支援したり、スイスが安定性と中立性の評判を世界にかち得ていること等がそれである。

この点に関して、複数アクターを重視する学派はここでも独自の見方を展開している。たとえば、ナイとコヘインの『パワーと相互依存』は、「感受性」(世界システムからの何らかの損害の受けやすさ)と「脆弱性」(その損害を限定する能力によって高められた感受性)との区別を展開し、世界システムにおける諸国家の相対的な権力状態の分析にまで問題をひろげている。しかし、この見方は依然として諸国家の受け身性、脆弱性に限定されているのである。このシステム自体でなにが起こるかを決定するについて重要な四つの要因をわれわれはあげたが、政治力とは「諸国家間における権力資源の配分」から発生する構造

(「世界の全般的な権力構造」)として取り扱われる(六二〜六四ページを見よ)。これは、しばしば他の二つの要素——その問題領域における諸国家の権力、そして国際機関による国家権力の修正——によって影響を受ける。しかし、ナイとコヘインはもっぱら経済過程のみを問題としているのであり、もっとはっきりいえば、貿易体制や国際レジームとして合意されたある組み合せのルールの下では国家にとって事態がどう展開するか、を問題としているのである。こうした実際的な目的のための分析は、結局は国際政治経済の四つの構造を通じて権力がどう配分されているか、という問題に目を塞ぐことになる。

取引ネットワーク

構造から出発することは、問題の半分しか解決していない。次に重要なことは、そこからどこにいくか、具体的な状況を分析して、より詳細に政府、政治運動、企業等がもつ可能な選択の範囲を明らかにするにはどうすればよいか、そして、この選択に続いてどのような可能なシナリオが考えられるか、に取り組むことである。わたくしは、世界的なコンテキストの中で貨幣と金融の歴史を研究し、またグローバルな規模での農業、工業、サービス業を検討してきた経験から次のような提案をしたい。つまり、どのような状況でも主要な取引関係を見出すことからはじめ、ついで、どの関係が変化しえ、どれが変化しないかを決めて、関係アクターのそれぞれにとっての選択の範囲がどうなるか、を研究することである。

まず考慮しなければならない基本的な取引関係は、政府と市場の間のしばしば暗黙のうちに交わされているそれである。こうした暗黙の協定の最古で単純なものの一つは、中世ヨーロッパの王侯貴族と、かれらに税金を支払い特許状を得て大市に参加したり地方の市に店を出したりする市民との協定であろう。このルールに従って、市民たちは市場にアクセスを得、またある場合には最低の秩序安全の保障を得ることができる。買手も売手も、交易から利益をあげる。政府以外の権力もこのような基本的な取引を行うことができよう。ウィンブルドンではイギリス・ローンテニス協会が観客の入場に対して価格を設定し、プレイヤーのだれを選ぶかについてルールを決め、クラブ・メンバーと加盟テニスクラブ・メンバーのために若干の座席を留保する。もしこのクラブがすべての座席、またはあまりに多くの座席を留保すれば、市場に関する――公衆との――取引関係は壊れるだろう。もしクラブのルールによりあまりに多くの優秀な選手が排除されれば、その場合にも市場は狭くなり、取引関係が壊れるに違いない。オリンピックの取引ネットワークはさらに複雑である。なぜなら、政府がこの場合には介入し、政治的な背景から、選手が競技すべきか否か、また選手の出場に資金的援助を与えるかどうかを、決めるからである。

指令経済の下においても、官僚的統制というベールの背後で、政府という形をとった権力・権威と、消費者および生産者という形をとった市場との間にある種の取引が行われる。国家の権威を保つために、生産者（管理者および労働者）に対してふさわしい報酬を与え、消費者に販売される財およびサービスを生産するのに十分効果的な誘因を与えるという取引が必要となる。ある種の財が売れず、資源が効果的に使われないという浪費に目をつぶることはできよう。それは民間企業体制ででも、やり方は異なっても同じことなのだ。しかし、あまりに多くの浪費が見られるならば、消費者との取引関係がむずかしくなるだろう。生産者および消費者双方に取引が行われるやり方についての不満が高まった事例は、一九七三年、および一九八〇年代初頭のポーランドで見られた。このいずれの場合にも、政府は困難な立場に陥ったのである。戒厳令や強制力が不満足な取引関係を支えるために用いられなければならなかった。この場合に、取引ネットワークにおいて弱い環が存在した。一つは、ポーランドの「連帯」が労働者ストライキを指導したにもかかわらず、かれらを再び労働の場に就かせる能力をもたなかったことである。第二には、政府が、賃金取引を裏づけ、労働者の増加した購買力を吸収するのに十分なだけの食糧や消費財を生産する能力をもたなかったことである。不幸なことに、この状況はアメリカの干渉によっていっそう悪化した。アメリカ政府が制裁を課し、西側の銀行信用の流れが停止したのに対して、これを復活させるべく措置をとらなかったことは、この二つの事例において、両当事者の力をさらに弱めることになった。

同じく重要な一連の取引として――これは政治的権力が多くの国で政府の手に集中するシステムにおいては当然のことなのだが――諸国家の政府間に交わされる取引がある。だが、こうした取引は、多くの専門的研究が繰り返し示してきたように、とりわけ構造的に強力な国家においては、何らかの国内的な諸取引の永続性に大きく依存しているのである。ある場合には、こうした取引は政党間に行われる。ある時には政府とある特定の地方的・産業的利害代表者や労働組合指導者間に行われる。こうした取引が（それほど頻繁ではないが）消費者や環境保護論者のグループとの間に交わされることもある。政治的、資金的あるいは道徳的諸面から見て、誰の支持を得ているかということは、主要な取引の諸当事者間にとってまず確認しておかなければならないことであり、これを明らかにすることが動態的な状況分析にとってしばしば基本的なステップなのである。官僚政治のモデルに関する多くの研究書の最大の弱点は、この点で静態的な分析にとどまっているということである。アメリカの財務省や国務省はある大統領、ある長官の下で政策決定にとって強力な役所であろう。しかし、そうだからといってこれらの役所が、大統領や長官の死、辞職、または次の選挙後も同じ政策決定を行うという保証は何らないのだ。

この点で、ネオ・コーポラティズムという主題について政治学者たちが積み重ねてきた業績は興味深い。ネオ・コーポラティズムとは、市場経済体制をとる民主主義諸国で実践されている方式である。つまり、国民経済の運営に関して、政府機関、また産業・銀行・

農業・商業の経営者代表、そして労働界および場合によっては農民の代表の三者が取引を行い、協議する体制である。これは、とりわけヨーロッパの小国においてもっとも発展し、成功をおさめてきた。また、日本、台湾でもやや違ったやり方ではあるがとられてきたが、これは欧米ではよく知られていない。韓国でも同様だが、この国の場合には成功度はより低いように思われる。オーストリア、ついでオランダ、スウェーデンがネオ・コーポラティズムの代表とみなされている。賃金や物価に関する毎年の協定が成功するためには二つの条件が必要である。一つは、政府の政策が、資本と労働との話合いを支持し、その仲介をすること。そして他方では、資本と労働に、双方とも約束したことを実行するという信頼の空気がある程度存在すること。したがって、この取引関係は時間の経過とともに信頼が醸成されるにつれて容易となるが、他方では外的要因――たとえば利子率とか石油価格――により約束が実行されにくくなるにつれて困難となる。この取引の基礎は、国際政治経済関係の中で、可能なかぎり他から区別された自主的な国民国家の生存を重視し、また国内問題の運営について同意を重視する、ということにある。このような同意、そして短期の社会的な利害を長期の集団的な国民的利害に従属させるという考え方をとる必然性は、とくに工業的基盤のための広大な国内市場をもつ大国にとっては小さいように思われる。EU内の大国、つまりイギリス、フランス、ドイツ、そしてイタリアでさえも、政府はネオ・コーポラティズム的解決をそれほど求めているようには見えない。これらの国では、国家も市場もそれぞれ、国家の官僚機関には高い地位を、そして産業経営者たちにはより多くの機会を与え、また労働者階級に対してより多くの安全を提供しているように思われる。これはアメリカの場合にはいっそう明らかである。

今日の世界経済で、徐々に重要性を増しているのは、中央銀行と商業銀行との間のむしろ暗黙の取引関係である。銀行業の性質からして、これは明白なものではありえない。銀行家たちは、もし中央銀行が商業銀行に対して、後者がなにをしようとこれを支える姿勢を示すことが保証されているとしたら、そこには道徳的な危険性がつきまとうと述べている。他方で、銀行家たちは、恐慌が起こった時期に中央銀行が結局は最後の貸手として救済に乗り出すだろうということに確信をもたない場合には、平時において中央銀行の警告には気にもとめないだろうし、またその間接的なさまざまの規制を真剣に受けとめようともしないだろう。これはきわめて微妙なバランスをもった取引関係なのである。

民間企業であろうと国家所有企業であろうと、また銀行についても同様だが、取引の影響は国によって違うし、また産業部門によっても異なる。先に触れたことだが、国際石油産業はとくに複雑に入り組んだ取引関係の総体をなしている。たとえば、一九六〇年代には、七大石油会社間で市場を支配する効果的なカルテルを維持するための取引が行われた。また、石油会社と産油国との間にも取引のネットワークがあった。そして、石油会社とアメリカ政府間にも金融面での重要な取引が存在し、この方式は事実上他の消費国政府によっても採用された。この取引方式とは、産油会社は、その巨大な利潤を石油探査のための投資に向け、新しい油田発見の可能性を増やすかぎりにおいて、国内で納税の義務から免れるというものである。急速に成長する世界経済の需要を満たすだけの十分な原油のたえざるフローを保証する関心が、この取引関係の核心にあった。世界市場の石油需要が急速に伸び、その反面この状態に不満をもった産油国が予期しなかった決定を行ったことにより、この取引関係で弱い環があらわれたのである。

取引関係に注目することが重要なのは、私見によれば、他のアプローチよりも実業界、政府や政界における政策決定者の可能な選択を明らかにすることが可能だからである。国際組織改革について美しい青写真を描くことは快いが、人を欺くような時間つぶしとなりやすい。こうしたアプローチによっては、個々の政府の決定についてては何ごとをも示さないのである。国際連盟の最後の数年間は青写真を描くことに費やされた。その数年後、この時期は、あたかもローマが焼亡していたときにバイオリンを弾いていた時期として追想されることになったのである。また、抽象的な経済理論を宣伝することも現実世界とは何のかかわりをもたない。こうした抽象的な理論はしばしば、「市場条件について完全な情報をもつ無限に存続する家計を前提としよう」といった非現実的な仮定に基づいているのである。現実世界においては、権力をもつ人びとの相互に絡み合う利害関係を無視して、政治経済の永続的な条件をつくり出すことはできない。問題は――これに対しててっとりばやくどこでも妥当するような答えを安易に見出すことはできないのだが――利害関係と権力とのバランスから現実世界を動かす一連の取引関係がつくり出される状況を観察することなのである。

第二部　世界経済における権力の構造

第三章　安全保障構造

政治経済における安全保障の構造とは、ある人びとが他の人びとに対して安全を保障することから生み出される権力の枠組みのことである。守護する人びと——安全を保障する人びと——は、他の人びとが取捨もしくは選択できる範囲を決定し、そしておそらくは制限するようなある種の権力を保持している。この権力の行使によって、安全を保障する側自らが、富の生産または消費面で付随的な特別の利益を得たり、社会的諸関係においてたまたま特別の権利・権益を獲得したりすることはあるだろう。このように、安全保障の構造は、経済の中で誰が何を獲得するのかということに必然的に影響を及ぼしている。この点は重要なことである。たとえば、部族社会もしくは封建的安全保障構造の下では、族長とその戦士もしくは封建貴族とその兵士は、女子や農民の安全を保障する。そして、その見返りとして、立法者および司法者としての権力を保持するだけでなく、食物や生活を楽にするための諸物資、自由の面で他の人びとには認められないような社会的特権をも獲得する。

安全保障は、何といっても人間の基本的ニーズの中でももっとも基本的なものである。仮に読者が誰かによって殺されたとしたら、ただちに、読者が経験するニーズはもはやなくなってしまう。たいていの人間は、死の恐怖を前にして、財産を犠牲にしたり、社会的身分や政治的地位を放棄したり、不正義や自由喪失を受け入れたりしようとする。一九四五年の広島やベルリン、一九一七年のペトログラード、アメリカ人が撤退した一九七五年のサイゴンや一九八六年のベイルートに不幸にも居合わせた人びとならば誰でも、危機に瀕した人間がいかに素早く変身するかがわかるはずである。かれらの念頭にあったのは、いかに生き延びるかということである。かれらの需要曲線は劇的な変化を示し、安全確保が必要なあまり、他の価値は重要でなくなってしまう。

今日のある大都市の中での地域社会に関わるものであろうと、遠い昔の他の形態の社会、もしくは現代の世界社会に関するものであろうと、安全保障構造の分析に際しては、同じ種類の基本的問題が提起される。それは、誰が誰に対して安全を保障するのかという問題であり、また、どのような（一つまたは複数の）脅威を認知して安全を守ろうとするのか、ということである。また、そのためにいかなる代価、代償を支払おうとするのか、という問題でもある。角度を変えて、安全の「消費者」の側からこれらの問題を眺めてみると、問題の立て方はいくぶん異なってこよう。国、法人、社会的集団もしくは個人は、誰に対してより安全な状態を追求するのか。どれほどの安全が保障され、そして、そのための条件は何か、といった形になるであろう。

現代の国際政治経済での安全保障構造は、国家機構を軸に形づくられている。国家は、政治的権威と正当な暴力の独占とを当然の権利としている。しかし、国家は、孤立した状態で存在しているのではない。それは、諸国家からなる一つの社会の中で、他の国家と共に存立している。そして、あらゆる国家が、領土境界内——その範囲を越えることもしばしばあるが——で政治的権威と正当な暴力の独占とを主張している。したがって、国家間の関係は、安全保障構造と世界経済にとって重要な意味をもっている。そこでわれわれが取り扱わなければならない主要問題の一つは、この国際政治システム、この諸国家から構成される世界がいかに十分にあるいは不十分に世界経済に対して安全を保障しているのか、という問題である。経済学者であれば、この問題を無視するという選択肢を選ぶかもしれないが、政治経済学者にとっては、この問いを避けて通ることはできない。

このほかに考察されなければならないのは、システム全体に関わる次の四つの諸問題である。

(1)国際政治システムの中のプレイヤーである個々の国家の性格によって、安全保障のあり方が変化するかどうか。

(2)安全保障のあり方が、市場の役割や工業化、経済発展の段階によって影響を受けるかどうか。

(3)「幾何学的組み合せ」とかパターンもしくは国家間関係とか呼ばれるものが重要かどうか。言い換えれば、諸国家からなる社会において、小国家が多数存在している場合、二カ国が支配的な場合、半ダースほどの大国によって寡占的に支配されている場合のそれぞれについて、安全保障構造の有効性が高まったり低下したりするのかどうかという問題である。これは、国際関係論の研究者にとっては古い問題だが、いまなお重要である。

(4)技術変化、とりわけ諸国家が装備する兵器についての技術変化が、安全保障構造に影響を及ぼすのかどうか。もし影響を及ぼすとしたら、それはどのようなものか。

これらの諸問題は、特定の国の安全保障を対象としたものでは全然ないことに注意されたい。ちょうど他の諸国との関係においていかなる選択を行うのかが外交分析家の関心事であるのと同様に、インドであれ西ドイツであれ、ある国家の政府がどのような防衛政策上の選択をすべきかという問題は、戦略研究の関心事である。この章に限らず本書では、むしろそうした国家による選択がどのような枠組みでなされているのかに対して関心が向けられている。上記の四つの主要な問題に対して簡明な解答を用意することは必ずしもできないかもしれないが、大切なことは、少なくともそれらを問うべきだということである。解答が必ずしも容易に得られないのは、一つには経済学と政治学が分離されているからであり、また、国際関係研究が、多くの場合「戦略研究」と「国際経済関係の政治学」とに二分される傾向にもよる。(1) 国際政治システムにおける安全保障の諸問題、諸論争点に詳しい戦略家が、貿易や金融に関心をもつ人びとと話をしたり、かれらの著作物を読んだりすることはほとんどない。他方、経済関係に関心をもっている人びとが戦略専門家と議論を交わすこともめったにない。安全保障構造の性格を決める上で国家がより大きな役割を担っていることを認める一方で、国際政治経済学者がそれに劣らず大きな関心をはらわなければならないのは、まず第一に、そうした安全保障構造が、諸国家の間にとどまらず、個々人、諸社会集団そして法人企業の間での安全の分配にどのように作用を及ぼしているのか、という問題である。そして次に、そうした学者が関心をはらうべきなのは、組織化された人間社会にとっての三つの主要な価値――豊かさ、公正そして自由――に比較して秩序もしくは安全の方が優先されることに対して、安全保障構造がいかなる影響を及ぼしているのかという問題である。

安全保障の定義づけ

突然の不自然な死から身の安全を守ることは、すでに指摘したように、人間のニーズの中でももっとも基本的なものだが、しかし、人びとが求めているのはこの種の安全だけではない。飢餓に悩まされ続けながら徐々に死に至るといったことがないという意味での安全や、病気、身体的障害からの安全、その他あらゆる種類の危険——破産から失業に至るまで——からの安全がある。仮に国家だけについて考えるとすれば、安全保障の分析は国家存立に対する脅威に限定される。その最たるものは、戦争や征服の脅威だが、国家にとっての脅威はそれだけに限らない。だが、国際政治経済について考察する場合には、企業や個人の安全の問題も含まれ、しかも、それらの存立に作用している要因はさらに多岐にわたり複雑である。したがって、安全保障構造の意味するところと、何らかの安全保障手段を求める個人や社会集団、国家に対して及んでいる異なった脅威を最も有効な形で分類する手法とを、少しでも明らかにしようと試みることは有益であろう。個人や社会集団、国家がどのように安全保障の手段を追求しているのかを見れば、安全保障の構造がある程度判明するし、また、それが見出されているかどうかを考えれば、安全保障構造として描き出される権力の枠組みがもっている分配上の特質について、何らかの知見を得ることができよう。

安全は、自然の力によっても人間の作用によっても脅かされうる。しかも、安全に対する脅威は、地域的なものであったり地球規模のものであったり、また、部分的なものであったり全般に及ぶものであったり、さまざまである。少し考えてみただけでも、気まぐれな自然力——地震、台風、火山噴火、洪水、地滑りや森林火災——から人間を守るためにできることはごく限られていることがわかろう。だが、全人類がこれらの脅威によって安全を等しく脅かされているわけではない、ということも事実である。とりわけ、再発の危険があり、それゆえ予期できる自然災害についてはそうである。日本人は、地震多発を教訓にして、地震に強いビルを建設しているし、アメリカ人は精巧なハリケーン警戒システムを開発している。洪水調節の技術についてもよく知られている――ただし、たとえばガンジス川デルタ地帯では、ミシシッピ川やナイル川、さらにはインダス川の場合と比較しても洪水調節がうまくいっていない。「先進」諸国の特徴の一つとして、危害を加える恐れのある野生動物を絶滅させてしまったり、そうでない場合も人間の管理下に置いてしまったことがある。インドでは、まだ〔野生の〕虎が生息しているが、ヨーロッパでは、もはや〔野生の〕狼を見ることはできない。

とはいえ、個人の身の安全に対する脅威は、そのほとんどが人間による何らかの作用によってもたらされる。それらは、他の個人（犯罪者であろうと精神異常者、重病感染者であろうと）からの脅威をはじめとして、組織的な犯罪や内乱・革命、局地戦争や地域戦争による脅威、果ては大規模な核戦争の脅威――全世界、全人類、地上の全生物を危機に陥れる脅威に至るまで、多岐に及んでいる。(2)

最後にあげた脅威は、おそらく全人類に等しくかつ無差別に影響が及ぶ唯一の全世界的で大規模な脅威であろう。他の脅威については、どれも及び方が不均質であり、当局による取組み方も一様ではない。特定の個人に向けられる（たとえば、暗殺や誘拐）か、（政治団体であれ宗教団体であれ）特定の集団に向けられるかに関わりなく、脅威は、全体に及ぶことなくきわめて不均質に生ずるものであり、また、歴史や地理上の偶然によって起こるものもあれば、作為的に引き起こされるものもある。さらに、それらには、人間やその集団の生命や安全を直接的に脅かすものがあるかと思えば、生活手段（水や食糧、燃料・エネルギーの供給、さらには住居、さまざまな生産要素、種々の形態の財産にまでも及ぶ）に対する間接的な形での脅威であることもある。

だが、自然災害と個人による破壊活動を別にすれば、人間の安全を脅かすその他の脅威は、ほとんどすべてが何らかの意味で権威をめぐる紛争に起因しているといって差し支えない。そして、安全保障構造が脅かされるのは、本質的には、ある政治経済の場において複数の権威が共存するからではないのであって、複数の権威がそれぞれの権威の境界線をめぐって一致しないからなのである。

こうした不一致は、二つの国家の間で生じることもあれば、（アメリカの南北戦争の場合のように）国家と地方政府との間で、また、国家と労働組合や宗教団体、暴力団のようなそれほどには権威がない社会集団との間で起こることもある。政治学において一般的な国家中心の政治モデルでは、国家内部で生じる安全に対する脅威（犯罪、テロ）と他の諸国家から及ぶ脅威（すなわち、戦争、戦略的禁輸・封鎖）とが明確に区分されているが、それは本質的には誤りである。

しかし、国際政治経済というものをたんに諸国家が集まってできた社会としてではなく、全体として眺めてみると、安全を脅かすような権威をめぐる紛争は、明らかに次のような状況の下では必ず生じうる。すなわち、二つの権威が、暗黙のうちにであれ表立ってであれ、対等な立場で共存することに同意しないがゆえに争っている状況と、相対的に弱い立場にある権威者がより強い立場の権威者によって認められた区域を越えるべく努めている状況である。

したがって、安全は、ソ連の権威とアメリカの権威または中国の権威との間での紛争によっても脅かされうるし、地域の警察署長という個人に体化された国家の権威と暴力団のリーダーが有する権威との間で生ずる紛争によっても脅かされよう。このいずれの場合にも、両者が平和的に共存することもあれば、真っ向から争うこともある。こうしたかなり明白で常識的な知見は、複数の権威の共存が安全の源泉であると同時に不安全の源泉でもあるというパラドックスをよく説明するものである。（国際関係を研究する者にとって馴染みのある言葉を用いれば）勢力均衡は、平和の原動力にもなれば戦争の原因にもなりうるということになる。相互核抑止は、安全保障構造の一部になりうると同時に、安全に対する最大の潜在的脅威ともなりうるのである。

国家のレベルについては、政治学の研究では、社会の秩序を維持しようという国家による努力に関心が向けられてきたが、その中では、安全に対する「正当な」脅威と「不当な」脅威――反乱・テロ勢力からの脅威と国軍や国家警察によるもの――とが明確に区分されがちであった。だが、個人については、警察によって誤射されようが銀行強盗によって誤って射殺されようが、結果は同じであろう。こうした間違った区分は、分析を明確にするために政治経済学では放棄されても差し支えない区分である。規範的な判断を行うことは、後でも可能である。しかし、先に示した問題を考察するのであれば、どの程度安全かまたは安全ではないかという見地に立って、規範的判断を持ちこむことなく状況を定義することが、少なくとも最初の作業となる。

政治学や法律におけるこのような偏見と同じものは、革命や内乱による経済的安全保障への脅威と組織的な海賊行為や山賊行為によってもたらされる脅威とを異なったものとして扱う場合にも見られる。生産構造や貿易に及ぼす両者の影響はほとんど同じであり、実際、革命と山賊行為とを見分けることがきわめて困難な場合もしばしばある。中国やボリビア、バルカン諸国にも実在したが、一九世紀のロシアにも、ならず者の集団が栄えた。その中には、最初のうちは政治的反逆者の集団であったが、後に強盗集団に転じて存命したものもある。同じように、一九四〇年代にシチリア島にいた有名なジュリアーノのような、盗賊でしかなかったものがいつのまにか政治的抵抗の先頭集団となり、国家に対する敵として当局から追いつめられた盗賊も存在した。国家の権威によって正当とされた課税と、マフィアその他の対抗的社会集団が徴収する寄付とは、いずれも個人の安全を保護する上での必要な費用を徴収の一形態と考えられるが、両者が、厳密に区分されているのは、もっぱらナショナリズムや国民国家といった捉えどころのないイデオロギーのせいであるともいえるし、こうした区分はしばしば恣意的なものにすぎないかもしれない[3]。

そこで、明らかになるのは、より安定度の高い対抗的社会集団の中にはさらに進んで国家が有する他の機能と競い合うものも出てくるということである。たとえば、中国の秘密結社——知られている対抗的社会集団の中でももっとも持続力があり組織化がうまくいっているものの一つ——では、構成員に課税が行われているだけでなく、規則が作られて裁判や刑罰の執行も行われている。そこでは、内部的な福祉制度が整備され、病気や老齢の構成員を看護したり、子供の養育までも行われている。安定した対抗的社会集団——たとえば、ユダヤ教を媒介にして組織された勢力——は、何らかの意味で安全を脅かしたり経済活動を危険に晒したりするとは必ずしも限らないのである。対抗的社会集団と「正当な」権威との間の境界が明確で、かつそれが問題にされることがまったくないという条件がつねに満たされていれば、両者は共存しうる。イスラエルにおけるキブツ社会がそうであるし、いくつかのアメリカの都市でのマフィアと警察との関係もこうであった。また、北アイルランドのベルファストで、イギリス軍がアイルランド「煽動者」〔独立派〕側に残した「立入禁止」地区での権威についても、このことがいえる。

以上のことから、政治経済学にとって重要な公理が導かれる。それは、安全保障構造が脅かされるのは、対抗的社会集団の存在それ自体に原因があるからではなく、ある権威が他の権威の支配領域や権限に挑戦し、その挑戦が後者によって認知された場合に限られる、ということである。挑戦は、どちらの側からも行われうるのであって、より弱い側——対抗的社会集団とか政治的反逆集団、エスニック集団——が、権威伸張の挙に出てくるかもしれない。より強い権威をもつ側がそうした行動に抵抗すれば、その結果として紛争が生起することが多い。さもなければ、強い側は、何らかの理由で弱い側に対する支配——それが、中国の督軍《とくぐん》やアイルランドの独立派の場合のように領域をめぐるものであれ、何らかのイデオロギー問題や経済的権利、納税義務を含む経済的義務の問題をめぐるものであれ——を主張もしくは再主張する決断を行うであろう。その際に弱い側が強い側からの支配の挑戦を受けとめて抵抗するならば、再び紛争が生起することになろう。いずれの場合にも、結果がどのようになるかは、得られそうな利得、および紛争が生起した場合に余儀なくされる損失のリスク、そして、それぞれの権威を守るためにかかる費用の三点に関しての、まずは挑戦する側によって、次には挑戦される側によって、それぞれ真剣に行われる計算のいかんに左右される。

国家体系における安全保障

国境により一国の権威が限定されることから起こる不確実性についても事態は同じであり、それは、領土国家の複数存在に基礎をおく安全保障構造の大きな弱点となっている。唯一の違い――それは大きな違いだが――は、諸国家が共通してこうした不確実性を抱えており、また、いずれも正当な暴力の独占を主張し、かつそうした主張の権利を相互に認めていることである。したがって国家体系の安全保障構造は、国家が他の国家の権威に挑戦しようと決断した瞬間から弱体化する、ということになる。ある場合には、諸国家は国内にかかえる少数派の権威に対抗してある種の集団的同盟を結成する。むろん、他の国家の権威に挑戦する反乱者の支援や革命家の保護など、干渉を決断する国家もしばしばあろう。その際、当該国がこうした支援を与えることを通じて行っているのは、相手国との交戦という危険を冒す行為である（国家は、犯罪と闘うという共有された利害を確認する意味で、通常、他国との間で犯罪人引渡しの協定を結んでいる。だが、それにもかかわらず、そうした協定から通例「政治的」犯罪が除外されている――「政治的」という言葉の意味をどのように解釈するかの決定権は各国家に一任されている――のは、諸国家がこのような挑戦を行う自由を確保したいと考えているからにほかならない）。

国家体系が孕んでいる危険は、諸国家の共存それ自体に発するものではない。それは、そうした共存に伴った危険、すなわち、強い国家がどこまでその権威を伸張することができるか、また、弱い国家がどの時点で抵抗し戦いに転じなければならないと感じとるか、こうした点が不確実だということから生ずる危険に潜んでいる。

いうまでもなく、だからこそ、世界経済の安全保障構造は、帝国もしくは以前は強力であった国家が衰退した際にも、侵略的な新国家が台頭した際と同じように弱体化したのである。ローマ帝国、オスマン帝国、中国における満洲帝国、あるいはアフリカにおけるヨーロッパ諸帝国であろうと、帝国・強国が衰退した際には、他の諸国からの戦いによる挑戦や、かつての帝国権力が保持していた領土や資源をめぐる諸国家同士での紛争が必ず生起した。一九一四年以前のオーストリアやオスマン帝国の場合のような、国家が衰退することで起こる国際安全保障に対する脅威よりは、戦間期のドイツや日本のような台頭もしくは復興した国家の権力増大に起因した脅威の方がしばしば強調されるのは、近年の歴史の多くが戦勝者によって描かれてきたという事実に基づく以外の何ものでもない。

実際には、帝国の崩壊や旧大国の衰退が起こると、通常は多くの段階を経ながらよりゆるやかに進行する新国家台頭の場合よりも、誤認が起こりやすくなり、それゆえに意図しない紛争が勃発する可能性が高くなるのである。この点は、旧ソ連邦が分裂しはじめた一九九〇年代に明らかになった。また、二〇世紀前半の一九三一年に日本に満洲占領を思い立たせたのは、中国における満洲帝国の衰退とそれに引き続く国民党政府による国境地帯諸軍閥支配の失敗であった。一九四七年のイギリスによるインドからの撤退が準備が不十分なままで正式な手続きを経ずに行われたからこそ、独立を目前にして社会集団の間で暴力沙汰が勃発し、夥しい数の死者を出すに至ったのであり、さらには、独立後も後継国家同士で紛争と敵対が続いたのである。ジャービスを初めとして国際安全保障や国際関係史の分野の多くの著者が述べているように、安全保障構造を弱体化させる要因の中に共通してみられるのは、何よりも誤認である。(4) 一九五〇年の朝鮮戦争勃発の主たる原因は、韓国からのアメリカの兵力撤退の意味を北朝鮮がとり違えたことであった。また、フォークランド（マルビナス）諸島に対する意図と利害をイギリスとアルゼンチンの双方が互いに誤解したことが原因となって、一九八〇年代に両国が時代錯誤で不必要な血まみれの争いに突入することになった。

だが、避けて通ることができないのは、共存する政治的権威の間での暴力的・破壊的紛争を規制できるような安全保障構造の基盤となるものが他にあるかどうかという問題である。現行の基盤が不完全であるにしても、それでは他に考えられうる机上論ではないオルターナティブがあるのだろうか。考えられる可能性は二つある。一つは、世界国家もしくは世界帝国であり、もう一つは、国際連盟、国際連合のいずれよりもすぐれていて効力を発揮できるような、諸国家からなる世界的組織というオルターナティブである。しかし、いずれも実行可能ではないように思える。

　ワシントンの支配下におかれるものであれ、モスクワ、北京の統治下のものであれ、世界帝国が形成されれば、確かに国際紛争はなくなるであろう。中央権力に対する抵抗は、いかなるものも国家間戦争ではなくて内戦と呼ばれよう。だが、歴史が何らかの手引きになるのだとすれば、そこには必ず抵抗が生まれる。世界帝国の建設に到達するかのように見えたいかなる隣国人支配の試みも、激しく、ますます高まる抵抗に直面した。ナポレオンやスターリンの場合のように、普遍主義的な自由主義もしくは社会主義のイデオロギーの衣の下に侵略の試みを包み込むことができた場合でさえ、根深い懐疑と強力な反対に当面せざるをえなかった。反対勢力が強すぎることがかなり早い時期に明らかになったため、こうした世界帝国建設へ向けての試みは、いずれも地表の半分すら支配下に置くことができなかった。

　抵抗の根にあり、その強靭さと持久力の原動力となったのはナショナリズムであった。不安全で危険な世界においてある種の独自性（アイデンティティ）の意識が必要だとの認識が増大しているのは、逆説的なことだが、国家体系が不安全だからであるように思われる。そして、この独自性の意識――「ナショナリズム」がどことなく虚偽であり人為的に仕組まれたものであったとしても――を今なおもっともうまく醸成しているのは、国民国家である。さらに、個々人が自らの安全保障をいっそう必要だと認識し、公共秩序の安全と共に社会的経済的安全を保障してもらうためには国家の権力増大がより必要だと考えるに従って、国家に対する忠誠心――それは、国家間関係における相互承認・防衛の全体システムが最終的によりどころとしているものだが――は、衰退するどころかかえって高まる傾向を示してきた。すべての国家が市民に対して社会保障を行っているわけではないが、豊かな諸国が社会保障を行っていることが刺激になって、他の諸国の市民も、自国の経済が豊かになれば自分たちも社会保障を受けられるだろうと考えるようになっているのが実情である。それゆえ、人びとは国家がかれら個々人の安全に対する脅威となりうることを承知していても、次のような点に影響されており、現存の国家体系は強化される傾向にある。それは、現行の体系に代わるオルターナティブがないということ、および国家が将来引き起こすかもしれない危険に反対して国家が保障する安全を受け損なうよりは、今はそれを享受している方がよいといった相反関係があること、の二点である。

国際連盟や国際連合よりも効力がある世界的組織という第二の選択肢も、同様の理由で実現はさらに容易でない。それというのも、世界帝国を望む者が武装している――これは、すなわち安全保障に対する暴力的な脅威である――場合にも、それに対する抵抗が生ずるのだとすれば、理由ある場合以外はまったく武装しないような世界政府の首唱者の下では、変化が生ずる可能性はさらに小さくなりそうだからである。今日の安全保障構造が危険であり、かつ余分なミサイルの生産が行われていて、理屈に合わないむだが出るほどまでに高くつくものだということは、誰もが知っている。しかしながら、そうした認識が十分ではなかったために、安全の保障者としての国家に託する民衆の気持ちに、わずかな陰をつくることすらこれまではできなかった。国際連盟に対する諸国家の義務が、各国家代表の一致したやり方により戦間期に骨抜きにされ、ついにはゼロとなってしまった時にも、民衆が大きな声を上げることはなかった。ダンバートン・オークス会議やその後のサンフランシスコ会議において、国際連合の原加盟国が国連憲章に二つの重要な条項を盛り込み、各国の行動について貴重な自立性を確保した際にもそうであった。一つは、国内管轄事項であると各国が考えるあらゆる問題の処理は、その国に一任されるとした第二条第七項であり、他の一つは、各国に個別的・集団的自衛権を認めた――その結果、国家間の平和維持に対する集団的責任に基づいて安全保障構造を形づくるのではなく、同盟と対抗同盟に基礎を置く形でそれを形成するという道が再び開かれた――第五一条である。世界的組織はいずれかの大国の手先にすぎないかもしれない（実際に一九五〇年代初めにはアメリカの手先であった）という懸念も、その効力を疑問視する――国際連盟も国際連合も国際の安全と秩序に対する度重なる深刻な脅威の際には――見方共に強かったために、現行の安全保障構造を多角的もしくは連邦的な性格のものへと管理しながら転換させていくという見通しは、まず断たれてしまっている。

平和政党や大学の国際法学者、世界体制を熱望する人びとによって理想主義的な夢が描かれてはいるが、過去数百年の歴史の中で民衆が抱く信念の内容がほとんど変わらなかったことは認めざるをえない。愛国的な感傷や偏見は、依然として——アメリカでもイギリス、ソ連においても——たやすく喚起されやすく、それを葬り去ることはきわめて困難である。われわれは、国民国家を基礎にした安全保障構造から抜け出せないでいるかのようである。もっとも、そうした安全保障構造を多少なりとも有効なものにしたり、逆にやや危険なものにしたりする要因があるかどうかということは、また別の問題である。

国家の中にはより平和的な国家が存在するだろうか?

ある国々が他の諸国に比較して平和的であるという幻想は、灰燼の中から再三再四蘇る一種の知の不死鳥のようなものである。そうした幻想は、不幸にも、これまでつねに——そして、今後もつねにそうだろうが——政治的イデオロギーとして人心を惹きつけてきた。各々の国が揚げる政治理念の相違は、安全保障構造にとってそれほど重大な意味をもっていない。マーティン・ワイトがおよそ四〇年前に記しているように、重要な意味をもっているのは、それぞれの国が安全保障構造に満足する保守的で現状維持的な勢力なのか、それともそれに不満を抱いて自らを持たざる国と意識し、その構造の根本的変革に熱心な勢力なのかどうか、という点での違いである。この第二の勢力では、必要があれば武力に訴えてでも変化を引き起こしたいとの意志が強く、逆に、第一の勢力においては変化に抵抗する意志の方が相対的に強いため、これら二種類の権威が接触した場合には不安定な状況がつくり出され、それが、戦争を導く強い誘因になることは既述のとおりである。

君主国家の方が好戦的であり、共和国はより平和愛好的であるという信仰は、フランス革命とアメリカ革命の双方に強く結びついた妄想である。これに哲学的な価値を付与し、大衆の関心を惹くようにしたのは、自然状態で人間がとる行動様式に関してルソーが示したかなり非科学的で歴史性を無視した見解であった。ナポレオンの出兵戦略を見ても、アメリカ・インディアン諸国家に対するアメリカの政策を見ても、この信仰が正しかったことを証明する材料は何一つとしてない（後者の場合には、そのイデオロギー的要素が、次のような態度や側面に露呈している。すなわち、正式な協定を締結する際にはインディアン部族社会を国家であるかのように扱いながら、政治的に実体のあるものとしては認めようとしなかった態度や、すべてのアメリカ・インディアンの法律上の人格を一九世紀の大部分を通じて否定してきたアメリカ法のもつ虚構的側面である）。

こうした経緯があったにもかかわらず、ウッドロー・ウィルソンも同じ妄想を抱いた。歴史学の教授でアメリカ大統領になったかれは、自国を第一次世界大戦に参戦させたが、後に戦後秩序の基礎として民族自決の原則を主張した。その一つの理由は、自由民主主義国家として組織することを諸民族に対して認めるならば、かれらは、秘密外交や不安定を増幅しかねない同盟の形成、隣国に対する攻撃をほしいままに行うようなことはしないであろうと考えたことに求められる。かれは、戦争中に敵方であった君主国を解体すれば、ヨーロッパの安全が本質的に改善されるであろうと考えた。だが、現実に出現したのは、イギリスやフランスから支援が期待できるかどうかということやソ連の政策がどう変化するかということに自立性のいかんを左右される、どちらかといえば弱小な後継国家群であった。

民主共和政体は安全を高める、とウィルソンが考えていた一方で、ソ連に限らず多くの国々の社会主義者は社会主義諸国は資本主義諸国よりも平和的な行動様式をとるだろうと信じていた。そうした信念が依拠していたのは、資本主義国における利潤率低下は、植民地領有による新市場、より安価な原材料、労働力の確保といった行動に当該政府を導く、というレーニン主義者によるマルクス解釈であった。資本主義帝国列強の間で植民地をめぐって競争が展開されれば、戦争の危険が増大する、というのである。資本主義諸国は好戦的な傾向をもつとの見解を抱いたのは、マルクス主義者だけに限らなかった。両大戦間の時期には、多くのニューディール派の人びとや社会民主主義者もまた、利潤動機が国際兵器市場を支配するようなことになれば、軍備競争が助長され国家間戦争が引き起こされると信じていた。ギリシアやトルコに銃や潜水艦を売り込んだ悪名高いベージル・ザハロフ卿の事例も、資本主義政府が「死の商人」に対して戦争商売によって利益を上げることを認めるとの見解を普及させるのに一役買った。[5] ポーランド再分割を決めたモロトフ＝リッベントロップ条約が締結された後の一九三九年の時点でさえも、多くの左翼の人びとは、ドイツとの戦争は帝国主義勢力同士の戦争であるとするソ連側宣伝の弁舌になお共鳴していた。一九六〇年代になり、中国とソ連が接する東部アジアの国境をめぐって中ソ間関係が悪化すると、ようやくかれらの中にも社会主義諸国もまた相互不信・脅威によって動機づけられることがありうるということを認める者が出てきた。

一方、発展途上諸国では、ある国々は他の国々よりも本来的に平和的だというさらに別の神話が根を下ろしていた。ネールが最初に平和共存五原則を提唱した一九四〇年代後半期に比べれば、この神話も、現在では信憑性を失っている。ネールは、ユーゴスラビアのチトー、エジプトのナセルと共に、植民地から独立したばかりの中立諸国が大勢を占める非同盟運動を指導した。非同盟運動が想定していたのは、超大国によって組織された二つの武装同盟陣営間の対立によって世界の安全が脅かされており、したがって、中立国がいずれの超大国による同盟への誘いをも断固として拒否すれば、紛争の危険も少なくなるということであった。そこに含意されていたのは、そうした中立的な局外諸国自身は、大国よりも本来的に平和愛好的で相互に寛容だということである。しかし、インド自身がパキスタンと交戦し、また、インドネシアがマレーシアと戦闘を交え、さらには紛争がアフリカ、そして後には中東へと拡散するに及んで、この見方も信憑性を失った（Willetts, 1978）。

工業化と戦争

あるタイプの国々は他よりも国際安全保障を脅かす傾向をより強くもっているという点に関していま述べた最後の二つの神話では、早い時期に発展した諸国が罪人であるとされていた。だが、これとは反対に、生産構造面で工業化が進めば、安全保障構造において安定や平和がもたらされる可能性が高まるということを提起したもう一つの論理がある。開発、工業化が進んだ国家ほど、戦争に向かうインセンティブが少なくなるであろうというのである。

フランスのオーギュスト・コントとイギリスのノーマン・エンジェルは、そうした見解を展開した初期の二人の思想家であった。コントは、農業や工業の生産性が高まれば、国民社会を圧迫する欠乏という厳しい圧力が緩和されるため、富を獲得するために政府が領土を征服しなければならないといった事態は、もはや避けられるだろうと考えた。ほぼ同じ頃、ノーマン・エンジェルは、対外政策形成の際の合理的選択の仮説に依拠して、同種の議論を展開していた。戦争のコストが膨大なものとなれば、それだけ破壊力も大きくなる。そこで合理的な計算をすれば、戦争を行うことによって何らかの国民経済的利益が多分得られるだろうという考えが「大いなる幻想」――これは、かれのもっとも有名な著書のタイトルである——であることが示されよう、というのである。だが、エンジェルは、おそらくはコント以上に、国際関係における政策選択がつねに合理的になされるなどということはないのではないかと考えていた。一九一四年に大戦（当時そう呼ばれた）が勃発し、悲劇的なことではあるが、かれの疑念が間違っていなかったことが証明された（Angell, 1909; Miller, 1986）。

しかし、依然として問題は残されている。というのも、工業化によってもたらされる富が戦争をより意味のないものにするとはいっても、不合理な恐怖や誤認、人為的な過失によっても戦争は起こりうるからである。それは、国際関係に関するその世代の中ではおそらくもっとも傑出した著述家であった故レイモン・アロンを悩ませ続けた問題であった。アロンは、多くの著作を公にした長い生涯の中で、二度にわたってコントの楽観論に挑んだ。しかし、（二度目の）一九七八年にも、安全保障構造に及ぼす工業化の影響をどう評価するかということについて、（一度目の）一九五八年時と同様に依然として確信をもった論調はみられなかった。権力への渇望は工業化によって根絶されるわけではなく、また、戦争が引き続き権力獲得のための一つの手段となっている以上、工業化がけっして戦争を取り除くものではないということだけは、かれにはわかっていた。核保有国の間での抑止力均衡が、引き続き不安定で脆弱な状態にあり、また、核兵器の拡散によって新たな破局の危機が訪れていたのである（Aron, 1958; 1979）。

それから一〇年を経て（後章で述べるように）生産の国際化が進み、こうした昔日の論争に新しい要因が加わることになった。先進国の富がますます自国銀行や企業による他国の投資に依存するようになり、自国の産業生産性に基礎をおく度合いが減少してきている状況下で、当該国政府は、その富が自国産業よりもはるかに脆弱な基盤の上に築かれており、戦争によって直接的に脅かされやすくなっていることに気づかないわけはないだろう。戦争によって過去の債権が帳消しにされかねなくなっている。領土支配が国民生産の基礎となっていた時代とは異なって、勝利者が敗北した側から戦利品を獲得するということも必ずしもなくなっている。一九五〇年代にドイチェは、大西洋同盟加盟諸国が互いに相手に対して戦争を企図しないという形で結びついているとして、そこに「安全保障共同体」というものを認めたが、それは、国境を越えたコミュニケーション交流の強さというドイッチュが計算した要因よりは、相互投資や脱国境的な生産を背景にして形成されてきたといえるだろう（Deutsch, 1968）。

工業化は、しかしながら、本章の初めの部分で提起された最後の問題——諸国家が装備する兵器面での技術変化によって、安全保障構造がどのような影響を受けてきたかということ——にも重要な関わりをもっている。工業生産能力がなくては、また、核弾頭がどのように製造されるのかについての科学的知識がなければ、核兵器の拡散——それは、冷戦終焉後の安全保障構造の大きな弱点であると広くみなされているが——は生じなかったはずである。両超大国とも、他の諸国が核兵器を保持することは自らの利益に反するものだということを鋭敏に感じとっていた。しかしながら、原子力発電所に必要な技術や物資の管理をテコにして、軍事目的のために超大国からの援助を流用しないこと、および国際的査察に従うことを他の諸国に約束させようとした両超大国の試みは、ごくわずかな成功しか収めなかった。一九六〇年代に締結された核拡散防止条約に対しては、当初からいくつかの重要な国々——中国、フランス、南アフリカ、イスラエル、インド、パキスタン——が署名を拒否してきた。一九九二年には、中国、フランス、南アフリカが加盟したものの、インドとパキスタンは依然として拒否している。その一方で、原子力発電に対する国際的監視が本当に有効かどうかという点についての疑念——とりわけイラクと北朝鮮をめぐっての——が高まった。さらに、旧ソ連のいくつかの共和国は、核兵器保有によって大きな交渉力——モスクワや西側に対しての——を発揮できるとの実感を抱いている。カザフスタンの大統領スポークスマンは、一九九二年に「核爆弾保有国は、世界の諸問題において決定的な発言力をもっている」と述べた。

NPTが更新されるか廃棄される一九九五年までには、核兵器保有は意味のないものになってしまうかもしれない。いまでは、核兵器の保有自体よりも核兵器製造のためのノウハウやその伝播手段の方こそが問題であり、管理がむずかしいのである。二〇世紀末までには、テロリストや非国家的組織、また諸国家への、戦略家たちが「水平的拡散」と呼んでいる問題の方が、各国家内での兵器庫の増強という形をとる垂直的拡散よりも、以下に述べるような理由によって、安全保障上の大きな頭痛の種になりそうである。

均衡のパターンと安全保障地図

冷戦が終結したこと、日本が経済力を肥大化させたこと、また、中国が急速に工業化を進めて、変動を続ける国際政治舞台に再登場したことを背景にして、どのような形態の勢力均衡がより安全な構造をつくり出すのか——世界の安全保障構造を過去四〇年間支配してきたような一進一退を繰り返す二超大国間での二極型均衡か、それとも一九一四年以前の時期の世界の安全保障を支配していた「シャンデリア」型の均衡、つまり五、六カ国からなる大国集団の中で釣り合いが保たれているような多極型均衡なのか——という古い問題が、最近再び持ち上がっている。

これは、多くの意味で誤りを含んだ問題である。というのは、均衡は数だけを変数とする問題ではないからだ。多国間均衡において重要なもう一つの要因は、構成諸国の柔軟性の度合いである。いずれかの一国が「勢力」を失うか増大するかし、その場合には、均衡状態が崩れることが多い。二極均衡に比較して、多国間均衡の場合には、相関的な（もしくは相関的と認識された）権力関係に生じた変化を回復する方法がより多くあるといえるかもしれない。一九一四年以前のヨーロッパにおける多極型均衡は、この問題の複雑さを示している。ヨーロッパでその多国間均衡が破綻し、土壇場ぎりぎりの外交も失敗して、一九一四年の六月頃から全面的動員、戦争へと加速的に突入していった事実の原因は、数多くの特別な事情に求められる（Joll, 1968; Lowes Dickinson, 1916）。たとえば、英仏の同盟関係が一九〇二年以降安定化したことから、限られてはいたものの重要なバランスとりの要因が失われることになった。一方、ドイツ側は、フランスが期限を三年間とする徴兵制を発足させた後に英仏両国の兵力に陰りが出てきたと考えた。ベトゥマン＝ホルヴェークは、この認識を背景にして、サラエボ事件後、ロシアのセルビア支援に抵抗するようオーストリアを促せば、ロシアが後退して、シャンデリアのフランス・ロシア側が弱体化するか、あわよくば一八六〇年代や一八七〇年代の戦争と同様に、戦争に手早く勝利を収めることができるかもしれないと踏み、賭けに出たのである。だが、不安定さをさらに増幅させた別の要因は、経済の急速な変化や陸海軍の技術面での発展の目ざましさであった。

しかし、多極型のヨーロッパ協調は、一九一四年のおよそ五年前までの期間については、確かにかなり有効な安全保障構造であるかのように見えた。二国間もしくは周辺地域での戦争が――たとえば、フランス・プロシア間戦争やボーア戦争、クリミア戦争のように――ヨーロッパ大陸全体に波及することなく戦われ、また、植民地をめぐる競争がファシヨダでの英仏衝突のような危険な対決に至ることは、マルクス主義理論に反して稀であった。植民地列強は、むしろそれ以上に、結託して非力な大陸の住民――モンロー・ドクトリンの下でのラテンアメリカを除いて――を搾取することの方が多かった。列強諸国は、団結して義和団の乱鎮圧のための遠征部隊を派遣し、中国に屈辱の教訓を与えたり、また、何度にもわたって多国間平和維持首脳会議を開催し、北アフリカでの占領活動がヨーロッパ戦争に発展することがないように努めた。互いに相手の足を踏むことがないよう、また、明確な勢力圏を定めたり予見できない危機回避の手段として外交を用いるべくヨーロッパ諸国が多極型均衡システムの枠組みの中で示した配慮は、全体としてかなり顕著なものであり、相互不信が手に負えそうにない状態にまで高まった時期とは対照的であった。

だが、同じように強靭な安全保障構造の事例は、長く続いた二極均衡にも求めることができる。米ソ間の戦時中の同盟関係が一九四七/四八年冬に破綻してから一九八九年にベルリンの壁が崩壊するまでの期間は、この均衡が、国際政治システムにおける安全保障構造の支柱となってきた。国連安保理事会の管轄下に何らかの平和維持軍をおくことで両国が一定の合意をするだろうとの当初の期待は、この二極均衡の下で忘れ去られてしまった。非難の応酬や軍備の競争的拡充が展開されたにもかかわらず、両超大国間では四〇年もの間平和が保たれて、正面衝突は回避されてきた――一九四八年のベルリン危機や一九五六年のハンガリー動乱、スエズ動乱、一九六二年のキューバ危機、一九七八~八〇年のイランやアフガニスタンでの危機に際して示されたように――のである。だが、地域紛争がエスカレートする危険が続いたことは、マッカーサーが朝鮮戦争時に鴨緑江を越えようとした際や、一九六〇年のコンゴ介入、また、ソ連によるニカラグア支援やアメリカのアフガニスタン諸部族に対する援助をめぐって緊張が高まったことに示されたとおりだが、しかしいずれも克服されてきた。相互確証破壊は、確かにそれなりの平和維持方法を示したのかもしれない。しかし、専門家ですら他に方法を思いつかなかったのである。ところが、一九八〇年代中頃までには、この方法はしだいに高くつくものとなり、結局は持続できないものとなった。超大国のいずれの側にも、核兵器削減の合意に達し、より安定的な二極均衡に向けた交渉を進めたいという強い経済的理由があったのである。最終的に、脅し合いのゲームをものにしたのはアメリカであり、ソ連は、軍備競争についていきながら同時に経済改革に対する民衆の欲求を満足させるということができなかった。

世界システムの視角から、安全の保障者としての国家に権力が担保されているような安全保障構造としてその二極均衡をみた場合、分配という点でどのような結果がもたらされたかについては、プラス面、マイナス面の両方がある。不安定とはいえなお有効性を失っていない二極均衡によって「保護される」側には、それなりの安全が保障されてきたのかもしれないが、他方では、他の価値——とくに、選択の自由——を剝奪される犠牲を払ったのであった。それぞれの陣営内の隣接した区域で両超大国が認めた自立性は、著しく限定されたものであった。冷戦期を通じて、ポーランド人やハンガリー人、チェコ人は、グアテマラ人やサンディニスタ派（ニカラグアの民族主義者たち）、パナマ人と同様に、自立性、すなわちかれらに認められた選択の幅という点でかなりの犠牲を払った。これとは対照的に、両超大国は、両国間の均衡を脅かしたりひっくり返したりしそうもない紛争に対しては、著しく無関心であった。相対的なことではあるが、ヨーロッパ諸国の協調によって維持された一九世紀の安全保障構造の方が――集団的利益がより広範に浸透したという意味で――どちらかといえば公正であったようである。バルカン諸国やアフリカ、中国における平和と秩序に対してのヨーロッパ諸大国の利害関心に示されたように、冷戦期の米ソよりも当時のそれら諸国の方が、世界の警察としての役割をより積極的に果たしていた。米ソにとっては、紛争回避のために決着がついていない「中立」地帯に介入する――フォークランド諸島でのケースや一九八〇年代に長期にわたって血なまぐさい戦いが続けられたイラン・イラク戦争の初期段階でのように――ことよりも、両国間関係の方が重要なようであった。

以上はすべて、国際紛争に伴う安全の度合いは――政策決定者のみならず学者からも――時間や空間という環境によって歪められたきわめて主観的な見地から考えられがちである、ということを示唆している。例えば、一九世紀は、ヨーロッパにとっては比較的平和であったが、しかし、アフリカから見ればとても平和とはいえない世紀であった。第二に示唆されるのは、国際関係論の著者たちは、か弱い存在である個々人に関しては、個人レベルの安全に国家間紛争が原因で及ぶ脅威について過度の関心を払ってきたようだという点である。実際には、近代戦争の中でもっとも高い致死性——参戦した兵士の数に対する犠牲者数の比率によって測られる——を示したのは、一八六〇年代のアメリカ南北戦争であった。第二次世界大戦の戦場での死者数よりも、一九三〇年代のスターリンによるクラーク（富農）や反体制論者の粛清によって死亡した人の数やヒトラーによるユダヤ人、ジプシー、同性愛者の組織的殺戮に伴う犠牲者数、また、いわゆる文化大革命の際に中国共産党政府によって殺された中国人民の数の方が多いのである。世界の至る所で、強盗やマフィア、抗争中のギャング団によって殺された死者の総数を加算してみると、国際安全保障の問題がさらに広い観点から見えてくる。

そこで、政治経済学者にとっては、安全に対するさまざまな種類の脅威の発生率を、時期やそれがおよぶ対象者の別がわかるように次々に地図に描きだして、世界経済の安全保障構造を示すことが意味ある試みとなろう。この試みは、実際には、政治的リスクを分析している人びと——最近増えてきた高給のアドバイザーで、営業活動を世界的に展開している銀行や企業に対する助言を仕事とする——が行っていることと変わらない。物質界における地震帯、火山帯の位置や、構造プレートの圧力により地質がもっとも不安定になりやすい地点を示した地図を描くことができるのは地質学者であり、気候が極端な地域や台風が通過しやすい地帯の地図を描くことができるのは、気象学者である。したがって、政治経済学者であれば、さまざまな脅威からの安全度が高い地域はどこで、またそれが低いもしくは不安定な地域はどこかを示す安全保障度の地図を描くことができるであろう。地理学者の地図と同様に、安全圧の等圧線を用いて、あるいは人口学者や経済地理学者が用いるような発生率を意味するドットを使って地図を描くことができる。たとえば、個人犯罪・暴力の発生率を示した世界地図では、国家間でよりも各国家内部での方がばらつきが大きい。ロサンゼルスやニューヨーク・シティの一部での殺人や強盗の発生率は、東京に比べればはるかに高いが、そこから数マイルも離れれば、生命の安全度は著しく高まる。当局による犯罪防止活動の有効性については、地方よりも大都市での方がばらつきが大きい。そして、ベルファストやベイルートのように、犯罪が市民社会の政治的不安に関係しているケースでは、不安全の水準が、とくに経済生活や投資、生産、貿易を深刻に脅かすほどまでに高まる傾向がある。全面核戦争によってもたらされる安全保障に対しての危険度には、地域による大きなばらつきはありえない。「われわれは、死ぬ時には皆一緒に死ぬだろう」ということである。全面核戦争が勃発するや全体が災害に見舞われ、あらゆる人間――「非核」宣言をしていようといまいと――が死亡するであろう。そうした危険を表す地図では、ほとんどすべての地域が灰色一色に塗りつぶされている。安全保障度を示す地図では、個人の安全に対する特定的な脅威を一方の端とし、そしてあらゆる生物に及ぶ全世界的な脅威を他方の端とするスペクトルの中間で、さまざまな安全保障状況が示されるであろう。内戦や革命による危険度が高く、真っ黒もしくは濃灰色に塗られた地域もあれば、危険度が著しく低い灰白色の地域もあろう。要するに、いかにおおまかで主観的なものであろうとも、そのような地図を作成するという構想は、少なくとも、安全の源泉やそれを増幅できる能力によって授けられる権力の源泉をめぐっての論議、また、国家、法人企業、その他の社会集団や個人によって追求される安全のそれぞれ異なる形態は何かということについての論議を深める目的に役立つことになろう。

展望

一九九〇年代初めに内戦の渦中にあるユーゴスラビアは、将来のあり得る安全保障構造を占うものだといって差し支えないであろう。恐るべき暴力沙汰が続けられてきたものの、それは非常に局所的な現象であった。ユーゴスラビアでは、子供が撃たれて、殺されたり不具にされたり、また、女性が強姦されたり、未亡人にさせられたり、あるいは家族が同じ地区に住みながらも離散状態を余儀なくされたりしたが、他方、世界のその他の地域は平静なままで、ビジネスもいつもどおりに行われていた。他地域の人びとは同情はしたもののの、しかし、兵士が許可した際に緊急の救援物資を供与する以外のことはできなかった。結局、人間の不安全度が高い地域――アフガニスタン、チベット、スリランカ北東部、ソマリア、パンジャブ、コロンビアの一部地域、ロサンゼルスのゲットー地帯――を放置するようなシステムになっているのである。これらの地域は皆、その上の世界で起こっている経済的社会的変化からは隔絶されている。宗教的ファンダメンタリズムが原因であろうが、国家権力の舵を誰が管理すべきかをめぐっての民族紛争が原因であろうが、あるいはこれ以外の原因があろうと、将来にはさらに多くのユーゴスラビアが出現する可能性がある。この不幸な国家においてと同様に、人びとは殺害され、また家屋は破壊されようが、そうしたことが行われるのは、彼らが政治的に反対の立場にあるという理由だけにはとどまらないであろう。生活や財産の破壊は、生産構造において統制のない変化が生じた結果、現実に、より簡単なことになっているのである。この生産構造における統制のない変化とは、現代の通常兵器――カラシュニコフ・ライフル銃、バズーカ砲からミサイル、重砲までのすべて――についての巨大で際限のない市場の成長のことを意味している。これまでの慣行的な呼称をそのまま用いればこの「兵器バザール」は、個人レベルでの安全という観点からすれば、核兵器拡散を停止させるために諸国間で進められてきた国際的努力が失敗した場合以上に、多くの人びとの個人的な安全にとってより直接的で深刻な脅威となっている。

しかしながら、このことは、しばしば示唆されてきたように、すべての人びとが、抑制のない暴力的なナショナリズムに回帰しつつあるということを意味するものではない。あるいは、諸国家の衝突に代わって、避けがたい「文明の衝突」に直面している（Huntington, 1992）ということでもない。わたくしは、国際政治システムについては、こうした予言者以上に楽観的である――その理由は、おもに国際政治経済、すなわち安全保障構造とそれぞれ関わりをもっている生産、金融、知識における構造変化に求められる。

たとえば、一九一四年以前の世界における古い安全保障構造は、こんにちの冷戦後の安全保障構造と、権力パターンが多極的であるという点で類似しているという人がいるかもしれない。しかし、それは、現在の構造とは二つの重要な点で異なっていた。第一に、権威の集中は、ほとんどの地域で――北アメリカ、日本、ヨーロッパ、および広範な版図をもった当時のヨーロッパ植民帝国では確実に――国家と固く結びついていた。国家は、どこにおいても、反対者を暴力をもって押さえつけることに躊躇しなかった。警察は、国軍の支援を得て法と秩序の維持に当たった。それは、正義と慈悲をつねに伴うものではなかったにせよ、少なくとも信念と決意を背景にして行われた。地方の自立は、国家建設のために押さえつけられた。主権国家こそが現実以外のなにものでもなかったのである。その後、国際連盟を通じて国際政治システムの安全を強化しようとの試みが失敗した戦間期には、戦争が近づくにつれて国家への忠誠心が強化された。だが、第二次世界大戦が終わって、ヨーロッパ植民帝国が解体すると、個々人に関わる国内的安全と内政上の正義は、国家としての自立性の増大のための代償として、しばしば後退を余儀なくされた。アフリカやアジアの人びとは、帝国支配者から自由を獲得したものの、しかし、市民としてのかれらは、統治者による権力の恣意的行使――イディ・アミン統治下のウガンダやアラップ・モイ政権下のケニアでのように――からの法と裁判による保護をしばしば不十分にしか受けられなかった。要するに、植民地支配からの国家的独立は必ずしも、主権国家政府によって行使される「正当性のある」暴力からの個人の安全という点での大きな改善を意味するものではなかった、ということである。国家数や国連加盟国数の増加は、それに対応した形での個人レベルでの安全増大をそのまま意味するものではなかったのである。

第二にわたくしが議論したいのは、両超大国間での二極均衡の時期の国際政治システムでは、その国際政治システムとその中での権力のヒエラルキーからは完全に独立した形での安全度の純然たる増大が見られたという点である。というのも、戦争への突入を思いとどまったのは超大国だけではなかったからである。この点は、一つには、大量破壊の核兵器に訴えた場合の恐ろしい結末に対しての恐怖心を背景にするものであった。南アフリカのようなアパルトヘイト国家、あるいはサダム・フセインやカダフィ大佐といった半ば無法者の指導者でさえ、目的達成のために全滅の危険を冒すようなことはしなかった。インドとパキスタンが一九四七年以来三度目の戦争を開始した際にも、双方とも当時すでに核開発力があると信じられていた関係で、カシミールやその周辺で不穏な状態が続いていたにもかかわらず、いずれの側も相手方に対する交渉においてかつてない自制を示しはじめた。両国とも、相手方を刺激しないよう慎重に対処したのである。しばしば論じられたように、おそらく、大規模な戦争は、本当に時代後れになり始めたといえる（Mueller, 1989）。

核兵器の製造に用いられた技術は、おそらく情報・通信システム――知識構造――の製造にも用いられた。そして、核兵器が使用された場合の結末について思い知らしめ、そのような考え方に対しての民衆の嫌悪感を助長したのは、まさしくこの情報・通信システムであった。一九九〇年のイラクによるクウェート侵攻と九一年の湾岸戦争は、おそらく全般的な趨勢に対しての例外的な出来事であった。前者については、イランとの長期にわたる戦争でイラクが事実上破産状態にあり、クウェートの石油資源が標的として狙われたということで説明がつこう。また、後者については、中東におけるイラク、イラン、サウジアラビア間での不安定な勢力均衡が長期的に経済や政治に及ぼす影響をアメリカが懸念していたという説明が成り立つだろう。

これらの戦争やイギリス・アルゼンチン間でのフォークランド戦争が、核兵器の危険性に対しての認識の高まりと、焼け野原と化して生物がいなくなってしまった地球という想定からくる恐怖感とによって支えられてきたより広範なレベルでの趨勢からは、本当に外れた事例であったとしても、大規模な戦争が時代後れの――もしくは、ミューラーが決闘や奴隷がその当時はやらなくなっていたと述べたような意味で単純に「はやらない」――ものとなりつつあった理由としては、もう一つの点が考えられる。この二つ目の理由は、次章で述べられる生産構造の変化に関係している。簡単にいえば、資本と技術の移動増大によって、世界的市場経済への参入を通じて生活水準を向上させ得る可能性が、一九八〇年代までに発展途上諸国に対して示され始めたが、資本、技術の移動が増大したというそのことが、まさに戦争を他国に対して仕掛けることの危険やコストをも高めたのである。これらの変化こそが、世界市場シェアをめぐる平和的競争による利益を増大させる一方で、領土支配をめぐって競争するコストを増大させたといえる（Strange, 1990）。

このような新しい状況のもとで、各国政府にとっては、産業政策や経済政策がますます重要になり、逆に外交政策や防衛政策は以前ほどには重要ではなくなった。敵対者からの脅威によって自国が取り囲まれていると受けとめていた少数ではあるがイスラエルや北朝鮮といった諸国の場合のように、こうした趨勢に対する例外は存在した。だが、国家の数が増大する中で、領土の征服に役立った軍備は、外貨の稼得や外国企業による海外投資の吸引ということになると、それほど有効ではなくなっていることが明らかになったのである（Stopford and Strange, 1991）。諸国民とその政府の将来にとっては、国家間の外交よりも、国家の多国籍企業との間の駆引きの方が重大な意味をもつようになった（Strange, 1992）。冷戦に終止符が打たれた現在、アメリカでさえ、クリントン政権の関心は外務よりも、健康保障や教育といった国内的事項、また産業政策の方に向けられている。近年においてもっとも成功した二つの工業諸国――ドイツと日本――の国民に根強い平和主義は、五〇年以上も前の敗戦の経験によってだけではもはや説明がつかなくなっている。それは、生産構造を転換させることが利益をもたらすのであって、他の諸国と交戦すればそうした利益に対するリスクは増大するという、それら国民の認識にある程度よるものであることは間違いない。

したがって、諸国間での世界平和の見通しは、過去百年のどの時点と比較しても明るそうである——ただし、一つの条件づきではあるが。つまり、世界的市場経済が効果的に機能し続け、その内的矛盾の結果として自壊する——古典的なマルクス主義者がよくいっていたように——ことがないという条件がつねに充たされる限りにおいて、その見通しはより明るいものになろうということである。とりわけ、第五章でとりあげられる金融構造に内在している弱点や危険がともかくも是正されたり、封じ込められたりするならば、ということである。

安全保障構造の中で国家間関係によって支配されている部分についての見通しがより明るいものになるとはいっても、それは、個々人の男性や女性、あるいは子供にとっての安全が必然的に改善されるということを意味するものではない。改善されるかもしれないし、改善されないかもしれないし、明確なことはわからないのである。個々人の安全に対する危険が実際に悪化するということが、ひょっとすると起こるかもしれない。もしそうなるとすれば、それは、さまざまな形での——犯罪的、宗教的、民族的な——国家の権威に対する挑戦によって、また、生産構造において安価で殺傷力が非常に高い洗練された兵器の利用可能度が高まることを通じてであろう。すでに示唆したように、以前はユーゴスラビアという国家を形成していたボスニア人、セルビア人、クロアチア人の経験は、将来を非常によく占っているといえるだろう。

第四章　生産構造

生産構造は、何を、誰が、誰のために、どのような方法で、またどのような条件の下で生産するのかを決定する取決めの総体として定義することができる。労働に従事するのは人間であり、その労働によって生み出されるのが富である。人間は、動物の助けを借りることもあれば、機械に助けられることもある。自然の恵みが、かれらの努力を補うことがあるかもしれない。だが生産構造は、労働を行う人間がどのように組織され、どのような生産に従事しているのかに関する構造である。それは、政治経済における富創造の源泉である。

生産は、ほとんどすべての政治経済の土台、基礎を形づくってきた。人びとが働かずに十分な衣食住を充足できたのは、ごく限られた地域、滅多にない良好な環境においてだけであった。したがって、あらゆる組織化された社会は、生産構造という基礎の上に、言い換えれば労働に従事する人間が生み出す富の上に築かれている。社会における権力の配置と生産構造との間にはとりわけ密接な関係が存在するために、どんな政治経済学者もそれを無視することはできない。たとえば、ある社会集団が権力を失墜する――古代ローマの元老院議員や、アフリカの部族長、日本の武士階級のように――と、誰が何を生産し、労働者がどのように組織されるかという点に関して、そして最終的には、誰が利益を得るのかということについて、大きな変化が生ずることが少なくない。同じように、生産構造が――大河を利用してつくられた灌漑施設が決壊したり、機械が発明されて手仕事にとって代わったり、あるいは女性が労働力人口に参入し、家庭内に閉じこもるのをやめて金銭獲得の目的で働いたりすることで――変化すると、社会的政治的権力の配分に大きな変化が生ずることが多く、時には国家の性格や市場に対する権限行使のあり方までもが変化する。

過去二世紀の間に、生産構造は二度にわたって非常に大きな変貌をとげたが、そうした変化が生起した原因ならびにそれによってもたらされた結果――二度目の変化については、今後国際政治経済にもたらされそうな結果ということになるが――を考察することは重要である。一度目の変化は、北西ヨーロッパ諸国で生起した資本主義的で市場志向型の生産様式への変化であった。その生産様式は、他の資本主義的市場志向システム以上にすぐれた成果を収め、またダイナミックであったため、北西ヨーロッパは世界の他地域の経済発展を支配することになった。このような文脈の中での「資本主義」とは、財・サービスに対する市場が成立して、そこで何を生産するかは需要の力によって決まり、したがって製品や生産過程に関する革新も生産の際に用いられる手段に対しての資本投下も、共にそこで報われるようなシステムであると理解されている。

二番目の変化は、ゆっくりと不均質な形で進んできている。とはいえ、それが、国内市場向けを主とする生産構造から主に世界市場を向いた生産の構造への抗し難い移行であることは明らかである。経営学の先達ピーター・ドラッカーが述べているように、今日においては、ケインジアン、マネタリスト、マルキストを問わず多くの経済理論が時代錯誤的にいまなお主としてとり上げている国民国家のマクロ経済に代わって、世界経済が「君臨」しているのである（Drucker, 1986）。この第二の重大な段階で生起しているのは、生産の国際化にほかならない。これまで、多くの著者が（いわゆる）「多国籍」企業の台頭に注目し、この支配的な生産組織体における性格の変化に説明を与えようとしてきた（Skocpol, 1979）。だが、ちょうど——中世イタリアにおいて——氏族の忠誠に基礎をおいた封建国家から富に基礎をおく都市国家への政治的変化を目に見える形で示したのがコンドッチエリとその傭兵であったのと同様に、多国籍企業は、より深く進行する変化を見える形で表出させたものにすぎない。生産の国際化は、今や、『フォーチュン』〔アメリカの経済誌〕、『エクスパンシオン』〔フランスの経済誌〕、さらには『サウス』〔ロンドン発行の第三世界専門誌〕などで毎年リスト・アップされているような巨大企業だけに限られたことではない。今日では、中小企業が、また、民間企業だけでなく国営企業も、ますます設計、生産の世界的戦略に沿った生産活動に従事し、世界市場に向けた販売を行っている。

そうした変化は、生起の仕方が不均質であったがために、あまり明瞭には認識されてこなかった。グローバルな生産構造が国民経済にとって代わるという変化は、ある地域では急速に進行したが、他の地域では多くの抵抗に遭遇し、それほど急速には進まなかったのである。一九一七年のロシア革命と一九四九年の中国（共産党）革命により、二つの大きな国民経済の市場志向型資本主義世界システムへの併合は食い止められた。それに代わって両国で確立されたのは、反対勢力を根絶して国民社会に指令経済、すなわち、国家機関によって指揮される生産構造を強制できるような権威主義的政治構造であり、そのために必要があれば軍事力の投入も行われた。

第二の変化に抵抗したのは、この両国だけではない。これら二つの経済的反革命の間の戦間期の時期には、少なくとも三度——ドイツの国家社会主義革命、イタリアのファシズム革命およびスペインでのフランコ革命——にわたって本格的な抵抗が試みられた。これらのいずれの場合にも共通していたのは、国民経済を外部世界から隔離するために国家権力が断固として強力に行使されたということである。世界市場経済との関わりが深くなりすぎないようにするため、貿易統制や二国間取引、為替・金融の管理、人間の移動の規制といった障壁がそれぞれの場合に設定されたのである。政治的独立を確保するのに汲々とし、外国の多国籍企業のもつ経済力や社会的影響力に憤りを感じていた発展途上諸国の多く——たとえば、インドやラテンアメリカ諸国——は、第二次世界大戦以来ほぼ四半世紀にわたって、経済発展のための輸入代替戦略を採用した。そのため、そうした諸国の世界市場への併合は遅れた——そして、それはまた、これら途上国の経済成長を鈍化させる原因ともなったようである。

しかしながら、今日では、巨大社会主義国家ですら、(市場志向型資本主義世界システムへの併合に対する)抵抗力が弱まりつつあるように見える。発展途上諸国での輸入代替は不評を買い、その一方で、多国籍企業の力が増大しつつあるように思われる。

このような生産構造の変化の過程にどのような政治的意味がこめられているのかという問題や、それが何の原因によってどのような形で生じたのか、また、その変化の社会的帰結はどんなものか、といった問題には、実に数多くの著者が関心をはらってきた。かれらの出発点はさまざまである。ロバート・コックスのように労使関係から始めた者もいれば、マイケル・マン、ジョナサン・ホール、クリストファー・チェース-ダンのように社会史から出発した者もいる。イマヌエル・ウォラーステインやアンガス・マディソン、アーサー・ルイスのように、経済史を出発点とした者もいる。また、フランスのジャン・ベシュレルやクリスチャン・ストファエス、アメリカのエドワード・モースのように政治学から出発した者がいるかと思えば、アリギリ・エマニュエルやシャルル-アルベール・ミシャレ、マンクル・オルソン、チャールズ・リンドブロム、ダドレー・シアーズのように経済学から始めた者もいる。また、レイモンド・ヴァーノンやアルフレッド・チャンドラー、ジョン・ダニングのように、経営学・経営史から出発した者も少なからずいる(1)。多くの著者の中から特定の人たちの名前を挙げることは、わたくしの読書の範囲が限られていることもあり、むずかしく、また気乗りのする作業とはいえない。だが要は、問題が実に重要であったがために多くの優秀な頭脳がそれに関心をもったということ、そして、社会科学の全体に及ぶ広大な領域の中で、自らが親しみよく踏み慣れた分野にとどまり続けようとするならば、その研究者は大きな間違いを犯すだろうということに尽きる。研究領域の垣根の外を見回すことから学習が始まるのだ。また、生産構造に生じた最初の大きな変化と二度目の変化との間に直接的な関連性を認めない著者が一人としていないことも、既刊の著作物に明らかである。したがって、ここでの考察を、「資本主義と市場向けの生産構造が最初に確立されたのが、なぜ西ヨーロッパであって、中国やインド、あるいはイスラム世界ではなかったのか」という問題から始めるのが妥当であろう。この問題に答えようとすることが、まさしく生産構造における変化の動因、変化に対する抵抗といった国際政治経済の今日的諸問題に密接に関係していると思われる事項について、何らかの興味深い考え方をまとめることに通ずるのである。

なぜ西ヨーロッパなのか

一六世紀以降経済的に先頭に立つようになったのが北西ヨーロッパの社会であって中国でなかったのはなぜか、という謎を解き明かそうとした書物は非常に多い（Hall, 1985; Mann, 1986)。あたりまえのことだが、この謎は二つの部分から成っている。すなわち、ヨーロッパを発達させた要因は何かということ、および中国が遅れをとった原因は何かということである。マルコ・ポーロが一三世紀に中国を訪れた際、そこにはすでにほぼ二千年も続いた帝国が存在し、その帝国は、経済発展の必要条件となる政治的強靱性も革新の能力も兼ね備えている様子であった。当時のアフリカやアメリカの社会とは異なって、中国人はすでに、紙や火薬、鋳鉄製手押し車といった道具を使用していた。農作の手法については、ヨーロッパよりも進んでいた。

なぜヨーロッパが先に発達したのかという最初の疑問に答えるに当たっては、社会経済史家の間で一致している要因が四つある。それらはそれぞれ、政治的分裂性、社会的文化的統一性および二つの可動性、すなわち、社会的垂直的可動性と地理的水平的可動性である。

中世ヨーロッパの封建的生産構造が重商主義的工業生産構造へと（中国やインドと比べれば）非常に短期間に変化した原因を説明する二つ目の要因は、ヨーロッパの文化的統一性であった。中国の場合と同様に、ヨーロッパの封建的生産構造も主たる基礎を農業においたが、しかし、それは全体的にはるかに不安定な生産構造であった。封建君主や豪族が秩序を保つことは、中国の官僚主義的帝国の場合にくらべて容易ではなかったのである。唯一の統一された権威は教会であり、それは、西はアイルランドから東はボヘミアまで、南はイタリアから北はデンマークに至る区域に及んだ。そして、生産構造に及ぼす影響力の点では、教会の権威の方がその時々の国家の統治者や地方君主、豪族の権威よりも強大であった。(2) 教会によってもたらされた文化的社会的統一性は、原初的な形の共同市場をヨーロッパにつくり出した。それによって、また、資本蓄積が――とくに強大な宗教的秩序の下で――可能となった。教会の権威が衰退すると、技術変化の成長点をすでに胚胎していた経済ならびに、当時形成されつつあった商人階級にとっては搾取を行うのに都合のよい商業構造が、教会から新たに勃興してきた国民国家の手に受け継がれた。

封建的安全保障構造とキリスト教が支配する封建的生産構造とが結びついた結果、大衆は生産量に比して消費量を少なくし、さらに町でも村でも一生懸命働き続けるように促されるという効果が生まれた。ジャン・ベシュレルが記しているように、労働者が生存維持可能な最低限の水準にまで余暇や休息時間を減らすことが、資本主義的発展にとっての一つの必要条件であった。ベシュレルが他に挙げた必要条件は、生産者が利潤追求に動機づけられる必要があるということ、すなわち、現世で財の恩恵を享受するためではなく、たんに利潤それ自体のためという動機を強くもつということ、および、社会の知的営為が科学を志向すること、生産費用低下に科学が適用され、そのようにして生産された産出物を吸収する需要がつねに十分に存在すること、であった。これら四つの条件のいずれに対しても、いかなる形の制約も――文化的、道徳的、宗教的な制約も、知能や政治の面での制約も――課せられるようなことがあってはならなかった。かれは一八世紀から二〇世紀にかけての西欧社会は、他と比較した場合に、これらの必要条件をほとんど一〇〇パーセント充足するような状況にあったと論じている。(3)

この時期にある国々では短期間に、他の国々では時間をかけて出現した工業化の生産構造には、次のような特徴が見られた。すなわち、工業品製造という新たな形態の生産に必要な資金を調達する企業家の能力が持続的に成長したこと、機械を動かす労働者が通常は農村から次々に募集・補塡され、その数が膨れ上がったこと、である。マルクスがいつものかなり誇張したスタイルで述べたように、「蓄積は資本＝労働関係を累進的に再生産し、一方の極にはますます多くのもしくは大きな資本家が出現し、反対の極にはますます多数の賃労働者が生み出された(4)」のである。この過程の中で、産業家と金融資本家から成る新しい階級はより大きな権力を獲得したが、賃労働者の力は相対的に低下した。そうした状況は、賃金稼得者が自らを守るために、可能な場合にはいつでも労働組合を組織したり民主的政治制度を利用し始めるようになるまで続いた。だが、マルクスは、資本と労働の再生産に力点をおくあまり、ベシュレルが強調した需要という要因を無視している。

資本家による賃労働者の支配に並行して生起し、そうした需要を生み出した社会的な変化とは、いうまでもなく、北西ヨーロッパ諸国における、とくに富農や貿易業者、法律家、小企業家といった新中間層の出現である。かれらは、自らの生計の基礎をもはや君主国家にはおかず、代わって変貌を遂げつつあった生産構造に依存するようになった。イギリス革命を起こし、内戦を戦ってチャールズ一世を倒したのは、こうした人たちであった。一六八八年の名誉革命の際にオランダとイギリス双方でオレンジ公ウィリアムを擁立する後楯となったのも、フランス革命やその後の一八三〇年と一八四八年におけるヨーロッパ諸国の革命を始めたのも、このような人びとであった。

四番目の要因としてあげたのは、水平的もしくは地理的可動性であるが、ヨーロッパ諸国経済が人口増大という問題を克服することができたのは、こうした要因があったからである。そうした可動性がなかったならば、それら諸国での近代資本主義への経済転換は著しく遅れるかペースダウンしたであろう。水平的地理的可動性による問題解決は、二つの形で行われた。トーマス・マルサスが一七九八年に著した『人口論』で非常に懸念した過剰人口の一部は、アメリカやオーストラリアという「新」天地に流出した。そして、これらヨーロッパ人移住者は、そこに定住して安価な食物を生産し、それを本国の工場労働者に送ったのである。

人口数の問題

生産との関係における人口という問題は、一八・一九世紀のイングランドについても、二〇世紀の世界経済、とくに第三世界についてもそうであるが、あらゆる政治経済にとって中心的問題である。ここで、今日の生産構造の起源に関する考察という本題からやや離れはするものの、それだけのメリットがあるほどにこの問題は重要である。富の生産は、相関的な事柄である。すなわち、それは、衣食住やその他の財・サービスの供給を必要としている人間の数に関係する問題である。生産は人口の変化についていくことができるのだろうか。この問題は、必ずしも簡単ではない。というのは、皆が平等な分け前にあずかるのであれば大勢を養うに十分な量であっても、より多くの分け前を主張したり、産出物を浪費する権利を主張したり、あるいは食物、住居といった基本的ニーズよりは高級工芸品や贅沢品への生産要素の投入を主張したりする集団が存在する状況の下では、それが十分ではないことがあるからだ。

この点は、人口に対して生産が不十分であるという問題をイギリスは解決できないと陰鬱な表情をしながら結論を下したマルサスが見落としていた点の一つである。かれは、「両性間の情愛」を与件とするかぎり、人口成長率と生産の増加率は本来的に乖離すると述べ、そのような事態は望ましくないと論じたのであった。人間の数は、ウサギやチョウと同様に幾何級数的に増大するが、食物生産は算術級数的にしか増えない、すなわち、可耕地が一エーカー増えても、そこで生産されるパンの量は、他の一エーカーの可耕地と変わらない、というのである。かれの友人でもある経済学者のデビッド・リカードは、現実にはもっとも優良な土地はいつも最初に使用されるわけであるから、後に経済学者が「限界地」と呼んだ土地の質は低下し、単位面積当たりの生産性も低下する傾向にあるのであり、したがって、追加された一エーカーの土地の生産量は、他の一エーカーよりも減少することさえあると指摘した。男性と女性は性的交渉への衝動に抗することができないのだから、人口成長を抑制するのは、したがって、生存維持手段でしかないというわけである。道徳に反した悲惨なことではあるが、性的能力や女性の出産能力の衰弱が起こらないかぎり、人口成長は阻止できないというのである。マルサスは、貧困者補助金は人間の悲惨を緩和するのに役立たず、そうした効果を期待できないはずだとの結論――同じような議論を、今日の選別論者も主張している――を下した。選別とは、元来はフランス軍医が戦闘中に稀少な医療資源をどう配分したらよいかということに関して考え出した原則であった。いずれ死亡するであろう重傷の患者、なんとか生存する見込みのある軽傷の患者、および早期治療によって生存する見込みが出てくる患者がいて、治療の選択をどのようにするかという場合に、軍事‐経済的な観点からは、三番目のグループの患者を先に治療し、場合によっては、一番目と二番目のグループは治療の対象からはずすという選択が合理的であろう、というのであった。この考え方を経済発展のための援助という地球的問題に適用した選別論者は、（これまでの日本のように）人口成長に追いつけるほどの経済成長の道程をすでに歩んでいるような国に対しては、公的援助を供与する必要がないと提案してきた。したがって、援助は、十分な財政上、経営上、技術上の援助が与えられた場合にそのような発展をしそうな国々に集中させるべきであり、他方、最貧諸国への援助は、それら諸国が数と産出、人口と生産間のギャップを解消する望みがいずれにせよまったくない以上、無駄だというのである(5)。

マルサスの時代やその後の時期に貧困者補助金制度が希望のもてないものであった一つの理由は、一七・一八世紀に起こった農業革命が貧しい人たちを増やしたことにある。つまり、この農業革命はすべての人のために大麦パンとオートの生産増大をめざすものであっただけでなく、一部の余裕ある人びと向けのより安価な肉と羊毛の生産増大をも狙いとするものであったのだ。「かぶの品種改良者」タウンゼンドがめざしたのは、安価な動物用の飼料ということなのであって、人間用の食物を安くするということではなかった(6)。スコットランド高地地方の人口減少は、経済的要因ではなく政治的要因——領主が現金収入を増大したいと考え、一族のそれほど大きくもない囲い畑に羊を放し飼いにしたため——によって生じた。フランスでも農業改良が行われはしたものの、支配階級が農民に対して生産量だけでなく生産内容についても選択を押しつけたため、同じように歪みが生じ、かえって生産物の不平等な分配がもたらされた。

マルサスの議論について他にさらに共通して認められた難点は、第一に、追加的投入に対して収穫は逓減するという不可逆的な下降傾向を農業生産について仮定した点であり、第二には、人間の再生産の速度を抑制できる能力が不変であるとしたことであった。一口にいって、生産量が不十分であるという問題を移住や食糧輸入を通じてヨーロッパの人びとが解決する可能性を度外視したことが、さらに重大な盲点となったのである。アメリカやカナダ、ラテンアメリカ、オーストラリアに渡ってそこで小麦を育て、それをヨーロッパに販売したのは、スコットランドの人びとだけではなかった。

人口学者の計算によれば、一八四六年から一九三〇年までの間におよそ五千万人のヨーロッパ人がヨーロッパ大陸を去って他の大陸に渡ったという。二〇世紀初頭になると、工業化が進んだ西ヨーロッパは、人口の一部を排出するだけにとどまらなくなった。すなわち、西ヨーロッパは、国内の限られた土地からだけでなく、交易を行って他の大陸の土地からも、食糧や物資をある程度調達するようになったのである。このようにして、ヨーロッパは、農業生産体系を基本とする社会に典型的な人口構造から工業・サービス生産体系が支配的な社会に特徴的な人口構造へのむずかしい転換を、比較的容易に達成することができたのである。(7)

アジアの経験

一六世紀初頭に幸先のよいスタートを切った中国ではあったが、同国では同じような転換は行われなかった。その一つの理由は、中国が抱える人口問題があまりにも大きなものであった——ヨーロッパ全体の人口規模が三億人であったのに対して、中国の人口は四億五〇〇〇万人であった——ため、かなりの割合の人口が他国へ流出しても、また、安価な食糧を輸入したにしても、人口圧力は緩和されえなかったというところに求められる。同時に、一六世紀から一九世紀中葉にかけて、中国の人口数は倍増、三倍増と爆発的に増加したのだった。農業の生産性上昇・強化と女児殺しという人口抑制とが同時に行われたため、大規模な飢餓や地方での飢饉発生は回避された。だが、ヨーロッパに続いて生産構造が転換し、産業革命が生起することはなかった。その原因に関してマックス・ウェーバーは、中国の官僚制が資本主義の芽を摘みとったとの説明をした。その後の学問の展開の中では、このような見解がより厳密に、また詳細に述べられたにとどまっている。一七世紀、一八世紀とすでに長く続き過ぎていたため、帝国は自ずと最期を迎えた。帝国が存続したのは、科挙によって登用された行政官からなる官吏階級の支持、すなわち、特定の家族や集団ではなく国家に直接的に向けられた忠誠があったからであった。自らの特権的地位を固守しようとしたため、当然のことながら、対抗者——たとえば、陸軍とか海軍——が権力を増大させないよう阻止するという形の統治が行われた。ジョナサン・ホールは、社会の頂点にあたかも一枚石の塊がのっかっているようだとして、これを「石頭」政府と呼んだ（Hall, 1985）。土地はあらゆる美徳の源泉であるという儒教の信仰に加え、国家の歳入が土地から賄われるという事実が基になって、農業と健全な農民の育成を志向した諸政策が進められた。農民は、土地に結びつけられ、また相互に孤立させられて、社会的政治的秩序に挑むことのないよう必然的に厳しく圧迫された。商人や軍人階級の間では横に連帯しようとすればできないことはなかったが、対抗者への権力の集中は、つねに石頭国家によって注意深く阻止されていた。

ストーリーはこれで終わりではない。以上のほかに付け加えるべきことは、無論たくさんある。煩雑で非効率的な税制度が敷かれていた関係で、国家は——多くの帝国がそうであったように——変化を先導するよりもそれを阻止することを良しとした。地理的に孤立していたことを背景にして、中国文化は他の世界に対して著しく傲慢な態度を示した。一八四〇年代のヨーロッパによる植民地化やアヘン戦争を経験した後になってもなお深刻な脅威感がみられなかったことに現れているように、そうした態度は、つまりは一七・一八世紀のヨーロッパで強くはたらいた経済変化を引き起こそうという政治的動因が、中国では単純に存在しなかったのだ、ということをも意味した。

中国において生産構造の転換を妨げた主要因が国家の官僚制にあったとすれば、インドでのそれは宗教、信仰上の信念であった。そうした宗教、信仰上の信念が社会的諸関係に大きな影を落としていたため、変化や移動が禁じられ、企業心や革新も妨げられた。何世紀も続いたヒンズー教社会の顕著な特質は、人間の経済的役割はその人間が属するカーストによって決まるのであり、しかも、人間は生まれながらにして一つのカーストに属し、社会的地位も生産構造の中での役割も変えることはできない、というものであった。人間は、バラモンか軍人、商人、農民、もしくは不運な場合には不可触賤民のいずれかであり、不可触賤民に属する場合には、他の人びとがけっして行おうとはしない不快で手の汚れる卑しい仕事をするよう運命づけられた。そうしたカーストの別を存続させるような障壁は、宗教的権威、およびそれを破れば人間の魂に罰が科されるという信仰によって維持された。むろん、このすべては、高い方のカーストに属する人びとの自己利益のために維持されたのである。社会史家によれば、バラモンに帰属する宗教的権威はいかなる侵略、政治変化にも耐え続けたが、それはまさに、宗教的権威が国家の政治的権威と密接に結びつくことがなかったからであるという。つまり、それは、政治的もしくは軍事的権力を担っていた人びとからはかなりの独立性を保っていたのである。だから、この権威はムガール帝国やイギリス帝国を越えて長く続いたのであり、かつて編成された仕事分担の様式がいま現在も支配しているのである。ヒンズー教社会では、諸権力の分離が極端なほどまでに進められた。国家は全面的に世俗的なものとされ、宗教的権威は――イギリスが一八五七年のインド人反乱の際に損害を受けて初めてわかったように(8)――人びとが政治的統治者の権力を怖がる以上に破ることを恐れた食事制限、個人的摂生、婚姻に関しての一連の規律を支える信仰によって維持されたのである。

ヒンズー教社会に対する挑戦の中で成果を収めたといえるものがあるとすれば、それはただ一つ、他の宗教――仏教――による挑戦だけであった。だが、仏教は魂の救済にもっぱら重点をおいたため、統治者によって採用はされたものの、日常生活に関する規律をヒンズー主義の規律に代わって提起するという関心は生まれなかった。それと同時に、バラモン階層の権威は出生と宗教上の見識だけに基づくものではなかった。すなわち、かれらは、教師、判事、専門的アドバイザー、共同体指導者としての役割を兼ね備え、村の人びとと緊密な関係をもちつつ不可欠な社会的サービスを提供したのである。こうしたサービスや他の宗教に対する寛大で非排他的な態度のゆえに、コミュニケーションの乏しい広大な亜大陸に、軍事力に基礎をおく政治的権威には不可能だった社会的紐帯が形成されたのである。

そうした厳格な社会の下で形成されたのはあまりにも硬直的な生産構造であったから、そこで革新や発展が生まれる余地はなかったことを理解するのはむずかしくない。さらにまた、国家によって資本主義的事業を妨げるような干渉も行われた。たとえば、ジョナサン・ホールが記しているように、ムガール帝国がヒンズー商人に対して課した税率は五パーセントであったが、イスラム商人に対する税率はわずかに二・五パーセントであった。また、領主が死亡した場合に土地を国家に返還するようにさせたため、ヨーロッパ人訪問者によって観察されたように、過度の消費への誘因が必然的に高まり、農業改良、資本蓄積、投資に対する誘因はごく低いものであった（Hall, 1985: 82-83）。

さらに、歴史家の証言によって明らかなように、インドの貧困は、イギリスの支配以上に人口－生産関係に関わるものであった。一八五七年のセポイ（イギリス統治軍のインド人兵士）の反乱後に東インド会社の任務がイギリス政府インド事務所に引き継がれる頃には、インドの人口一人当たりの所得は、すでにそのピークを過ぎていた。今から一世紀前の時点では、それはイングランドの三分の二の水準にまで落ち込んでしまった。イギリス人たちはインドを豊かにはしなかったかもしれないが、同国を貧しくしたのもイギリスではなかった。イギリスの支配はそれほど強力なものではなかったため、それによって大きな変化が生じたとはいえない。イギリス統治がもたらしたプラスの影響とマイナスの影響は、おそらく互いに相殺するものであった。イギリスはランカシャー地方を保護するためにインドの繊維産業を抑圧したが、しかし（主として戦略的理由から）ヨーロッパでもアメリカでもないところにもっとも広範囲にまたがる鉄道網を敷いた。このお陰で、地方の干魃、不作、飢饉といった諸問題に対処することができた。それと同時に、イギリス人自らが自分たちの健康に留意した関係で、いくつかの都市ではより清潔な水の利用が可能になり、また一層立派な下水施設が設置された。ただし、このことは、人口増加圧力を強める一つの大きな意図せざる要因となった可能性がある。

アメリカの世紀

ヨーロッパの資本主義的生産システムが他のあらゆる生産システムに打ち勝ったことが、地球的規模での最初の重要な変化であったとすれば、第二の変化——それはこの第一の変化から生成したものだが——とは、地球的規模の生産システムが発展し、それが国家ごとに別々に成立していた生産構造にしだいにとって代わっていったことであった。この変化は、かなりの程度アメリカに主導された。それが可能になったのは、まず、二〇世紀前半の過程で経済の指導権がヨーロッパからアメリカに移ったこと、そして、次には、アメリカ国家がビジネスに対して寛容な態度——とりわけ、世界市場に向けて製品を設計して、いくつかの国々で同時に生産を行い、また、資金運用・マーケティング戦略をアメリカ国民経済に向けてだけではなく世界経済を志向して展開する、真の意味での脱国家的企業として初めて登場した巨大企業に対しての——をとったことによる。アメリカに本拠地をおく多国籍企業に続いて、今やヨーロッパ、日本、韓国、ラテンアメリカその他を本拠地とする多国籍企業が出てきている。その結果、一九八五年までには国際的生産――多国籍企業が本拠地とする国以外で行った生産――の規模は、世界貿易量を上回った。実際、その時点までに世界貿易で大きな比率を占めるようになっていたのは、企業内貿易、すなわち、国境を越えて行われながらも同一多国籍企業の支社や工場間で行われる取引であり、その比率はなお増大しつつあった。

そこで、二つの問題についてここで説明しておく必要があろう。一つは、アメリカが工業生産においてヨーロッパを徐々に追い越していった原因は何か、ということであり、もう一つは、なぜ多国籍企業がグローバルな生産構造を支配し、それを再形成するに至ったのか、という問題である。最初の問題は、これまでにも頻繁に取り上げられてきた経済史の問題であるが、そこには、社会的経済的要因と共に政治的要因も含められなくてはならない。二番目の問題についても、これまで多くの著作があるが、一番目に比較して論争がよく交わされてきた。以下では、これら二つの問題に対する回答を要約しておこう。

最初の問題に対する回答は、三つのD――債務（debt）、支配（dominance）、需要（demand）――としてこれをまとめることができるだろう。この三つは、アメリカ経済成長の基礎となった要因であり、二度の世界大戦を経て、大きな戦禍を受けなかったアメリカが、戦争で疲弊したヨーロッパに追いつくことを可能にした要因であった。アメリカは、一九世紀にイギリスが行った海外投資の主な受益者であり、ロンドン（および、それより少ない額ではあったが、パリ）からの資金供与がなければ、アメリカ大陸を物理的な意味で一気に支配下におくことも、農業や工業に膨大な物的投資を行うこともできなかったであろう。対外的借入は、過去の債務分を実際上帳消しにしてしまうケース（今日でも〔インフレ等により〕よく見られることだが）をも含めて、今も昔も経済成長の大きな原動力なのである。とはいえ、アメリカが北アメリカ大陸を政治的に支配していなかったならば、資金が一九世紀を通じてそれ以前と同様に流入し続けるということはなかったであろう。南側についてはフランス、スペイン、それからメキシコからの反対は弱かった。また、北側については、国境をめぐって一度だけ小さないざこざがあったのを別とすれば、一八六七年までのイギリス統治下の時期についてもそれ以降の時期についても、カナダが攻撃を仕掛けてくる危険性は少なかった。北アメリカ大陸の安全保障構造は、したがって、十分安定していたため、資本流入は着実に行われ、一八六〇年代に生起した内戦によって大きく途絶えるということもなかった。

需要もまた、本質的には、経済的というよりは政治的な要因であった。衣料や幌馬車、鋤、銃を製造した初期のアメリカ人産業家は、連邦という一つの権威の下に統合された市場に向けて生産を行っていた。さらに、その市場は、移住者の流入によってつねに拡大を続け、また、民主的政治体制が敷かれて社会的移動が認められたために、同じ時期のヨーロッパ諸国よりも社会での所得の分配はより公平に行われた。シカゴの貧しい工場労働者は、マンチェスターの貧困工場労働者に比べてとりたてて暮し向きが良いわけではなかった。しかし、かれらは、相対的に裕福で消費欲旺盛な多数派の中産階級への仲間入りができるという希望を、マンチェスターの人びとよりも早く抱くことができた。この点は、たとえば、ヘンリー・フォード社とヨーロッパの競争相手であるロールス・ロイス社、メルセデス・ベンツ社、ランチア社などの会社との間にみられた大きな違いであった。そうしたヨーロッパの自動車会社の生産は、フォルクスワーゲン社やモリス社が設立されるまで、ほとんどが自動車を購入してくれそうな裕福な少数者階級を対象とするものであった。大衆市場向け生産と上流階級市場向け生産というこの差は、二つの大陸の間での所得分配の違いを反映するものであった。したがって急激なアメリカの経済成長をもたらしたのは、（マルクス主義者からは「フォード主義」として非難されている）大量生産システムという革新であった——チャンドラー（Chandler, 1977）その他の経営史家が指摘しているように——というよりは、むしろ、生産された量だけは必ず売れるような下地をつくった大衆的分配のシステムという革新であった。

二〇世紀におけるアメリカの急激な経済成長をもたらした他の重要な要因は、いうまでもなく、同国が二度の世界大戦にもかかわらず他の諸国よりも長期にわたって中立を保持し、侵略から安全を守ることができたということであった。第一次世界大戦により、アメリカは主たる国際的債務国から主要な債権国に変貌した。イギリスやフランスが発行する戦債を大量に保有し、ヨーロッパ、とくに一九二〇年代のドイツに対して資本を供与することができた。アメリカの製造業者は、単一で巨大な大衆市場を相手に販売し続けることができたが、ヨーロッパの製造業者は、一九一八年以降、ウィルソンがうち出した民族自決の原則が席捲したこと、また、かつてのオーストリア＝ハンガリー帝国とドイツ帝国に代わって小規模国家が群生したことによって、その市場を分断、縮小させられるという憂き目に遭った。第二次世界大戦は、さらに劇的な結果をアメリカ経済にもたらした。工業生産は一九四一年から一九四四年にかけて四四パーセント強も増大したのである。図4-1に示されているように、工業生産の増大は、多くが軍需生産に帰せられるものであった。不変ドルで表示した場合、軍事契約額は、一九四一年の約一八〇億ドルからピーク時の一九四三年にはおよそ八八〇億ドルへとはね上がった。戦争勃発時には一三〇〇万人もいた非自発的失業者という正真正銘の労働予備軍は、戦争が始まると仕事に就けることになった（Vatter, 1985: 22）。また、経営側については、膨れ上がった防衛関連契約が刺激となって、新しい経営技術が開発された。それによって、アメリカ企業では、しばしば本社から離れ、また相互間で離れたいくつかの地域に分散する生産施設に対して、本社から指令・管理ができるようになった。本社は、法的に国の労働・危険防止関連法を遵守する責任を負い、また、手厚い儲けの得られる利潤加算型の防衛関連契約をいっそう多く獲得するためには製品基準を維持しなければならなかった。そのため、メルマンによれば、

図 4-1　アメリカの戦時生産（1939～45 年）

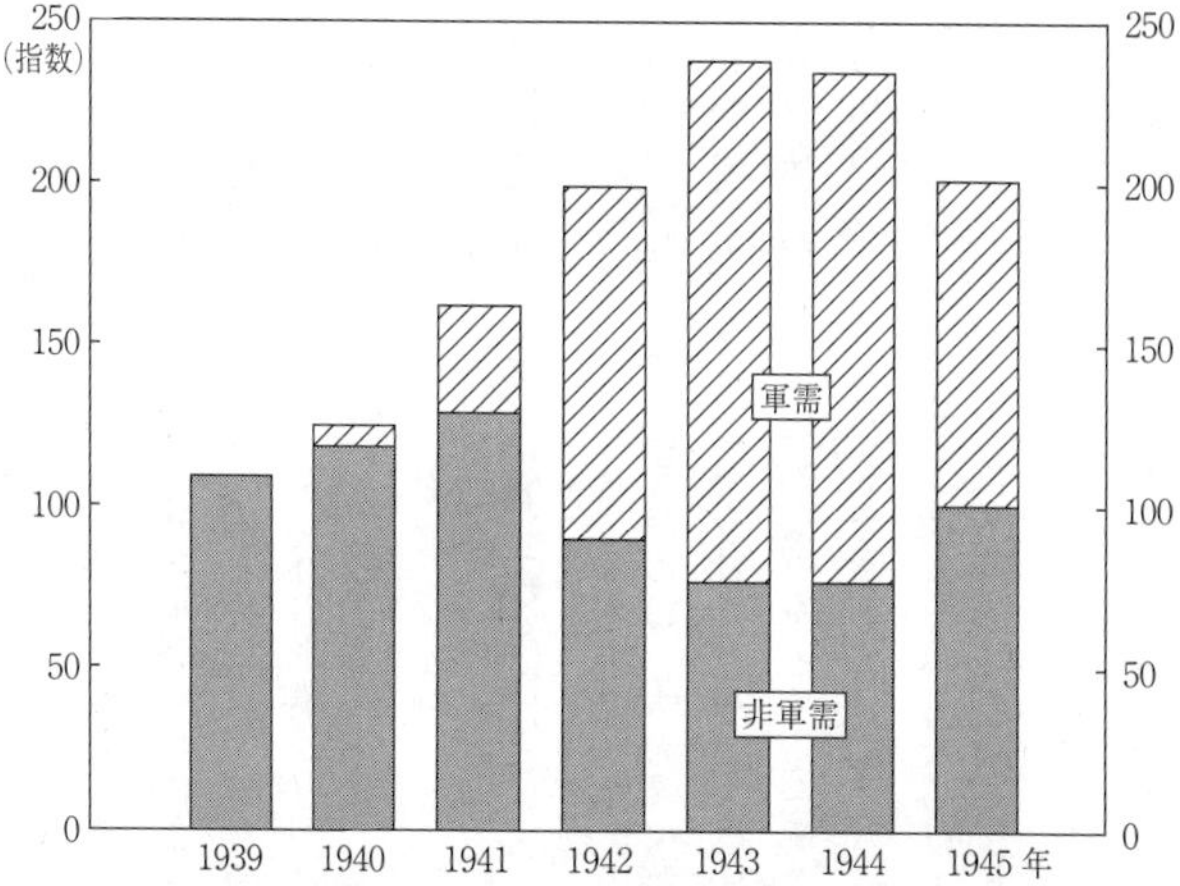

（出所）　Vatter（1985），p. 16.

本社の側には、分散した生産設備に対して集権的な決定を行うに適した経営方法――これは、戦後その在外子会社の運営に容易に適用することができた――を開発しようという強力な誘因があった（Melman, 1970）。

アメリカ経済が、第二次世界大戦によってヨーロッパや日本の経済よりも強力で生産性が高いものになった事情についてはこれでわかった。だが、そうしたアメリカの優位が、なぜアメリカからの大量の輸出――短期的には、冷戦を戦う手段としてアメリカ政府が行った援助や貸付によって輸出が増大した――という結果をもたらしたのか、またそれだけでなく、なぜアメリカ企業のカナダやヨーロッパ、ラテンアメリカへの海外展開という結果につながっていったのかという疑問が依然として残されている。アメリカ企業は、現地企業を買収し、そこに生産施設を設立した。そして、自国市場向けの国内的生産から世界市場向けの国際的生産へと転換し始めたのである。アメリカの競争力に対抗して生き延びるためにはアメリカ企業と同様に海外に進出するしか方法がないと考えた多数のアメリカ以外の企業は、国営企業ですらも先陣を切って、事業の海外展開を開始したアメリカ企業の後を追いかけた。

「多国籍企業」と多国籍企業理論家(9)

今日、ソ連陣営と中国を除けば、大企業で脱国家的な性格をもたないような――フランスのクレディ・アグリコール社とイギリスの国家石炭局は例外かもしれない――企業はほとんど存在しない。世界の上位を占める企業の海外操業による売上げは、一九七〇年には売上総額の三〇パーセントを占めていたが、一九八〇年にはその比率が四〇パーセントに上昇した。もっとも顕著な増大をみせたのは、化学製品、造船、自動車、航空機、金属および電子製品部門である。世界の上位三五〇社が擁する在外子会社の数は二万五〇〇〇社を上回っている。先進工業諸国の全労働力の四分の一――最近の国連のあるレポートによれば、数にして二五〇〇万人――が国際的ビジネスに関わって働いている。アメリカの大企業に続いてヨーロッパ、日本、そして今や第三世界の企業が急速に海外に進出して生産を始めるようになっており、アメリカの国際的ビジネスは絶対額では増大を続けているとはいえ、こうした現象に伴って、占有シェアについては、一九七〇年以前の三分の二から一九八〇年代には半分以下に落ち込んだ。

フランスのシャルル＝アルベール・ミシャレは、国際ビジネスには二つの種類があると述べたが、この議論は参考になる。かれの表現によれば、子会社には「移動」型と「作業場」型とがあり、前者では親会社が自国で組織しているような生産と同様の業務がそのまま海外で再現されるのに対して、後者では、おそらくは低廉労働か低税率、もしくはその双方の点で有利さを発揮でき、安価で迅速な輸送によって可能となるような業務が、親会社によって在外「工場」に割り当てられるという（Michalet, 1976）。多くの発展途上諸国は、一九七〇年代後半から一九八〇年代初めにかけて、自由貿易地域（ＦＥＺｓ）の開設を通じて後者の形態の操業を奨励しようとした。だが、潜在的に大きな国内市場を有し、文字のわかる熟練労働力を擁するような発展途上諸国の魅力にとくに引きつけられた関係で、前者の移動型子会社の方が今や急激に成長しそうな気配がある。（たとえば）自動車会社が、ある部品の全生産工程、さらには新型自動車の全生産工程を今後在外子会社が担うよう調整を行ったという事例が、最近いくつか出てきている。あるいは、海外の子会社が現地パートナー企業と共同して所有と操業にあたっているといった事例もある。異なる先進工業国の二企業間の場合についても、一方が先進工業国の企業で他方が発展途上国の企業であるような場合にも、企業提携や協力協定が結ばれることがあたりまえのこととなりつつある。このことは、とくに研究・開発、すなわちR&Dの費用が高くつく先端技術部門についてあてはまることである。

以上は、左寄りか右寄りか、また、リベラル派かマルクス派か、アメリカ人かヨーロッパ人かにまったく関係なく、理論家を困惑させている生産の国際化に関しての数多くの事実の中の一例である。レイモンド・ヴァーノンが『追いつめられる国家主権』を著して以来一〇年以上も支配的だったのは、「プロダクト・サイクル」論であった(Vernon, 1971)。この理論は、伝統的なリカード流の地代の考え方を事業の海外展開に応用したものであり、企業が新製品の独占を利用してどのように報酬(すなわち、生産コストによって定められる水準より高い、資本に対する利子や競争的状況の下での正常利潤を含めた見返り)を引き出すことができるのかを説明した。本国での競争が高まるにつれて、企業はまず製品を輸出し、次の段階では海外で生産を行ってサイクルのそれぞれの地点で別々の報酬を引き出していく、というものであった。そして、そのサイクルは、蓄積された報酬が革新のためのR&Dに投資されて別の新製品が生産され、そこからサイクルがもう一度始まるに至って完結する、というものである。(10)

仮定が少ないすっきりした理論ではあったが、生産物が新しいなどとはけっしていえない石油会社が依然として巨大国際ビジネス業界の上位を占め、しかも、セブン・シスターズとして知られたカルテルが国有化やOPEC（石油輸出国機構）という政府組織を通じて解体させられた後になっても優位を占め続けている理由は何か、ということが、この理論では説明できなかった。また、一九五〇年代にはアメリカ企業がヨーロッパを「侵略」したが、その後はヨーロッパ（および日本）の企業がアメリカに進出しているという逆の流れについても説明できなかった（Franko, 1976; Savary, 1984; Lall, 1983）。さらには、石油会社に続いて「国際化を進めた」企業が、しばしば製品をまったく生産せずサービス販売を行うだけであった――銀行や保険（および再保険）会社だけでなく、J・ウォルター・トンプソンのような広告会社、アーサー・アンダーセンのような会計会社、サザビーズといった美術商、マッキンゼーのようなコンサルタント会社、ロッキード・ダイアログのようなデータバンク・サービス会社――のはなぜなのかということも満足に説明できなかった。一九八〇年代には、サービス業界の国際化が、何にもまして急速に進行したのである。

このことは、マルクス主義者や従属理論家には容易に説明のできなかった多くの事実の中の一つであった。かれらは、資本主義の下では、利潤率は低下する傾向にあるため、労働者の労働をさらに強化するための新しい方法――フォード主義や組立ラインでのストップ・ウォッチの利用――が発見されるか、新たに低廉な外国人労働力が発掘されて搾取が行われるか、のいずれかの手段が必然的にとられる、と仮定していた。この考え方は、まず第一に、近代産業においては労働費用要因はあまり重要ではなく、労働者の生産性はそれ以上に生産過程で投入された資本、エネルギー、技術によって決定されるという明白な事実によって、そして第二には、多くの国際的サービス産業において労働者に支払われる報酬はかなり高いことが多く、その水準が低い（ホテルやファースト・フード一手販売企業などにおける）労働者の場合でも、現地競争会社の被雇用者に比して条件が悪いなどということはないという事実を前に、混迷の度を深めている。

とりわけ従属理論家にとってもっとも見当違いであったのは、外国の多国籍企業による搾取に対して非常に口やかましかった発展途上国政府の実に多くが、債務や外貨・外国信用の不足という圧力の下でそうした態度を変えたという事実である。発展途上諸国は、外国企業が輸出面でその国の国際収支にどれほど寄与するか、また、現地の経営者や労働者に対する訓練を通じて経済発展にどれほど貢献するかという点をめぐっては、大変てごわい交渉を行う一方で、外国企業を引きつけるべくかなり真剣になっているのが実態である。それだけにとどまらず、ビジネスの国際化が第三世界に及んでいることも十分に知られており、国際的なビジネスを地味ながらも拡張してきた、大半がインド人、中国人、レバノン＝シリア人によって営まれ、家族経営が中心のかなりの数の小・中規模民間企業が、国連その他の統計数値ではまったく捕捉されていないことが明らかになっている。

ジョン・ダニングが議論したことがあるように、現存する理論のいずれもが一〇〇パーセント満足のいくものではないにせよ、その各々には、生産の国際化に関して真実を衝くような要素が何らかの形で含まれている可能性がある（Dunning, 1985）。したがって、各々の理論からそうした要素の部分を寄せ集め、かれがいうところの折衷主義的なアプローチをとることが必要であるといえよう。そうしたアプローチに対して大きな寄与をしているとわたくしに思えるのは、フレッド・メイヤーである。かれは、技術変化の度合いが加速化していることに加え、旧設備を新技術を体化した新設備に代替する際に要する費用がうなぎのぼりになっていることによって、増大し続ける過去の資本投下費用を企業が埋め合わせる時間が短縮された、との説明をした（Meyer, 1978）。企業が操業を続ける上で、国内市場での販売によって生み出される収益だけでは十分ではなくなった。それゆえ、グローバルな販売戦略、さらには製品輸入よりも国内〔代替〕生産を重視するという各国の政策を背景にして、グローバルな生産政策をも採用することを余儀なくされた、というのである。

メイヤーも他の経済学者も、技術や企業利潤追求がすべてを物語っていると主張していたのではない。国際的生産がそれほどまでに急速に展開されるためには、アメリカが積極的に追求・推進した開かれた世界経済という目的に対して、他の先進工業国が政治的に黙認するという条件が必要であった。戦後の経済問題に関するアメリカの政策の背後にあった動因をめぐっては、意見が分かれている。左派では、世界経済の安全性を保ってアメリカ資本を歓迎するような状況を作りたいとの欲望が強調されている（Block, 1977）。右派の側では、政治的自由主義と経済的自由主義の同時進行というアメリカの信条が動因とされ、したがって、貿易と資本移動の自由はそれ自体が目的なのではなく、自由（すなわち、非共共産主義的）な世界を構築するための手段だということになる（Kindleberger, 1987; Diebold, 1980; Maddison, 1982）。

国内政治についても忘れてはならない。ラルフ・ネーダーは、アメリカの国内政策が一九世紀を通じて根本的に転換しなかったならば、アメリカが先陣を切ってビジネスの国際化を行うということはなかったであろうと正当にも指摘した人物である[11]。初期のアメリカの法体系では、当座勘定、株主権、および連邦による企業設立認可が強調されていた。一八九〇年代までには、とくにデラウェアやロードアイランドのような小さく貧しい州によって、州による認可を最低限にするという逆ぜりが始められた。それ以来、経営者側の支配力は最高に達した。不明瞭で秘密主義の企業会計制度が開発され、キャピタル・ゲインや特別利得が配当されて良い気分にさせられることも時折あったが、企業戦略については株主は事実上知らされなくなった。

そうした州による認可制度が経営者側の投資家に対する権力を強化しつつあった動きに対して、アメリカ議会は、ただちに鉄鋼業におけるカーネギー社、石油部門でのロックフェラー社、化学製品部門におけるデュポン社が擁する傲慢な経済権力をチェックする動きに出た。いくつかの反トラスト法が定められたが、そのうちの最初のものは一八九〇年に通過したシャーマン法であった。そうした法律は、また、アメリカ国際ビジネスのその後の展開にも大きな影響を及ぼした。それというのも、反トラスト規定の根本は、巨大さそのものは罪ではないが競争は行われなくてはならないというものだったからである。アメリカ国内で共謀して競争を抑制しようとすることは、反トラスト法違反であった。しかしながら、アメリカの国外での活動は、アメリカ市場に何ら影響を及ぼさないのであれば、企業が勝手にできることであった。アメリカ企業にとっては、このようなお誂え向きの区別立てをきっちり守って、アメリカ司法省反トラスト部——ニュー・ディール時代にとくに活発であった——から反トラストの嫌疑で提訴されるのを回避する必要があった。そして、このことが一つの強力な要因となって、アメリカ企業は、在外子会社の一〇〇パーセント所有を続けるという選択をごく最近まで行ってきた。現地側企業の参加の道を閉ざしたこのような選択が、とくにアメリカ企業によって現地の情勢が支配されていたラテンアメリカにおいて、外国の「多国籍企業」に対する憤りと疑念をかなり大きくしたことは疑いの余地がない。

より最近では、国家政策がこれとは異なった形で国際ビジネスの進展に大きな影響を及ぼすということがあった。その一例は、一九六三年にアメリカ政府が設定した利子平衡税であり、これによって、アメリカ国内の銀行業務に関するその他の規制も強化された。こうした規制策が強力な引き金となって、アメリカの銀行は、取引先企業に追随してヨーロッパに移り、ロンドンその他の金融センターでユーロダラーで業務を行うことの方を、ニューヨークでドル建て業務を行うことよりも好むようになった（シンガポールで「アジア」ドル市場を始動させたのは、バンク・オブ・アメリカだと信じられている）。海外への移動は、ジョンソン政権がアメリカ巨大企業による資本持出しを――アメリカの国際収支を均衡化させるために――規制したことでいっそう進んだ。アメリカ企業は、ウォール街で株を発行して海外業務資金を調達する代わりに、ロンドンでユーロダラー債により資金を調達した（Strange, 1986）。

金融政策や産業政策を通して作用する国家の役割について、ビジネス・スクールで作成された文献では、これを大きく取り上げることがあまりなかった。政策を受ける側の企業がもっぱら分析対象だったのである。事実、ここでの問題は、全体にわたって、社会科学の他の分野では比較的容易に行われることのある理論化にはそれほどなじまない性質をもっている。それというのも、企業は、ある時は政府のパートナーであり、国の代表者となることもあれば、時には敵対者となることもあるからである。企業は、政府からの保護や補助を求める際には、国家に対して懇願者の立場に立つ。だが、それと同時に政府側の監査人、徴税人、規制担当者からは、目をつけられる存在ともなっているのである。

企業に対する国家の二律背反的な態度は、近年ではレーガンの戦略防衛イニシアティブ

（ＳＤＩ）計画に対するヨーロッパの政治家の態度によく示された。同計画は支出膨張をもたらす可能性が高く、また超大国間での勢力均衡や相互確証破壊（ＭＡＤ）を潜在的に不安定化させる効果をもつとの理由で、フランス政府もドイツ政府も政治的には反対の意向を示した。その一方で、両国政府とも、自国経済を一定の高度技術の最前線におくことになる――これは明らかに国益である――わけだから、アメリカ政府からのＳＤＩ契約の受注によって、自国企業は恩恵を受けることができるであろうと考えるようになった。ＳＤＩについて、アメリカと協力関係を結んだ方が結ばなかった場合よりも得られる国益は結局は大きいだろう、というのであった。

以上を要約すると、グローバルな生産構造の性格は、ますます国際的ビジネスによって支配されるようになってきてはいるが、しかし、これはある単一の要因や側面に言及するだけでは十分には説明できない現象だといえるかもしれない。それは、国家政策および市場動向、ならびに経営戦略および技術の変化とが結びつきあった結果生じた現象である。そこには、たんに指導的地位にある国民経済、すなわちアメリカ経済の中で政治的選好に沿って行われる国内的決定だけが反映されているわけではない。アメリカ以外の多くの先進諸国が貿易と金融に関する多国間取決めを受け入れた結果として、ますます開かれた世界経済が出現し、ソ連陣営や中国がそれを拒絶したところでもはやどうにもならなくなっている様子も、そこには示されているのである。

生産の評価

政治経済の四つの基本的価値のウエートがどうかを比較してみると、現代世界を支配する生産構造では、富生産の効率性に高いウエートがおかれ、それによって国家に認められる自立性に対しては適度のウエートが、また基本的秩序もしくは安定性には、さまざまな意見に応じて適度または低いウエートしかおかれていない。四番目の価値、すなわち公正という基準がどの程度重視されているのか、については、もっとも議論のあるところである。それは、第一に公正、公平とは何かということについての見解のいかんによって異なってくるし、第二には、国家という形に組織化された国民の間での公正について問題にしているのか、それとも階級間での公正をいっているのか、はたまたその他の経済的グループの間でのことなのか、個人間でのことなのか、によっても変化する。それはまた、公正さが何らかの絶対的基準で測られるのか、あるいはたんに相対的なことにすぎないのかによっても変わってくる事柄であり、後者の場合には、市場志向型の生産構造における公正さが、それ以前の封建的もしくは神政主義的または部族的な生産構造、あるいは指令に基礎をおく現代の生産構造についての公正さと比較されるべきであろう。

これらのいずれと比較してみても、〔現代的な生産構造は〕効率性という面での優位についてはまず疑問の余地はない。食糧、原材料、製造業品、サービスの過去一〇〇年間における産出の伸びは驚異的で、かつてない規模のものであった。生み出された富の実に多くが兵器や防衛のために投入されていることは、安全保障構造の一つの帰結である。安全保障構造もまた、生産構造を特徴づけてきた不安定性と混乱の主な原因の一つとなってきた。戦争による妨害はいつも、戦場となった地域の生産を遅れさせ、他地域における生産に刺激を与えた。生産構造を不安定にし混乱させてきた他の要因は、グローバルな信用機構の一時的機能停止もしくは崩壊であり、投資に必要な資本が打ち切られて生産の拡大が妨げられるということがあった。近時における生産構造の不安定性については、平時でありながらも戦時と同様に国によってその及ぼす影響に格差があり、婉曲な表現で「調整」と呼ばれているものの負担が先進諸国に対してよりも発展途上諸国の方にかなり重くのしかかっている。

このことから、われわれは、公正とは何かという論争が繰り返されてきた問題に再び立ち返ることにする。議論が重ねられてきたもう一つの自立性という問題、すなわち、生産構造が国家権力の弱体化または侵食をもたらしつつあるのかどうか、また、そうだとすればどのような形でそのようになっているのかという問題を考察する前に、この問題に対してコメントを行っておくことは、おそらく有益であろう。

わたくしは、生産構造の大いなる拡張によって、プレイヤーとしての国家にとっても、またプレイヤーとしての社会的集団にとっても、一組のトランプ札の配られ方や配られた札の内容が変化したはずだと、内心では考えている。国家や、支配者階級、企業の経営陣、政党の指導者や労働組合がトランプ遊びをどのように行うかによって、確かに、結果は異なってくるであろう。いかなるゲームでも、上手にやる者がいるかと思えば、失敗する者もいる。マンクル・オルソン著『国家興亡論』のような本が示唆しているように、トランプ遊びでうまくいく者もあればしくじる者も出る原因の中には、どうして社会の中には外部変化に対して首尾よく順応する社会もあれば、下手に、あるいは彼の言葉を借りるならば硬直的に反応する社会もあるのか、という点を明らかにしてくれるものもある（Olson, 1982）。それは、経済史家——たとえばアンガス・マディソンやアルバート・ハーシュマン——が長年にわたって取り組んできた問題である。あるいは、ギブソンやシュペングラー、ウェーバーにまでさかのぼって考えるとすれば、何十年、否、何世紀にもわたって格闘が続けられてきた問題なのである。しかしながら、わたくしは、生産システムから誰が何を得るかという問題を、経済的機会に対する国家の反応の巧拙という問題にすべて還元することはできないと考えている。

第一に、トランプのエースや2の札が誰の手に渡ろうとも、それは自然の力や市場によって無作為に配られた結果である。巨大で安価な油田に恵まれている国もあれば、そうでない国もある。誰もが欲しくなくなっているようなコルセット用のダチョウの羽や鯨のひげの産出を行っている国もある。また、第二に、世界経済がますます統合され、生産構造がナショナルなものからグローバルなものへと代替されていくに従って、こうした市場向けの生産や販売をいち早く開始した国が、後発国を制して途方もない利益を半ば偶然的に得ていたことが明らかになっている。この点を考察する場合には、ヨーロッパが中国と比較して工業化に成功した点を説明した箇所ですでにふれた人口の問題に立ち返る必要がある。それは、原始的生存維持社会に特有な人口構造から、高い出生率によって若年層が厚みを増し、プラスチック製の路面標識のように先が細長く伸びた円錐状の形をした発展途上国に特徴的な人口ピラミッドを経て、出生率が低下し、玉葱の上半分にますます似た形状をもった工業化社会に特徴的な人口ピラミッドへと至る、簡単ではない移行に関しての問題である。この転換は、ヨーロッパやアメリカの先発諸国家ではスムースに行われたが、後続諸国にとっては開始が遅れれば遅れるほどより困難なものとなった。それがもっとも遅く到来したのはアフリカであり、依然として産出高を上回るスピードで人口が増大している。それゆえアフリカでは、生産構造の稼働率を、生産能力の点だけでなく、路面標識型から玉葱型への人口転換という点でも、より進んだ地域以上に高めて、食物等に人口一人当たりの計算で不足が生じることのないような生産を行うことが求められている。世界人口は、一九五〇年の二五億人から急増して、一九八四年には四五億人を突破し、一九八〇年代の終わりには五〇億人を超えた。それ以前の一八五〇年から一九五〇年にかけての一〇〇年間に増大した人口が世界全体で一五億人であったことと比較してみるならば、この増加は急激なものである。もっとも劇的に人口が増大したのは、ラテンアメリカ、南アジア、そしてアフリカの三つの「発展途上」地域であり、これらのいずれの地域においても、人口は一九五〇年の水準のおよそ二倍になっている。これとは対照的に、北アメリカとソ連圏では、人口はいずれも横ばいであった。これ以外に印象的なのは、年平均人口成長率については、ラテンアメリカや南アジアでさえ顕著に鈍化している一方で、同じく発展途上地域であってもアフリカではまだそのような状況にはないという事実である。世界人口は三〇年以内に倍増し、二〇〇〇年までには生産不足という危機が訪れるであろうという内容の一九七〇年代に行われた予言のいくつかは、誤りであることがはっきりしてきた。そうした予言では、年平均人口成長率は不変であるということが前提とされていた。今後数十年間では、どうにもしがたい継続的な人口数増加にどのように対処するのかということよりも、人口転換をアフリカのような後発地域でいかに開始させるのかということの方が、より大きな問題となってくる。国連によれば、一九七三年には世界全体について食糧の産出高が人口成長率に追いつき、さらに一九七五年までには、発展途上諸国についてさえもそのような状況になったという。

生産構造におけるトランプ札の切直しが、国際関係よりも階級関係に対してより直接的な影響を及ぼしてきたことについては、いくつかの点で論証できる。世界大での生産要素調達としてしばしば言及される生産の国際化は、たしかに労使関係に大きな影響を及ぼした。多くの産業分野において、脱国家的企業が生産設備を移転させたり、他地域に拡張したりすることが可能になっている。だが、その一方で、労働者は他国に移動することができないために、先進工業諸国の労働組合は、ストを決行するかもしれないとの態度を示す作戦を通じて、経営者側から譲歩を勝ち取るといった力を部分的に喪失することになったのである。あまりに頻繁にストが行われた場合――一九六〇年代のイングランド・ダーゲンハムのフォード社工場でのように――には、経営者側は、その工場での操業を停止もしくは縮小し、代わってスペインやドイツで生産を行うという決定を下すであろう。労働運動は、雇用者側のこれまでにないグローバルな移動に対処すべく脱国家的な組織化の方途を追求してきた。しかし、それは効果を上げずにいる。ジュネーブのチャールズ・レヴィンソン社金属労働者国際同盟のような連帯組織は、労働者に対してカンパや産業活動を通じて、貧困諸国で遂行されるストを支援するよう懸命な活動を展開した。産業分野別に組織された国際貿易事務局は、労働者が賃上げを求めている諸国において多国籍企業が獲得する利益に関して、何とかして情報を把握しようとした。しかしながら、残されたのは、次のようなどうにもしがたい現実であった。すなわち、左翼政党やその支持者でさえも生産構造におけるこうした変化ならびにそれを認めるような移民法に対して賛意を示した結果、あらゆる国の労働者に共通した階級的利害があるとの認識は、永久に葬り去られることなったのである。この点については、人類の団結を求めて「インターナショナル」を歌うだけではすまなくなっている。ヨーロッパやアメリカで働くブラジル人の自動車産業労働者もドイツ人の自動車産業労働者も、同じケーキの取り分をめぐって競争を展開している。シンガポールや台湾の繊維産業労働者は、多角的繊維協定（MFA）に定められた制限をさらに厳しくするようキャンペーンを展開しているようなヨーロッパやアメリカの繊維産業労働者に対しては、連帯感を抱くことはほとんどない。イギリスの船員は、便宜置籍国の旗を掲げた船舶で雇われているのは組合に加盟していない船員であるという理由で、そうした船舶に反対するキャンペーンを行っている。他方、湾岸諸国や太平洋島嶼諸国の船員は、そうした船舶があるがために自分たちには仕事にありつく機会が回ってくるのだとして皆賛成している。卓越したケンブリッジ学派の経済学者であるジョーン・ロビンソンがかつて述べたように、「搾取されることより悪いことはただ一つ、それは〔多国籍企業がこないために〕搾取されないこと」なのである。

労働者の中には、生活水準改善を求めて経営側と交渉を行うことは不本意な結果を招くこと、したがって、賃金や福祉制度に関する政策の改善を促すようなデモや分裂行動、支持政党の鞍替えを行って、政府との間に交渉をもたなくてはならないことに気がついた者も出てきている。他方で、脱国家的企業が現地パートナーと協力協定を結ぶことによって、現地パートナーが独力では創出できなかった就業や訓練のための新しい機会をもたらしてきた事実を理解している労働者もいる。

企業の経営陣が特権的支配エリートのような生活をしたり、そうした振舞いをしたりすることが珍しくはないということは確かである。しかも、生産において最近生じた変化の帰結の一つとして、ビッグ・ビジネスと中小企業との間の格差が拡大したことについては、はっきりとした証拠がある。企業が市場を移動させたり囲い込んだりできる力を見ても、新技術を生み出したり選好したりする力、あるいは新しいプラントや雇用機会のための場所を発掘する力や信用を供与してもらうために政府や銀行と交渉できる力に目を向けても、格差がさらに拡大している様子が改めて確認できる。しかしながら、経済力の集中は不可逆的に進むわけではない。そこには、同時に反対方向の遠心力も作用しているのである。ビッグ・ビジネスであれば、大企業という翼の下で市場のどこかに自ら適所を開拓もしくは発見し、そこで独立した業務を営む専門家や熟練者が出てくる。大企業は、大帝国と同様に、現地の状況やさまざまな圧力に対処するために、力を分散させて現地実力者により大きな自由裁量の余地を残すことを余儀なくされるのである。本国政府は、多国籍企業自体からの「忠誠」をもはや当然のこととみなすことができなくなっている。

経済的集団の間での格差が問題になるのは、経営者側と工業労働者との間、またビッグ・ビジネスと中小企業との間だけに限られない。第一次産品生産者、とりわけ農業従事者は、世界の総生産が拡大しても、工業労働者と比較して不平等にしかそれによる利益にあずかることができなかった。市場のきまぐれや仲買人、買手に対する交渉上の立場の弱さを改善する目的で国家が行う介入によって、農業従事者が保護されたり助成や支持を受けたりしてきた日本やアメリカ、ヨーロッパ共同体のような地域でさえ、そうであったのである。農業部門の平均所得と工業部門における平均所得との間の格差は、結局は拡大してきている(Gale Johnson, 1973)。

生産構造における変化がもたらした分配上の効果が公正なものか不公正なものかという問題は、要するに複雑で主観が混じりやすく、一様には答えの出ない問題である。残された問題で考察が加えられなくてはならないのは、システム全般に関するより幅の広い問題群である。それらの中でも三つがとくに考えられなくてはならないが、その第一の問題――国家が多国籍企業をコントロールできる力を備えているのかどうか――については、ほとんどの人がよく知っており、また多くの議論が展開されてきた。他の二つは、第一の問題ほどには知られてはいないが、しかし、重要性の点では勝るとも劣らない問題である。すなわち、生産の国際化によって国家の財政問題が複雑化したかどうかということ、および危険――市場に基礎をおくシステムに固有の特徴――に関しての政府の機能に大きな変化が生じたかどうかという問題である。

国家は、これまで二つの方法――国内的措置および多国間協定――によって多国籍企業を統制しようとしてきた。このうち後者の方法による統制は、まったくといっていいほど成果を収めていない。さまざまな国際機関で一〇年以上にわたってそうした方向での努力がなされた結果、国連の場で発展途上の七七カ国グループによって支持されてきた〔規制に関する〕最大限アプローチよりは、OECD（経済協力開発機構）諸国の最小限アプローチの方が現実的であることが明らかになったように思われる。OECDの多国籍企業に関するガイドラインは一九七六年に発表されたが、国連で並行して進められていた作業に先んじて成果を公にしたいという意図があったために、かなり大急ぎでまとめられた格好になった。そのガイドラインの狙いは、本国を離れて操業する企業に対して、望ましい行動をとるよう強制するというよりは奨励するということにあった。「望ましい」行動とは、受入れ国の政治的権威――世俗的のみならず宗教的権威である場合もあるが――にとって社会的にも政治的にも容認できるような行動を意味すると考えられている。たとえば、サウジアラビアのような厳格なイスラム国家で操業する石油会社であれば、従業員によるアルコール類消費はイスラム諸国では規則によって制限できるという正当な根拠を、当該ガイドラインの中に見出すことになる。そのようにして、ガイドラインは従業員に対する企業の政治的権限を強化するのである。従業員がどこでどのようにパーティーを開き、どのようにして余暇を過ごそうが、それは結局は、経済的な利潤最大化という企業の本務とは無関係な事柄である。そうした形での介入は、したがって、本質的には政治的な意味をもつものである。そのような介入は、もう一つの政治的権威としての受入れ国政府との関係

――そして、まわり回っては本国政府の政治的権威もしくは宗教的指導者に対する関係への当該企業の関わり方――に良かれ悪しかれ影響を及ぼすことになろう。

国連による多国籍企業の行動規準案は、これとは対照的に、国家、企業のいずれの行動に対してもほとんどもしくはまったく影響を及ぼすことなく今日に至っている。それというのも、ニューヨークに参集した規準案起草グループの間では、試行錯誤が一〇年にわたって続けられたにもかかわらず、なお文章化された形での合意に達することができなかったからである。そのため、同案の原文では、'should' の次にカギ括弧つきの 'shall' を加えたり、またその逆であるような箇所が数多く見られる。規準案起草グループの中で仮に意見の相違が解消されるとしても、それは曖昧な表現が用いられた場合にのみ実現するであろう。

国連規準での表現に勧告を意味する 'should' ではなくて義務を意味する 'shall' を用いるよう希望した発展途上諸国は、国レベルでは、外国企業に対して国家的政治権力を行使しようとしてきた。発展途上諸国は、その手始めとして外国企業の国有化を断行した。第一段階では鉱山会社や石油会社の国有化が行われ、続いて銀行、保険会社、醸造会社その他の企業の国有化が進められた。そうしたことを行う――先進工業諸国がしばしば同様のことを行って以来――権利は、完全かつ公平な補償が速やかに行われなくてはならないとする国際慣習法の定めが遵守された場合には、無条件に認められた。しかしながら、発展途上諸国政府にとっては、気がついてみれば勝ち取ったのは無意味な勝利であったというケースが非常に多かったのであり、しかもそのために多大な代価を支払ったケースも数え切れないほどあった。鉱山や油田の所有権を獲得したものの、同じように市場を開拓できる力は発展途上諸国にはなかったのである。チリの銅の場合にせよ、ナイジェリアのギネスビール醸造の場合にしても、追い出された企業は、たとえば顧客との間に長期契約を結ぶなどして市場へのアクセスを支配し続けたのであった。そうした企業には、また世界市場で競争力を保ち続けるのに必要な技術を自由に駆使できるだけの力も備わっていた。

同様にして、外国(アメリカのこと)の企業による支配から自国を守る目的で一九七〇年代には外国投資検討局(FIRA)といった監視機関を設立したカナダのような先進国にとってさえ、一九八〇年代においては、アメリカ企業のカナダでの操業を認めるべきか、また拒否すべきかに関して、明文化された画一的な規程を定めることはできないということが明らかになった。現実政治の場においてむしろ問題となったのは、カナダ経済に参入する権利を認める代償として、政府が企業からいかに多くの譲歩を引き出すことができるのかということであった。

発展途上国側も、しだいに同じような結論に達するようになった。外国企業を締め出すよりは、外貨稼得や石油製品、化学製品、自動車の輸出を通じて国家の経済発展に資するよう、そうした企業と交渉を進めた方が、合理的な選択肢であると映じたのである。企業に対して、受入れ国政府との間に新たな共生的関係を結ぶことはそれだけの価値があることだと納得させることができれば、その他の条件、すなわち、受入れ国での現地人マネージャーの任命、熟練労働者の訓練、医療サービスの供給、さらには工業研究の実施ということすらも条件として加えることができよう。そうしたことができるかどうかは、通常、国によってかなり異なる。あまりにも貧困で情勢が不安定な小国であるがゆえに、その国民経済の中で一定の地位を占めるべく取決めを結ぶだけの価値がないと企業の経営陣が判断してしまうような国々も存在する。かつて国有化戦略が展開された際には、あらゆる国家が国有化のための権力を同等に保持していた。だが、新たな生産協力戦略が展開される段階になると、国家によって交渉力に開きがあることが顕著な形で表出した。たとえば、アフリカ地域の国家よりもアジア地域やラテンアメリカ地域の国家の方が、交渉を有利に進めがちであった。保護者としての行動様式をとる国家は、企業に対する権力行使を改めて主張したが、それがどこまで実現したかに関しては、国によってかなりまちまちであった。社会的結集力が強く、政治的にかなり安定していて経済成長の潜在力に非常に恵まれた諸国は、外国企業の権力を国家権力強化のために利用することができた。その一方で、こうした三つの望ましい特質に恵まれない諸国にとっては、外国企業とは協力してくれる意志のない存在で、結果的にパートナーではなく敵対者として映じがちな存在となっていた。

課税をめぐる諸問題

財政上の問題とは、ごく簡潔にいえば、多国籍企業が国家の課税権を侵害してきたかどうかという問題である。課税による歳入の調達という権利の独占的保持は、国家に帰属されるべき基本的権限の一つであり、それは、暴力の独占、ならびに国家による決定の遂行という目的のための警察や軍隊による強制力の行使、といった国家に対してのみ付与されている権利と同等の権利である。国家は、私的個人に武装を認めることがあるのと同様ないきさつで、農民に徴税を請け負わせたり、課税権の一部またはすべてを地方や市の当局に委ねるということがあるかもしれない。しかしながら、国家は望むときにいつでもこうした委任をやめる仕組みをつくっている。

今や問題なのは、あらゆる国家が伝統的に主張してきたこうした独占的権力もまた、大企業による生産構造の支配が進んだ結果として侵食されつつあるのかどうかということである。大企業は、国家の課税権から逃れることができるだけでなく、自らの営業の中から非課税対象費用として扱われる費目の形をとった「歳入」を捻出できる力をもっている。それは、国家が掲げる目標に劣らず自己本位的で、いくつかの点でそれに類似した目標のために、企業自身が自由に使用することのできる収入である。国家が歳入を防衛に充当するのとまったく同様に、企業は、産業スパイ活動や工場設備の安全、企業資産や地位、市場シェアを守るための宣伝に資金を投じている。国家は研究・訓練に資金を費やすが、企業もそれとまったく同様の支出を行っている。国家の統治者は、贅沢、虚栄あるいは芸術やスポーツに対する肩入れといった個人的嗜好を満足させるために、しばしば国家歳入のかなりの部分を食い潰した。大企業の最高経営責任者もまた、今やまったく同様の嗜好に耽溺している。(12)

多国籍企業は、税徴収者としての国家と肩を並べるほどの権力をもったアクターの最初の事例ではない。宗教的機関は、つねにそういう存在だったのであり、生前の安全を支配する政治的権力ではなく、人びとの死後の安全を支配する権力をテコにしてきた。そこでも、また、贅沢な寺院建築や教育・研究に対する長期的投資、さらには個人的な装飾や出世にまでも収入が費やされることは珍しくはなかった。

会計士の腕が洗練された——とくに一九七〇年代のインフレが引き金になって婉曲な言い回しで「創造的」会計と呼ばれる制度ができて以降——ことによって、企業への課税収入は、資金運用のされ方あるいは（公開されている場合には）何らかの形で設立された準備基金の内容からの推定に基づいて控除する以外に方法がなくなっている。世界の生産構造のいくつかの部門において、少なからぬ企業が国家の課税権力から非常にうまい具合に逃れることができたということは、否定できない事実である。大規模な石油会社や国際銀行は、いずれも一九七〇年代と一九八〇年代に巨額の収益を得た。どちらの場合にも、そうした収益のほとんどはアメリカの国外で生み出されたものであった。アメリカの内国歳入庁（ＩＲＳ）――いわくつきの命名が行われた――には、アメリカ領土内で生み出された利潤であれば適用されたはずの規則と同一の規則をそうした収益に対して適用する権限は認められていなかった。他の諸国政府も、全般的に見てアメリカの先例に従った。その理由はおそらく、石油会社も巨大銀行もそれぞれエネルギーと信用を供給しながら生産構造の重要な歯車となっており、いずれの先進工業諸国でも、それらに対して例外的に特恵的な課税措置を講ずることに異議を唱える政治家がほとんどいなかったからであろう。

多国籍企業の動きを規制しよう（そして、そうすることによって国家の課税権力が侵食されていく過程を反転させよう）という意図をもった本格的な試みが何らかの政治的権威によって行われたのは、カリフォルニア州だけであった。同州では、州議会によっていわゆる一律課税に関する諸法が導入されたのである。この法律では、カリフォルニア州で操業する企業が世界的規模で展開している操業の状態ならびにその中で現地操業に帰することができると州が推定した部分の占める比率に基づいて、同州がそうした企業に対して課税できる権利をもつものである旨が明言された。税金避難地域（タックス・ヘイブン）に大なり小なり持株会社を設立し、収益申告をつねに課税水準が最低の地域で行うという大企業の間で広まりつつある慣行に照らしてみた場合、こういった布告は十分公正なものであるように思われた。しかしながら、数年後には、カリフォルニア州での操業を停止したり、最小限に縮小したりする巨大多国籍企業がかなり増えたため、一律課税の構想は徹底して実施されるにはいたらなかった。各州とも、他州とは競合状態にあるという理由で、領域内で操業する最大規模、収益最大の企業に課税を行って歳入を賄うといったことができなくなったり、あるいはそうしようとはしなくなっているようである。

法人税の「管理」が杜撰で不正が行われていると考えようと考えまいと、また、行政府による多額に及ぶ贅沢な消費が「経済的に」何ら正当化しえないものだと考えようが考えまいが、課税の問題が、国際政治経済が抱える基本的な問題であることには変わりはなく、この問題についてはさらに研究が進められる必要がある。というのは、企業に対して寛容な態度がとられてきた結果、将来の世界の生産構造——企業やその後継経営者だけがその中で延命しなければならないのではなく、国家や個人も生きながらえなくてはならない——の形成に当たっての企業の力が増大しているからである（O'Connor, 1973）。

三番目の問題群は、危険に関するものである。どんな生産構造も危険——生命や健康その他の人間の財産を脅かす危険、あるいは将来的な繁栄の見通しを暗くする危険——を孕んでいる。牧草地を耕作地に転換すれば、そこが黄塵地帯になるのではないかという危険が生じた。岩塩発掘の際には土壌陥没という危険が、また石炭採掘には肺病や爆発ガス、生き埋めといった危険が伴った。今日では、アスベストや殺虫剤の生産や使用、また、巨大タンカーによる石油やＬＮＧの輸送に危険がつきものである。

重要だがそれほど研究が行われていない問題として、多国籍企業によって大部分が形成され、また運用されているグローバルな生産構造の下で、世界社会にとっての、また世界社会自体がひき起こす危険がさらに増大しつつあるのかどうかという問題がある。この問題から派生する、しかしながら同様に重要な問題は、それに伴う危険の管理に関する問題、すなわち、さまざまな形の危険がもたらす結末に対して政治的権威が責任をとろうとした場合に、それによって制約を受ける対象は誰かという問題である。

近代における資本主義社会では、この問題がつねに重要な政治的課題であった。今日、ほとんどの大都市でもっとも豪華で大きな建物のいくつかは、寺院や聖堂ではなく大保険会社の本社であるが、なぜそうなっているのかについて次のような答えの仕方が考えられる。つまり、大きな危険が少数の人びとによっておかされたり、小さな危険にしても貧しい小企業がこれを引き受けるような場合には、保険こそがそれに対する明らかな回答となるのである。だからこそ、多くの州では、勤務中のけがに備えて直接的にであれ間接的にであれ保険に加入することなく仕事に出ることは不法とされている。また、多くの国において、誰かに損害を与えたり傷を負わせたりする危険に備えて保険に加入することなく車を運転することが違法であるのもこのためである。アメリカでは、産業構造の中に製造物責任という制度が組み込まれてきた。欠陥があったり危険な製品を販売した企業を相手どって勝訴した場合には、原告側に認められた損害賠償額の一部を弁護士側も受け取ることになっている。そのため、この制度には、法律を専門とする職業からは積極的な支持が与えられてきた。同様の原則が、医師さらには弁護士自身にも拡張して適用されてきたことも事実である。このことが意味しているのは、医療や法律上のサービスの「代価」の一部は、職務上の不慮の事態から医師や弁護士を保護するのに必要な保険料に相当するということである。

部分的には専門的な方向での、また別の部分では規制する方向での以上のような変化は、また国際関係にも影響を及ぼしてきた。たとえば、スイスの化学品製造会社が不注意にも有毒廃棄物をライン川にたれ流した際に、フランスやドイツ、オランダの政府が苦情の申し出を行ったのはスイス政府に対してであった。こうした問題に関する国際法は、まったく曖昧な状態にある。有力な国々が環境その他の被害に対する自らの責任を認めるのを拒絶するかぎり、そうした状態は続きそうである。たとえば、カナダの森林地帯には、アメリカ産業の活動が原因で酸性雨が降っているが、それは、カナダ政府にそうした活動をやめさせるだけの力がなかったからである――それは、スカンジナビア諸国の森林地帯にイギリスの産業活動が原因で酸性雨が降っているにもかかわらず、当該諸国がイギリスに対してそうした行動をやめさせるよう説得できなかったのとまったく同様である。

犠牲者の不満をなだめたり、補償を行ったり、また被害を除去したりその拡大を防止したり、さらには危険を最小にとどめるために規制を行ったりするといった政策決定上の問題に直面しているのは国家である。だが通常、問題を生み出すのが国家自身であることは稀である。実際、国家は無謀で危険なドライバーたちとは異なる。こうしたドライバーたちについては、他人に危険を及ぼさないよう規制を設けうるし、しかし一〇〇パーセントそれがむりな場合には損害賠償保険に加入させて賠償能力を保証させることができる。だが、国家に対して、細心の注意の下に産業を厳格に規制するよう、国際法をもって義務づけることはできない。一九八五年にボパールで起きたユニオン・カーバイド社の大惨事や一九八六年のチェルノブイリでの原子力発電所の火災のような産業上の大災害に備えて保険料を取り立てることも、これを国家の義務とすることはできない。権力の属性の一つが他者に対して難題を押しつけることのできる能力にあるのだとすれば、規模の大きな企業は、民間企業であるか国有企業であるかに関わりなく、国家権力を侵食しつつあるように見受けられる。

グローバルな生産構造の壮大なダイナミズムから生じているのは、以上の諸問題にかぎらない。しかしながら各国民経済の生産構造がそれぞれの国家政府が有する圧倒的な権威の下にもはや確実には収まり切れなくなっている状況に接して、政治経済学者が取り組む問題がいかに根本的に変化しがちであるのかという点は、以上にふれた問題を見ただけでも十分にわかる。生産構造の変化は、国家の性格そのものを変質させている。国家の能力は変質し、したがってまた国家が負わなくてはならない責任も変化している。そして、国際経済関係を含め、われわれに馴染みの深い国際関係上のカテゴリー——大西洋同盟、ソ連陣営、第三世界——は、かつてはもっているように見えた同質性を失うようになっている。

生産構造の変化によって、一組のトランプは切り直され、各アクターの手元には新しい札が配られている。政府——先進諸国の政府も発展途上諸国の政府も——や企業、銀行、労働組合、農民、その他政党を含むさまざまな社会集団は、手持ちのトランプ札でいかに最良のプレーを行うのかの決断に当たって、新しい難題に直面しているのである。

第五章　金融構造

国際政治経済において権力は、安全保障を管理できる人びとの手にある。また、生産による富の創造を統制している人びとによっても握られている。しかし、これまで述べてきたような安全保障構造と生産構造と並んで、そのどちらとも重要性はいささかも劣らないものとして、金融構造は重要な位置を占めている。信用をつくり出す権力とは、他の人びとに今日消費を行い、明日その分の埋めあわせをする可能性を与えたり、否定したりする権力を意味している。この権力はまた、他の人びとに購買力を与え、それによって生産物にとっての市場を生み出す力を意味している。また、信用はそれを通じて与えられる通貨の管理を行い、他の通貨によって与えられている信用の交換レートに影響を及ぼす権力をも意味している。

こうして、金融構造は二つの不可分な側面をもっている。それは、信用がそこで創造される政治経済構造と同時に、信用がそれを通じて供与される異なる諸通貨間の相対価値を決定する通貨システム（または複数のシステム）を意味している。国内政治経済構造では、政府と銀行がこの権力を分かちもっている（したがって両者間の政治的、また規制的関係が重要になる）。国際通貨システムでは、異なる貨幣や通貨間の交換比率は政府の政策、また市場の力によって決定される（ここでも政府が市場にどれだけ自由に機能する余地を与えるかが重要になる）。それゆえ、金融構造は、信用がどれだけ供与されるかということに関するあらゆる取決めプラス諸通貨が、相互に交換される条件を決定するあらゆる要素の総計によって決まってくる。

国際政治経済における金融構造は、つくりかけの家のように見える。それは部分的にはグローバルな制度となっているが、依然として各国の金融通貨制度の延長線上にある部分ももっている。たしかに各国の金融通貨制度はしだいに国境を越えて他の世界の部分に影響を与え、またそこから影響を得ている。国際金融構造がグローバルであるというのは、世界の主要資本市場のすべてが密接にリンクしていて、かなりの程度それらが一つのシステムのもとで動いているように見えるからである。どの資本市場もこのシステムの他の部分で起こる出来事にただちに、そして明白に反応する。銀行家や株式取引業者は、時間が政治的境界よりもはるかに重要であるかのように仕事をしている。かれらは、この仕事で相互に協調しながら競争している。大きな金融企業はすべての大きな金融中心地に支店や事務所をもち、その顧客たちは資金をある単一国の通貨で預託して満足していることはほとんどない。

しかし、各国の通貨が共存しているという事実は、国境が依然として重要であることを示している。国境内では各国の政府が政治的に――この言葉が時には「不公正に」と響くかもしれないが――各国通貨の強弱について責任をもっている。国家はこの責任を認め、ドル、円、マルク、フラン等の各国通貨で決められた通貨価値を管理して、国益と考えられる目的を実現しようとする。各国政府は、自らが決定したこのような目標をつねに実現できるわけではない。しかし、諸政府は通貨の管理者としての役割をいまだ放棄していないのである。国際機関がこの役割を肩代りしようとしても、各国政府はなかなかそれを許そうとしない。いまや若干の資産はECU（ヨーロッパ通貨単位）と呼ばれるヨーロッパ諸国通貨のバスケットによって表示されたり、またSDR（国際通貨基金の特別引出権）と呼ばれる他の組み合せの通貨バスケット――ここにはECUとは異なりアメリカ・ドルが含まれている――によってある種の契約が行われていたりするにもかかわらず、世界の金融市場における大部分の信用手段は依然として主要ないくつかの国民通貨によって表示されているのである。(1) 要するに、市場は圧倒的に世界的なものとなっているが、そこでの権力は圧倒的に国家レベルにとどまっているということができる。

信用の創造

先進国の経済はいずれも、信用を創造する仕組みなくしては機能することができない。今日では、われわれがポケットやハンドバッグに入れて持ち歩く紙幣や硬貨、また銀行や年金基金に預けたり貯蓄する資金は、金融構造のなかで創造される信用額の一部にしかすぎないのである。これは、一九世紀以来、すべての工業国において生産的な投資を重視するために銀行が必要となって以来の現象である。銀行は国内の利用者たちに資金を貸して、またその中のいくつかは他国の業者や政府に対して貸付を行ったり、または後者のために債券を発行して資金を集めたりする。ものの生産に価値をおく社会は、資本主義であろうと社会主義であろうと、また両者の混合体制をとろうと、信用をつくり出す制度をもっている。信用は文字通り、先進国の血液といってよい。人体の解剖の際、血液が全身を循環していることが確認されるように、大部分が信用の形態をとる貨幣は経済のあらゆる部分に到達し、これらの部分を活気づける。カネは規則的に流通し信用のおけるものでなければならない。ちょうど血液があまりに多すぎたり少なすぎたりするような混乱が起これば人体が苦しむのと同様に、通貨の健康や安定性も重要であり、さもなければ社会が苦しむだろう。ここからあらゆる物に価値をおく社会では、信用をつくり出す権力が政治的に非常に重要である（もちろん、まったく精神的あるいは非政治的な目標を追求するような社会も稀には存在してきた。こうした社会では、信用創造からもたらされる権力はわずかなものでしかない。しかし、今日ではこのような社会ははるかに稀なものになり、社会主義だろうと資本主義だろうと混合体制だろうと、ほとんどすべての社会では、よりよい富、よりよい生活水準を、その定義はさておいて追求しているのである）。

おおまかにいうならば、資本主義経済／市場経済と社会主義／計画経済との間の差は、前者においては信用を創造する権力が国民と民間銀行の両者によって分かちもたれているのに対し、後者では国家が信用創造権力を国営銀行に委託するという点にある。後者では、国営銀行は市場の動きに対応して信用をつくり出すのではなく、計画官僚の命令に従ってこれを行う。富をつくり出すという点では、社会主義制度が市場主義制度よりも効率が悪いことは疑う余地はない。国営銀行は安全を最重要視し、リスクを避けようとする。国営銀行では、機会を見て、ベンチャー事業に信用を供与したり、大きな既存の国家企業ではなく小規模の知られていない企業者たちに信用を与えるような誘因はあまりはたらかない。ベンチャー資本という捉え方自体が、社会主義的な思考とは異質なものである。国の安全の問題となって、軍が最先進の技術を用いて武装を進める場合とか、開発戦略に大きな変化が起こった場合――これはフルシチョフがソ連農業の近代化と拡大を呼びかけた時がそうだったが――国営銀行は新しい借手に対して大規模に資金を提供したのである。こうした制度においては、消費者たち――街路でトイレット・ペーパーや野菜を買おうと行列をしている男女たち――の利害は最後のものとなる。こうした経済では、信用へのアクセスが制限されていることを主とした理由として、停滞しがちである。この停滞によって、経済成長が緩慢となり、社会全体に悪影響を与えたことが最近のソ連や中国における経済改革の動きでわかるが、このことは広く認められている。

しかし、すべての旧社会主義諸国政府が気がついたように、信用制度を自由化するという試みは、金融面で、したがって経済面での不安定性の増大というリスクを導いた。市場制度は確かにより効率的かつ柔軟で、変化や革新を生み出しやすい。しかし、市場制度もまた不安定なものである。そこでは、破産や銀行の失敗が起こる。国家レベルでも金融恐慌が起こってきた。銀行家が、貿易、工業、農業などの金融的将来に信頼を失った場合には、失業と資源の遊休状態が起こる。金融ブームの時期も、政府が経済成長を続けることがむずかしいと見るような場合には、ただちに金融不況にとって代わられる。一九三〇年代に当時のフーバー大統領は苦々しくこういった。市場経済では、貨幣は古い帆船に積載された大砲のようなものだ。それが当局によってコントロールされる時には力と強さの源泉となるが、コントロールの手を離れた時には恐ろしい破壊力を引き起こす。市場に密着した金融構造は、たんに不安定なばかりではなく、それは必然的に不平等を増大させる。この金融構造の中では、金融機関とその管理者と従業員たちは莫大な金額のカネを手っとり早くつくり出すが、それによって富者と貧者間の格差は増大するのである。銀行家や金融業者たちは、たんに富んでいるからうらまれるのではなく、生産的な仕事に従事していないにもかかわらず富むという事実によってうらまれることになる。かれらはカネからカネをつくり出したのである。

さらに付け加えていうと、庶民は銀行や金融業者がそもそも正直で信頼に値するとは考えていないのである。近年ではあまりに多く、銀行や金融業者が怪しげな業務に手を出したり、場合によっては周知の犯罪者と手を組むといった事例がみられた。金融制度が複雑なものになればなるほど、金融犯罪の機会も増えてくる。アンブロシアーノ銀行、フランクリン・ナショナル銀行、マイケル・ミルケンとウォール街でのいんちきな公債取引、アシール・ナディールとポリー・ペックの破産、パキスタン資本が所有する国際信用商業銀行の監査が不明朗であった事件等々。これらすべてが週刊誌のトップ記事の材料となった。一九七〇年代初期に始まり、近年では一層騒がれるようになったこうした金融犯罪はけっして偶発的なものではない。こうした犯罪が起こるのは、一つには金融制度、金融市場の規制を性急に緩和した政府の決定、また他方では金融市場が急速に国際化し、国際市場に統合されてきたことから、狡猾な業者が各国の規制や監査をすり抜けることがたやすくなったことに由来する。

原始的金融構造と先進金融構造

この世界市場経済の非常に複雑で発達した金融構造がもたらす社会的影響こそ、分析の対象とならなければならない。他の基本的諸構造と同じく、それらの構造を著述したり、また構造の内部で機能している諸制度を説明するだけでは十分ではない。国際政治経済学者は、これらの構造がもたらす政治的社会的諸結果、利益と費用の面から見れば誰が何を得ているか、それらの構造におけるリスクや機会はどのようなものか、などを問わなければならない。また、これらの構造が社会にもたらす諸価値の組み合せ、そこから生まれる政治的諸問題をも考察しなければならない。

このためには、貨幣市場や銀行の諸慣習にみられる秘密めいた技術的諸問題の大部分を無視して、原始的通貨制度と先進通貨制度間の社会的政治的相違を検討する必要がある。ここで通貨制度というとき、われわれはそこに信用創出に関する金融構造、およびさまざまな通貨または多様な形態をもつ通貨を使用する各社会の貨幣関係を指している。

まず注意したいのは、原始経済では貨幣はほとんど使われていない、ということだ。生産の大部分は生産者自身によって消費されている。貨幣はただ人々が自分自身生産できず、また隣人たちと物々交換によって獲得できない「余計なもの」を手に入れるために必要とされる。貨幣経済は現物経済のごく一部分にすぎない。そして、人びとが貨幣を使用する時には、それは財・サービスの交換の媒体手段として、現在の取引において使用されるのである。貨幣の他の二つの機能として経済学者たちは、価値貯蔵、計算単位という機能をあげるが、原始経済はまだ貧しいので、貨幣のこうした機能はあまり用をなさない。外貨準備としての意味も、外界との関係が限られており、貿易は主として物々交換のかたちで行われるので、あまり問題にならない。さらに貨幣は不換紙幣や信用紙幣の形態ではなく、目に見え、手でふれて確認できる形態、すなわち経済学者たちが資産貨幣とよぶ形態をとる傾向がある。つまり、それは稀少で運搬が容易に可能となるような商品――金属、貝がら、ビーズ等――であって、その供給について統治者があまり統制していないようなものでなければならない。

中間段階のやや発達した貨幣制度では、貨幣経済は実物経済に対してよりいっそう浸透を始めている。実物的な資産貨幣がだんだん洗練されてくる。カネが金銀貨、銅貨等のかたちをとる。統治者たちはいまや財や労働で租税を徴収することに満足しなくなる。彼らは租税が通貨で支払われること、自分たちの顔が刻みつけられた貨幣で支払われることを要求するようになる。この段階になると、統治者たちは社会から資源を取り上げる簡単な方法を発見する。つまり、貨幣の価値を低下させるのである。クレオパトラとローマ皇帝ネロは最初にこの手段をとった統治者たちであった。当時、商人や旅行者たちがある通貨を他の通貨と交換する必要が生じたことから、外国為替取引のやり方が発見されていた。貨幣を借り入れ、債務をひろくし、貸付に対して利子を徴収するやり方が始まっていた。クロエソスはローマの地主で上院議員だったが、この取引に熟達し、「クロエソスのように富む」といういい回しが聞かれた。これは、貨幣から貨幣を生み出すやり方が新しいものではなくなったことを示している。

次に銀行が出現する。まず、銀行は預託者に対し安全を保障して金銭や貴金属の預託を受け、受取りを発行し、預託者が必要な時に預託金品を引き出したり、銀行を通じて第三者と決済を行えるようにする。銀行は経験から、預託者が一度に全部の金額を引き出そうとはしないことを知っているので、その資金を手数料を取って他人に貸し付ける。借手は銀行から資金を受け取る。これが信用と呼ばれる。まもなく、銀行は自分の保有する資金量を超えて、預託者や借手に対し、「支払手形」を印刷し引き渡し始める。この紙幣は、いままで硬貨形態で存在した貨幣の供給に加わって経済全体に流通する。銀行やその他の専門的な金融機関の数が増えるに従って、信用貨幣――銀行家が「信用手段」と呼ぶ――の形態はますます多様になる。金融市場も多様化する。他方で、統治者たちは銀行家から借り入れることによって、負債を償還する新しいやり方を発見する。中世のフランスやイギリスで見られたことだが、時には統治者たちはあまりに借金をしすぎて、負債を返却する重圧から逃れるために、債権者たちを追放したり営業を禁じたり、また殺すことさえあった。一八世紀になると、イギリス、フランス、また当時は植民地であったアメリカで、諸政府は苦い経験をなめるようになった。つまり、諸政府は、銀行や信用貨幣によって新しく国家にとって融資を得る道が開かれたことを歓迎しながらも、あまりに信用貨幣が氾濫すれば、民衆は銀行や政府の債務返済能力に疑念をいだくようになり、それ以上信用貨幣を受け付けなくなるということを認識するようになったのである。この場合にはグレシャムの法則がはたらいて、悪貨が良貨を駆逐するようになる。良貨（通常は、金貨や銀貨）は保蔵され、紙幣の値打ちが下がる。アメリカ独立戦争時に「コンチネンタルは値打ちがない」という言葉がはやったが、これはコンチネンタル・コングレス銀行の発行したドル札のことを意味していた。政府は、銀行の信用創造能力と政府が自分自身のために紙幣を印刷して信用を創り出す能力とが何らかの形で統制されないかぎり、経済（そしておそらく政治体制も）の混乱は避けられないことを、苦い経験をつうじて学んだのである。というのも「通貨死滅」の事態がいったん発生するならば、それがインフレによるものであろうと、また政府を転覆するような政治的改革騒ぎによるものであろうと必ず、貿易、投資、そして経済生活全体が停滞してしまうからである。

原初的金融構造から先進的な金融構造へといたるこの経済的な変化がもたらす政治的な結果を見ると、これは良い点もあれば悪い点もあるし、また実際その両側面を備えるのが通常のことである。政府は経済システムの管理、銀行に対するルールづくり、また金融ビジネスや金融市場の動きについてより大きな責任感をもつようになる。その結果、政府はこの新しい権力源を用いて、支配集団や支配階級、また国家官僚の私腹を肥やす誘惑に駆られ、経済全体に損害が出ることを省みないかもしれない。

　だが他方で、政府はこのシステムを利用し、貸付を受けたり課税を行ったりして、道路、発電所、安全保障を増大させるための兵器システム、福祉サービス等の公共財を提供することができる。この最後の点が重要である。政治学の見地からすれば、お金が経済成長の手段、また集団的財の供給用具として、力の代替物となる。インカ人たちやエジプトの王（ファラオ）たちは、お金なくして大規模な公共土木事業（もちろんかれら自身が選んだ）を組織することができた。しかし、権力がより分散されていたり、より制限を受けているような政治体制では、通貨システムが発達するまで資本の投下（したがって富の増加）を実現することができない。お金がこうして、ある社会が自由と富とを同時に享受しようと望むならば、自由にとって必要な付加物だということができる。

　自らの生活水準を改善しようと望み、したがって経済成長を追求しながらも同時に政治的自由を保持したいと欲する社会は、通貨制度を発達させ、お金によって可能となる経済的自由を手に入れようと努める。通貨制度の発達はそれゆえ、資本の蓄積で可能となる経済力の分散を通じて、政治権力が分散化することを促進する。反対に、ソ連圏や中国の権威主義的計画経済当局は、経済成長を通じて富を追求しながらも、自由を追求することはなかったため、通貨制度を発達させる必要を感じなかった。

しかしながら、先進通貨制度は不平等を増大させる傾向をもつ。ある人びとが資本を蓄積する時、かれらはそれによって増大した取引力を利用して、他人の労働や資源を搾取することができる。その結果、貧富の格差が拡大することになる。

政治的構造によるが、この不平等は遅かれ早かれより発達した福祉構造をつくり出そうとする要求を生み出すことになるだろう。こうして通貨制度の発達からもたらされた欠陥を補い、是正することが図られる。

政治構造の権力が分散化していればいるほど、富や危険の配分における不平等を是正するためのより多くの福祉供給に対する需要が切迫したものとして現れる。政治権力がいっそう集中し中央集権化されていればいるほど、これらの要求をおしとどめることが可能である。たとえば、ローマ人たちは比較的に権威主義的な政治構造と相対的に発達した通貨制度とをあわせ用いていた。多くの取引で債権・債務等の慣行はよく用いられていたし、巨投資のためには信用が利子をとって供給されていたし、外貨取引も通常行われていた。巨利が蓄積される一方で、貧富の格差は増大した。しかし、抑圧的な政治制度が奴隷――かれらの労働により経済が成り立っていたのだが――を保持する一方で、寡占的な財産所有者たちはローマの商工業者たちの福祉制度に対する欲求に応えて、無料の穀物や豪華な円形闘技場での闘技を提供していたのである。

発達した金融制度は同時に不安定性を増大させる傾向があり、いろいろな仕方でこの傾向は増進する。銀行活動に依存する制度にとっては不可避のことだが、「信用超過」の傾向が現れる。つまり、銀行が利益を上げるために、信用を不用意に拡張するが、その結果、金融恐慌や経済崩壊のリスクが高まることになる。この恐れを回避するためには、銀行業の規制が必要となる（しかし、人びとは破局が訪れるまでそのような規制を行おうとはしない）。

また、この不安定性の傾向は、民間部門での（上述のような）信用拡大と同時に、政府、その他の政治的権力が自らの利益のために発達した通貨制度を利用しようとする避けがたい誘惑によっても引き起こされる。つまり、インフレによって経済全体から徴税しようとする誘惑である。その結果、政治経済がインフレの昂進から起こる社会的ショックにさらされたり、またインフレを食い止めるために経済成長率を急激に落としたり生産的資源を遊休させたり（労働力の失業もここに含まれる）する苦しみを味わうことになる。

発達した貨幣制度についてもう一つ注意しておくべき点を最後に付け加えると、通貨制度で不利益をこうむる集団の行動様式は通常、政治制度で不利益をこうむる集団の行動様式とは異なるということである。政治制度で不利益をこうむる集団の場合には、体制の完全変革にすべてを賭ける革命者たちがつねに出現しうる。かれらは不正または経済的に非効率とみなす現体制にほとんどまたはまったく愛着をもたない。しかし、通貨制度で周辺的立場におかれる者は通常、制度の変化は緩慢な過程であり、漸次的な信頼醸成が必要であって、ひとたび信頼が揺らいで制度が崩れるならば、それを再建したり他の制度を構築するのは容易ではないことを知っている。したがって、かれらの抵抗は極端な形をとらない。現体制の社会的政治的結果に対するかれらの批判がいかに根深いものであろうとも、かれらの攻撃は控え目なものとならざるをえない。イギリス労働党が一九四五年に権力の座についた時も、またその他のヨーロッパの社会民主主義政党にせよ――イタリアの共産主義者たちでさえ――資本主義の下で発達した国民的通貨制度を根本から廃止しようとする提案は行わなかった。同様に、国際通貨制度の内部での「反対者たち」も、戦間期および一九六〇年代のドゴール政権下のフランスであろうと、また、一九七〇年代の新興産油国としてのOPEC（石油輸出国機構）諸国であろうと、自分自身がその一部である制度を意図的に撹乱するに至るほど、強く反対運動をすすめたわけではなかった。この点は注意しておいてよいことである。なぜなら、これら諸国の反対はしばしば体制の黙認、または承認とさえ解釈されがちだからである。

通貨の発達からどのような結果が生まれたかを次の諸点にまとめておこう。

――経済交換（貿易）をスムースにすすめたり、投資による生産拡大を促進したりすることによって、経済成長を加速化した。時間が取引されるため、購買力の「貯蔵」、資本の蓄積が可能となって、高価な生産的事業に資本が投入できるようになった。

――資本を蓄積できたり、信用にアクセスをもつ人びとに権力が与えられることになった。

この制度がより開放的となり、資本貯蓄能力が拡大するにつれて、それだけこの制度内部で権力が分散した。

――経済的不平等が拡大することから、よりよい福祉制度に対する需要が刺激され、富やリスクの不均衡な配分を是正しようとする力がはたらくことになった。

――インフレ、過剰貸付、経済活動での循環的変動など経済制度の不安定性を増すことになった。

――政治当局に対する福祉供給の要求とともに、信用制度や貨幣市場の動きを統制する複雑で正確なルールを設定することに対する要求も強まった。

――政治的安全の保障のため、また経済のいっそうの発展のため、そして社会的安全維持のために、福祉システムを通じて公共財を提供することが政府当局にとっていっそう容易となる。

――しかしながら、政府当局がこの通貨制度を政治的目的のために利用する可能性もそれだけ増大する。それはつまり、反対派の集団に対し現体制から得られる利益と同時に、これを破壊することが危険であることを認知させ、結果として反対派の異議や批判の高まりを封じることになる。

秩序立った先進通貨制度は次のような特徴をもつ。まず、安定的な（あまり乱高下のない）経済成長が実現している。続いて信用構造、その市場や供給者に対する統制が確立している。第三に、福祉制度や公共財のより多い提供が行われている、等である。

反対に、混乱した通貨制度の下では、次のような現象が現れる。経済成長は停滞して、信頼性の低下や生産資源の遊休が見られる。政府や銀行またはその両者が信用通貨を乱発してインフレ昂進の恐れが出ている。金融恐慌や経済パニックの恐れもある。そして、政府当局が、公共の福祉よりも自分自身の特定の目的のために通貨制度を利用している、等である。

一九世紀の謎

長い歴史的視野で世界の金融構造をながめると、信用通貨を備えた発達した形態の金融制度が出現して以来、この制度は混乱および不安定の時期と安定および秩序立った時期との交替を繰り返してきたことがわかる。この意味で、金融構造は生産構造よりもむしろ安全保障構造の推移に似ている。生産構造をふりかえると、その進歩はずっと安定的なものであった。経済成長には高い時期も低い時期も見られたし、不況も好況も存在した。しかし、経済成長が実際に後退し、生産が低下したのはごく稀なことだったし、その動きはしばしば経済に外的な諸力が働いた結果であった。つまり、好況の時期はしばしば安全保障構造における戦争と結びついていたし、不況の時期は金融構造における混乱と結びついていたのである。

これとは反対に、安全保障構造でも金融構造でも一九世紀――とくに一八一五年から一九一四年までの一世紀――は相対的に秩序と安定が保たれた中間期であったように思われる。というのは、イギリスでもフランスでもそれ以前の世紀（一八世紀）および一九一四年以降の時期は共に、相対的な混乱と不安定によって特徴づけられていたからだ。一八世紀には両国とも通貨の過剰発行と混乱という苦い経験をなめていた。フランスでは、金遣いの荒いルイ十四世の後の摂政（ルイ十五世の幼少時にオルレアン公フィリップが摂政の座に就いた）の時期にスコットランドの投機的な銀行家だったジョン・ローの誤った政策により、王立銀行、ついで悪名の高いいんちきな西欧会社（コンパニー・ド・ロクシダン）が際限なく紙幣を発行した結果、バブル経済が崩壊し、フランス人たちは紙幣に対して深い不信感を植え付けられることになったからである。イギリスでは、別なスコットランド人ウィリアム・パターソンが、政府の借入金に対する独占権をもつスコットランド銀行を設立することを政府に提案し、政府は自己金融の魅力に負けてしまった。この場合も、紙幣がやたらに刷られたが、政府は偶然の出来事に助けられることになった。というのは、南海会社が政府債を扱ううえで、イングランド銀行に競り勝ったからである。それは幸運なことだった。なぜなら、南海会社のバブルがついに崩壊したとき、政府は自分に責任があることを否定することができたからである。英仏両国のうちでは、イギリスがより多くの教訓を学んだ。(2) それでも、イギリスはこの教訓を生かすことができなかった。というのは、まもなくアメリカ植民地自身が、税金を徴収するよりも借用書を印刷する方がはるかに容易だ、ということに気づいたからである。当然のことながら、ロンドンが一三の植民地に課していた金融上の統制は、アメリカ人たちが一七七六年に独立を宣言したとき、まず吹き飛ばされることになった。アメリカ革命は、後のフランス大革命と同じくインフレをもたらし、「貨幣の無価値化」を導いた。ルイ十四世と同じく、ナポレオンもまたフランスを破産状態のまま残したのである。軍事的栄光の追求によりフランスの準備金はすべて枯渇していた。

それでは、ワーテルロー戦役に続く一世紀間、金融上の秩序が維持された秘密はなんだろうか。その後、信用制度についても、また主要貿易国通貨間の関係にしても、この時期ほど金融的安定が続いた時期はなかった。その主な理由は、主要な貿易国イギリスが安定した通貨を保持し、国際貿易や国際投資の多くがスターリング通貨で行われたために、イギリスの通貨的安定が拡大しつつあった世界経済にひろがったからである(たしかに、周辺部は中心部ほど金融的には安定していなかった。しかし、このことは体制にとってはたいしたことはなく、たまたま周辺部に住んでいた人にとってのみ、それは一大事だったのである)。スターリング貨で測った金の価値は(反対に金で測ったスターリング貨の価値も)この時期を通じて変動することがなかった。フランスとの長い戦争の間とられていた交換制限がなくなった後、イングランド銀行の紙幣は自由に金と交換できるようになり、もはや人びとが金を貯蔵したり、望むならば海外に売ったりすることを止めることはできなかった。

この時期に、オーストラリア、カリフォルニア、そしてカナダのユーコン準州で起こった「ゴールド・ラッシュ」によって市場に思わぬ量の金の新しい供給が行われたにもかかわらず、スターリング貨が安定していたのは偶然ではなかった。民主的な議会が、安定した貨幣の価値こそが重要であるとの経験と討論に基づき、政府が無制限に借入れを行うことは危険であるとして、一八四四年に銀行法を採択して、イングランド銀行の機能を定めていたのである。この銀行法は、イギリス政府が貨幣供給を増大させる際には、議会の承認が必要であるとして、政府借入れに歯止めをかけていた。一九一四年以前にこのような承認がただ一度だけ求められたことがあった。イングランド銀行が、オーバレント・ガーニーという名の急造された不幸な銀行が破産したときに、この許可を求めたのだった。このことは、シティの他の金融機関の金融活動を自粛させた。というのも、イングランド銀行は最後の貸手として、これら金融機関に追加金を供給する立場にあったからである。こうして、金融活動により現実経済に恐慌が引き起こされる可能性が排除された。この例はまた、確かにイングランド銀行のシティに対する権威を高めた。その後、「スレッドニードル・ストリートの老貴夫人」［イングランド銀行の仇名］がちょっと唇をすぼめたり眉をしかめたりするだけで、諸銀行はその意思を察しとり、貸出を自粛したからである。反対に、アメリカの議会がこれまでアメリカ政府の金融政策にこれほど厳しい制限を課したことはなかったことも付け加えておこう。

もう一つの重要な要因は、イギリス政府が外国投資については明確に不干渉政策をとったことであった。すでにヴィクトリア朝初期にパーマストーン首相はイギリスの資金を海外に貸し付けることが危険であると考えていた。一八四八年に出された政府覚書は、海外の借手たちがロンドン市場で発行した債券を償還しなかった時には、政府が介入すると警告していた。しかし、この覚書は同時に、イギリスの金融機関に対して、海外に無思慮に貸付を行った場合、その責任は自分自身でとるべきであり、政府の介入はないだろうとも述べていた。このように、海外の債務不履行に関して政府の立場が曖昧であったために、銀行は慎重な態度をとった。これがよい結果を生んだ。というのは、フランス政府やドイツ政府と異なり、イギリス政府は外交用具としてシティを動かそうと試みることがなかったからである。マルクの場合には、ある国の債務償還能力のいかんにかかわらず、どの同盟国に貸付を行えとか、行うなとか、指令したからである(3)。イギリス政府が民間銀行の対外貸付に対して不干渉政策をとったために、銀行はきわめて慎重な態度をとるようになった。アメリカの銀行はこれとはまったく異なった経験をもった。まず、二〇世紀初頭にアメリカ政府は海兵隊を派遣してカリブ諸国の税関をつぶした。ついで、一九三〇年代の経済混乱の時期に、フランクリン・ルーズベルト大統領はラテンアメリカ諸国に対して経済安定基金をつくるように銀行にはたらきかけた。最後に、一九八〇年代にアメリカの民間銀行がメキシコとブラジルに過剰貸付を行った際、これらの銀行に対して援助が行われた。一九八四年にコンチネンタル・イリノイ銀行が救済された時には、政府はアメリカ経済への悪影響を恐れて大銀行を必ず救済するだろうという見方がひろまった。

あと二つの相違点をあげておこう。一九世紀には、世界経済に対してシティが提供した金融の大部分は貿易手形のかたちをとっており、債券ではなかった。シティの金融は現実の財交換と結びついていた。ところが、一九七〇年代および八〇年代初期に、アメリカの銀行が発展途上国に対して貸し付けた融資の大部分は目的を特定しない信用であって、それはしばしば値打ちの下がった通貨価値を支えたり、またはまったく不生産的な用途に浪費されたのである。他方、イギリスの銀行は債券を発行した場合でも、借手によるデフォルト（債務不履行）のリスクを自分たちが負ったのではなかった。もし、債券の値打ちが失われ、たとえその価値がゼロに近いものになったにせよ、損失を被るのはこの債券の不幸な買手であった。これらの買手はしばしばわずかな貯蓄で高い収益を求めようとするだまされやすい投資家たちであった。イギリス国内経済を対外貸付にともなうリスクから守っていたもう一つの要因は、国内銀行制度と対外貸付ビジネスとの分離であった。国内の商業銀行、市中銀行は外国債券に手を出すことを禁じられていた。信託会社や金融機関が購入できる外国債券にも枠があり、これは同様の効果をともなった。

一九一四年以前にイギリスの資本がたえず輸出されて世界経済の安定的な成長を助けた背景には、もう一つの要因がはたらいていた。それはインドの役割である。(4) イギリスは世界の他の諸国との間の貿易赤字を、インドとの恒常的な黒字で埋めることができた。ところが、インドを政治的におさえていたがためにロンドンは毎年インド内政のために輸出する金を転用したり、またポンドとルピーの交換レートを操作するなど、金がインド経済に還流することを防ぐことができたのである。

オスカー・ワイルドの心温まる劇「正直であることの大切さ」に登場する有能な女家庭教師は、主人公の少女を励まして経済学の本を読むようにすすめる。だがその時、こう付け加えるのである。「ルピーの値下がりに関する章は抜かしていいですよ。この章はお嬢さんにはあまりに強烈すぎますからね」と。

これらすべてのことを述べたのも次のようなことを確認したいからである。一九一四年以前に発達していた世界の金融構造が相対的に安定性を保ったのは、また世界貿易に影響を与える主要国通貨の交換レートが相対的に秩序立っていたのも、たんに金本位と呼ばれる力学的な自動的制度のせいではなかった。それは、イギリスというある特定の政府が金融制度や金融市場に課したさまざまの政治的な意味あいをもった一連の取決め――その大部分は国内的な取決めだったが――のせいであった。これらの制度を経由して信用が世界の他の部分に提供されたがために、その影響が広まったのである。

近代国際政治経済学の先駆者の一人として当然のことながら尊敬されているカール・ポラニーは、一九一四年前の国際社会における秩序を二つの構造が支えていたと指摘した。一つは金本位制であり、他はヨーロッパ主要国間の勢力均衡である（Polanyi, 1957）。この両者が、不安定な変化が起ころうとした時には均衡を回復する役割を果たした。しかし、かれらの本の中で使われた「金本位制」という言葉は、当時信用創造と為替レートの管理の双方に関して行われていた取決めについては、いささかはしょった表現にとどまる。ポラニーは、経済安定性が維持された（それは実際そうだった）のは、諸国家がデビッド・リカードが完成した理論モデルに影響をうけた経済学者たちの設定したゲームのルールを守ったからだとは述べなかった。これらの学者たちは、為替レートは金の流出入に対応して変わると考え、また政府は信用供給をそれに対応して自動的に拡大したり縮小したりして、国民経済の価格水準に影響を及ぼすと考えた。経済史家たちは、政府がゲームのルールを必ずしも守ったわけではないこと、政府は輸出から得られる所得を維持するためにしばしば為替切下げを行ったこと（オーストリアやロシアの例）、そして外貨準備は金の移動と同じく経済調整のために使われたこと、そして、ポラニーはいみじくも述べたのだが、スターリング＝金本位制度こそが通貨秩序を維持したこと、等について意見の一致を見ている。イギリスはまた、この体制にとって衝撃吸収者として行動する用意を整えていたし、またそうすることができた。この体制の均衡は、今日の経済学者たちが、「外生的衝撃」と呼

ぶであろうような衝撃により、ほとんど一〇年ごとに脅かされていたのである。(5)

ポラニーの目的――かれ自身が一九三〇年代にハンガリーから亡命した学者だが――は、ヨーロッパにおけるファシズムの興隆を説明することだった。かれは第一次世界大戦を、政治面では勢力均衡の実効性がしだいに弱まり低下したこと、また経済面では「金本位制」のそれが衰退したことの結果と見ていた。わたくし自身は、この議論には納得がいかず、問題を残している、と考えている。第一次世界大戦が三つの帝国――オーストリア、ロシア、トルコ――の解体を導き、これらの地域での対外債務の広範な返済不履行をもたらしたことは疑いの余地のないことだが、それは同時に各主要国経済間にインフレ率の明白な差を結果し、これら諸国間に戦前見られた為替レートのネットワークを完全に破壊してしまったこともまた確かである。こうして、イギリスは金交換制を停止するとともに、政府借入れの制限をもやめることになり、大戦が終わった時期にはアメリカに莫大な戦時債務を負うにいたって、もはや金融構造における中軸的な役割をふたたび引き受けることはできなくなった。

第一次世界大戦を契機に急激な変化が起こり、アメリカは資本主義体制の中での主要債務国の位置からこの体制に対する主要な信用供与国へと変貌した。チャールズ・P・キンドルバーガーが最初に指摘したように(かれの説は多くの学者に影響を与えたが)、戦間期のアメリカは不確実性と恐怖に悩まされた時期にあり、世界金融構造における覇権国あるいは指導国としての責任を果たし、信用、そして開放的市場を提供し、最後の貸手として出現するには心理的な準備もできていなかったし、またその政治的な意思をもっているわけでもなかった。それにしても驚くべきことは、両国の中央銀行当局者たちは当時明確に──世界体制の安定性、またそれぞれの国内経済のために──安定した国際収支を維持し、一定のルールまたはガイドラインを確立して、金融市場における信頼性を維持しようとする意欲をもっていた。イングランド銀行のモンタギュー・ノーマンとニューヨークの連邦準備銀行──これはワシントンの連邦準備制度のいわば「外務省」の役割を果たした機関だが──を代表するベンジャミン・ストロングは、ワシントンが国際連盟をボイコットして孤立主義に閉じ込もっていた時期にもお互いに協力し、政策調整を行う努力をはらっていたのである。しかし、二つの主要な障害──どちらも政治的なそれだが──がこの二人のゆくてに立ちふさがった。一つは、戦時債務と賠償という感情的で解決困難な問題だった。一九二二年のジェノア会議は、戦間期におけるブレトンウッズ協定とも呼ばれたが、合意に到達することはできなかった。というのも、フランスが、賠償問題こそが最初に解決されなければならないと主張したために、この会議は合意に達することができなかったのである。しかし、イギリスもアメリカも、当時はそれが重要な問題とは考えていなかった。第二の障害は、アメリカ金融政策の「国内主義」であった。これは、ヘンリー・ナウが一九八〇年代におけるアメリカ政策を分析したさいに用いた用語である(Bergsten and

Nau, 1985)。ストロングはいつも感嘆すべき率直さでノーマンに対し、通貨金融政策でアメリカがイギリスと協力可能（利子率や為替レートの問題で）なのは、ただそれがアメリカの国内経済運営と矛盾しないかぎりでのことなのだ、ということをつねに主張していた。アメリカにとっては国内経済運営こそが最優先の問題だったのである。

そして、一九二八年に国内政治上の理由からとられたアメリカの利子率変更は一連の反応を引き起こすことになった。つまり、国内では株式ブームのあとに株式暴落が続いてその影響が世界中にひろまった。同時に、ヨーロッパに対するアメリカの短期資本の流れが突如ストップし、銀行の困難を拡大して、一九三一年におけるクレディト・アンシュタルト銀行の悲劇的な取付け騒ぎを導いた。そして同じ年に、「金から離れた」（つまりポンド紙幣の金交換制が停止された）ポンドの価値は大きく下落した。その結果、誰もが知っているように、債務国はもはやニューヨークやロンドン市場で資金を調達することができなくなった。世界経済において銀行や政府が信用を供与する習慣が止まり、多くの債務者が返済不能に追い込まれた。アメリカ、イギリス、フランスの三国は一九三六年に三国協定を結んでお互いに資金協力をすることを取り決め、これが三国の為替レートの安定性を取り戻すのに役立ったが、それでも経済の先ゆきに対する市場の信頼が一般的に失われた状態を変えるには遅すぎた。

黄金の一九五〇～六〇年代？

第二次大戦後の国際経済に関する多くの本の中で、ブレトンウッズ体制――国際通貨基金とＧＡＴＴ（関税と貿易に関する一般協定）からなる――は主要な位置を占めている。通俗的な見方が示すように、開放的で自由な経済秩序は大戦後の経済回復、それに引き続く経済成長と世界市場経済の拡大にあずかって大いに力があったと考えられている。アメリカの覇権の下で、気のすすまないヨーロッパ諸国やまだ発言力をもっていない第三世界に対して押しつけられた「レジーム」により、貿易自由化や主要国通貨間の交換レートの管理に関するルールが提供された。後はこのようにして保証され、政府介入の拘束から解放された市場諸力のメカニズムがはたらいた。

現代の経済史に関するこの種の解釈からすれば、ヨーロッパ人――とくに西ドイツ人――および日本人たちの経済復興によってこの体制が行きづまるまで、すべてはうまくいっていたのである。ところが、ヨーロッパ、日本のために、アメリカの覇権、そしてそれと共にブレトンウッズ体制も衰退した。この体制は、産油国が原油価格を急激に引き上げるに及んでさらに管理がむずかしくなった。石油ショックの結果、各国通貨レート間の関係も混乱し、インフレと経済停滞とが結びついた状態――スタグフレーション――が現れて、アメリカをも含んだ諸政府はそれに対して何らなすすべをもたなかったというのである。

わたくしにはこのストーリーは、いわゆるブレトンウッズ体制とアメリカの衰退の程度を共に過大評価しているように思われる。一九五〇年代、六〇年代に「黄金の数十年間」が生まれた主な原因は、この時期の金融構造——信用供給メカニズム——にこそあった。また、それに引き続く混乱が起こった原因は、七〇年代、八〇年代におけるアメリカの覇権の衰退や、また銀行の信用創造について多くの自由と自己責任を提供し、この体制をうまく管理するというよりはむしろ誤って利用したことによるものでもなかった。通貨混乱と金融面での不安定の種を蒔いたのは、長期の国益を追求するというよりもむしろ短期のそれを各国が追求した結果であった。

第二次世界大戦におけるヨーロッパの経済回復と復興があれほど急速に成功したのは、主としてアメリカがマーシャル・プランを通じて信用を提供したことによるものだった。一九四六年から五八年にかけて、アメリカの対ヨーロッパ援助および政府借款はネットで二五〇億ドルに達した。この莫大なアメリカの援助が議会によって承認されたのはもっぱら次の理由によった。つまり、一つには東欧の政治制度にソ連の影響力が確立しつつあった事態に対する対抗であり、また他方では、もしアメリカが西欧諸国の政府、とくにスターリン主義の共産党勢力が労働組合の間で強いフランスとイタリアを助けなければ、ナチス支配から解放されたばかりのヨーロッパ全体がソ連支配の傘下に入ってしまうという恐怖感があったからである。しかし、その動機がどのようなものであったにせよ、西欧一六カ国に対して提供された信用はちょうど、これら諸国の自国資源が枯渇状態にあったという点からすれば、時宜に適したものであった(6)。この資本の流れが、たんにヨーロッパにおける社会資本や産業面での投資にとってポンプの呼び水的効果をもたらしたばかりでなく、ビジネス面での意思決定に及ぼした心理的影響力がきわめて大であったことについては、経済史家たちの意見は一致している。その結果、一九五〇年代にヨーロッパ諸国はそれ以前のどの時期にもましてGNP中の高い比率を投資に回したのである(7)。そして、一九五二年に四年間に及んだヨーロッパ復興計画が終了した時にも、アメリカはNATO（北大西洋条約機構）同盟国を支持する相互安全保障援助条約のもとで、ヨーロッパに対し経済的軍事的援助を引き続き送ったのであった。さらに、アメリカの信用供与によって、ヨーロッパ諸国は自由化を、かれら自身も考えていなかったほど急速に、より遠くまですすめることができた。つまり、貿易の国家統制をはずし民間の意思決定にまかせることができたし、ヨーロッパ域内貿易については、それがドル圏からの輸入に対する差別を意味しようとも、関税や輸入割当制を廃止することができた。また、ヨーロッパ支払同盟（EPU）が創設されて多角的な支払同盟が発足したことも、ヨーロッパ大陸の経済成長の主要な要因となった。このEPUができたおかげで、ヨーロッパ諸国の通貨は、ブレトンウッズ協定の第八条で想定されているような安定した交換レートで、交換性回復をスムースにすすめることが可能となったのである。

一九五八年末まで、いわゆる「ブレトンウッズ体制」はただ紙の上でのみ存在した。アメリカは、マーシャル援助の受取国はＩＭＦ資金を引き出す資格がないという立場をとっており、ＩＭＦの理事会はそれを受け入れていた。したがって、実際上この体制はヨーロッパ諸国が国際通貨市場で自国通貨の固定レートを維持する確信を持つまでは凍結状態にあったといえた。一九五八年以前、ＩＭＦの場で行われた主要な資金引出しとしてはただ、一九五六年英仏政府がスエズ運河問題にあせって介入した際、ポンドが海外流出したことへの対策として必要となった例があるくらいである。

諸国通貨の関係を司るルールの総体としてのブレトンウッズ体制が真に機能したのは、ただ一九五八年末から一九六八年三月までのわずか一〇年間だった。この最後の時には、二重金価格制が導入された。これは、金に通貨レートをはりつけた体制（これはアメリカ以外の諸国の中央銀行が保持するドル準備の対金交換制を通じて維持された）に起こった最初の大きな変化だった。まもなく、アメリカ財務省は事実上、ドイツ、カナダおよびその他の諸国がアメリカの金準備を引き出すことを差し止めた（Strange, 1976を見よ）。一九七一年になると、ブレトンウッズ体制はニクソン大統領によってまったく機能を停止させられ、七三年にドルが変動相場制に移行し、諸国通貨の交換レートが市場力に委ねられるようになって、ついにその役割を終えた。

この一〇年間についても、ブレトンウッズの諸規則は大きく書き直されたばかりでなく、それが機能したのは次の二つの条件のもとにおいてのことだった。(8) 一つは、主要貿易国の諸政府がポンドとドルの固定レートを維持するために一連の協調策をとったからである。当時ポンド価値は著しく弱まっていたし、ドル価値は国際収支赤字の増大によって揺らいでいた。こうした協調策としては、金プール制、一九六二年の一般借入れ協定にもとづくIMF資金への追加とその機能強化、各中央銀行が自動的に他国中央銀行から外貨を借り入れることが可能となるスワップ協定、そして外国の借手がアメリカ資本市場から借入れを行うことを事実上阻んだ一九六三年の利子平衡税等がある。

一九六〇年代にブレトンウッズ協定が機能したもう一つの理由は、アメリカの投資資金が世界経済に流出したことである。これは、貿易や産業に対する実質投資の流れを生み出し、西欧の経済成長を支えた。経済成長が実現しているかぎりでは誰も、ルールが破られているのかいないのかといったことにはあまり注意を払わなかったし、またアメリカの赤字、したがって経済成長が半永久的には続かないのではないかと心配する声も起こらなかったのである。

一九五九年来、ロバート・トリフィンが主張してきたように、他の諸国が金交換性をもつドルを準備通貨として保持することを受け入れるかぎりにおいて、固定レート制が維持されうるような通貨体制の運命は明らかだった。遅かれ早かれ、外国の市中にあるドル貨での債権額がアメリカの金準備よりも大きくなるとともに、この「超過分」は、アメリカのドル貨幣価値を維持する能力に対する信頼性を損なうことになる。その時には、金価格が引き上げられて新しい一組のルールに関係諸国が合意するか、さもなければドル価値が低落するか、のいずれしかない。

この間、一九五〇年代から七〇年代にいたるまでアメリカの国際収支赤字に貢献しながら、同時に信用を創造する金融構造の拡大に貢献した貿易外の条件が二つあった。一つは安全保障構造から生じたものである。つまり、それはアメリカがドイツ、ヨーロッパ、そして日本やベトナムなど海外に膨大な軍隊を維持し、これを養い補給するために莫大な出費を続けたことである。他は、生産構造と関連しており、拡大しつつあったヨーロッパ、世界の製品市場でより大きなシェアを確保すべくアメリカの大企業が競争して海外に投資したことである。アメリカの大企業にとってヨーロッパ企業をドルで買収したり、または子会社をヨーロッパで設立するためにドルを支出する誘因は、一九五七年のローマ条約によりEEC（ヨーロッパ経済共同体）が設立され、加盟六カ国（フランス、西ドイツ、イタリア、ベルギー、オランダ、ルクセンブルク）が共通の対外関税を設定して以来、一段と強まった。EECは保護された共通市場をつくり出したので、当然この市場内部で生産を行うことが、域外から輸出するよりもはるかに有利となったからである。

アメリカ企業がヨーロッパに移動したことは、一九六〇、七〇年代におけるユーロ通貨市場の画期的な拡大の主要な要因だった。世界金融システムの分析はユーロ通貨市場を抜きにしては存在しえない。というのも、ユーロドルの導入――これは国際金融におけるまったく新しい現象なのだが――は、世界の実物経済に対して信用を供与する主要なエンジンへと転化したばかりでなく、同時に結局は固定平価制を崩壊させる力になったからである。固定平価制度は、一九七三年には外国為替市場における新たな諸力に道を譲ることになった。その時点では、これを手直しして必要な政策変更を行うよりも、単純にこれを放棄することが選ばれたのである。

要するに、ユーロドル市場（後にはユーロポンド、ユーロマルク、ユーロ円市場等）は信用創造に関する銀行の権能に関して、政府の統制が二つの点で遅れていたために発達したのである。一九三〇年代に創設されたアメリカの統制制度は、あまりに巨額の資金が短期間に急激に移動することを防ぐために、短期の預金に対してアメリカの銀行が最低限以上の利子を支払うことを禁じていた。しかし、この規則はアメリカの銀行の支店やロンドンで行うドル預金に対して支払われる利子には適用されなかった。他方で、イングランド銀行は一九五八年以後も、依然としてイギリスの対外投資、そして貿易決済を除くポンド建ての金融取引について厳しい統制を行っていた。ところが、イングランド銀行はイギリスや外国の銀行が、ロンドン市場でポンド建てではなくドル建てで資金を調達したり貸し付けたり、またあらゆる種類の金融ビジネスを行うことを認めていたのである。それは、ドル建て取引ならばイギリスの国際収支に関係がないと考えられたからであった。こうして、ユーロドル貸付は国際金融の中で何らの制限を受けない成長市場となり、アメリカ企業がヨーロッパに移動する速度に比例して、アメリカの銀行家たちもロンドン市場、そして後には他のヨーロッパ都市へとこれに従って移動したのである。この金融ビジネスは銀行にとっては高い利益を約束するものであったし、また多国籍企業やドル建てで業務を行う者にとっては誰でも魅力のあるものだった。なぜなら、ロンドン市場に預託されたドルは短期の資金でさえも高い利子を得ることができたし、またアメリカでドル通貨として使用することも、他国通貨に転換することも、共に容易だったからである。ユーロ通貨市場は一九六〇年の三〇億ドル規模から七〇年には七五〇億ドルへと成長した。一九七三年、産油国が原油価格を四倍に引き上げることに成功すると、その収入は主としてドル通貨でユーロ市場へと預託され、ユーロドル市場の成長は一段と加速化して、一九八四年には一兆ドルの規模へと達した。産油国にとって、ユーロドル市場の魅力は明白だった。つまりそれは、アメリカ政府の規制外にあったし、そして市場相場で高い利子が支払われたからである。要するに、一九五〇、六〇年代に成長の「黄金の年代」が実現した理由は、貿易障壁が低下したとか固定平価制のルールが守られたとかいうことよりもむしろ、世界経済の中で——まず政府の、ついで民間の——信用創造がたえず行われたということによって説明される。しかし、この黄金の二〇年間についても暗い側面が存在した。この時期に、一九七〇年代におけるインフレの種が蒔かれ、成長し始めたのであり、それがやがて一九八〇年代における逆方向のデフレを導くことになる。また、この時期に国際銀行ビジネスが各国政府の規制や統制システムを超えて成長し始めた。自由経済を信奉する学者たちのあらゆる説明にもかかわらず、政府が外国為替市場に介入することを差し控えた結果は、金融の安定性をもたらしたのではなく、むしろよりいっそう多く、そして大きな金融危機を導くことになったのである。

ドル紙幣本位

ブレトンウッズ協定の「崩壊」がもたらした主要な出来事は政治面で現れた（実際上、それは物理的または構造的な欠陥によるという意味での「崩壊」ではなく、固定為替相場を維持するのに必要なさまざまの容易とはいえない調整努力を行わないことを最終的に決めた、という意味での「崩壊」なのである。これは別の箇所で論じた。Strange, 1986 の第二章参照）。この出来事とは、金為替本位制の下でアメリカ政府がドル管理のためにとってきた最小限の規律さえもが失われた、ということである。トリフィンが注意したように、かつては国際収支の赤字をまかなうのに有価証券を印刷するという、ドゴール将軍が「途方もない特権」と呼んだやり方が金為替本位制の下でとられたが、いまやアメリカは金と交換できず、したがって保蔵されて眠るか、それともアメリカの財サービスを購入するか以外の使いでのないドル証券を印刷することができる、ということになった。要するに、いまやドル紙幣本位が導入されたのである。その上ドルは、ユーロ通貨の四分の三がそれで取引され、石油の国際価格が設定され、国際貿易の大部分がドル価格で行われる通貨だけに、ドル価格の上昇・下落はドイツ人、日本人、OPECや非産油発展途上国の人びとにとっては重要だが、アメリカ人にとっては他の通貨価値が上昇しようが下落しようが、さして気にならない。アメリカ経済の規模が大きいこともこの態度にあずかって力があった。

このことは、アメリカ政府が国内で信用供与を緩和したり、租税を軽減したりして、たとえ長続きしないものにせよ、一次的に経済成長を生み出すことが可能となることを意味する。フォード大統領時の一九七四〜七五年、そしてレーガン大統領時の一九八三〜八四年にふたたびそのような政策がとられた。またアメリカの会社はユーロ通貨市場というアメリカ外の市場でドルを調達したり送金したりできるので、アメリカ国内のインフレ率がドル信用創造率にそのまま比例するわけではないという利点も生まれた。

さらに他の通貨相互の価値もかなり大きく変動した。これは、ヨーロッパ諸国の間で見られたことである。つまり、強い通貨と弱い通貨が分極化するようになった。外貨市場は、ある国の経常収支の黒字・赤字よりも、インフレ抑制にその国がどの程度成功するかどうか（過去の状況と現在の政策から判断して）の見通しにより左右される。しかし、ある国の通貨が外貨市場で弱いと判断され、その為替相場が下落すれば、当該国の輸入はそれだけ高価なものとなり、その国はインフレとたたかう上で不利となる。反対に、ある通貨が「強い」とみなされるとき――これはドイツや日本が輸入石油代金の支払いが莫大なものになるにもかかわらずそうなのだが――、その為替相場は上昇する傾向を示し、これらの国の輸入はそれだけ安価となって、国内インフレを抑制する上で有利となる。このように、ヨーロッパ内部でも各国通貨の為替相場の動きが分極化した結果、ECが一九七〇年から七八年の期間に加盟国通貨の為替相場の動きをできるだけ近接させて、変動相場制の下での為替上下による影響を少なくさせようとした試みもむだに終わった。こうした状態の下では、経済学の教科書で教えるように、一国の貿易競争力によって通貨相場が決まってくるなどということは非現実的だ、ということが明らかになる。もっとも重要な為替相場の決定因は今日では国際金融市場での短期資金の動きなのである。

為替相場の決定権が政府から市場の手に移ると同時に、民間銀行がもっぱら第三世界諸国の赤字金融を担当するようになった。実際、第三世界諸国の国際収支赤字は、輸入原油価格の上昇とともに驚くほど膨脹したのである。西側世界は当初、OPECが新しく得た富――一九七四年時には原油輸出代金の余剰は八五〇～一〇〇〇億ドルにものぼるだろうといわれたが、この予測が過大であったことは後に判明した――で何をしでかすのかと懸念されたのだが、産油国が自国銀行を通じてユーロドル市場にこれら資金をおき、ついでその「石油ドル」が非産油国へ変動利子付きで還流するにいたって、おおいに安心したのだった。

しかし、石油ドルが変動利子付きで貸し付けられるということは、言い換えれば発展途上国にとっては将来、過去の債務についてよりいっそう多くのカネを支払うリスクを背負ったことを意味している。主要工業国でのインフレ率がおさえられれば、実質利子率はそれだけ上昇する。実質利子率が低くおさえられる代わりに(一九七五、七九年のインフレ時には実際ゼロ以下となったケースもあった)、五パーセント以上にも上がることになろう。数百億ドルにのぼる債務で、この利子率の数パーセントの差は莫大な額に相当する。

これは、アメリカがカーター政権時に、いささかためらった後に結局インフレ抑制に踏み切って、ドル価値の不吉な低落に歯止めをかけることを決めた時に起こったことである。実際、ドル価値の下落があまりにすすんだために、一九七八年には国家安全保障会議——ふつうは金融関係の問題には首を突っ込まない機構だが——でさえもが、アメリカの外交・防衛政策への悪影響を恐れ始めたほどだった。一九八〇年にレーガン大統領は、連邦準備理事会のポール・ヴォルカー議長と組んで、国内での通貨政策を切り替えたが、これは世界経済に大きな影響を及ぼすことになった。この政策は、金融技術を凝らしたデフレ政策で、通貨供給を制限し、信用創造を限定し、このため信用をめぐる需要が競合して銀行からの資金借入れ金利が上昇するままに放っておくようなものだった。

この事態から生じた直接の影響は、一次産品在庫を保持することが高くつくようになったということである。途上国はあわてて在庫を減らそうと努めたために、一九八一／八二年時に一次産品価格は暴落することになったが、ちょうどそのとき、こうして拡大した赤字――これは一九七九／八〇年時の第二次石油ショックで一段とふくらんでいたのだが――を金融するための新規ユーロドルの借入れ費用がかさむことになったのだった。民間銀行は第三世界債務国の困難が増大していることを漠然と感知しながら、途上国への貸付を停止するにはいたらず、むしろだんだん短期の貸付を繰り返す（メキシコの場合のように）ようになった。これは、繰り延べた債務の支払い期限がだんだん固まって絶えず現れるようになったことを意味している。そのため、債務国にとってはもはや債務の元利支払いが不可能になる時期が必然的に訪れることになった。

これとは対照的に、アメリカの政策変更により、ヨーロッパ諸国はこの時期にヨーロッパ通貨制度（ＥＭＳ）を発足させることになった。実際、ヨーロッパ諸国は一九七八年までに域内の通貨価値の分極化という苦い経験をなめ、「安定通貨圏」をつくり出そうと決意したのだった。ドルが弱い時期にはヨーロッパ諸国は分裂していたのだが、ドルが強くなると団結することになったわけである。

要するに、一九七三～八三年の時期に、ドル紙幣本位制の下での金融構造にはたえず不確定性と為替相場の激しい変動がつきものであった。これらから利益をあげた者、損失をこうむった者がそれぞれ見出されるが、誰がこのゲームの勝者となり、誰が敗者となったかは、意図的な政治行動の結果であるよりはむしろ、偶然の産物であったと思われる。この混乱期に多くの国、社会層、そして個人でさえもが、自らの立てた計画が頓挫したり、希望が打ち砕かれたり、イメージしていた世界が逆転するような経験をすることになった。この時期には主要な経済指標――為替相場、利子率、インフレ率、石油価格、商品価格等――につきまとったのは、以前の時期よりもいっそう激しい変動であった。海運価格でさえもが一九三〇年代以来最悪の不況で低迷することになった。

こうした不確定性につきまとわれた状況下では、各国政府、企業、銀行はそれぞれ自らの脆弱な面を減少させるような努力を払った。賭博の言葉で「賭けに備える」というが、外国為替や商品、金融の先物取引が一般的に行われた。この騒ぎで利益をあげたグループは――破産した一部の者を除き――金融事業家であった。銀行（そして石油会社）は空前の利益をおさめた。金融事業がブームの波に乗り、予想屋、研究者、解説者、その他情報や勧告に対する需要のめざましい増大に対応できた人びとに新しい職や機会が提供された。銀行間の競争が激化した結果、金融面での技術革新が加速化された。これらの技術革新はとりわけ、インフレや税金や政府規制の影響を最小限にとどめ、不確定性に対して備えるようなあらゆる種類の新しい金融技術の開発と関連していた。こうした新技術を表現するための新しい用語――マネー・マーケット・ミューチュアル・ファンド（MMMF）、スワップ、オプション、NOW口座、ゼロ・クーポン債、帳簿外融資等々――がつくり出された。(9)

こうした金融取引の拡大やソフィスティケートされた技術の発達はもちろん、コンピュータや通信システムの先進技術により可能となったのだが、アメリカ政府は一九七〇年代中葉以降、監視や統制を強化するのではなく、反対に、通貨市場や金融業者に対する規制緩和の道を歩んだ。イギリス、オーストラリア、日本などその他の政府は、アメリカに追随するか、さもなければ、アメリカの銀行が比較優位を享受するままにしてニューヨークやシカゴ市場に金融ビジネスが吸い取られてしまう危険に直面することになった。規制緩和は実際のところ、カーター政権時に、銀行はトラック運送業者や航空会社のように、政府規制を緩和すれば競争が強まって効率が上がるという、誤った仮定に基づいて実行されたのである。

この仮定はまちがっていた。というのは、現実の経済で各企業は費用を下げたり、生産性を向上させたりすることによって競争を行う。ところが銀行は、同一の価格で調達した（ユーロ市場や他銀行から）資金を「原料」として、ほぼ同一のサービスを売る。銀行はリスクを引き受けることによって商売をするが、あまりリスクを引き受けすぎると間もなく返済不能の債務という形での罰金を背負ってしまう。それゆえ、銀行業界での競争でもっとも利益のあがる(成功する)銀行とは最大のリスクを引き受ける会社なのである。こうして、「リスクに基づいた競争により、このシステムは過度の債務状態を推進することになった」(10)といわれる。同時に次のことに注意しておこう。ドル紙幣本位の下では、アメリカが持つ構造的権力のおかげで、アメリカ銀行は例えばドイツなど他国の銀行よりも対外債務ビジネスでは、ずっと安全な立場に立つことになった。これはまずリスクを引き受ける面でも、また判断をまちがえた場合に罰金を支払わなければならない面でも、その両面についていえることである。アメリカ政府は、メキシコが債権者銀行に対して元利返済ができなくなった時、救世主として出現した。つまり、アメリカ政府は、銀行家たちのいう「呼び水」資金を提供したばかりでなく、IMFやその他の中央銀行に対する影響力を行使してメキシコに新規マネーを提供し、返済可能な状況をつくり出したのである。ところが、ポーランドが同様の困難な状況に直面した時――この困難は、ヤルゼルスキ大統領の命じた戒厳令に反発したアメリカ政府の経済制裁によって倍加されたのだが――ドイツ政府はこれを救済することはできず、ドイツの諸銀行は対ポーランド債権を帳消しにして、損失を自ら引き受けなければならなかったのである。(11)

現在の諸問題

これまで銀行構造、また信用創造構造について、さらに諸国家間の国際通貨関係の性質について起こってきた急速な変化を概括してきたが、これを通じて、問題を解決するというよりはむしろ、つねにより多くの問題をつくり出すようなひとつの体制の姿が浮かび上がってくる。実際、これらの問題の中には、専門家でさえもどう解決してよいかわからないと公言しはじめているものがある。これらの問題は、一つには通貨および「自国」銀行制度に対する統制の双方に責任をもつ政府当局、すなわち諸国家同士の関係に関わっている。また他方では、世界市場経済の中での諸国家と、この経済に役立ちながらもその将来を脅かすことになっている金融市場間の関係にも関わっている。

これらの問題は次の四つの大きなテーマに分類できる。

①政府債務の管理。
②銀行に対する監視とその慎重な統制。
③主要国通貨の安定性の回復、すなわち主要国通貨間の交換レートに対する信頼性の回復。

④世界金融構造における指導的思想の破産。

①一九八〇年代にクローズアップされた政府債務の問題――これは将来において再発することが十分考えられるが――、これは基本的に次の事情によって発生した。つまり、主権国家の政府がそれぞれ自国領土内で権威を確立している今日の状況では、国家は（企業と異なり）、借金をしてそれが返却できない場合でも、必ずしも破産したり解散に追い込まれるわけではない、ということである。これは新しい問題ではないのだが、一九八〇年代には、一九世紀におけるのとまたちがった形で提起されるようになった。それは、前述したように、資本損失のリスクが銀行の責任となっていて、債権保持者のリスクではなくなっているからであり、高い利子負担のみが借手のリスクとなっているからである。一九世紀とややちがう点はまた、次のような事情にも見出される。一九世紀には債権者は（エジプトの例に見られるように）税関を差し押さえたり、国または国の行政の一部を「臨時的に」差し押さえたりしたのだが、今日ではそのようなことは政治的にむずかしくなっていて、強行しようとすればそのコストはあまりに高くつくだろうからである。その代わりに、この仕事は国際機関、とくに世界銀行と国際通貨基金（ＩＭＦ）の努力に任せられるようになった。これらの機関は「構造調整プログラム」と呼ばれる計画を実行して、債務国経済の後見の役に当たるのだが、その場合にも、債務国の自尊心をある程度尊重するやり方

がとられている。

一九八〇年代にも、それ以前の時期と同じく、債務問題は基本的には、銀行が超過貸付を行う、すなわち、あまりに熱心にリスク率の高い借手に対し、信用を「売る」傾向に発した。

このたびもまた、債務問題は、アメリカ、ヨーロッパ、日本その他（アラブを含む）の諸銀行が「勢いよく貸し付けなければ事業が成り立たない」と考え、貸付競争を行ったことから起こった。まず、これらの大銀行は発展途上国や東欧諸国に対してあまりに安易に、深く思慮することもなく、多くの資金を貸し付けた。資金借入国がとくにこれらの資金を必要としていなかった場合にもそうだったのである（この点については、次の諸研究を参照。Sampson, 1981; Moffitt, 1984; Delamaide, 1984; Lever and Huhne, 1985）。ところが一九八二年以後、これら大銀行の貸付熱は急速に冷め、国際貸付は激減した。一九七二年に二〇億ドルの水準から始まった国際銀行の貸付額は、一九八一年に九〇〇億ドルのピークに達したのち、一九八五年には五〇〇億ドルの水準へと下がった。世界政治経済の面で見るならば、これこそが第三世界債務の主要な原因だったのである。ソ連は、ポーランドで「連帯」運動と共産党が衝突して経済が停滞状態となり、外国からの貸付金も先細りとなって、ついには停止したとき援助に駆けつけたが、それは東ヨーロッパがデフォルト状態に陥り西欧の介入を受けることを望まなかったからである。この点からすれば、発展途上国の債務と東欧諸国の債務問題は区別しておく必要がある。

第三世界の債務問題は債権国にとって頭の痛い問題であった。なぜなら債権国は、債務国のデフォルトや、債務国が世界市場経済から離脱してしまう（債務国の中にはそういう言明をする国もあった）ことを望まなかったからである。債務国が、世界市場経済と取引をしなくなったり、そこから借入れをせずに自給自足的、自立的、そしてある国々の指導者たちが述べたように自由となる、ということは望ましい事態ではなかったからだ。債務国の経済困難にもかかわらず、債務国を世界金融構造の中にひきとめておこうとする関心は、債務国が大国であって、西側諸国の商品を大量に輸入し、多くの西側多国籍企業を受け入れていればいるほど、それだけ大きかった。メキシコやブラジルはこれらの要件をすべて満たしていた。これらの基準にそわない小国に対しては誰も関心を持たなかった。

債権国にとって幸いなことに、ＩＭＦがこれら債務国に対する教師、監督官として監視する役割を担っていた。ＩＭＦは一般的にいえば、デフレ的で、経済の規律を重視し、市場志向型かつ反補助金政策など自由主義的な経済政策を約束する公文をこれらの国と交わす役目をもっていた。ＩＭＦは長年にわたって、加盟国の財務省や中央銀行――これらの役所で働く官僚の多くをＩＭＦはかつて研修生として受け入れたり、または政府代表として歓迎したりしていた――と関係を持っていたので、債務国に調査団や監視団を派遣するのに適当な立場に立っていた。ＩＭＦの介入を債務国が受け入れたのは、それによって民間銀行が、以前と比べれば少額であるとはいえ、貸付を再開するためのお墨付きを得られたからである。債権国にとってもう一つ具合の良かったことは、一九五〇年代中葉以来、債務国との取引をいつも一国ずつ個別案件としてこれに対処してきたということである。つまり、一般的な基準やルールは設定されなかったが、そのために第三世界諸国が債務国のストライキ、つまり債務元利の返済の集団的な拒否を提案した時にも、いつも大手の債務国がIMFと個別に協定を結んで、民間貸付を受け入れるという事態が起こったことである。これらの国は、もしストライキに参加するならば、こうした特典を失うことになったであろう。こうした理由によって債務国は債権国に対する集団的取引を遂行することができなかった。また、こうして債務国に調整のコスト――低賃金、食糧補助金の開始、最低必需品の輸入割当、通貨切下げ、政府支出の縮小等、長期にわたって見れば必要な項目であるにせよ――が主としてふりかかることになったのである。

その結果、発展途上国は一九八〇年代の一〇年間を「失われた一〇年」とみなすようになった。この期間に、重債務一五カ国の一人当たり所得は、一九七〇年代には上昇していたのだが、一九八一～八四年の間に一〇パーセント下落し、その後もわずかしか増加しなかった。北の豊かな国から貧しい南の国へと資本が流れるのではなくて、債務国は年所得の五パーセント近い金額を豊かな国の債権者たちに移転し続けたのだった。債務国の民衆が、信用創造という本質的に不正で不安定な制度の犠牲の仔羊とされたと感じたにしてもふしぎはない。さらに、海外から債務を引き入れた当の借手たちの何人かが、資金と共に海外へと蒸発し、債務返済の責任が政府に転嫁される例もしばしば起こった。この事態を観察した一人の著者はこう述べている。「このビジネス取引で一番頭にくるのは、政府保証の貸付から得られた現金収入をそっくり盗んで夜逃げする悪党たちが、債務返済という負担を引き受けようとしない、ということである。……国際銀行団の要求に応えて、債務返済の負担を引き受けるのは、ジェット機を借り切って逃げ出す不正者ではなく、一般の納税者たちなのだ」(Congdon, 1988: 125)。

債務危機により利益を得たのは、たんに夜逃げした悪党たちだけではなかった。債務を負った国ではある種の産業家たちもまた、海外との競争からかれらを保護する為替統制のお陰で、大儲けをしたのだった。IMFの官僚たちにとってはこのことは元気を回復させる材料だった。IMFはその主要目的——固定平価制の維持と貨幣面での標準的ルールの設定——を喪失した後、債務国に対しある種の金融・経済規律を課すことと、これら債務国が国際金融体制から脱落しないように資金返済が可能な状態にとどまるように監視することとの、二重の役割を自らに課するようになっていた。銀行にとっては、当初国際金融体制全体の安定性を脅かすかのように見えた債務危機は、後になると利潤獲得の新しい機会を提供することになった。政府保証債務の繰延べに応じ、債務国政府に対し高価な助言を与えることは——とりわけ実質利子率の上昇した時期には——いい金儲けのチャンスであることが明らかになった。先進国の金融システムで、これら銀行が主要な役割を演じている以上、債権国政府はこれら銀行に救助の手をのべることを至上命令とした。メキシコに対して目立った過剰貸付を続けたのがアメリカの銀行だったからこそ、アメリカ政府は、一九八二年にメキシコに対する緊急援助の音頭をとり、銀行に対して分に応じた貢献をするよう呼びかけたのである。一九八五年にアメリカは再び、ベーカー〔レーガン政権の国務長官〕・プランを発表し、大規模な公的信用を集めて、これを餌として、民間銀行に発展途上国に対する貸付を増加させようと試みた。しかし、それ以前に世界銀行が提唱した「共同金融プラン」の場合と同じく、民間銀行は心を動かされなかった。やや後になって一九八八年に、やはりアメリカが公にしたブレイディ〔ブッシュ政権の財務長官〕・プランは、ベーカー・プランよりはうまくいったが、それはこの頃になると金融市場で古い債権を割引価格で売ることにより一掃するやり方が発明されたからだった。この債務・株式スワップと呼ばれる方式は、債務国の民間企業の株式をたいへん安い値段で買手に対し手に入れさせ、場合によっては資金をもう一度当該国に引き込むことを意図したものだった。一九九三年になると、発展途上国の民間債務（政府債務ではない）の約半分は、ブレイディ・プランの線で繰り延べ、またはスワップ等の形で転換されていた。いくつかの銀行は、債務を損失として計上するか、それともより低い利子率で繰り延べるか、の選択に直面し、債務国に新規貸付を提供し、償還期間を延長する方を選択した。

だが、このような逃げ道は、投資者が将来の経済成長にある程度よい見通しをもっているラテンアメリカその他いくつかの国に限られていた。より貧しく開発の遅れた国、とくにアフリカ諸国にとって、こうした道は閉ざされていたのである。これら貧しい国々はだんだん政府信用に依存し、同時に、IMF及び世界銀行の半強制的な政策勧告に頼るようになってきた。したがって、一九八〇年代における債務問題が生み出した結果の一つは、古い「第三世界」内部で、苦労しながらも何とか逃げ道を見つける〔中所得〕債務国と、政府援助に依存し続ける弱り果てた〔低所得〕債務国間の、格差の拡大にほかならなかったのである。

②債務問題と同様に、銀行の監視という問題は基本的に、技術的問題ではなく、政治的問題である。世界の金融構造における主要国それぞれにとって、自国の銀行は重要な見えない輸出（サービス輸出）の稼ぎ手であって、これら銀行のあげる収入は国際収支の黒字に貢献しうるからである。国際金融市場を自国に設置するということによって、これらの国は金融構造における威信を高めることができるし、長期間の訪問者として滞在する外国銀行家たちが落とすカネを当てにすることもできる。各国はしたがって、銀行業を規制し、統制することによって、この分野での競争について多くの銀行または自国金融市場にハンディキャップを与えることを恐れた。その結果、どの国の政府も規制を受けないユーロ通貨市場や外国為替市場に内在する投機やリスクに対する反応が遅れることになった。一九

七四年にヘルシュタット銀行が破産したことから国際通貨制度への信頼が失われかけた時、各国政府はようやく反応を示したが、それも曖昧かつ躊躇しながら、のものだった。一九七五年に国際決済銀行（ＢＩＳ）が主催して主要国中央銀行の代表者たちが集まり、第一次バーゼル協約を結んで、多国籍銀行の海外支店活動を監視する責任は受入国と本国との双方が分けもつ、ということを取り決めた。受入国は、多国籍銀行支店のもつ流動性が十分であるかどうかを確認する。また、本国政府はこの銀行の支払い能力が確かかどうかを確認する。この協約での問題は、流動性（予期しない債務を決済するのに必要な現金を見出す能力）と支払い能力（債務を返済するに十分な資産を所有しているかどうか）との間の違いは、概念的にははっきりしているが、実際には曖昧だということであった。というのは、流動性が欠如すればまもなく支払い能力も欠如しうるからである。さらに、両国の政府に主要な責任を負わせたこの協約の解釈は必ずしも明確なものではなかった。一九八三年になると修正された第二次協約が締結された。この協約の「主要」概念は二つあり、それは条文上では明白だったが、現実にうまく機能するかどうかは別だった。つまり第二次協約では、アメリカ銀行当局の域外監視権を海外でのアメリカの銀行支店のみならず、アメリカ国内での外国銀行支店に対しても認めていたように思われた。

ところが、アメリカ銀行制度で誰が政治的責任をもつか、という問題は、関係当局がいくつもあったために、混乱を導きやすかった。財務省の一部門として会計監査院が存在したが、そのほかにも連邦準備制度、ニューヨーク連邦準備銀行、証券の取引や株式業務に責任をもつ証券取引委員会などがあり、もちろんこのほかにも政府の銀行関連諸部門が存在した。これら当局による規制の網の目をくぐって、ノンバンクその他新手の金融機関が銀行業に参入していた。この問題を研究したリチャード・デールはこういっている。アメリカの金融監視制度には大きな内部矛盾が存在し、それは「多国籍銀行を規制する法的な枠組みに必ずしもとって代わるものではない」[12]。また、すでに指摘したところだが、アメリカの若干の行政関係者や専門家たちが認めているように、より厳しい銀行業規制が必要であるにせよ、政府内にも議会にも、規制緩和こそがより大きな競争、効率、そしてよりよい銀行制度を導くと確信している人々が多かった[13]。そのどちらが主流となるかは、政治や事態の推移によって決められることになろう。

③第三に、世界金融構造において最も逆説的で、潜在的にも最も危険な要素としてのアメリカ・ドルが存在する。アメリカは、世界市場経済における主要指導国であって、一九四三年以来、アメリカの発言なくしてはいかなる体制改革も変化も考えられない立場にあった。ところがアメリカは、責任ある覇権大国のやり方とは正反対に、この体制に貸付を行うのでなく、むしろ借入れを行うことによって、どの発展途上国よりも大きな債務国へと転化し、その結果、双子の赤字——貿易赤字と財政赤字——というジレンマに引き裂かれることになった。貿易赤字、とりわけ対日貿易赤字を是正するためには、円ではかった

ドル価値を引き下げて、日本の輸入を高価なものとして縮小させ、アメリカの輸出を安価なものとして拡大させなければならない。ところが、対日貿易赤字は依然として改善しなかった。日本企業は、生産を、アメリカ、ヨーロッパ、そして労賃の安いアジア諸国に移しただけだった。アメリカ企業の若干のものは市場シェアをいくぶん回復したが、為替レートが貿易再建の唯一の要素でないことは自明のことだといえる。

根本的な問題は、日本人は生まれつきの貯蓄者であって、アメリカ人は生まれつきの消費者だ、ということである。日本では、GNPに対する貯蓄率が二四パーセントであるのに対し、アメリカでは五パーセント以下にすぎない。アメリカ政府は、自国企業や個人の納税者に税金をかけるよりも、拡大しつつある銀行制度から借入れを行う方を魅力的だと感じたといえる。こうして、四半世紀以上にわたって、アメリカ政府は連邦資金を、会計監査も行き届かない莫大な防衛プログラムと低所得市民向けの教育、保険、福祉事業に注ぎ込んだ。この長年にわたる政治的慣行を改めるためには、政治思想や政治態度の面で、根本的な変化が必要となる。(14) さらに、この問題には大きなジレンマがつきまとう。つまり、事態が深刻であるだけに大きな改革が必要なのだが、大きな改革は、たとえていうならば、ボートの進行を止め、金融再建計画を台無しにしかねない。

④最近四〇年間に発達した金融構造で最も問題なことは——それが明確な意図というよりはむしろ、適当な時期に決定が行われなかったことや政治的意思の欠如の積み重ねによ

って——明確な政治的ビジョンも、またそれを支えるような、人びとを納得させる経済学説も欠いてきた、ということだろう。一九二九年から一九三四〜三六年の時期に、経済学という学問の思想や理論は一度崩壊してしまい、その悪夢がいまだに残っているように思われる。この時期に、多くの専門家たちが絶望や困難に陥ったり、時代の動きや問題の重要性とはまったく無縁な政策や思想を口に出したり擁護していたのだが、ケインズが『雇用・利子および貨幣に関する一般理論』を公にしたのはこのような時代であった。当時、今日でもそうなのだが、人びとや政治家は、専門家たちが困難から出る道を示してくれることを期待していたが、かれらの希望は大部分無駄に終わっていた。

ケインズは、政府の介入がポンプの呼び水の役割を果たし、その後、政府が過剰な生産設備を稼働させるために財政政策で調節すればよいことを示した。この処方箋は、一九三〇年代、世界的な信用創造メカニズムが事実上停止し、国際資本市場が動いていない時にはうまく機能した。ところが、信用創造メカニズムがふたたびはたらきだし、国際資本市場が活発化して、主要国通貨の自由交換が実現すると、国内経済は短期資金の流出入に対し無防備となった（これは一九六〇年代にすでにイギリスで観察された）。すると、国内需要の管理、資金政策や所得政策、そして「微妙な調節を要する」通貨政策や財政政策ももはやうまくはたらかなくなってきた。さらに、ケインズ理論は一国経済を不況から回復させることを目的としていたので、インフレに対する回答策を持たなかった。それは、一九八〇年代に、世界市場経済の開放化がすすむ中で世界的な不況が訪れた時、一国レベルの政策が機能しないという事実によって証明された。フランスのミッテラン政権は、最初の二年間にケインズ政策を採用したが、その結果はインフレの昂進、通貨価値の下落、資本流出、対外債務の増大など、ひどい事態を招いた。

その反対に、マネタリスト陣営もまた、マネタリズム政策を一国経済に適用しようと試みた時、破綻してしまった。ケインズ理論がインフレに対する回答を持たなかったと同様に、フリードマン学派は不況に対する回答を有しなかった。イギリスのサッチャー政府は、アメリカのレーガン政権に輪をかけて、フリードマン学説を教条的に適用することに努め、イギリス産業の生産性を改善し、少なくともイギリス製品の輸出競争力を回復することができた。しかし、その社会的経済的コストはきわめて高いものについた。つまり、高水準の失業――したがって高い社会福祉費用――道路下水その他の公共サービス等経済下部構造の充実放棄といったコストである。

実際明らかになったことは、ケインズ学派もマネタリスト学派も共に、一国の国境内、または水際までしか適用されないような偏った理論的なビジョンしか持っていなかった、ということである。両学説ともそれ以上の視野を持たなかった。もしこれが両学派のどちらかが、単に一国レベルでなく、世界的な規模で適用されたとしたならば、何らかの結果がそこに生まれたかもしれない。ケインズ政策は、需要が沈滞し、設備が遊休しているような時期には依然として妥当する。そして、それに引き続く回復の時期に、インフレの懸念が生じた時には、マネタリストの政策が適用可能であろう。ただし、それはこれらの政策が、世界金融構造における信用創造のメカニズムに全面的に適用された場合のことである。一方の政策から他方の政策へとあまりに急速な転換が生じることを避けて(このような転換が遅れた時には、一九七七年から八一年の時期に観察されたように、急激な変動が生じるだろう)、政治的指導力、固い決意、そして主要工業国間のポンプの呼び水政策に関する緊密な調整等が必要となろう。

ところがまさしく、世界金融システムに欠けているものは指導力なのである。賢明な経済運営の実現にとって、分断された政治体制は主要な障害の一つといえる。活力を失った世界経済を不況から抜け出させるための政策協調の努力にせよ、変動しやすい通貨レートを安定させようとする政策にせよ、銀行やノンバンクによる信用創造や信用販売に対して真に効果的な監視を行うシステムを発足させるにせよ、いずれの場合にしても、慇懃無礼に自らの意思を押し付けるのではなく、先を見通す覇権大国が必要なのである。アメリカは大戦直後の時期にはソ連の中欧への勢力拡大という緊急事態に直面してこのような役割を果たしたが、だんだんこの役割を果たし得なくなってきたばかりでなく、最近四半世紀間は一貫してそうする意欲をも示さなくなってきた。アメリカの学者たちでさえも、ケネディ政権以降は、アメリカの大統領たちはいずれも、世界システムの長期的な健全な運営や安定性よりも、短期の国益を第一に掲げてきた、ということに同意している。ただ、一九八二年にアメリカ銀行の信用危機が起こりそうになった時にのみ、アメリカは他国の主張を尊重する姿勢を見せた。その他の場合には、アメリカ政府はつねにその増大する支出を借入れ資金でまかなかうやり方を続けたし、また国債依存を強めてきたのである（Calleo, 1982, 1992; Gilpin, 1987; Veseth, 1991; Walter, 1991）。アメリカ政府がドル平価を安定させるために他国と協調する努力を示したのは、けっしていつものことではなく、かるい偶然的な場合のことであった（Funabashi, 1988; Nau, 1990; Marris, 1985）。何人かの研究者たち（Gilpin, 1987; Helleiner, 1993）が、もし日本が世界的リーダシップの一翼を担う決意を固めたならば、世界通貨体制の安定性が再建され得ようと夢想したこともあったが、この希望は、日本のバブル経済——それ自身は部分的にはアメリカの政策、そして圧力の結果といえるが——の崩壊とともに、むざんに打ち砕かれてしまった。ヨーロッパ通貨同盟（ＥＭＵ）が、為替レート・メカニズム（ＥＲＭ）にもとづいて構築されるとした希望も、同じく一九九二年九月にＥＲＭに起こった危機〔イギリス、イタリアが離脱〕をきっかけとして、ついえてしまった。

一九九〇年代初めに、中欧および旧ソ連の前社会主義国が新しく世界経済に統合されたスタートを切ろうとした時点で、重要な世界経済活性化の機会が失われたことには疑う余地がない。つまり、アメリカ、ドイツ、日本等の側からのリーダーシップが見られなかったのである。この時点で、前社会主義国が、自らの責任分担に同意し、相互の経済貿易関係の自由化、民営化を約束するという条件の下に、第二マーシャル・プランが提供され、これら諸国にとって必要な資本財輸入のために信用が供与されていたとしたら、どうだったろうか。また、一九五〇年のヨーロッパ支払同盟（EPU）をモデルとして前社会主義国間の支払同盟が発達していれば、それは西側のハード・カレンシー獲得競争といった事態を避け、多国間決済というコストの低いやり方を採用するよい機会となったのではなかろうか。ヨーロッパからこのような道を選ぶべきだとする声もあった。しかし、ブッシュ政権の下での財務省は、インフラ建設よりは、民間部門に信用を供与する意思を固めていた。ドイツ人たちはもっぱら東西統一という国内問題に心を奪われ、そこから起こったインフレと戦うのに懸命だった。フランス人は、新しく設置されたヨーロッパ復興開発銀行がロンドンに置かれるにせよ、総裁の座にフランス人を送り込むことに夢中だった。こうして貴重な機会が失われた結果、失業の増大、利潤の低下、外国人移民の波に対する社会的反感といった事態がヨーロッパに広がり、それは高いものについたのである。ソ連圏の解体に際して、ヨーロッパの対応が気力を欠いた根本原因は、思想の問題、政治的ヴィジョンと経済的創造性の欠如、そして政治的・金融的制度のもつ弱点に求められるだろう。

第六章　知識構造

知識構造からもたらされる権力は最も見逃されやすく、かつ過小評価されがちである。国際政治経済における構造的権力の他の三つの源泉と比べて、その重要性は少しも劣らないが、知識構造のもつ重要性が十分理解されているとはいいがたい。その理由の一つは、知識構造には信念としてもたれているもの（およびこれらの信念に発する道徳的結論や原理）、知られて理解されたと考えられているもの、そして信念、思想、知識が伝達されるチャネル――そこには入る人もいれば入らない人もいるが――が含まれるということがある。知識構造がもつこの三つの次元と様相は、一方では哲学者・社会心理学者から、他方では先進テクノロジーの専門家にいたるまで、きわめて多様な人びとの注意を引いてきた。その中間に、情報ネットワーク間の不均衡や問題のとらえ方の差異から生まれる理論的な諸問題について、まだ少数だが経済学者や政治学者たちがしだいに関心を抱くようになってきている。これらネットワーク間の不均衡や問題のとらえ方の差異によって、社会科学の「言説」もきわめて異なったものとなっており（たとえば軍事戦略家のそれと開発担当者のそれとの間の相違のように)、これら社会科学の諸源泉は相互に意思の疎通さえほとんどできない状態となっている。問題が何かということについての同意が存在しないために、その答えを見出す時になると、耳の聞こえない者同士の対話といった状態になってしまう。知識構造の分析は、したがって、あまりすすんでいるとはいえず、他の諸構造の分析と比べると、変化の程度はたしかにそれほど急速で激しくはないものの、大きな遅れを見せている。ふつう人びとは、日常生活の知恵で「知識は力なり」ということを承知している。しかし、現代のように世界的な知識構造もめざましく変化する時代になると、この権力を所有しているはずの社会科学者にとってもそのことはつねに明白にはいえない。

一つ困ったことは、知識構造から生まれる権力はしばしば曖昧なものだ、ということである。他の基本構造に発する権力は、安全保障を提供するとか、生産を組織するとか、信用を供与するとかいった積極的な能力と関連しているが、知識構造の権力は知識を伝達する権力のような積極的な場合だけでなく、同様に知識を拒否したり、他人を知識から排除したりする否定的な権力としても現れる。

また、知識構造から生まれる権力はこれを計量化することもむずかしい。指標といってもきわめて大雑把なものでしかない。というのは、知識構造に関連して仕事をしている人や機関の権威は必然的に主観的なものだからである。先に、知識から権威が生成することを認めようと述べたが、「かれら」が誰にせよ、かれらの知識が重要だということだけでなく、かれらが現実に知識を所有しているということが重要なのだ、ということを認めなければならない。これはまず、価値判断は主観的なものでありうるし、次いで、知識の所有者に関する判断は主観的なものでありうることを意味している。

こうした困難にもかかわらず、現在起こっている重要な変化と思われる流れ——諸国家、諸社会集団、また国際体制全体についての——の影響を評価するために、若干の分析的枠組みを開発しておく必要がある。第一に、情報システムと通信システムの提供および統制について変化が起こっている。第二に、通信の言語および非言語チャネルの利用について変化が見られる。そして第三に、価値判断に影響する人間の条件に関する基本的感覚や基本的信念について変化が進行しており、これらの変化を通じて政治的・経済的な決定や政策についても変化が見られる。国際政治経済における権力や富の分布に関する研究は、少なくともこれら三種類の変化のすべてがもたらす結果を評価する試みを行わないかぎり、完全なものとはならないだろう。

一九八〇年代半ばに、いわゆる「情報革命」に関してマスコミの中で洪水が起こったことを読者諸賢は記憶しておられるだろう (O'Brien, 1985; Stonier, 1983; Bell, 1974; Wriston, 1986)。これら洪水は、三つの分野で起こっている急速な技術変化の相乗的な作用が社会に及ぼしている重要性がどれくらいかということを示した。第一の技術変化は、複雑なコンピュータ・システムの開発およびあらゆる規模の容量と目的をもつコンピュータが広く

（低廉な価格で）用いられるようになったことである。第二の技術変化は、人工衛星を利用した通信システムの拡大であり、これも大きく費用を下げ、広範な範囲での利用を可能とさせた。コンピュータに関する技術変化は膨大な量のデータを安価に蓄積し、貯蔵し、機械というよりも電子的な方法によって引き出すやり方を一般化させることになった。他方で、通信技術の変化によって、大量の情報や意思決定が遠距離を安価かつ瞬時に伝達されるようになった。「目に見えないものは心の外にある」とは昔からのことわざだが、通信システムを販売する会社が「世界のどこでもあなたのためにお役に立ちます」という広告を掲げはじめると、こうしたことわざの効力も失われている(1)。第三の変化は、言語のデジタル化で、これによって諸民族間を隔てる主要な障壁の一つが崩れる見通しが出てきた。

しかし、これらの技術変化がいかに驚くべきもので奇蹟的なものに見えようとも、それについてどんなに詳しく説明しても、技術により何かが行われどのように行われているかを語る以上の域にはならない。たしかにわれわれが「革命」の中にいることはこれらの説明によってわかる。だが、この革命によって人間関係の何が変わるのか、権力はどのようにシフトするのか、また人間社会の努力は新たな目標に向けられるのか、といったことがらについては何も語ってはくれない。これら三種類の変化は、たしかに真の革命がどのようなものかを検証する役割を果たすだろう。フランス革命、ルネサンス、宗教革命の時にもこれらの変化が起こった。しかし、こうした技術変化がどのような社会的結果を生むかについては、まだ曖昧で、おそらくこれらの変化が、社会科学で通常用いられている意味での革命の時代を切り拓いているかどうかについて判断をくだすのは、時期尚早と思われる。いまのところ、人びとの意見はこの点について分かれている。ある人たちは、これは革命であり、権力や人間関係や社会組織に変化が生じつつあって、権力や権威の中枢もシフトしていると見る。かれらによれば、この変化は、遊牧・狩猟社会から定住農耕社会へ、また、農村・農業社会から都市・工業社会への変化に匹敵する。他の人びとによれば、これらの新技術により、ある社会集団から他の社会集団に権力がシフトしたにせよ、体制そのものが基本的に変わったわけではないとされる。つまり、権威は依然として主に科学によってもたらされ、現実の権力はその行使者としての法人企業の手にあり、以前と同様に、法人企業を通して、規制者・仲介者としての国家・政府が結局はこの権力を行使している、というのである。かれらに従えば、諸国家は競合したり協調したりするし、その手にする用具は異なるようになったとはいえ、権力の基本構造は以前と同じだ、ということになる。

わたくしはここで、どの学派が正しいかということについて裁定をくだそうとは思わない。こうした問題を立てることは大切だし、結論がどうなろうと、この問題を本書で述べた構造的分析を用いて明快な形で考えることができるだろう。こういうのも、知識構造は、他の三つの基本的構造から切り離すことはできないし、それぞれの構造と密接に関連して相互作用を及ぼし合っているからである。根本的な問題はここでも同じである。「誰のために行われるのか」。誰がそこから利益を得て、誰がその費用を支払うのか。富あるいは権力は、安全保障、または選択の自由を手に入れる新しい機会は誰に開かれているのか。これらを手に入れることを拒む人も当然出てこようが、そのようなリスクを特定の人びとにおしつけるのは誰なのか。市場メカニズムにより、国家もそこに含まれる権威にどのような影響が及ぼされるのか。またこれらの権威が市場やそこでの経済主体にいかなる影響をもつのか——こうした問題を立てることは、新しい技術をもっぱら従来のやり方で国家間の対抗関係や狭い伝統的国際関係という次元でしか秤量《しょうりょう》しない国家中心主義的なアプローチを超えて考える、というメリットをもっている。

知識構造の定義

ある生産構造は、そこでどんな手段を用いて何が生産されるか、誰がどのような条件の下で生産につとめるか、といったことにより決まってくる。同様に、知識構造はどんな知識が発見されたか、どのようにその知識が貯蔵されるか、そして誰がこれをどんな手段を通じて、またどのような条件の下で他の人びとに伝達するのか、ということで決まってくる。生産構造では権力／権威が主要な意思決定の地位を占めている人びとに帰するのと同様に、知識構造においても権力／権威は主要な意思決定の地位を占めている人の手にある。

つまり、これらの人は、社会によって「正しく」望ましい知識を所有すると認められ、このような知識をより多く獲得する職務についている人びとであり、またこうして得られた知識の貯蔵に携わっている人であり、そしていずれにせよ知識や情報が伝達されるチャネルを統制している人なのである（T. J. Johnson, 1972; Carr-Saunders and Wilson, 1933）。

知識がもつ一つの特性は、われわれが所有していると主張する知識の大部分がわれわれ個人の努力によって獲得されたものではなく、他人によって、その多くは先行する世代にわたって獲得されてきたものだ、ということである。われわれはこれらの知識を伝達システム——書物、教師、絵画、映画その他——を通じて学んだのである。要するに、知識とは累積的なものであり、かつ伝達可能なものである。生産構造によって生産される財・サービスや、金融構造においてつくり出される信用と比べて、知識は本質的に公共財だ——またむしろ公共財でありうるというほうが正確だろうが——という点ではいささかもひけをとらない。ある個人が知識を所有したとしても、他人に対する同じ知識の供給が減少するわけではない。しかし、それを経済学者が用いるそのままの意味での公共財と呼ぶことはできない。なぜなら、すでに知識を保蔵している者にとってその供給の価値は、それが他人に伝達された瞬間から低下しうるからである。金融市場で「インサイダー取引」から得られる利益はその一例といえる。すなわち、「インサイダー取引」とは、まだ他人に所有されていない「内側の」知識や情報の所有から利益をあげることを意味しているからでである。

非常に重要だというわけではないが、言葉の問題で一つここで明らかにしておかなければならないことがある。それは、知識と情報とは同一であるかどうか、ということである。多くの場合にはこの二つの言葉は区別なく用いられる。知識はより広い意味をもつ言葉である。なぜなら知識にはたんに事実を知るということだけでなく、これらの事実間の因果関係を理解するということも含まれているからだ。そこにはまた、実際的知識、いかに物をつくったり物事を実行するかといった知識も含まれている。また、知識にはたんに事物に関するばかりでなく、芸術・音楽・精神的な知識までも含まれる。おそらくこの後者の分野に関しては通常「情報」という言葉は用いられないだろう。こうした分野の事象については、言葉であろうとコンピュータを用いようと、通常の伝達システムによってその内容を伝えることは容易ではないからである。それにしても両者の間に明確な分割線を引くことはできない。伝達されるべき情報がうまく伝達されるかどうかは受け手がそれを理解し把握する能力に依存するといった点をどこから区分けしたらよいだろうか。このような場合には、おそらくたんなる情報の段階を超えて、知識として分類されることになるにちがいないのだが。

知識はまた貯蔵可能である。そして実際、古代史に見られる粘土や蠟づくりの表や、コロンブス来航以前のアメリカでのように紐を結んで記録とするやり方が発明されて以来、知識は貯蔵されてきた。いまでは知識は文書や印刷の形で、また映画、テープ、フロッピーディスク等によって、広められている。

知識構造からくる権力は、他の諸構造の場合にもまして、強制力を使うのではなく、むしろ人びとの同意に立脚することになる。つまりこの場合には、権威は人びとが共通にもつ信念体系や、特定の知識構造が個人や社会にどれだけの重要性をもつかということによって、自発的に与えられるのである。言い換えれば、知識を所有したり、また知識の貯蔵・伝達手段へのアクセスをもったり、それを統制したりする個人の重要性がどれだけ社会的に認められているかということによって、権威が与えられるのである。

これは過去にいくつかの知識構造がどのように機能したかを調べることによって、よりわかりやすく説明できるだろう。これら過去の歴史については、知識貯蔵システムのおかげで何らかの記録が残されているし、したがってそれによって少なくとも部分的な理解も可能になっている。われわれは、中世ヨーロッパのキリスト教世界、そして一七世紀から一九世紀にいたる非宗教国家で、知識構造から権力、権威、富がいかにつくり出されたか、そして今日の国際政治経済の中で知識構造の過渡的形態によりこれら権力、権威、富がどう与えられてきたか、を順次検討することにしよう。

中世のキリスト教世界

中世ヨーロッパのキリスト教世界における知識構造を見ると、善男善女がいかに永遠の救済を得ることができるか、ということに関する知識の価値が重要だとする点で、人びとの信念は一致していた。死後の復活、再生への信仰はきわめて強く人びとをとりこにしていたので、正統的な権力はこの道筋に関する知識を所有していると称する教会や大修道会の指導者たちに与えられるべきだということが、ひろく認められていた。当時の人間の期待寿命は短く、物質生活の諸条件を改善したり、一連の暴力等の災害から身を守る知識も限られていたので、罪を悔悛し、魂にとっての永遠の救済を獲得する宗教的な知識が高く評価されたのだった。この理由によって、そして同時に軍事力や物質的な富もそれに劣らず力があったのだが、教会の支配者やその手下たちが、世俗の人びとに対してもつ権力と権威は、聖典や共通の神聖な言葉としてのラテン語の読み書きといった伝達手段への統制によって、一段と強化された。この仕組みの全体を支える仮定とは、善人は天国に行き、悪人は地獄へ堕ちるという信念である。だが同時にそれは、すべての人間は原罪を負っており、教会の助力を受けて救済されないかぎり危険に満ちた人生にさらされている、という確信と裏腹であった。

こうして教会は、国家の統治者や市場での商工業者を下に見て自らの権威を確立した。後の両者とも、教会の権威を正統的なものとして受容し、自らの行動を規制することになった。国王や君主は極端な場合には破門という手段で制裁を受けた。つまり、かれらが教会の定めた規制に服従しない場合には、昇天の道を阻まれたのである。この規制はたんに国王や君主たちの、たとえば結婚といった個人的行動ばかりでなく、平和や戦争に関する政治的な行動にも影響を及ぼしていた。国際関係は他の政治的諸関係と同様に、部分的にはこうした知識構造によって形成されていたのであり、それゆえキリスト教国の君主たちの相互の行動は、不信心者や異教徒たちに対する行動とは——十字軍の歴史が明白に示すように——通常、区別されると考えられていたし、また実際区別されていたのである。

国際政治制度における安全保障構造が損なわれた場合には、経済制度における生産構造も損なわれるのがつねである。教会は信用をも含めた貨幣の使用の仕方について自分なりの見解をもち、高利の慣行を時折効果的に抑制した。衡平価格という概念も——正義の戦争という見方と同様に——支持されて、商人ギルドの権力も衡平価格を維持するかぎりにおいて許容された。教会は贅沢取締法を施いて、社会の消費パターンに影響を及ぼそうとさえした。教会はまた、個人の救済手段として慈善を施すことにより、当時の社会で唯一の福祉システム、そして事実上は唯一の教育システムを運営していた。知識構造に根ざす権威に立って、教会は自分自身にある種の特権を入手し、土地や資本といった富を自ら大修道会の手に蓄えた。たとえば、聖堂騎士団は中世最大で最富裕の多国籍企業だったということができる。

先に述べたことだが、ここで繰り返しておきたいのは、知識構造についてはそこへのアクセスを何らかの権威によって制限することによって、権力をそれだけ容易に維持できるということである。その系論としていえることは、権力によって競争といった脅威を排除して知識構造の独占的地位を守ることが、権力維持の要諦だということである。要するに、自分に対抗するような権威は排除され、失墜させられなければならない。この点で、安全保障構造における政治権力（たとえば領主や君主）が、また生産構造における経営者たち（まずギルドのメンバー、次いで経営者階級）が、それぞれ新旧の競争相手の権威主張に対して自分たちの独占的地位を擁護すべくたたかってきたことと、事情は同様である。

このように、中世キリスト教世界の知識構造において、教会は道徳的精神的知識の独占を主張した。教会が異端者や魔女に対して過剰ともいえる反応を示してこれらを弾圧したのは、知識構造に根ざす権威を主張する対抗者をいかに恐れたかを示すものである。教会にとって主要な潜在的敵対者は、イスラム教と、キリスト教以前の時代および前ローマ時代からヨーロッパに残存したさまざまな「土着宗教」であった。しかし、一〇世紀に及ぶ弾圧を経ても、シェイクスピアの劇が繰り返し示しているように、魔女、魔術、妖精、聖なる樹木、超自然的な生物に対する信仰はヨーロッパに連綿と生きていた。だからこそ、キリスト教からイスラム教への改宗者が多かったスペインや、土着宗教が強固に残っていたローマ帝国および教会権力の農村周辺部で、教会は自らの権威に少しでも挑戦するような兆候が現れた時、これを激しく過酷に弾圧したのである。教会の権威は、まったく逆説的なことだが、結局は思いもかけぬ方向からの挑戦に出会い崩壊することとなった。それは啓蒙主義の挑戦である。その後起こったことは、教会によって独占された聖なる知識の至上性という価値が、プロテスタンティズムの信念が広まるにつれて崩壊した、ということである。実際、プロテスタンティズムは、教会の媒介がなくても神の救いを受けることができると一人一人の人間に教えたのだった。個人が救済に責任をもつとのプロテスタンティズムの教えは、個人の発達に貢献すると同時に、聖なる知識と区別された世俗的知識の価値を高めることになった。啓蒙主義、そして理性の権威の源泉は、ルネサンス期の科学や芸術の開花にさかのぼる。教会が統治者の政治行動を制限したり、商人・貿易業者の経済行動を規制したりする権力が長い凋落の道を歩みはじめたのはこの時期からなのである。この凋落の行き着いた先がヴォルテールやルソーの思想であり、そしてフランス革命なのであった。

科学志向型の国家

しかしながら、古い知識構造に新しい知識構造がとって代わることによる政治的経済的変化は少なくともフランス革命に先立つ一世紀前ごろから現れはじめた。一六四八年のウェストファリア条約といえば、国際関係の学生ならば誰でもよく知っているように、国家の権威と主権を確立した新しい時代を画するものだった。それはそのまま、教会が国王や君主に制限を課する時代が事実上終わったことを告げる動きでもあった。一七世紀末になると、西ヨーロッパの二大国、イギリスとフランスは、ほとんど同時に科学的研究、科学の進歩が国家の富と権力形成にいかに重要であるかを認識し、それぞれ王立科学進歩協会およびアカデミー・フランセーズを設立した。

国家はまた、同じ目的のために、教会から大学や学校の運営権を奪って、教育制度の拡大に乗り出した。特許法も制定され、知的所有権が保護されるようになって、技術革新をすすめる人間にとっての独占権が保護されるようになった。思想の領域では、アダム・スミスが現れ、かつては個人の欠陥とみなされた利潤追求こそが社会全体の調和と物質的進歩のための最も確実な保障であるとする、すでに始まっていた緩慢な変化を完成させた。(2)

国家の利害に奉仕し、その権力を強化するために新技術が用いられるようになった。電信、鉄道、ラジオが当初から経済・金融活動を支えるために開発されたにせよ、これら三大技術は結局のところ、個人に対する政府の支配を強化するのに役立った。イギリスで妻を殺害したクリッペン博士が司直の手をのがれてアメリカ〔カナダ〕に亡命しようとした時、ニューヨーク警察はマルコーニの発明したラジオによってこの事態を知り、波止場でこの男を待ち受けていたのだった。電信や、後には電話の発明によって、外交官や将軍たちは、中央政府から独立して行動を行う習慣を奪われてしまった。各国政府は、言語の相違に助けられて、自国の教育制度、新聞、放送、そして書籍や雑誌の出版に対してさえ、検閲独占、排他的な特許等の手段を通じて、統制を行使すべく新しい技術を用いた。

こうして、この新しい知識構造においては、科学志向型国家の権威が国土の全体にくまなく及んで、教会の権威にとって代わることになったのである。というのも古い構造では、国家も、そして市場――経済――も、同じ程度に教会を主人として認めていたのだが、新しい構造では、国家およびその下に位置する市場経済が主人となったからである。科学はこの両者に奉仕するものであった。一九世紀の主要な技術進歩の一つ一つが、市場の拡大と同時に国家の権力強化の可能性を広げるのに役立った。技術革新の一つ一つの波が、流行となる思考に従えば、コンドラチェフ長期循環の好況の波の始点となるものだった。これら技術革新の例――電信、鉄道の蒸気機関、蒸気船――の場合には基準の設定や経営方式について国家の慣行に若干の変化が必要だったにせよ、そのどれも国家の政治権力に対して基本的に挑戦するようなものではなかった。ただ間接的にのみ、物質的生活水準が改善され、この改善の分け前にあずかろうとする恵まれない社会諸集団の要求が高まるにつれて、国家の性格も変化を余儀なくされ、かつての統治階級がもつその政治権力をより広い範囲に分け与えざるをえなくなる、といった現象が生じた。

この科学革命が国際政治経済にどのような影響を及ぼしたかを考えてみよう。第一に、それは国家の個人に対する権威を確立した。第二に、富裕者と貧困者との間の富と権力の両面での不均衡を拡大した。つまり、技術的に進歩した階級や国家が、鉄鋼や火薬、そして新しい運輸通信システムの上に優位を確保し、人材や武器面で貧弱な階級や国家を見下すようになったのである。二つの例をここで引いておこう。ソルジェニツィンの小説『一九一四年八月』は、ロシア軍が野戦での電信システムでドイツ軍に大きく遅れ、いかに致命的な差をつけられたかを詳細に描いている。ロシア軍は相互に通信連絡ができず、ドイツ軍の進撃に抗しえなかった(Solzhenitsyn, 1972)。また、スーダンのオムドゥルマンでの野戦で、キチナー将軍の率いるイギリス軍は、近代史上初めて砲艦を地上戦に使用し、またライフル銃と大砲を使用して、はるかに多人数のマハディ〔一九世紀末スーダンで起こった反乱の指導者〕の軍隊を一掃したのである。

長距離にわたる通信能力の強化、新しい通信技術の独占利用は、近代の科学志向型国家のもついくつかの特徴の中でも際立ったものである。ローマ帝国、および古代中国の王朝以来、首都と帝国国境とを結ぶ迅速で効果的な通信ラインを設けることの重要性は常識となってきた。この新しい能力を所有していることが、製品市場や原料を確保するための資本主義的ドライブに劣らず、一九世紀に工業国家が遠隔地まで帝国を拡大しえた事情を説明するだろう。ウィリアム・メロディは、カナダの経済史家ハロルド・インニスの次の言葉を引用している。「通信という主題については、それが政府の組織や行政に、また諸帝国と西欧文明の転換に重要な位置を占めているがゆえに、研究をすすめる余地が十分ある」(Melody, 1985; Innis, 1950; Cherry, 1971)。

教会が君臨する知識構造から科学志向型国家によって支配される知識構造への変化がいかに一歩一歩の緩慢な歩みに見えたにせよ、政治的にいえばそこには決定的な変化が生じた。今日われわれが議論しなければならないことは、漠然と「情報革命」とよばれている変化の結果として、いま見たような政治的性格がもつ変化(すなわち、誰が何を得るかとか権力中枢や価値配分に関する変化)が起こっているのかどうか、という問題である。つまり、こうした変化は結局のところ、技術的なものにとどまるのかどうか、それとも最近の二〇〇年間を特徴づけた変化と同じ程度に、同一の方向への変化を導きつつあるのかどうか、という問題である。

信念体系

構造的分析によれば、技術変化が起こってもそれが必ず政治構造の変化を伴うとはかぎらないということが知られている。技術変化が政治構造の変化を起こすのは、それが社会にとって受容されうる政治的経済的取決めの基礎となったり、これらを支えたりする基本的な信念体系の変化を導く場合である。この対応関係は、中世の知識構造と近代世界の知識構造とを比較したわれわれの叙述からも確認できる。中世の場合には、知識構造における権威は「善男善女は天国に行き、悪人は地獄に堕ちる」、あるいはもっと正確にいえば「善男善女は教会の助力を受けて、そして教会に救われた悪男悪女もまた同様に、天国へ行くが、教会の権威を退けるような者は地獄に堕ちる」という信念を人びとが分かちもったことで存続していた。一九世紀になると、基本的な仮定が変化した。これに代わって、基本的な信念は「物質的生活こそが重要だ。科学は物質的生活を改善する。科学はまた、国民国家をいっそう強固とさせる」というものになった。こうして、信念体系の変化から、個人にとっても、価値の追求における新しい、いままでと異なった優先順位が現れた。こうした価値観が社会に分けもたれた結果、市場と国家の権威に正統性が付与された。特定の集団や階級に特権が付与され、諸階級間に特定の分業が割り当てられるような、特定の社会構造が正統性をもつことになった。こうして、信念により権威がもたらされたのである。

しかし、いったん知識構造によって国家の権威に正統性が与えられると、国家は自らの独占的地位を保持すべく、あらゆる努力をはらうことになった。国家の権威が脅かされるたびに、国家はその防御に懸命となった。国家は多くの場合、受け入れることが可能な行為とそうでない行為と判断する権利を自分だけがもつと主張した。教会は何がよい行為かというよりも、むしろ「恩寵の状態」が何かを定める正統的な権威を有すると主張していた。科学志向型国家は、国民国家の概念に人びとの忠誠と信念が集まったことから正統的な権威を獲得することになったのだが、さらにすすんで、何が善行か、誰が忠誠をもち誰がもたないか、国家に対する異端者や反逆者をどう決めるのか等について判断する正当な権威を自分がもつといい張りはじめた。中世の場合にも、知識構造に内蔵される権力が、時の権威によって拡大解釈される傾向が見られた。つまり、前者（中世）の場合には、神、そして教会によって独占された聖なる知識のもつ権力であり、そして後者（近代世界）の場合には科学（「科学によってすべての問題が解決される」！）や国家が育てる（そして時には独占する）科学的知識の権力である。

双方の知識構造で、権威が弱体化したり挑戦にさらされる時はつねに、新しく台頭しようとする知識構造に対する激しい弾圧が繰り返された。この挑戦は「土着宗教」からも、またまったく新しい信念体系からも、そしてこの両者の結合からも、それぞれ生じえたのである。たとえば、フリッツ・シューマッハーの『スモールイズビューティフル』(*Small is Beautiful*) に盛られた思想は、明白に仏教に基づくものである。(3) イランのシャーの失墜はイスラム原理主義の所産であった。こうした古い宗教は、時と場合によっては、物質文明の問題を物質的科学進歩によって解決しようとする通念を合理主義的に激しく断罪するやり方——それはたとえばフレッド・ハーシュの『成長の社会的限界』(一九七五年)に見られる——よりも、科学と国家が結びついた権威に対する、はるかに深刻な敵対相手となったのである。

いずれの場合にも、教会支配の末期を特徴づけたような新しい知識構造に対する支持の波が今日、科学志向型国家に対しても起こりつつあるように見える。花をかざして権力に挑戦するやり方、ロックバンドによる海外支援、有機農業、菜食主義、鍼療法や伝承医学等の動きを通じる共通の糸は——合理主義的というよりは人間の感情に訴えるやり方で——支配的な知識構造の立脚する基本的信念に挑戦している、ということである。それはちょうど、初期の科学者や宗教の分野でのプロテスタントたちが、中世キリスト教世界の基本的信念や権威の正統性に疑問を投げかけたのと同じ動きだ、ということができる。

知識構造で権威をもつ人間たちはまた、強制力であろうと法律の力であろうと、かれらが手中にするあらゆる権力を行使して、自分たちの特権的地位を強化することに努める、という特徴がある。かれらの階層への参入は、可能なかぎりむずかしくされ、それが必要な場合には、また可能な場合にはいつでも、強制力に支えられた法制によって固められている。中世のキリスト教世界の構造で、こうした戦略は教皇の選出に関するどちらかといえば奇妙な考え方によって支えられていた。つまり、選出権をもつ司教は、同輩の司教によって任命された人間にかぎられたのである。他方で、科学志向型国家は、主要な法律、医学、軍、大学等の専門職へ人びとが参入することを制限する認可権をずっと直接的に行使することができる。イギリス政府が、クリミア戦争と第一次世界大戦時に、専門的な職業軍人を認めるという形で、イギリス軍に入る際の階級や障壁を低めることになった例を想起しよう。

国家はまた、科学者の国家への奉仕に対する優越性を以前から要求してきた。科学者たちは時にはこうした要求に抵抗した。二〇世紀の最初の数十年は、言葉の障壁や専門職の認可基準が異なるといったことのために、科学者が国境を越えるという移動はあまり存在しなかった。知識構造における国家権力の強化へと向かう大きな流れを逆転させるような動きと思われるのは、第二次世界大戦時のマンハッタン計画であった。この時期には、ドイツにおけるナチズムの反ユダヤ主義と、相対的に豊かなアメリカで大学制度が拡大されたことの二つがあずかって、ヨーロッパ、とくに中央ヨーロッパからアメリカ合衆国への大規模な頭脳流出が起こった。マンハッタン計画では、政府はさまざまな国から一流の物理学者を集め、国際研究チームを組織した。しかし、合衆国政府は核分裂の原理をどのように戦争に適用するかについては、このチームが発見したことを厳格に統制したのだった。当時、またその後の時期にも、J・ロバート・オッペンハイマーのような科学者たちはこうした政治的独占は不当なものだとして糾弾した。クラウス・フックスのような科学者は政府のこのやり方に抵抗しさえした。つまり、フックスはソ連にこの重要な情報をこっそりと引き渡したが、かれは諜報活動による投獄という高い代償をこの行動について支払うことになった。

知識構造の進展におけるこのエピソードについては、二つの異なった解釈が存在する。一つの解釈はアメリカが多国籍の科学者チームを募ったということは、各国家が知識構造の中の自国に割り当てられた部分を支配するという状態から、各国家が知識構造にもつ権威を通して行使する権力がはるかに不均等な多国籍知識構造へと段階的な変化を示していく一連の標識の一つにほかならない、というものである。他の解釈はたんに、国家と共存する権威の源泉としての「科学」が、国家の過度の要求に対して抵抗をし始め、そしてこの例にも見られたように、反攻を開始さえした、というものである。科学者たちはまず、アメリカで仕事をするということによって、あるいはかれらが以前属した国家権力に対して、またある場合にはアメリカの最大の敵としてのソ連の利益にそってアメリカの利益をないがしろにすることによって、こうした傾向や反抗を示した、とされる。

この解釈に従えば、マンハッタン計画も古い中身に新しい装いをこらしたものにすぎない。国家はつねに科学的思考を独占しようと試み、科学者たちを国境の中に閉じ込めておこうとしてきた。しかし、諸国家の連合が結成され、戦争に勝利しようとする信念が分かちもたれてこの連合を支えるようになると、科学者たちも一次的にはこの目的に自発的に同意するようになる。しかし、ヒロシマの経験を多くの科学者たちが厳しく受けとめたように、こうした同意も、ある場合には消え失せてしまう。アメリカでさえ後には、「機密」情報を流す科学者を処罰する権力を増大させ、差別的な態度で、安心して雇用できる科学者を選ばざるをえなくなった。だが、第二次世界大戦後、「鉄のカーテン」の両側から科学者たちが集まり、パグウォッシュ会議のような〔多国籍的な〕場を設けたにせよ、それは超大国間の関係を変化させるまでにはいたらなかった。

変化の兆候

このことについての証拠、また変化する知識構造の他の諸側面についての証拠は、必ずしも一致するものではない。一方では、重要性が今後ますます高まると見られるいくつかの社会集団が、かれらの価値体系に占める国家の位置は主要なものでなくなっている、と主張しはじめている。科学者たちはもう長期にわたって、普遍的な科学的真実と進歩とを、どの国民国家の狭い国益をも超えて推進する運動を始めているように見受けられる。多くの国で、青年たちは核エネルギーと核兵器が生命に及ぼす悪影響をしだいに認識しはじめている。

世界中を通じてあらゆる種類の集団が、国家を市民社会の表現として当然のように信頼するのではなく、より広範な範囲での人類社会の重要性を認めるようになってきている。

「祖国のために死ぬことは喜ばしく光栄である」と唱える代わりに、多くの人々は「死ぬよりも生を楽しむ方がいい」と結論づけるようになった。

この二つのスローガンを並べてみると、ナショナリズムが随所で退潮しているとは必ずしもいえないことがわかる。中東の多くの国で、そしておそらくこれはイスラエルで目立つ現象だが、ナショナリズムは依然として人びとを動かしている。また、アメリカでも、アメリカ人に中傷を加えたり、アメリカ軍でさえもこれを揶揄したりすることは、人びとの激しい感情的反発を引き起こすので、普遍的原則とか地球社会の集団的利害とかは、国益や国民的自尊心の擁護の前には二次的なものにとどまると結論したくなってしまうだろう。

国家に対する対抗勢力も分裂している。環境保護論者たちは、反国家主義的であると同じ程度に、しばしば反科学的でもある。科学者たちは依然として、物質的進歩や技術向上に心からの信頼を寄せ、経済的、また政治的な問題でさえも、これを科学で解決できると信じ込んでいる。かれらはその信じる道をさらに突っ走ろうとしているが、他方では、有機食品の愛好者、自然出産やきれいな大気・水、自然医療やオルタナティブ生活様式の支持者たちは、科学的進歩を押し止めるばかりでなく、これを逆転させ、昔に戻ろうとさえ試みているのである。

こうした基本的な信念の体系についての不確定性が存続する時、知識構造からもたらされる権力の位置づけそのものがつねに変化すると断言することは、いささか時期尚早に思われる。すべての国家が構造的権力を他の権威源泉——多国籍企業から何らかの目に見えない国際的な科学者のネットワークにいたるまで——に譲ってしまったということは必ずしも明白ではない。

諸構造の相関関係

このように述べたからといって、何も変化がないということではない。知識構造において起こる変化のいくつかは、他の諸構造——生産構造、金融構造、安全保障構造——の変化と組み合わさって、政治的に見ると重要な結果を導くことになる。

第一に、最近四半世紀間に二つの主要な技術革新——強力で多様な用途をもつコンピュータと人工衛星による電子通信手段の発達——が起こったことに注意する必要がある。それに付随して、印刷式回路と半導体、光ファイバー、人工衛星の打上げや運行に用いられる新燃料や新素材、コンピュータ用のソフトウェアとして知られる強力な情報メカニズム（たとえば、ソフトウェアと関連サービスは、二〇年前には電算機市場売上げの二割にとどまり、八割がハードウェアと呼ばれる電算機本体の売上げだったが、いまではその比率が逆転し、ソフトウェアおよび関連サービスが八割を占めるにいたっている）等の技術革新が起こった。

これらの技術革新からただちにもたらされた普遍的な結果というのは、ほかのすべての財・サービスについて各国の市場を結びつける統一的な全世界市場が形成された、ということである。あらゆる種類の財・サービスに関する各国市場は、単一の世界市場にとって代わられつつある。過去数世紀間にわたって、市場の範囲はつねに、供給を買手に結びつける運輸システム（第七章を見よ）という制約によって決定されてきた。だが、それはまた部分的には知識構造によっても制約されていたのである。つまり、買手と売手は、運輸システムと同時に、情報通信システムによっても結びつけられていなければならないからである。もし、ある生産者が、財・サービスの潜在的顧客について無知であれば、かれにとっての市場はそれだけ制約されたものであるだろう。金融市場は、電信手段により結びつけられた最初の市場であった。当初は国際的な資金移動には多くの障害があったのだが、それにもかかわらず、金融市場ではこれが実現した。娯楽産業もまた、労働市場の分断を技術が克服した初期の例に入る。俳優たちは、当初は各地の劇場で地元観衆のために演技していたが、やがてハリウッドに行き、映画という手段で演技することにより、国境を越えることになった。そして今では、たんに各国市場が少数の商業金融センター（ロンドン保険市場や海運に関するバルト海同盟等）により補われるというのではなくて、ほとんどすべての商品——製造品であろうとサービスであろうと——が、世界市場で実際に販売されるようになっている。新しい通信手段により世界中の買手・売手間に市場の動向に関する情報がただちに伝わる仕組みが成立しているのだ。これらの新通信手段によって、売買の決定もただちに伝達され、売買が遂行されるようになった。

いくつかの重要な経済的結果をここから導くことができる。これらの結果は、それぞれ非常に重要な含意をもっている。第一に、生産構造に対する情報の投入量が大きく増大した。別の言葉でいえば、ホワイトカラーのサービス労働がブルーカラーの肉体労働にだんだんとって代わっているということである。工場、農園、鉱山、製鉄所、造船所等で働く人はだんだん少なくなり、オフィスでコンピュータやワープロに向かう仕事が多くなった。これは、かつて農業から工業へ産業構造が変化したのと同じく、生産構造における大きな革命である。そして、ちょうど産業革命によって第一次産業の生産者たちの富や権力が衰えたのと同じように、情報革命によって工業生産者たち——かれらがもちろん、情報の生産者や加工者でないかぎり——の富や権力も急速に衰退しているのである。

この変化は、アメリカで一番目立っている。アメリカでは、一九六〇年には農業外での雇用人口中サービス業に従事していたものは六二パーセントだったが、一九八二年から八四年にかけての二年間をとると、アメリカでつくり出された新しい職業の六九パーセントがサービス業であった。また、情報革命が企業に及ぼした二つの影響が最も目立ったのもアメリカであった。一つは、製造業の生産過程でのオートメーション化が進んだ結果として、新しいデータ加工技術、情報技術による生産デザインへの投入が大きく増大したことである。ゼネラル・モーターズが、「サターン」車を生産するために新しい製造・組立工場を設立した際に、五〇億ドルが支出されたが、そのうち二〇億ドルが必要なコンピュータ本体とソフトウェアの費用に投下された。このため、GM社は、「身動きできなくなった」コンピュータ企業のエレクトロニック・データ・システム社を買収したのである。

もう一つの結果というのは、大手の製造企業がその活動に情報部門を加えて多角化するようになったことである。アメリカの三大航空機製造会社——ボーイング社、ロッキード社、マクダネル・ダグラス社——が三社ともデータバンクやその他のあらゆる種類の情報サービスを販売する子会社を設立して利益をあげていることに注目しよう。これらの子会社が扱うデータバンクは航空機のビジネスとは何の関係もないものである。同様に、大銀行も行内用に開発した情報システムを世界市場に販売しはじめた。多くの主要な多国籍企業は保険業を扱う子会社（その多くが低税率のバミューダ島に本拠を置いている）を設立して、社内外の保険業を扱うようになった。

こうしたことや、新たな展開も付け加わって、企業にとっては、サービス業に従事する従業員の比重が増大し、古い工業労働者の役割が低下することになった。サービス関連従業員はまた、会社間、生産部門間をかなり自由に移動するので、かれらのサービスを求める競争が高まる一方で、古い工業労働者の利害を擁護する労働組合の力は必然的に衰退した。

この変化がもたらしたもう一つの政治的に大きな意味をもつ結果は、大企業での管理者の能力と権力が大きく高まったことである。第二次大戦以降、フォード社、カイザー社その他の多国籍企業が世界的な事業を展開する際に重要な前提となったのは、遠隔地に位置する子会社や関連会社に対して緊密な統制を及ぼす能力であった。それでも、E・ペンローズが大作『会社成長の理論』(一九五九年)で論じたように、管理者が自由にできる情報や意思決定を遂行する能力は依然として限られていた。だが、この事情は、人工衛星を仲介とするコンピュータ通信が開発されて、遠隔地からデータを収集することが容易になることによって、一変した。身近な例をあげると、コンピュータによるホテルや航空機の予約、小売店のチェーンや卸売店、海運等の中央制御、タンカー輸送の管理、銀行と顧客間での資金の即時移動等がある。

大企業が、急速な技術革新によって特徴づけられる知識構造の分野でもつもう一つの優位は、情報を「国際化する」能力が増しているという点にある。会社の内部では、大企業は研究開発費を増やし、新しく開発された製品や生産方法は、市場での販売が始まったり新しい生産過程が実現するまで、会社内の秘密として保持される。それゆえ、大企業にとって産業スパイは大きな脅威となっている。かつては、生産者は、自社の発明を競争相手が「盗む」のを防ぐために、特許法等の形で国家の保護を求めた。今日では、もはや国家には依存せず、自らの開発した知識に対して他社が近づくのを防ぐ独自の手段をもつにいたっている。

しばしば、一社の資力だけではこの仕事が必ずしも遂行されないことがある。その場合には、国家同士が連合を結ぶのと同様に、会社同士が連合を形成する場合がある。こうした連合は、補完的な場合がある。これは、あるコンピュータ会社が電気通信設備を製造する会社と共同して、新製品を開発するような場合である。また、この連合が競争会社同士の間でつくられる場合もある。これは、自動車会社や航空機製造会社が力を合わせて他の競争相手に立ちむかうような場合である。ここでもまた、知識構造における急速な変化が生産構造に大きな変化を引き起こすことが知られる。

変化のもつ政治的意味

これらの知識構造における技術変化が生産構造に及ぼす影響が国際政治システムにどのような意味をもつか、という問題がある。巨大多国籍企業の中央集権的な権力は強まってきた。これら多国籍企業の大部分はアメリカに本社を置いているが、世界市場へと販売が拡大しているということから、アメリカ以外の地域——ヨーロッパ、日本、韓国等——に位置する多国籍企業といえども、アメリカ市場に販売せずにはいられないという事情が生まれた。アメリカは依然として、一つの全国的な法制と行政機構をもつ最大の、そして最も豊かな市場である。要するに、技術変化によってアメリカという国に最大の権力が集中することになったのである。

市場経済において権威が集中する現象は、金融構造における技術変化の影響についても見ることができる。ユーロ通貨市場、国際債券市場、超国家的な銀行間市場および証券市場が近年急速に発達し、各国の金融制度に大きな影響を与えているが、これはテレックス、電話、人工衛星経由のコンピュータ・システムを抜きにしては実現しなかったであろう。すべての巨大銀行は、利用可能な技術を用いて、外国為替市場および国際資本市場における競争力を高めることに努めてきた。たとえば、チェースマンハッタン銀行の通信ネットワークは、本社のコンピュータ端末とヨーロッパ、カリブ海地域等の主要支店を直接結んでいるし、また香港、日本、シンガポール、台北その他の極東や中東の金融中心地におかれた支店とケーブルや無線コンピュータを通じて結んでいる（Hamelink, 1983: 63）。シティバンクは、「グローブコム」と呼ばれる同様の業務を展開し、電子通信の費用だけで年間四〇〇〇万ドルを支出していると見られる。もちろん、こうした通信システムの発展が政治的にもつ重要な意味合いは、銀行の本社がそのシステムとのアクセスを統制する門番の役割を果たしているということにある。多くの銀行が集まって、同様の通信システムを運営している例は「ユーレクス」等に見られるが、この場合には統制の中央集権度は多少分散しているものの、それでもこのシステムは仲間同士で運営されているのである。ユーレクスは、一九七七年ヨーロッパ一四カ国の六〇の銀行が共同してルクセンブルクに設立した子会社だが、一九八一年には解散した。同じような銀行間システムとしては、一九七三年にニューヨークで設立されたスイフト（SWIFT、国際銀行間通信協会）があり、これはユーレクス社と比べるとずっと成功した。(4)

これら巨大銀行にとって、あらゆる種類の考えうる金融資産の営業にあたり、即時に市場取引ができるシステムがどれだけ値打ちがあるかは想像にあまりある。このシステムによって、大手の取引会社は、市場の動向に関する情報をより広範に、またただちに入手することが可能になり、こうした瞬時的な、また不確定性の大きな取引の仲買をつとめることから大きな利益をあげることができる。前シティバンク（現在のシティコープ）の前会長ウォルター・リストンは、「今日では銀行業とは情報業にほかならない」（Wriston, 1986）と言明しさえした。同様に、巨大穀物・一次商品商社が、生産者（農民）や最終消費者に対して寡占的な位置を確立しているのも、こうした世界的な情報システムへのアクセスをもち、これを統制しているからである。(5) したがって、知識構造における技術変化が金融構造における権力集中の増大に役立ったと結論することも可能であろう。この金融権力の集中センターがアメリカであることもまた、金融界では周知の事実である（第五章を参照）。

技術変化は、安全保障構造にも大きな影響を及ぼしてきた。諸国家間の競争関係にたんなる労働者や軍事力よりも知識の有無がはるかに大きな影響をもったということには疑いがない。超大国が最初に人工衛星を打ち上げたのは偶然ではない。超大国はまた、宇宙開発や戦闘用の軍事情報整備のために、最初に大容量のコンピュータを開発した。こうした技術革新の結果、軍事戦略において、人間や機械の位置よりも、情報やシステムの位置が重要になってきたのである。これら軍事システムや戦略システムは依然として国家の管理領域だが、他の領域、たとえば「インサルテット」や「インサルマット」によって所有される人工衛星は、各国政府が集まって株主となり共同で運営しているのである。しかし、ここで重要なことは、ペンタゴン（アメリカ国防総省）の独占領域であるような軍事システムでさえも、巨大多国籍企業の技術ノウハウや協力に依存し、それなしでは運用できなくなってきている事実である。国家がすべてを統制し、独占する可能性は（ソ連や中国を除き）おそらく永遠に過ぎ去ってしまったのだろう。このように国家が大企業に依存する結果、とくにワシントンでは、政策決定に及ぼす大企業の影響力がめっきり高まるようになった。

このように分析を進めると、なぜアメリカがサービス貿易の自由化に一貫して熱心であるかがわかってくる。ＧＡＴＴの場でのウルグアイ・ラウンドでの多角化交渉について、ヨーロッパや日本はこれを冷めた目で眺め、第三世界諸国は疑いの目をもって見ているのに対し、アメリカが一番熱心であるわけだが、これはアメリカがサービス貿易の自由化を実現したいと望んでいることに由来している。また、ＯＥＣＤ（経済協力開発機構）諸国が一九八五年の年次会合で、「国境を越えるデータ・フローに関する宣言」を採択し、データ流通に関する国際障壁を除去し、この重要な(アメリカが優位をもつ)部門の成長を阻む技術的諸問題について共同の解決策を見出そうとする態度を決めた(少なくとも原則的には)背景にはやはり、アメリカの圧力があった(6)。

このアメリカの熱意を説明する答えとしてはもちろん、アメリカがあらゆる主要なサービス部門——銀行、保険、ホテル、航空、コンサルタント、情報サービス等——で強力であり、原則的に自由貿易主義者である、ということがある。他の諸国政府による貿易障壁が低ければ低いほど、アメリカがサービス貿易の分野でその優位を発揮し、工業製品の輸入依存が増大している現状を埋め合わせる可能性が高まることになる。

しかし、これにはもう一つの背景がある。これらサービス部門で支配的な大企業は、国内市場でもまた世界市場でも最大の競争の自由を望み、これを要求している。製造業の場合と比べて、サービス業の分野では、大企業が規模の優位——これは必ずしも経済的規模にとどまらない——を発揮して、中小企業をおさえる比率が高い。企業規模が大きければ大きいほど——銀行や保険会社の例がそうだが——株主にとっても、顧客にとっても、また取引相手にとっても、国家の支持なくして行う他企業の乗っ取りや投機オペレーションから生まれるリスクはそれだけ少なくなる。この意味での巨大企業の勢力拡大にとっては、銀行、保険、通信業などの分野での政府の規制が邪魔になってくるのである。ところが、ひとたびワシントンが規制緩和の方向へ妥協を見せると、ヨーロッパ諸国や日本等でも、これに従わないわけにはいかなくなる。ロンドン金融市場（シティ）の規制緩和は有名な例である。イギリス政府に対して古い諸規制をやめ、金融業者の諸機能を細かく定めた統制を撤廃させるような圧力がはたらき、政府は新しい市場ルールと行政監視の組み合せを選ばざるをえなくなった。そうしなければ、シティの金融ビジネスはニューヨーク市場、またはこれに次ぐ新興金融中心地に逃げ出したことだろう。

結論

わたくしはこの章の冒頭に、知識構造からもたらされる権力を理解するのに必要な概念のいくつかをよりよく理解するためには、哲学や言語学の研究者の方が適当であろうと述べた。国際関係論や国際経済学の学生よりも、哲学者や言語学者の方が、コミュニケーションの性質、言語の社会的な用途、さまざまな思想や信念の体系、技術、社会的・政治的慣習の組み合せによって可能となる依存関係等を理解する訓練を積んでいるからだ。

わたくし自身、自分自身の限界を意識して、国際政治経済学の分野での知識構造に関するこの簡潔な章では、知識の性質、権力とコミュニケーション制度との間の関係、また知識の目標を決定し、したがってある程度の社会「科学」がどの程度の真理を発見できるかを決定するために、イデオロギーが占める役割等について、とりわけヨーロッパで哲学者たちの間で行われている活発な論争について、言及することがなかった。こうした論争は一般的にいえば、わたくしにとって、またおそらくは本書の読者にとっても、容易に理解しがたい言葉を用いて行われているのである。これらの論争のルーツは少なくとも、ニーチェ、ヘーゲル、ウェーバーらにさかのぼるし、ある人びとはそれをプラトンやアリストテレスにまでさかのぼらせている。この論争で大きな影響力をもった現代の著作家としては、ユルゲン・ハーバーマス、ミシェル・フーコー、カール・ポパー、ゲオルグ・ルカーチ等がいる。(7) かれらの論争はいまだ決着がついているとはいえない。

国際政治経済学の学生にとって興味があるのは、一つには、知識構造を通じて過去、現在、未来にわたって行使されている権力の変質であり、第二に、この権力の中心が現在大きな変化を遂げている事実であり、そして最後に、それが国家、諸階級、諸団体やその他の集団に及ぼす可能な結果は何か、ということである。わたくしの結論といえば（その真偽のほどは読者の判断に委ねるが）、世界経済に関する四つの基本構造のうち知識構造こそが最も急速な変化を経験している、ということだ。第二には、こうした変化の最終的な結果はまだよくわからないが、大きく分けると三つの種類の展開があり、それらすべてが国際政治経済の理解にとって重要である、ということもここで述べた。この件についてはすでに十分な証拠があるように思える。

これらの展開の第一にあげられるものとして、知識構造における主導性をめぐる国家間の競争がある。富の生産、したがって国家にとっての権力獲得の主要な要因が土地、天然資源であった時には、諸国家は領土をめぐって競争した。ついで諸国家は、鋼鉄、機械、運輸手段、後には重化学、石油、電力等に基づく生産などに示される、産業という「戦争のための筋力」をめぐって競争した。今日では、競争は先端技術のトップを誰が切るかという形で展開されている。このトップの座を占めることが、一方では軍事的優位性、経済的繁栄、強靭性、そして他方では支配的立場の双方を占めることを意味しているのである。

これは、大部分の一般の人が認めていることであり、小説、映画、本などにもすでに反映されている。しかし、国際関係論、国際経済学の分野での多くの理論家たちはいまだこの状況を十分消化してはいない。この根本的な変化によって国際関係の性質に関する現実主義者の仮定もまた大きく修正を迫られている。国際システムにおける知識構造に起こった重要な変化として現実主義者たちが考えているのは、国家の攻撃力、または防衛力に新兵器が付け加わったケースであり、また、伝統的な外交手段に新たな外交的な武器が付け加わったような場合である。第二次大戦を契機に、放送が大きな重要性をもつにいたったことは今では広く認められている。その後数十年間にわたって、後方撹乱、監視や諜報に関する新技術を用いた情報収集活動、そして文化的浸透などが発達した。しかし、かれらは国家間関係を超えるような大きな変化——こうした変化が結局のところ国家間関係および社会間の関係に影を及ぼすのだが――をすっかり見逃してきたのである。

知識構造の変化から結果する第二の展開は、知識の獲得の面で、また知識へのアクセスの面で、政治的権威としての諸国家間の不均等性がしだいに拡大しているということである。前述したように、アメリカ政府自身が知識構造に関連したすべての部門でアメリカが優位に立っていることを意識しているし、そうでなければサービス貿易のルールの自由化にあれほど熱心にはならないだろう。先進技術のいくつかの部門では、アメリカの大学や民間研究所が挑戦を受けようとも、多くの分野でアメリカの研究機関の優位が揺らいでいないことは明らかである。このずばぬけた主導性はたんに先進技術に由来するものではない。世界経済において、また多国籍的な社会・職業集団において、英米語が共通語となってきた事実がある。日本経済のパフォーマンスがどんなに優れていたにせよ、国際的なコミュニケーションの用具として日本語が英米語と同じような重要性を占めることはおそらくないだろう。たとえ、機械によって異なる言語を用いる利用者たちのそれぞれが、言語をデジタル化することによってコミュニケートすることが可能になったとしても、この事実は揺るがないだろう。どの国語にもだんだん英米語が浸透するようになっている。英米語文学は、他の言語での文学を圧して世界に広まっている。こうして、アメリカの諸大学は知識構造における学習の世界、またそれに関連した主要な専門職を支配するにいたっているが、それは大学の数が多く、財力が豊かで図書館・資料室の数が多いからばかりでなく、何よりもかれらの日常業務が英米語で遂行されているからである。知識構造に占めるこのようなアメリカの優越性を考えると、製造業の分野でのアメリカの衰退は二次的であり、重要とはいえない。

第三に、知識構造の変化から、権力、社会的身分、社会内および国境を越えた影響力などの新しい分配が起こっている。アフリカの諸国とヨーロッパ諸国、また台湾のような新興諸国間の最大の相違は、高等教育を受けている人の比率である。権力は、かつては「資本の豊かな」国に存したが、今日では情報の豊かな国に属するようになっている。実際、名誉ある地位をもたらすのは情報であって、どのような形であれ、たんに資本を所有したり蓄積したりすることではなくなっている。かつて産業労働者が農民を見下すようになり、「百姓」という言葉自体が人を侮辱し軽蔑する言葉として使われるようになったのと同様に、「知識労働者」は、たんに肉体的・物質的労働を遂行するブルーカラー労働者に対して優越性を感じるようになってきている。他方で、各国の国内では資本家階級の権威が衰え、随所でそれに代わって多国籍的な管理者階級の権威が高まってきている。多国籍的な場では、政府機関の官僚と企業の官僚との間の社会的・職業的な相違はあまりなくなっており、一国の国内ではいまだ国家官僚と企業の管理者間の生活様式がかなり違っているのに対し、多国籍的な場では両者の生活様式でさえも似通うようになっているのである。

第三部　二次的権力構造

この部に集めた四つの章は、政治経済のそれぞれ異なる四つの側面を扱っている。これらの側面は、それ自体重要なものだが、またある意味では企業、小国、社会集団や個人にとって可能ないくつかの選択に影響を与えるような構造をも形づくっている。これらの側面とは、世界の主要な運輸システム、貿易システム、エネルギー供給システム、そして超国家的な福祉・開発システムの四つである。この四つを選んだ理由としてはやや恣意的な面もある。つまり、他の二次的構造を加えることもできただろう。たとえば、国際法に関する章を設けてもよかったのだが、この主題については専門家の手になるすぐれた説明的、分析的著作がたくさんある。世界の食糧システムに関する章もあってよかった。人間にとっての食糧は、機械にとってのエネルギーと同様に不可欠のものである。しかし、この点についても膨大な文献がある。

二次的構造に共通する特徴は次の点にある。それは何よりもまず、基本的な価値選択の基礎に立った上で諸種の選択がそこで行われる枠組みにほかならないが、安全保障、生産、金融、知識という四つの一次的構造から見れば二次的であり、前者によって大幅に形づくられるのである。これらの二次的構造のそれぞれで、国家——または諸国家——の権威は域外においてもはたらいている。各国家の域内で、政府は通常、鉄道・道路・河川・運河を通じる運輸が円滑に、乱れることなく遂行されるように責任をもつ。各国の域内で、政府は平時であれ戦時であれ、経済を指揮し、市場経済の動きを見張ると同時にその中で営業許可を受けた人びとの行動を監視する権力の範囲を設定する。また、各国社会という枠内で、社会的弱者に対し福祉が提供される。四つめに、国家は農業、工業、運輸、国内消費者のために、供給源は何であれ、将来のエネルギー供給について責任をもつが、この役割は近年ますます増大している。外交、防衛、司法関係の役所を別にすれば、多くの国で経済社会に関する国家権力は主として、運輸、農工業、社会保障、エネルギー関係の省庁に与えられていることが見出される。言い換えれば、国家と市場の相互作用が見られるこれらの主題領域で、ある国家権力は、超国家的または世界的分野の問題を考慮に入れなければならなくなっている。つまり、世界市場の問題、また多くの場合、他国の側からする国境を越える影響の問題を考慮に入れなければならなくなっているのである。したがって、国際政治経済の研究のために、これらの主題領域を概観し、そこで見出されるいくつかの問題を検討しておくことが必要だろう。

第七章　輸送システム――海と空

人、物をある場所から他の場所にどのようにして輸送するかは、高度に政治的な関心事である。山深い村であろうと、一国あるいは世界全体にであろうと変わりはない。明らかに市場も一定の役割を果たす。他の場所からの財需要、あるいは観光であれ仕事であれ、旅行したいという人の要求は必ずあるからだ。しかし、国家もまたある役割を果たしている。輸送システムは国家によって提供されるべきものだろうか。それとも、許可を受けた独占体、または市場の需要に主として対応する民間部門によって提供されるべきだろうか。どれを選択するかは政治的な問題である。これはさまざまな社会集団（貿易業者、小売商、老人、主婦、生徒）に関係してくるので、その政治的決定はこれら異なる社会集団の異なった社会的価値、相反する要求や利害を考慮しながら行われる。実際に輸送システムを運営するためにどの選択がなされるのかによって、誰がその過程で利益や機会を手に入れ、誰が費用や必要なインフラストラクチャー（港、道路、運河、鉄道）への投資費用を負担するのか、また誰が災難や事故のリスクを負うのかが決まってくる。

輸送システムの政治経済学は自明のことと考えたくなるし、またそう考えるのはたやすい。いったん確立してしまえば、このシステムはさほど変化しないからだ。政治的変革や技術の急激な進歩が起こった時にだけ、「どのように権威が市場諸力に対応するべきか」という政治的問題がまた出てくる。したがって、誰がそれを統治し、その結果、社会集団や輸送システムそれ自体に何が起こるのかという根本的な問題はこの間見逃されやすい。このことは世界の輸送システム、つまり国際空輸システム、国際海運システムに当てはまる。この二つの輸送システムは長い間重要視されず、経済学のとるにたりない一分野、または非常に専門化された研究の対象とされてきた。しかし、世界の貿易が生産よりも毎年急速に成長し、より多くの人間が以前夢見ていた以上に大量に速く、頻繁に世界を駆けめぐるようになって、かれらが利用する輸送サービスの性質、海路や空路の配置、財や人を輸送するのに通常必要な価格と条件が国際政治経済においてますます目立った問題となってきた。

本章では、国際輸送システムの政治経済学は第二部で論じられた四つの構造からなっているということを示そう。国際輸送システムはでたらめに、あるいは偶然に成長してきたのではない。それは国際政治システムの中で進化してきたのである。その内部では、国家は市場をあずかる重要な政治的権威であり、同時に国家それ自体が生き延びるための努力をしてきた。国民は自らの安全、そして国内の法、秩序の維持を国家に頼り、侵略、占領、隷従から免れるために国家をあてにしてきた。古代のローマ、ペルシャ、中国の諸帝国以来、国家にとって「輸送」がもたらす第一の利益とは、軍隊が行進し、最辺境にまで中央政治からの命令や伝言を届ける早馬が走る道路をもつことであった。輸送システムの第一の目的は帝国の安全を増し、帝国内の人民を秩序だった、統治しやすい社会に統合することだった。このことは現代国家が道路システムを計画し、鉄道を建設し、航空路を設ける場合にも当てはまる。最も遠い地域が中心とリンクされなければならず、その結果、鉄道、航空路はほとんどつねに国家の首都から放射線状にのびている。それは「すべての道はローマに通じる」という格言そのままである。

輸送システムが国境を越えるようになった時、安全が政府の重要な関心事となった。それは海運においても、後の空輸においても同様である。そして、強国は古代諸帝国と同様に自国の安全に都合のよいように、国際輸送システムの基本的法規をつくり、小国あるいは新興国はその法規にしたがわなくてはならなかった。つまり、権力と安全の構造を見ることによって、海運、空輸市場を支配する政治的権威がなぜこれこれのシステムを選択したのかが大体わかるのである。

運輸市場は、生産（農業、鉱工業）が国際化するにつれ、ここ三、四〇年で急速に変化してきた。すなわち、国内市場ではなく、世界市場での販売が大きな問題となってきたのである。生産の国際化は一次エネルギーとしての石油需要が伸びるのとあいまって（第九章を見よ)、海運、空輸サービスの需要を増大させた。表7-1〜7-4に示されたような事業拡大が可能だったのはもっぱら船舶・航空機を建造、購入するのに必要な信用を提供する金融システムのおかげであった。それればかりではない。その金融システムは積荷、乗客、そして船舶・航空機自体にも保険をかけることによって、船舶・航空機の所有者、事業者からある程度のリスクを取り除いてやったのである。このおかげで、輸送コストは低く抑えられ、現在ある巨大な船団、航空機団ができたのである。

また、世界輸送システムの決定要因として知識構造を無視してはならない。これはいつの時代にも重要であり続けた。その顕著な例は一五世紀に見られよう。その頃、エンリケ航海王や初期ポルトガル人航海者は、何の跡もない海を渡るために、星だけではなく太陽も利用していた。衛星を通じた電波通信が船舶の安全度を増しただけではなく、海運の経営をより機動的にしたのを見ると、知識構造が依然重要であることがわかる。国家でも市場でもなく技術が、しばしば輸送システムに革命的な変化をもたらした。海運では、動力源が風から蒸気に移り、スーパー・タンカーやコンテナ船が全盛を迎えた。航空業界では、プロペラ機からジェット機に移ったのを手はじめに、拡大する航空旅行業をうまく管理するために航空交通管理システムが導入された。

今や、われわれが設定した四つの基本的な構造がどのように世界輸送システムの枠組みをつくりあげたのかを詳細に考察しなくてはならない。世界経済のあらゆる部門(玩具か

表 7-1　各国別商船

（単位　総トン数・100 万トン単位）

	1970 年	1978 年	1985 年	1990/91 年
リベリア	19	49	58	55
日　　本	27	39	40	27
イギリス	26	31	14	7
ノルウェー	19	26	15	23
アメリカ	18	16	16	21
旧ソ連	15	22	25	27
ギリシア	11	34	31	22
パナマ	5	21	40	45
総　計	247	406	410	434

（出所）　国連.

表 7-2　タイプ別商船（1985 年）

（単位　総トン数・100 万トン単位）

タンカー	134
バラ荷輸送船	131
一般貨物輸送船	74
コンテナ船，はしけ	18
その他	53
総　計	410

（出所）　国連.

ら機関銃、食物から美術装飾品、ダイヤモンドから麻薬まで）に関して「国家と市場の関係」がどうなっているかを、それぞれの構造について考えてみよう。異なった果物を使うフルーツ・タルトも、違った材料を用いるスフレ菓子も、基本的な作り方はつねに同一である。同じ作り方であれこれの材料が用いられる。われわれもコックのようにまず原材料を集めることから始めよう。この場合、材料とは主役、つまり運輸事業者に関する事実とかれらが市場で買手に売るサービスである。かれらが使用する技術が何であり、かれらが服する法規が何であるのか。そして、誰がなぜそのような法規をつくったのか。ほとんどの場合、法規は国家によってつくられる（しかし全部とはいえない）のだが、その法規と市場需要、市場機会間の相互作用によって、誰が得をし損をするのかが明らかになる。そればかりではなく、たえず市場で行われる政治的、経済的（またはそのどちらをも含む）取引形態も決まってくる。この取引形態によってまた、何が問題点として取り上げられるのか、民間の利害と政策間の食い違い、さまざまな立場から見た問題（解決済みだろうと未解決のそれだろうと）の範囲などが明らかになる。多かれ少なかれ、標準的な手続きを経て、輸送システム（あるいは他のいかなる部門についても同じだが）が重要視する価値の優先順位、システムが生み出す費用と利益、リスクと機会の配分を検討することができる。もちろん、こうした検討が必然的に主観的なものであることは認めておこう。

クラスナーは『構造的紛争』（一九八五年）で海運・空輸「レジーム」が後進国に与える

表 7-3　空輸市場——乗客数と貨物数（1970～1991 年）

	1970年	1975年	1982年	1991年
乗　客（100 万人/キロ）	392	575	964	1,615
貨　物（100 万トン/キロ）	10	17	29	56
うち国際線利用				
乗　客（100 万人/キロ）	159	263	485	844
貨　物（100 万トン/キロ）	6	11	22	46

（出所）国連.

表 7-4　地域別空輸市場（1970～1991 年）

（単位　100 万人/キロ）

	1970 年	1975 年	1982 年	1991 年
北アメリカ	231	299	462	789
ヨーロッパ	84	134	207	321
ア　ジ　ア	40	78	189	352
南アメリカ	12	22	40	57
ア フ リ カ				38
総　　計	392	575	964	1,615

（出所）国連.

影響を比較検討したが、本書での分析はそれよりもある程度広い範囲にわたり、またやや異なった問題を提起している。クラスナーはこの本で第三世界が提唱した新国際経済秩序の成功と失敗を検討している。輸送部門に関してこの研究が問題にしているのは、海運・空輸の法規が発展途上国にとって開かれたものであるのか、そして市場参入へのより良い機会を与えるものなのか、ということである。その回答によると、一九二〇年代以来の国際法、国際協定は自国領空内に望ましくない闖入者を阻止する諸国家の合法的権利を認め、これに基づいてできた今日の空輸システムは、大部分の発展途上国が独立する前に、すでにかれらが従わねばならないルールをつくっていたのである。これらのルールによって、先進国は国際空輸業界カルテルを結び、安泰な地位を築いてきた。対照的な海運部門では、市場はいくつかの独占体に分割され、それぞれが垂直的に統合された輸送システムを有している（鉄鋼・ボーキサイト・石油企業の群と社会主義国家船団の例）。定期船同盟と名乗る民間カルテルは、一次産品生産国を永続的な従属状態に追い込んできたように見える。海運市場で本当に開放的で競争的だといえるのはごく一部にすぎない。クラスナーは次のように結論している。

「結果がそれぞれ違ったのは大部分、発展途上国が出会った既存レジームの性質による。……海運部門では、既存レジームは第三世界の国々が独自の輸送機関をもつことを妨げている。民間航空部門では、それは第三世界の国々が独自の輸送機関をもつことを促進した」（Krasner, 1985: 225-6）。

しかしながら、かれの研究が示しているのは、二つの輸送システムは異なった背景をもっているので、それぞれを考察しなくてはならないということである。そこで、われわれは最古のシステムから考察を始めよう。

海運——市場の性質

最近では、海運市場の圧倒的大部分は人ではなく商品の輸送のための市場となっている。一九二〇年代、一九三〇年代の定期旅客船は駅馬車のように遠い過去に属してしまった。夏には地中海とバルティック海を、冬にはカリブ海を周遊するクルーザーは輸送手段というよりは海に浮かぶホテルである。アドリア海、エーゲ海、英仏海峡といった狭い海にだけ、ホバークラフト、水中翼船、大きくてゆっくり走るローロー船のようなフェリーボートの特殊な市場がある。今日では海運の利用者は重いバラ貨物の輸出入業者である。積荷は原油、穀物、鉄鋼石、他の鉱物、そして大きな製造品（自動車、機械類、家具そしてコンテナに詰められるものなら何でも）である。これらの製品は大きな木枠にはめられ、機械的に操作されて、デッキの上下に積み込まれる。

生産者、海運業者には国営企業（旧ソ連商業船団は世界で三番目の規模を誇った）、自らの船団を運営する大企業、自前の船をもち（あるいはしばしばチャーターし）荷主に場所を売る専門企業などがある。そのうちのいくつか、たとえば定期船団は定期船同盟というカルテルを形成し、他はロンドン・シティのバルト海取引所のような開放的な市場で競争している。

海運市場はつねに不安定であった。需要が好況期に急上昇するよい例であり、とくに国家の安全保障のために軍隊や財の輸送が活発であった戦間期に高まった。両大戦の後には、また世界大不況の時にはいつでも、市場は深刻な供給過剰に悩んだ。運賃は急落し、船の値段は建造費の一部分にまで落ち、運行するより動かさないほうが操業費分だけ、安上がりですむ場合も出た。最近の海運不況は以前よりも長期的で深刻である。それは、原油価格の値上がりがタンカー市場へ、次いで一般貨物市場に影響を与えた一九七五年から始まった。運賃は一九七〇年代半ばに急落し、一九八三年には一九七七年と比べて二五パーセント下落した。ノルウェーのレクステン社のような海運帝国は倒産したが、運良く他の市場へすばやく参入できた企業もあった。たとえば、ペニンスラ・アンド・オリエンタル（P&O）海運会社は、蓄積していた利益で大手の住宅・建設会社を買収し、海運部門が赤字を出しながらもそこからの利潤で生き延びた。

この市場でもう一つ目立つ変化はトン／マイル当たりの操業費用の継続的減少と労働生産性の上昇である。かつては水夫が主要な投入物であったのに、いまでは銀行家からの資本投下が造船に必要となった。かつては港湾労働者や波止場人足が貨物の積み下ろしに活躍していたが、いまでは機械がそれにとって代わった。また、第一次世界大戦以前、船の原動力は石炭であり、したがって、それを積み込んだり、釜にくべたりするのにも多くの労働力が必要であった。しかし、大戦後すぐ、海運会社は原動力を石油に代えた。石油は安価で、取扱いも安上がりだったからである。このことがまた操業費を減少させた。

技術の変化が市場を閉鎖的にし海運利益をめぐる競争を鈍化させることもあれば、その逆の場合もある。たとえば、一九世紀半ばに帆船に代わって蒸気船が登場したが、これは間もなく定期船同盟の組織を導いた。この同盟とは、価格を維持し競争を制限するためのカルテルにほかならなかった。蒸気船の信頼度が高まることは、定期的な航行スケジュールが保たれることを意味した。しかし、航路が協定によって組織されないかぎり、どの会社も寂れた航路を見捨て活発な航路を獲得するために競争しただろう。大貿易国、たとえばイギリスなどは海運費用に独占的な追加賃料がかかろうとも、カルテルが提供する広範で信頼度の高いサービスを望んだ。定期船同盟は第三者が価格の引下げができないように、得意先に時期を遅らせて、払戻し金を支払った。これは実際のところ、利用者が定期船同盟に忠誠を誓うことに対する報酬である。世界中の大洋を横断する主要航路にはそれぞれの定期船同盟が設けられた。その総数は長い間三〇〇を優に超えていた。しかしながら、これらの同盟も今では新技術に脅かされている。コンテナ革命である。このシステムは荷主に低コスト、紛失・損害に関する低リスクを保証する海陸一体の輸送システムを提供する。

造船分野にも技術革命が起こり、新しい造船所と古い造船所との間に競争が生まれた。昔の造船には、鉄板を手仕事でリベット留めする一群の作業員たちが必要だった。第二次大戦中、アメリカ政府は費用に利潤をプラスする方式で防衛方面の発注を行ったが、そのおかげで、アメリカ人実業家ヘンリー・カイザーは貨物船のプレハブ式建造法を編みだした。この建造法により、未熟練労働を使った、早く安価な造船が可能になったのである。戦後、この方法が発展し、まず日本、次いで韓国、台湾、ブラジル、ユーゴスラビア、ソ連が鉄鋼工場に似た方式の造船所建設に次々と投資した。こうして、これらの諸国はイギリス、アメリカ、西ドイツを凌いで、より大きく、より安価な船を世界市場に売るようになった（韓国の価格は現在のヨーロッパのそれよりも四割ほど安い）。最も安く作れるところにならどこにでも発注するという船主の行動を政府が規制することは困難である。こうして新規の造船能力が急速に拡大することになった。このことは、造船者側にしてみると、生産を開始しても市場の不況——先に見たように——に振り回されやすくなったことを意味している。

権　威

海運市場を支配する権威の度合いが、国によってつねに異なることは明白である。内陸の小国は海運に直接の興味をもっていないので、当然それに及ぼす権威も弱い。世界的あるいは地域的な安全保障に関心をもつ国、海外に帝国としての版図をもつ国、海外投資を行っている国は海上輸送の安全を確保しようとする。まずは海賊、掠奪者から、次に戦争あるいは交戦中の国から、最後に台風などの悪天候からそれを守ろうとする。公共財をつくり出す費用を喜んで負担するのはそのような国なのだ。イギリス海軍による世界の海図制作はその一例である。一〇〇年以上前に作られたイギリス海軍の海図は現在も使われている。他の公共財とは灯台、灯台船、天気予報、気象観測船などである。同時に強大な海運国は戦時に備えて自前の船と乗組員を用意しようとする。海員を訓練し、給料を払い、乗組み条件を整え、安全基準をつくるといった海運政策は、防衛政策の一環なのである。

自国の沿岸または領域以外を航海する船舶に及ぶ国家の権威の原点として、一つの事実と一つの虚構を考えなければならない。一つの事実とは、すべての船は遅かれ早かれ港に入ることである。一つの虚構とは、船のデッキは国家の領地であり、したがって、公海では船主または艦長がその国の代理人であるという考えである。それゆえ、「港＝国家」の権威により、ある国家（内陸国以外）は自国湾内に停泊中の船の行動、状態を規制する権力を行使しうる。「旗《フラッグ》＝国家」の権威から、ある国は自国旗を掲げている船の行動を規制する権力をもつと考える。そこには海運サービスからの利益に徴税する権利も含まれている。

権力の源泉が二つあることから、「港＝国家」と「旗＝国家」の権力のどちらが優越するのかについて議論が起こった。ここから、「便宜置籍船《べんぎちせきせん》」（Flags of Convenience ship――FOCs）と呼ばれる異例の慣行が生まれた。これは一九二〇年代にアメリカで頭のいい法律家が考え出した工夫であり、戦時中はアメリカ政府に最大限の数の商船を自分自身にも、また船主たちにも最低限の費用で動員することを可能とさせた。イギリス、フランス、アメリカ、日本は海軍力の制限に同意し、一九二二年のワシントン軍縮条約によりアメリカ海軍は大幅に縮小されて、戦時中の勝利艦が——戦後の不況期に——廃船にされたり、捨て値で売り払われたりした。アメリカの海運会社の費用をできるかぎり低めるために、エイヴリル・ハリマン（後の第二次大戦時にルーズベルト大統領の外交政策首席顧問となった）はアメリカ所有の船について抜け穴を発見した。つまり、税率が低く、最低賃金法が存在せず、安全検査もないパナマに登録すればよかったのである。一年後の一九二四年、後にアメリカ海軍長官となるエド・ステッチニアスがリベリアで同じことをやった。こうして便宜置籍船が考案され、いまでは世界全体の商船の四分の一がこの形をとっている。その三分の一はアメリカ所有であったが、続いて出された法令によると、便宜置籍船は戦時中には本国が中立の立場をとろうと、交戦状態であろうと、いずれにしてもアメリカ政府の召喚に応じなくてはならないと定められている。今日、便宜置籍船の約四割はアメリカあるいは他国の石油会社所有の石油タンカーである。他の船は大多国籍企業または国際銀行の所有である。

便宜置籍船の慣行は、第三世界の主要国の多くによって批判されている。かれらによると、便宜置籍船は富裕な多国籍企業に不公正な利益をもたらし、本来自国の商船が得るべき市場の分け前を先取りしてしまっているというのだ。そして、いくつかのスーパータンカーを含む最新の便宜置籍船がよく整備されており、維持管理も行き届いていることは事実であるにせよ、OECD（経済協力開発機構）の度重なるレポートからもわかるように、他の多くの船は古く、危険で、これが航海できるのはただ便宜置籍国が許可しているからだ、ということもまた事実である。つまり、これらの国では、海員の給料が中東、極東あるいは太平洋の島国からの安価な労働力によって引き下げられているという。この後者の国々にとっては出稼ぎ労働者の賃金が外貨獲得の大きな源泉となっているのだ。しかしながら、この苦情の的となりながらも、便宜置籍船が違法となる見込みはほとんどない。アメリカ海軍が低コストの補助船隊を必要と考えている以上、アメリカ議会は他国政府が何といおうと、これを非難することはありようもない。少数のアメリカ国籍船に高い補助金を支払って組合を満足させ、便宜置籍船という名の莫大な予備船隊を保証することによって、国防総省を満足させることができるのである。

アメリカが海運に及ぼす権威は、アメリカ経済が世界貿易の中でしだいに大きな地位を占めると同時に増大した。それとともにアメリカの環境保護ロビイストがアメリカ沿岸、港湾に起きる石油漏出や他の船舶による汚染を激しく攻撃するようになった。それだけに、現実に起こったアメリカという海上権威の衰退を歓迎する声もつねに強いのである。

「港＝国家」としてアメリカは優秀な連邦沿岸警備隊の活動を通じて、アメリカに入港する船がいかなる国旗を掲げていようとそれに有効な権威をふるうことができている。安全基準、環境保護基準を満たしていないかどで、アメリカ側はどの船に対しても入港を拒否することができる。このことから、世界の商船には二組のルールが存在するといわれてきた。アメリカに入港しなければいけない半分の船が守るべき厳しいルールと、アメリカへ入港しない、あるいはその必要がない後の半分の船が守るべきそれほど厳格でないルールとである。

一九八四年、アメリカ議会は自国の権威を拡大するもう一つの方策を実行した。商船法が施行され、アメリカ人船主を排除、差別する国、組織の船に対して制裁を加える権利が連邦海事委員会に与えられた。定期船同盟に関するアメリカの態度はつねに曖昧なものであった。つまり、それがアメリカ側当事者の競争力が強い時には批判し、反対し、競争力が弱くカルテルによる保護の恩恵に浴する時には寛容な態度をとってきた。新法によって、アメリカはある航路では競争からの利益を得ながら、他の航路では保護主義に守られたケーキの分配にあずかるという最大限の自由を手に入れた。また、同法によってフォード社やゼネラル・モーターズ社のような大企業に対する反トラスト的な立場が放棄された。これらの大企業は車や部品を一つの支社から他に多かれ少なかれ安定的な価格で輸送するために船会社と特別な盟約を結んで、定期船同盟の規制から逃れることが可能になったのである。

クラスナーが論じているように、アメリカや他の支配的な海事国家が海運に及ぼす権威に対して反抗した七七カ国グループの行動は実際にはさほど効果的ではなかった（Krasner, 1985, chap. 8）。ジュネーブのＵＮＣＴＡＤ（国連貿易開発会議）事務局海運部門に支援されて、七七カ国グループは一九六〇年代後半から一九七〇年代前半にかけて定期船同盟に挑戦した。かれらの主張は、このカルテルが輸出品（主として一次産品）と輸入品（主として工業製品）の双方について発展途上国に不当に高い運賃を課している、というものである。国連のさまざまな機関を通じた長いキャンペーン活動によって、結局、ＵＮＣＴＡＤ加盟国の多数の支持を受けた「定期船同盟に関する国連行動憲章」が制定された。四〇－四〇－二〇原則という名で呼ばれるこの憲章の最大の主張は、輸出国と輸入国という貿易の当事国が四〇パーセントずつ自国の船を輸送に使うことができ、あとの二〇パーセントが他国の船、つまり仲介貿易国間の競争に委ねられる、という点にある。イギリスは大仲介貿易国として、アメリカ、ノルウェー、ギリシアとともにこのルールに全面的に反対し、批准を拒んだ。これらの国は、国際法のもとに自由であると宣言し、この憲章を無視した。他のＥＣ諸国は、このルールによって失うものが少なく、また発展途上国とことを構えたくないため、ブラッセル・パッケージと呼ばれる妥協案にイギリスが同意するように説得した。この案によれば、ＥＣ諸国は海上貿易に関して単一国家であると宣言し、したがって発展途上国との貿易では全加盟国が競争に参加することになる。また、国連憲章はＯＥＣＤ諸国間との貿易には該当しないことも宣言された。ＥＣ諸国にとって第三世界との貿易よりも、ＯＥＣＤ諸国とのそれの方がはるかに重要だからである。

しかしながら、海運不況が長引き、運賃が下がると、発展途上国が定期船同盟等に対してもっていた不満も薄らいできた。発展途上国の政府は海運会社と有利に交渉できるようになり、危険で赤字を生み出しそうな自国の商船隊をつくるという熱意は冷めていった。他のカルテルと同様に、定期船同盟を脅かすのは政治的圧力や政府による規制ではなく、外部からの新規参入者との競争であった。海運部門では、定期船同盟の寡占状態はソ連・東欧圏の商船隊、大コンテナ船を動かす海運会社、多国籍企業による輸送の垂直的統合によって崩されていったのである。

海運におけるもう一つの――唯一の――非国家的権威は、ロンドンのロイズ社に代表されるような保険産業であり、その伝統ある業務慣行や制度である。海上での船、積荷が失われる危険はつねに大きいものだったので、非常に早い時期から危険をできるかぎり分散させようとする誘因がはたらいてきた。出資者の有限責任という資本主義的な概念は海運の危険性から生じたものである。この規則によると、ある航海に対する出資者の責任は、自己の投資額の範囲に限定されることになる。同様の考え方は後年あらゆる資本主義国家に広まり、投資と技術革新を促進した。損失がどんなに大きくとも、投資家は個人的な財産をその弁済にあてる必要がなくなった。保険業務が生成したのも海運においてである。これによって、出資者たちは第三者に比較的安い保険料を支払い、危険を広く分散できるようになった。保険業者は少額のプレミアムを多数得るので、損失や損害の要求に対して応じられるだけの資本準備を蓄積できる。ところが、保険業者はすぐに自分たちもまた、もう一つの危険——道徳的危険《モラル・ハザード》——にさらされていることを理解した。たとえば、顧客が意識的に危険性の高い保険を掛けていたり、失敗の明らかな仕事を故意に破産させて、保険金の請求をでっちあげるなどである。したがって、かれらは生命保険には医師の診断書を義務づけたり、建物の保険を請け負うには防災設備の点検を行ったり、船の場合には耐航力に応じた海上保険をつくるようになった。保険のもつ固有の性質のために、とくに海上保険の場合、保険業者の検査はそこからの利益が多い場合厳しくなり、逆の場合はそうでなくなる傾向がある。小さな市場に多数の競争者がいるからである。したがって、政治家の権威が選挙を通じる浮沈サイクルに依存することがあるように、保険の権威は保険業務のサイクルに依存している。誰が海運の危険を背負い、誰の権威のもとでそれが最小化され保証されるのかは、運輸システムの政治経済学にとって重要な問題なので、少し脇道にそれて説明したい。

あらゆる輸送には危険が伴う。輸送者の危険、積荷・乗客の危険、第三者、環境への危険などがある（環境への危険といった考え方は思われるほど新しいものではない。「馬車輸送がロンドンで第一次世界大戦前と同じペースで伸び続けるならば、馬糞を掃除し、処理することは手に負えなくなるだろう。そして、臭いも耐えられなくなるだろう」といわれた）。

輸送システムでの固有な危険に各国は安全性（安全基準の設定）、効率性（運搬者のライセンス制の導入）、公正（価格の監視）を織り込んだ規則をつくって対処してきた。輸送される荷物、人の数は法的に制限され、国家は時には損害・損失の責任を分担させた。保険はしばしば義務的とされている。というのは、貧乏人ドライバーが人を轢き、法的に責任を有しながらも被害者に補償金を払えないといった場合があるからだ。つまり、強制的保険は第三者をそのような危険から守る唯一の方法なのである。

危険管理のための国家規則は多岐にわたっている。しかし、国内の輸送に関してはその差は問題ではない。問題は、輸送あるいは他のサービスが国際的に行われる場合に起こる。当該国は共通の規則を守らなくてはならない。海運分野で、先進国と便宜置籍国との間に安全・環境規則について差があることはすでにみた。他の二つの主要な問題が残っている。一つは事故（損失または損害）責任をどのように配分するのか。また、もう一つは巨額の請求に対する保険義務をどれくらいに設定するのか、である。どちらも法的かつ技術的な問題に見えるが、実際には高度に政治的な問題である。

前者の問題——すなわち、誰が海上における損失または損害に法的責任を負うか——は、一九二〇年代以来、ハーグ規則という国際協定に従って解決することになっていた。この協定では、船の出航時に保険業者が航行可能と判断した場合、船主は荷物の損失に責任を負う必要はないと定め、船主を優遇していた。一九二〇年代には、船舶の事故は人的エラーよりも自然の災害から起こりがちだった。だから、船長が決定を誤り、船員が怠惰であっても、そんなことは風や海の暴力と比較すれば小さい危険であった。したがって、積荷を保証するのは荷送り人の責任だった。時として、本船渡し（FOB）価格と運賃保険料込み（CIF）価格との間に大きな差があったのはこのためである。(1)

この古いシステムは近年、荷送り人から攻撃を受けた。かれらは「このシステムは人類が考えた最も不当で、最も不公平な危険負担である」と酷評した。(2) かれらの経験からすると、最近の損失は自然の災害によるのではなく、主として人的エラーによるものなのだ。不注意な取扱いによって積荷が損害を受けたり、紛失したりする。また、船舶管理の失敗や怠惰、通信システム、天気予報、交通規則等の利用不足から積荷が盗まれたり、到着が遅れたりする。荷送り人たちは新たな規則を批准するようにアメリカ上院に要求した。それがハンブルク規則である。ハンブルク規則は六七カ国が参加した一九七八年の国連会議で具体化されたが、それを批准したのは一九八七年までに一一の小国にすぎない。この規則によると、積荷の損失、損害を避けるために必要な措置を船主がとったことを証明しなければならない。また、積荷当たり請求可能な最大限補償額も大きく増加する。しかし、アメリカがこの協定を批准しないかぎり、この規則もまた国連の場でよく見られる空手形で終わるだろう。アメリカが批准する場合においてだけ、他国もこの原則を実行に移す可能性がある。また、この議論の中で利害関係者は荷送り人と船主だけにとどまらない。保険会社もまたこの中に深く関係している。危険負担が船主に移るとプレミアムの分け前が少なくなる海上保険会社も、また船主のクラブである相互保護補償クラブ（mutual Protection and Indemnity, P and I）もこの変更に反対している。というのは、すでに述べたとおり、相互保護補償クラブが加盟船主に代わって賠償をしたところで、船主たちの操業の基準が引き上げられるわけではない。つまり、規則が改正されれば、クラブは船主の操業基準を向上させるために支出を余儀なくされるか、または顧客からのいっそう莫大な損害請求に対し、集団で責任を負わなくてはならなくなるからである。

これは海運の危険に関する唯一の政策的問題ではない。たとえば、サルベージの問題に関しても熱い議論が闘わされている（サルベージ業者による危険はいつ、どのようにして負担されるべきなのだろうか）。また、ロンドンの馬車の例のように、環境に対する危険の問題もある。この特殊な危険にも少し言及しておこう。というのは、それは他の環境問題と同様、政治経済に関する超国家的な特別の問題にちがいないからである。

汚染問題

原油の国際海上輸送が一九五〇年代、一九六〇年代に急速に伸び、石油タンカーの規模も大きくなった。そして、新式の大型タンカーから廃油が、イギリス、フランス、アメリカの沿岸で漏れる事故が相次いだ。[3] 海洋汚染が広く知られるようになったのは、こうした事故の結果である。

フランスはアメリカの裁判所にこの事件を提訴し、その結果、石油とタンカーの所有者であるいくつかの石油会社は多額の清掃費用、そして漁業と観光が不可能となったことから生じる所得減少分をフランスに補償しなくてはならなくなった。相互保護補償クラブをモデルとして、タンカー所有者たちはこのような要求に備える資金準備をする新しい専門の多国籍団体をつくった。この団体は「石油汚染の責任に関するタンカー所有者の自発的協定」（TOVALOP）と呼ばれる。一九七一年には、この協定を補って「石油汚染のタンカー責任に関する国際補償契約」（CRISTAL）、一九七八年にはより包括的な「国際石油汚染補償基金」（IOPC）が設立された。石油会社は負担の増加に気づいて、石油漏れを防ぐ努力をするようになり、他方で政府（とくにフランス、アメリカ両政府）は航行規律を強化するために海上パトロールや沿岸警備を利用するようになった。

しかし、空のタンカーを海で洗う行為が事故による石油漏れよりも五倍も環境を破壊すると、専門家はつねに指摘してきた。[4] また、石油会社も（大型タンカー所有者として）、「汚染者支払い」原則に基づく告訴または損害訴訟の際の自己責任を限定する方法として、汚染を減らすという政府決定には賛成した。石油を積み替える前にどのように古い石油かすを海を汚さずに洗い流すのかについて、二つの技術的な解決策――「原油洗浄」(COW)と「上部積載」(LOT)――がすぐに提示された。COWとLOTの技術的な細部は重要ではない。問題はこの解決法がもともと国際機関から要求されていた方法より政府にとって受け入れやすかったという点である。この提案によると、「港＝国家」が廃油の油だめをつくるか、汚水の処理場を提供しなくてはならなかった。この解決策がとられれば、石油会社に大きな負担を負わせ、廃油の化学的反応の「指紋をとる」ことによって汚染の犯人を追い詰め、訴追することが非常に楽になっただろう。それゆえに、各国政府はロンドンの国際海事機関(IMO)を通じて、技術的な解決法をつめ、一九七三年に船舶による石油汚染防止国際協定(MARPOL)を締結した。MARPOL協定では、一九七八年に新しく議定書を採択し、これが一九八三年に発効した。このことから、IMO(国際海事機関、中国、ロシアを含む海運国を代表する国連機関)を通じての行動は緩慢であったものの、かなり勤勉に問題解決が図られてきたことがわかる。しかし、IMOの決定はつねに同意のもとで行われるので、いったん決定に達すれば、それは主要加盟国のすべてによって受け入れられ、各国の能力の範囲内で実行される(その逆がUNCTADである。そこでは、多数の国々によって決定が成されても、最も重要な海運国により反対され、無視されることがある)。近年、IMOを通じて各国が成し遂げた重要な結果は、石油汚染に備える保険をすべての船主に義務づけ、損害請求を主要国の裁判所で行えるようにし、危険負担の規則を強化したことである。また、IMOは法的な危険負担の上限を逐次引き上げるべく交渉を行っている。

以上のことは、海運市場の危険管理システムは非常に複雑で、部分的にしか効率的でない権威であることを意味する。「旗=国家」により要求される安全基準や環境基準がまちまちだということは、ノルウェー船籍や日本船籍のタンカーからよりもリベリア船籍のタンカーから石油漏れする見込みが強いことを意味している(5)。運営されている非国家的権威のなかで、権威の鎖の最も弱い輪は相互保護補償クラブである。相互保護補償クラブは加盟者に保険制度を提供しているものの、加盟者の船、乗組員の専門的資質・技能を検査したりしない。市場で活躍する主体、とくに石油会社に影響を与えてきたのは、汚染の被害者に対する合法的補償金を——その額が大きな石油漏れの被害を補うほどではおそらくないにしても——増加させてきたここ一〇年ほどの政府の行動である。また、国際的な保険、再保険産業が融通できる資金額は限られているので、一九八六年のチェルノブイリ原発事故のような原子力事故、ガスや液化天然ガス(LNG)爆発による大損害、一九八四年のボパール災害よりも深刻な化学的大事故などを生み出しかねない行動を食い止める権威はない。

しかしながら、ＩＭＯを通じて各国によって承認された強制的な負担保険によって、意識的な石油漏れの件数は非常に減ってきた。また、自分のタンカーを見切り売りし、危険の肩代りを図る石油会社も出てきた。これは油井を国営石油会社に売って、原油価格下落の危険を肩代りしてもらうのと同様である。近い将来、タンカーは供給過剰になり、石油会社は石油を採掘現場から精製工場、流通拠点まで運ぶタンカーを自前でもつ必要はなくなるだろう。他の巨大多国籍企業と同様に、石油会社も産業内の金融上、商業上の危険とともに環境上の危険をうまく分散させてきている（第九章を見よ）。

海運の状態を少し見ただけで、危険管理の政治が非常に複雑であり、現実主義であれ、自由主義であれ、ネオ・マルクス主義であれ、従来の国際関係パラダイムでは捉えきれないことがわかる。紛争はつねに国家間で起こるものではない。それは資本家間、利害の反する発展途上国間、異なった国の船員の間、さまざまな金融制度間で起こる。また、多国籍的協力関係の複雑な構造もある。その中では、相互保護補償クラブや保険会社のような多国籍団体と同様に民間・国営の石油会社（アメリカ、日本、ヨーロッパ、ＯＰＥＣ）が共通の利益を分け合っている。これらの会社や団体は自分の利益を守るために必要ならばどこでも政治的闘争を行う。地方自治体、国家、国際組織のどのレベルでもたたかうのである。また、利潤を最大化するだけではなく、危険を最小化し、危険の向きを変えたり、それを他人に肩代りさせるために、これらの企業は市場や技術のもたらしたあらゆる機会を利用するだろう。

純粋な政治（政治的・法的）分析方法も純粋な市場分析方法も政治経済学の目的には十分ではない。この状況の現実を十分把握するために、政治経済学者はいくつかの幅広い問題を立てなくてはならない。まず、ある行為に内在する危険とは何であるのか。つまり、行為者、顧客、国家、環境にとっての危険とは何であるのか。これらの危険はそもそも規則によって減少できるのか。規則は国家権威によってつくられるのか、それとも非国家的権威によってつくられるのか。誰の規則（そして何についての規則）が損失、損害の責任分担に適用されるのか。それらは国内規則なのか、それとも国際協定に基づいているのか。保険は強制的か、あるいは選択的か。保険業者はどのように効率的に被保険者の行動に影響を与え、道徳的災害から自らを保護するのか。市場の状態、供給と需要の関係、価格の動向は規則の履行、権威が行為者に与えるインパクトに影響を与えるのだろうか。

これらは、提起されうる質問の一部にすぎない。これらは、世界輸送システムの費用－便益について誰が何を得るのか、を示す問いにとどまらず、政治経済の四つの基本的価値についての問いでもあるのだ。たとえば、システムが利潤機会を開放し、危険を配分し、費用を課する、その方法に関して、システムは公正であるのかどうかについて、諸権威間で紛争が起こる。自由と自律の価値について、あるいは海運の使用者——企業と国家——に開かれている自由選択は不公平であるのかどうかについて、他の種類の紛争が起こる。

他の分野と同様に、富および（あるいは）軍事力が海運利用に関する取引力を決定しているようだ。少なくとも効率性に関しては、このシステムは点が高い。このシステムは急速な経済変化に柔軟に対応し、新技術をすばやく吸収してきた。世界輸送システムは貿易の可能性と市場を拡大させ、国際政治経済の富の創造に貢献してきた。この貢献の重要性を評価してもしすぎることはない。しかしながら、安定性や経済秩序の維持に関しての貢献は明白ではない。一九七〇年代初め以来、開放市場での需要減退と供給過剰の調整が価格に委ねられてきたが、望まれない造船設備、望まれない海運に伴う浪費は世界経済の不安定要因の一つとなっている。

空運

世界最初の定期国際空輸サービスは、一九二〇年代に西半球ではパン・アメリカン社により、またヨーロッパではイギリスの帝国航空によって、それぞれ導入された。両者とも郵便物を輸送するという契約の下に政府の援助を受けていたが、最近までこの市場の大部分は物ではなく人を輸送する市場であった。しかしながら、物の輸送が急速に重要となり、一九八〇年代半ばまでに太平洋を渡る空輸貨物の量は実際、乗客量を上回った。

世界空運システムが確立されたやり方は海運システムの確立と同様、政治的虚構に依存している。この虚構とは、国家が「領海」を管理するという概念が八世紀から二〇世紀後半まで続いていたと同様に、国家は領土の上空を「管理する」という概念に立脚している。領海は大砲の弾が届くといわれる海岸から三マイル先まで認められてきたが、現在ではアメリカにはじまり、諸国家は沖合二〇〇マイル先まで何らかの目的のために主権の及ぶ領海であるとしている。政府は領空上を飛ぶものを管理できるという概念は、政府は領海上を航行するものを管理できるという概念よりも明らかに虚構に基づいている。領土の上を通過する人工衛星を止めることは不可能である。衛星が一般的になる前にも、アメリカはソ連のはるか上空をU2型航空機で飛んでいた。そのうちの一機が撃墜され、パイロットが捕まる事件が一九五八〔正しくは一九六〇〕年に起きた。領空に関する虚構は第一次世界大戦直後、各国政府によって受け入れられるようになった。この戦争で初めて航空機が砲兵隊の偵察用に両陣営で使われた。すぐに航空機は塹壕の上空で戦いはじめ、軍隊の集結地や駅などの戦略的目的地を爆撃した(6)。その結果、戦争終結までには領空の侵犯は「非友好的な行動」と見なされるようになった。とくにイギリスのような島国はそのような印象をもった。ツェッペリン号によるロンドン爆撃はイギリスにとって、一一世紀の征服王ウィリアム以来初めての外国による侵犯であった。したがって、戦後の協定によって、各国政府は外から領空内に侵入してきたあらゆる空中輸送に対して国家の権威が及ぶことを相互に承認したのである。一九二九年のワルシャワ協定によって、国家は領空のある部分を軍事用に保持し、往来する航空機を規制するように定めた。また、空輸市場で、パイロットと商業航空会社に免許を与えることのできる独占的な権利も国家に与えられた。

海運部門と同様に、先進工業国は空輸部門においても政策決定に際して、自国の安全保障を第一に考えた。たとえば、一九三〇年代のドイツのナチ政府はドイツ空軍を廃止したヴェルサイユ条約の軍備禁止条項にもかかわらず、政府支出でグライダーのパイロットを養成し、条約をくぐり抜けた。一方、イギリス政府は民間防空隊の訓練計画を助成して、空軍パイロットの予備軍を養成した。そして、第二次世界大戦中の戦略的必要から、航空機産業の技術が進歩し（ここにはプロペラ機からジェット機への改良も含まれる）、航空路と空港の世界的なネットワークの概要ができた。アメリカ戦略空軍司令部は太平洋、中東にまたがる空軍基地ベルトをつくり、戦後の民間空輸が発展するためのインフラストラクチャーをつくり出した。ベルリン封鎖、朝鮮戦争、ベトナム戦争が示すように、強国は遠方の戦地へ人や物資を運ぶために予備軍を必要とするのである。

権威と市場

海運とは異なって、空運市場は国家権威にもっと直接的に服従している。航空会社カルテルの国際航空運送協会（ＩＡＴＡ）など非政府的権威は、政府の認可を受けて初めて存在しうる。そして、国際法や国際的組織においては一般に見られることだが、ＩＡＴＡでも「犬は犬を咬まない」という原則が守られている。言い換えれば、国家は互いに同等の権利を尊重するということである。したがって、国家間関係が市場の発展に果たす役割は、海運の場合よりも大きい。このことは一九四四年のシカゴ会議で確認された。この時期は戦争中の航空機の技術的進歩によって、航空機による大陸間旅行が現実のこととなってきた時代である。各国政府はどのようにそれを管理するのかを話し合うために集まった。この時の会議ではたんに国連の特殊機関――国際民間航空機関(ICAO)――を設立することだけが決まった。国際民間航空機関は安全基準、共通の航空規律、航空管制システム等を交渉する責任を負う。その広範な目的は、後に示されるように、「加盟国の権利はいかなる意味でも完全に尊重され、加盟国はそれぞれ国際航空路を運営する公正な機会を有する」ことの保証にあった。

しかし、アメリカにとってシカゴ会議はまったくの政治的敗北であった。イデオロギー的な側面では、経済的自由主義にとっての敗北でもあった。というのは、アメリカは戦後、輸送機生産に関しては実質上、独占的地位を保っていたのである。また、アメリカは急速に拡大する国内航空機旅行市場をもつ唯一の国だった。ヨーロッパ、日本における航空機生産はまったく停止し、イギリスでさえ戦争の初期に製造力を戦闘機、数機の爆撃機と訓練機に集中することにしていたので、輸送機の製造はアメリカに一手に任された。最も強力な航空国として、アメリカ代表がシカゴ会議で世界中で旅客をひろい、運ぶ最大限の自由を強力に要求したのもふしぎではなかった。しかし、イギリスと他のヨーロッパ諸国は、単一の世界空輸サービスを提案したオーストラリア＝ニュージーランドの対極の案にも反対したが、同時にアメリカの「五つの自由」にも反対した。ヨーロッパ諸国は自国の航空路を自国の政策目的に合うように使用したかったのだ。かれらは超国家的な世界空輸システムを拒絶した。そして、かれらはアメリカの「五つの自由」提案の最初の四つの条項にだけ賛成し、五つ目の条項については結局まったく同意しなかった。すなわち、

――他国の領空を飛ぶ権利を相互に認めること。

――燃料補給や他の非商業的目的のために、他国に着陸する権利。

――自国から他国に行きたい乗客を乗せる権利。

――他国から乗客を乗せ、母国へ運ぶ権利。

五つ目の条項とは次のものである。

――出国、入国にかかわらず、第三国間で乗客を運ぶ権利。

ヨーロッパ諸国がこの最後の条項を受け入れる場合には、国民航空を設立し、大西洋を跨ぐような主要空路シェアをアメリカの競争力と対抗しながら確保しようという計画が不可能になってしまう。かれらの抵抗は根本的に戦略的なものであり、経済的なものではなかった。というのは、大英帝国航空会社が一九四六年により大衆的なイギリス海外航空会社（BOAC）に引き継がれたにもかかわらず、帝国を結ぶという思惑は、イギリスのみ

ならず、フランス、オランダ、ベルギーの航空政策に大きな影響を与えていた。イギリスとフランスでは、航空機は遠くアフリカ、アジアへ飛ぶ大陸間航路を念頭において設計され、開発され、製造されてきた。初期には生成しつつあったヨーロッパ内市場に適した安価な中距離航空機生産を発展させるという経済的機会は時代遅れであることが明らかな政治的理由によって無視されてしまったのである（Wheatcroft, 1956）。

シカゴ会議でヨーロッパ諸国は、アメリカの航空機がヨーロッパに乗り入れる際には地元政府の認可を受けなければならず、お返しにヨーロッパ諸国に対してもアメリカへの相互乗入れの権利を与えるべきだと主張した。この頑固な主張により協定は暗礁に乗り上げ、ICAOはもっぱら職業上、技術上の問題を論じる場となった。一九四七年に多国間での協定を追求した再度の試みも失敗した。しかし、その時にはすでに一九四六年のバミューダ協定が発効していた。これは二国間協定だが、他国がその例にならうことのできるものである。この協定は「五つの自由」の最初の四つを盛り込んでいたが、各国が他国と二国間協定を結ぶ場合に海外航空会社にどれほど市場を開放するか、またどの程度航空便を許可するか、の決定は当該国に委ねられていた。歴史の偶然によって、イギリスはバミューダというアメリカ東海岸にきわめて近い島の植民地を領有していた。したがって、理論的にはBOAC社はイギリスの空港と空港を結ぶことで大西洋を横断できる。(7) アメリカはヨーロッパ沿岸沿いにこのような植民地をもたない。したがって、イギリスは比較的強い立場からアメリカ人との交渉に臨めたのである。その結果、航空路の設定に両国は賛成するが、その航空路をどの航空会社が飛ぶかの許可については、相互に交渉することなく一方的に決める、という協定ができた。運賃の競争はなく、輸送者が自分たちだけで飛行の頻度、時間割り、販売座席数を決めることになった。こうして、民間航空会社同士の競争を好んだアメリカと国家独占的な航空会社を好んだヨーロッパとの間に和解が成立したのである。

バミューダ方式の二国間協定が世界に広まった結果、航空会社のカルテルとしてIATAが発足した。IATAの場では、競争を制限するために飛行中の食事の質や、長距離飛行の際に映写する映画についても基準が設けられた。しかし、同時にアメリカは、二国間のバミューダ協定によりBOACがニューヨーク―ロンドン―フランクフルト間の飛行を許可されたことから、五番目の営業の自由を限られた範囲ではあるが実行する権利を得た。「限られた範囲」というのは、この航空路の使用について当事国政府の事後的な検討によりつねに撤回される可能性があり、この航空路による空輸の大半が純粋に国際的なものでなければならないという条件が付されていたからである。

クラスナーが指摘したように、このシステムは開放的な市場で競争力をもつことがけっしてできないだろうアフリカ、アジアの新興国にとってはお仕着せのものであった(Krasner, 1985)。これらの新興国が植民地状態から独立してきた一九五〇年代、これらの国にとっては一人前の国際社会の一員として認められることが共通の大きな関心事であった。国連あるいは他の国際機関に加盟することはその証明の一つだった。自国マークを機体に描いた国営航空会社をもつことはもう一つの、またずっと目につく方法であった。航空会社を運営するために、これらの国は戦争経験者、経験豊かな飛行士——かれらは航空管制者間での共通語であるさまざまに変形された英語を話した——が豊富にいる自由な労働市場を利用できた。また、航空機を売るべく競争している製造会社やその購入に喜んで融資する銀行や輸出信用機関等が存在した。こうして、新興国も旧宗主国も、富める国も貧しい国も、大国も小国も、すべての国が領土の内外の市場で何らかの割当てを得た。実際、このシステムにより、UNCTADが定めた四〇—四〇—二〇の定期船憲章に対し、ほぼ五〇—五〇の航空シェア原則が確立された。しかしながら、国家にとっての公正は達成されたものの、効率が犠牲になったことも事実である。多くの旅客は国際的な旅行の際に不必要に高い価格を支払うことになった。

ところが、一九六〇年代後半からカルテルは技術と市場の力の組み合せによってゆっくりと崩されてきた。この傾向は政府、とくにアメリカの黙認によって助長された。技術の変化は航空機の供給に影響を与えた。新しい開発の段階、または世代ごとに、より大量の乗客を輸送できる、より強力でより高価な航空機が導入された。これは空輸ビジネスにおける資本の有機的構成を変化させ、座席マイル当たりの生産において労働を資本によって代替した。ちょうど海運市場で、帆船から蒸気へ、石炭から石油へ、人力による積荷の上げ下ろしからコンテナ操作へ、といった変化が、海運会社間の取引、買手と売手間の取引を変えてしまったように、空輸市場もピストン・エンジンがジェットおよびターボプロペラ・エンジンに進歩することによって、大きく変わった。一九四六年に導入された有名なDC6は座席数八〇、重量五万キロ以下だった。一九五三年に導入されたDC7は座席数一〇五、重量六万四〇〇〇キロだった。一九六〇年代の終わりに市販されたボーイング747とトライスターはそれぞれ座席数三五一と三三〇、重量は五〇万キロ以上だった。

新世代の輸送航空機はあらゆる路線で提供できる座席数を急激に増加させたが、その一方で航空会社は高価な新規投資の減価償却をしなければならなかった。IATAカルテルは価格、サービスの競争を許していなかったので、各社はスピード（たとえば、混雑する大西洋路線でのコンコルド等）、快適さ、最新・最高の設備を備えているという評判を競った。製造会社と特別に交渉できる最大手の国際航空会社がリードし、残りの航空会社はこれについていくというのが現実であった。航空会社の関心はどのように需要と供給を一致させるのか、言い換えれば、アンソニー・サンプソンがエディ・リッケンバッカーの名言を引用しているように、いかに「無用の人間を座席に座らせる」（Sampson, 1984: 15）かが問題であった。

この技術革新が市場「レジーム」をどのように変化させたかを論じる前に、輸送航空機市場と輸送サービス市場間の相互作用について説明しておく必要があるだろう。航空機産業においては、旧式の航空機が使えなくなる前に新型機をつくり出そうとする製造会社間の激しい競争は偶然のものではなかった。それはIATAカルテルの成立が輸送部門において偶然ではなかったのと同様である。この競争は一九五〇年代、一九六〇年代のアメリカの三大航空機製造企業——ボーイング、マクダネル・ダグラス、ロッキード——が市場を争った結果であることは明白である。これら三社は大きな国内市場、政府の手厚い防衛契約という有利さをもっていたと同時に、外国、アメリカを問わず国際的な航空会社に他社に先んじて航空機を供給するという有利な点をもっていた。しかし、アメリカ政府の政策は軍事戦略的な理由とともに国内経済的な理由から、三社が研究開発で競争することを促す政策をとった。大部分のヨーロッパ諸国とは異なり、アメリカは競争から守られた国有鉄道システムをもっていない。鉄道システムは一九世紀から鉄道会社間の競争によってうまく運営されてきた。したがって、民間航空委員会（CAB）が連邦規模での調整的な権威として設立された一九三〇年代に空輸市場のために選ばれた政策は、できるかぎり競争を奨励するものだった。輸送会社が新会社の参入に対して合併や国に援助を求める形で抵抗してきたのは歴史的な事実である。したがって、国家がこれにどう対応するかが、重要な意味を帯びてくる。一九世紀のイギリスでは、運河や内陸水路の利害関係者が鉄道の導入に対して議会へ助けを求めたが、無駄に終わった。鉄道関係者の政治的勢力がはるかに優っていたからである。こうして運河関連会社は規制価格や他の法的規制に苦しみ、仕事を失い破産して、運河も使われなくなっていった。二〇世紀のアメリカでは、同様の紛争が鉄道と空輸間の競争から起こった。制空権の軍事的重要性は日本、ドイツとの戦争、朝鮮戦争、そしてベトナム戦争で十分証明された。議会が鉄道を飛行機との競争から守る方法はなかった。こうして、アメリカの鉄道は乗客を失い、合併され、崩壊していった。政府はアムトラック社のためにいくばくかの援助を与えただけで、その対応は熱意のないものだった。対照的に、民間航空局員に監視された航空会社の開放的な競争体制はダイナミックで全体的には利益のあがる国内市場をつくり上げた。その市場では主要な航空路における競争が新世代の航空機の需要を支えた。その結果、一九八二年には、アメリカ国内航空会社はキロ当たり四〇〇〇億座席人（P・S・K）の乗客を運んだ。この数字は、ソ連を除く国際路線の四八五〇億座席人（P・S・K）をわずかに下回るにすぎない。アメリカの製造会社は研究・開発資金を潤沢に手に入れ、ヨーロッパ政府がヨーロッパのライバル航空産業に一致団結して融資をしたにもかかわらず市場を支配できたのである。一九八〇年代までに、ロッキード社は失脚していたものの、ボーイング社は依然として世界市場（アエロフロート社が独占するソ連市場は除く）の六〇パーセント、マクダネル・ダグラス社が一九パーセントを占め、ヨーロッパ連合のエアバス産業はその多大な努力にもかかわらず一五パーセントにとどまった（残りの六パーセントがブラジリア社によって占められていることは、将来この業界にいっそうの変化を予想させる。繊維、鉄、造船産業ですでに見られたように航空機製造もＮＩＣｓに移動することになろう）。

以上の分析から、空輸サービス部門が安全、生産、金融、知識という四つの基本的な構造と相互に関連していることがわかる。また、空輸部門と他の部門（航空機製造、コンピュータ、燃料）も相互に関連することが示される。これらの部門が空輸部門に必要な投入物、また必要な市場を提供するのである。この場合、旅行会社や大ホテル系列グループが航空会社に必要な需要を提供する。これは穀物生産者が農薬に対する需要をつくり出すのと同様である。

このように、ある部門に関わる取引のネットワークを総体的に眺めることは、政治経済学者にとって望ましいことである。というのは、これによって政治経済学者が重要な外生的要因を見逃すことがむずかしくなるからだ。こうした外生的要因とは、市場からもたらされる場合も、技術や権威からもたらされる場合もあるが、いずれにしてもある特定部門で誰が何を得るのかに大きな影響を与えうる。こうした手続きが望ましいというのは、そうすることによって、政府にまたはその他の権威にとって、さもなければ忘れられたり、無視されたりされがちな政策的問題を想起させることができるからである。

いままで空輸部門における効率性と競争の問題を論じてきたが、海運部門と同様この部門にも安全に関する重要な政策問題がある。飛行機事故の危険を最小限にすることは各国政府の共通の関心事であるので、ICAOが重要な権威——政府の主権を脅かすまでにはいかないが——をもつようになった。しかし、国家的権威もこの点では重要な役割を果たす。先に見たように、タンカーによる石油汚染が起こった場合、フランス政府はこの事件をボルドーの法廷ではなく、シカゴの法廷に告訴するほうが効果的であると考えた。同様に一九七〇年代初め、パリでトルコ航空の墜落事故が起こった時、この事故でパリ特派員を亡くしたイギリスの『エコノミスト』誌は、弁護士を雇い、カリフォルニアの法廷にマクダネル・ダグラス社を訴えて、設計上の欠陥を争った。アメリカの法廷が利用され、それが実際、製造会社に対して安全に注意を促す効果的な手段となった理由は、たんに製造会社がアメリカ国籍であるからだけではない。製品、職業上の責任負担に関するアメリカの法律がヨーロッパのそれよりもずっと厳しいからである。その結果、事故責任は航空会社と製造会社により分担され、したがって、両者とも保険をいっそう必要とするようになる。この場合にもまた、保険産業が非国家的権威として登場し、実際の危険と同様に法的な危険から保護を受けるための費用と保護方式を決めるようになった。

IATAカルテルの権威はジャンボ機の導入という技術的な変化とそれに続く市場の拡大（観光客数の激増）により批判を受けた。座席数の大幅な増加によって、航空会社には空席を埋めるためにカルテルの規則をごまかす気配が起きてきた。たとえ価格の引下げという手段しかなかったとしてもである。最初の大きな抜け道はアメリカという国家権力によって開かれた(8)。いずれにしても、アメリカ政府は国際航空会社カルテルが必要であるとも好ましいものであるとも考えたことはかつてなかったのである。ベトナム戦争中、軍隊を戦地に送り、また異国で激しい抵抗と戦う兵士に、時々戦闘の恐怖から休息を与えるために、アメリカの軍部は通常の定期航空便とは直接競争しない新しい型の輸送事業者と契約を結ぶことになった。こうして偶然のことから、極東で休息・保養市場が形成されたが、ここからまったく新しい市場、つまり、新しい旅行者、行楽目当ての旅行者を運ぶために新しい大型飛行機を利用するという考えがふくらんだ。というのは、行楽客は世界の大都市や商業の中心地に行くというよりは、ヨーロッパやカリブ海のリゾート地へ行くために飛行機を利用するだろう。日本ならば、韓国、インドネシア、タイがその目的地となろう。そこで、CABは観光会社に最初は五年の試験期間としての許可を与え、その後に永続的な許可を与えることにした。当初はこの市場にはさまざまな制限が加えられていた。航空料金とホテル代金を一括請求すること。団体旅行者は正真正銘のクラブかそれに類似したグループであること。しかし、これらの制限を守らせることがむずかしいことはすぐにわかった。「無用の人間を座席へ座らせる」ことから生じる利益は非常に魅力的だった。定期航空会社も表面上はインチキ団体旅行券を個人に売る「非合法な」安売業者を非難するふりをしていたが、やがて自分自身がその商売に参加し、マジョルカやバハマ行きだけではなく、ニューヨークやシカゴ行きの安い切符まで売るようになった。

その結果、一九七〇年代、一九八〇年代には空輸市場の成長を観光が主として支えるようになった。(9)しかし、需要側の社会的経済的要因のため、この市場の成長はけっして均質なものではなかったし、また一様なものでもなかった。たとえば、団体観光業務の初期の時代、イギリスが団体観光またはチャーター便の約四割を生み出していた。その原因の一つはロンドンが中継空港であったこと、イギリス政府が旅行代理店や観光業者に自由競争を奨励し、価格を法定以下に――しばしばずっと低く――維持させていたことによる。しかし、イギリスの家族が休暇を外国で過ごすことに他の国の家族、たとえばフランス、イタリアの家族よりも積極的であったこともその一つの原因だろう。不順な夏の気候、船乗りの伝統、島国という位置、戦後のイギリス政府が国際収支赤字を理由に海外旅行をきびしくチェックしたこと――これらすべての要因が他国との違いをつくり出した。しかし、理由がどうであれ、イギリスの観光業者がリードし、それにドイツ、オランダ、スカンジナビア諸国が追随したのである。そして、観光客の目的地も受入れ国側の政策により大きく左右された。たとえば、長い間、ギリシア行きの運賃はトルコ行きの運賃より安くて、何百万という観光客がアテネに群れた。この差は、ギリシア政府がチャーター航空会社に対し、国営航空会社のオリンピックと自由に競争することを許したのに、最近までトルコはこうした競争を許していなかったことにある。そして、スペインはユーゴスラビアよりも有名な観光地だが、それは部分的には政府が為替レートの低落を許容し滞在を安価なものとしたからだ。また海沿いのホテルやアパートの建設に外国資本が参入することを許し、施設を大幅に拡充したことによるのである。

輸送と貿易

本章でわたくしは、世界の海運システム、空輸システムの最近の発展から生じる政治経済の問題をいくつか論じた。世界的な政治経済の主要な四つの構造がこれら海空におけるサービスの利用可能性や市場でそのサービスが売られる状態に影響を与えてきたことを十分に論証したと思う。地上の道路輸送、鉄道輸送は直接的に国家の権威に服するが、海運システムと空輸システムの場合には、国家が市場に行使する権威の程度も、国によってきわめて異なる。強国は規則に合意し、自国の権威を海運・空輸会社に委ねることができる。国家の行動は利用者への利益配分、危険や費用の程度に影響を与えるだろう。

政治経済学においては、このように権威が輸送システムに対して不公平に分配されていることを当然のことと考えるべきではない。国際経済関係の政策に関する教科書で、貿易と貿易当事国間の摩擦をもっぱら取り扱い、輸送に注意を払っていないものがある。しかし、財がある国から他国へ運ばれないかぎり、貿易は行われない。ローマ帝国の時代から一九世紀まで、地中海貿易は定期的に阻まれてきたが、これは海賊の襲撃が頻繁になって、貿易が中断するにいたったのである。飛行機のハイジャックはそれと比べれば稀だが、この脅威に対して各国政府の反応は、いかに諸政府が空輸サービスの安全性と確実性を重要視しているかを示している。貿易に関心をもつ国家が、市場と確実な供給源を必要とし、また航空路と海路のあり方に影響力を行使してきたことは昔も今も変わらない。こうして強国が決めた空路と海路が他国に対し、その枠組みの内部で行動しなくてはならない二次的な構造を与えているのである。したがって、貿易システムを考える前に輸送システムを考えるほうが論理的と思える。

第八章　貿易

貿易と戦争は、国際関係の最も古い二つの型である。そのどちらについても、人びとの態度や見解は大きく分かれている。国際政治経済学の領域において、実際、貿易についてほど多様な理論が展開されているものはない。またこの分野では、多くの理論は貿易の現実から外れてもいる。理論は規範的教説に密接に関連しているので、現状認識は「……すべし」という教条的見解を反映するものとなっており、それぞれ異なったものとなっている。したがって、それぞれの理論の支持者たちが、効率、公正、自治、あるいは安全といったさまざまな価値の中で、どれに重きをおくかによって、大きく影響されている。このことは同時に、世界経済における貿易関係で現実に起こっていることと、それぞれの理論によって起こると想定されていることとの間に、大きな相違が生じている理由をも説明している。

だからこそ、貿易構造の全体像を把握するためには、多くの国際経済学の教科書が採用している方法とは逆に、まず知られているかぎりの事実についての考察から始めて、その後矛盾する諸理論の検討にすすむのが最良の方法なのである。そしてまたこれらの事実から、国際貿易の流れ、内容、および交易条件が、安全、生産、金融、知識という四つの基本構造に、どれほど深く依存しているかということを、正しく考察することが可能となる。

主要な権力構造に貿易が依存しているということは、国際貿易における交換が、市場の力や相対的な需要と供給の単純な結果ではない、ということを示している。むしろそれは、部分的には経済的な、また部分的には政治的な取引の複雑で相互に絡み合ったネットワークの作用がもたらす結果である。この取引には、安全保障という国益と商業的利益とのトレード・オフも含まれているし、金融や技術などの面における貿易当事国間の不平等も含まれる。さらに国内市場へのアクセスや、確実で利益のあがる供給源に関する集団的な政策決定という、ある国内での政治的取引もそこに含まれる。この相互に関連しあう取引関係においては、経済が政治から分離したり、政治、経済のどちらかがより上位の取引力を有していると考えることはできない。いずれにせよ、どの国が貿易に関して大きな取引力を有しているかということが、国際機関においてなされる議論よりも、はるかに現実の動きに決定的な力を及ぼしていることは理解されよう。

通常、国際政治学の教科書は、貿易に関する叙述を、関連した国際機関に対して言及することから始めている。しかしこれは、貿易「レジーム」——政府間で合意されたルールや協定——が、実際に生起する事柄を、第一義的に決定しているという誤った印象を与えることになる。実際いわゆる「ルール・ブック」は、諸大国の利益や取引力こそが現実に貿易を推進している人びとに主要な影響力を及ぼしているという事実に比べると、限られた力しかもってはいないのである。

事実

過去一〇〇年間の世界貿易に関して、既存の統計から六つの主要な事実を導くことができる。それは、次のようなものである。

(1)各国経済相互の貿易は、国内生産の伸びよりも急速に拡大してきた。
(2)貿易の拡大は、国、地域によって非常に偏りがある。
(3)貿易される財・サービスの内容は大きく変化した。
(4)主な貿易当事国が交代した。またいくつかの国の経済は、他の国に比べて、外国貿易への参加度が大きかった。
(5)貿易の行われ方（政府と市場間の関係）は、国内市場と国際市場で、また各産業部門ごとに、その性格を大きく異にしている。
(6)また、財・サービスの交易条件もそれぞれ大きく異なっている。

これら主要な事実について、以下その証拠をあげながら振り返ってみよう。

急速な成長

二〇世紀全般を通じて、各国間の貿易は、世界全体の生産高よりも、急速に成長してきた。つまり、国境を越えた生産物の売買比率は一貫して増大しつづけてきたのである。第一次大戦以前は、生産高は年平均二・二パーセントの成長を示したが、国際貿易は、年平均二・五パーセントで拡大した。二〇世紀後半には、インフレを伴ったものの、貿易の成長率は加速された。一九三八年には国際貿易総額は二五〇億ドルだったが、一九四五年は五八〇億ドル、一九五八年には一一四〇億ドル、一九七五年には九〇三〇億ドル、一九八四年には一兆九一五〇億ドルにものぼった。驚くべきことに、一九六〇年から七〇年までの一〇年間に世界貿易はほぼ二倍になったのである。また一九八〇年代半ば、商品価格の低迷、困難な対外債務問題の発生、保護主義への傾斜といった、一九三〇年代の不況期の特徴と同様な状況にありながら、国際貿易は一九三〇年代とは違って縮小するどころか逆に一九八四年には対前年比で九パーセントも拡大したのである。一九八五年と八六年には成長率は二・五パーセントにまで鈍化したが、ここ二、三〇年間、貿易は世界総生産高の伸びよりも確実に高い成長率を示したのである。

現在知られている統計で正確に把握できない問題として、国家間貿易が果たして国内交

表 8-1　世界製造業生産・輸出の国グループ別シェア（1965, 1973, 1985 年）

（%）

国グループ	生産シェア			輸出シェア		
	1965年	1973年	1985年	1965年	1973年	1985年
先進工業国	85.4	83.9	81.6	92.5	90.0	82.3
発展途上国	14.5	16.0	18.1	7.3	9.9	17.4
低所得国	7.5	7.0	6.9	2.3	1.8	2.1
中所得国	7.0	9.0	11.2	5.0	8.1	15.3
高所得石油輸出国	0.1	0.1	0.3	0.2	0.1	0.3
合計	100.0	100.0	100.0	100.0	100.0	100.0

（出所）　世界銀行『世界開発報告』1987 年版.

図 8-1　第 2 次大戦後の世界生産・輸出成長率

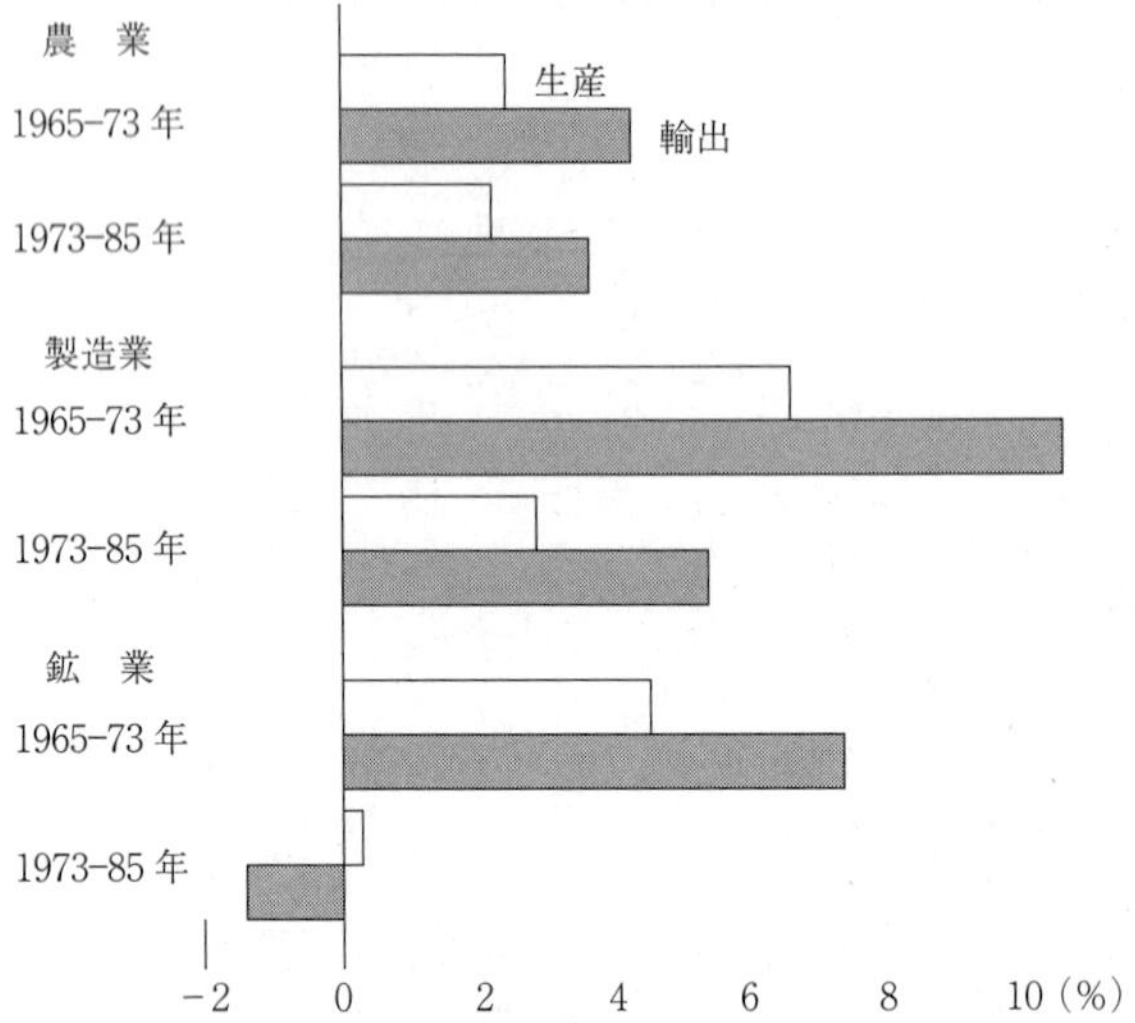

（出所）　世界銀行『世界開発報告』1987 年版.

図 8-2　世界製造業の生産と輸出

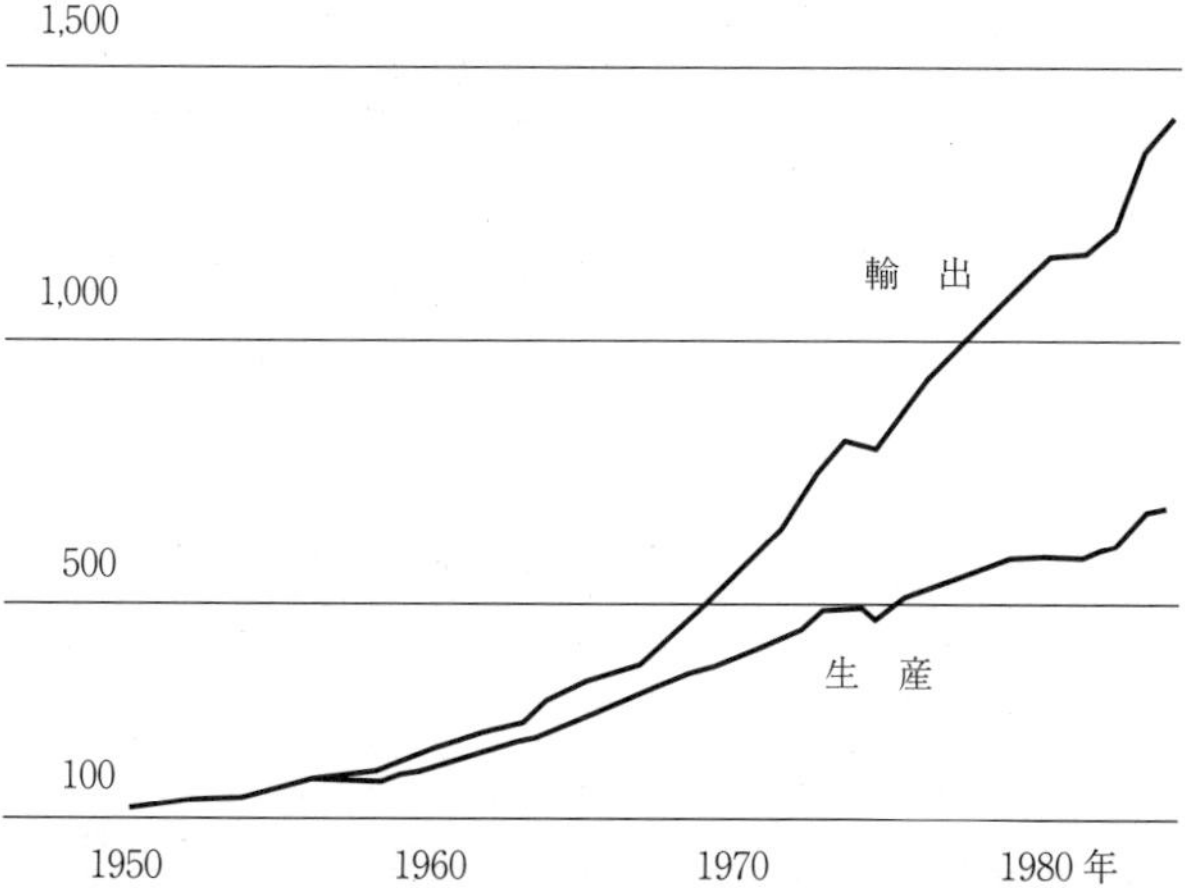

（出所）　世界銀行『世界開発報告』1987 年版.

易の伸びよりも急速であったか同じであったか、それとも遅かったか、ということがある。それぞれの国家経済の内部における交易は、小売段階や卸売段階での販売量や、国内総生産額から大ざっぱには類推することができる。しかし小売・卸売の総計は、ある程度二重計算部分を含んでおり、また国内総生産額は、多くの記録されない交易や、納税に際して申告されない交易を把握しそこねている（たとえば、一九八〇年代半ばに一度イタリア政府が、いわゆる「ブラック・マーケット」におけるこうした交易の量と額を過小評価していたとして、独断的に国内総生産を一五パーセント程度上方修正したことがある）。発展途上国では、国内交易の総量を評価する際に、それにもまして「当て推量」が行われていよう。

少なくとも市場経済国、準市場経済国にあっては、国内的な交易には制限がないのだから、この点に関する事実問題はかなり重要である。誰も、たとえばテキサス州とマサチューセッツ州との、あるいはミナス・ジェライス州とリオグランデ・ド・スール州〔ブラジルの州〕との間の貿易収支を気に病むものはいない。もし国内の交易が拡大しているなら、その理由は、生産が拡大していたり、購買力が大きくなっていたり、貨幣の使用や信用の量が拡大していたり、また少なくとも財や人びとを妥当な価格で容易に運搬する交通システムが発達したからであったりするのである。これらのことは、すべての国際貿易の拡大の理由ともなりうる。実際これらの要素は、この半世紀間における急速な国際貿易の拡大に大きく貢献してきたし、その程度はおそらく貿易障壁の減少よりもいっそう大きなものであったろう。

われわれは生産構造分析から、ほとんどの国で生産者は地方または国内市場向け生産ばかりでなく、同時に世界市場向け生産の比重をますます大きくしつつあるということを知っている。したがって、多くの国における対外交易が国内交易よりも早く成長しているように見える。もっとも、発展途上国よりも先進国の方がその傾向は強い。発展途上国の場合は、貨幣経済の拡大、信用供与や人口の都市集中が、国内交易に対してめざましい影響を及ぼしているようだ。

図 8-3　世界工業製品輸出（1963, 1985 年）

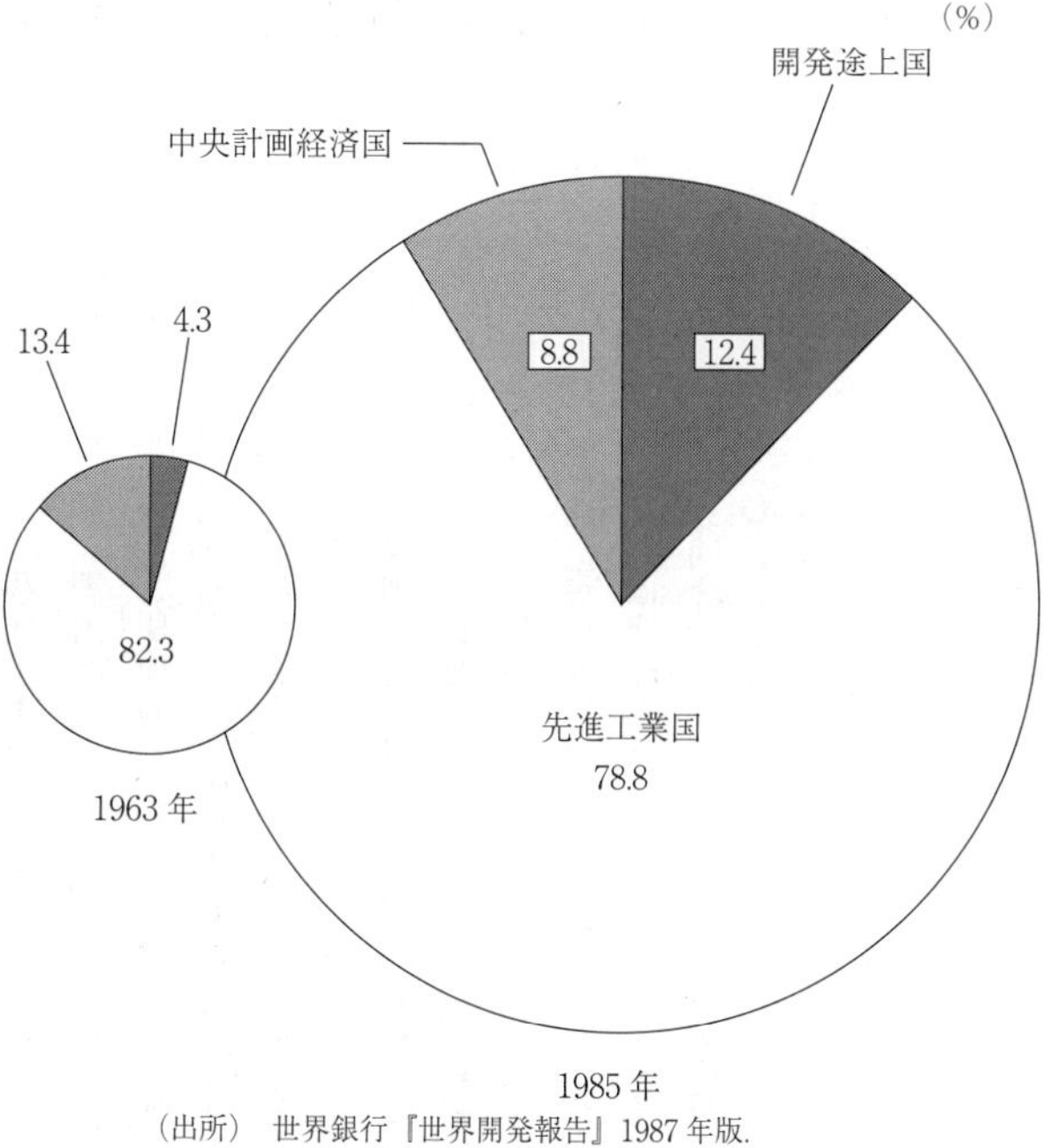

（出所）　世界銀行『世界開発報告』1987 年版.
GATT のデータを使用．名目ドルによる比重.

また次の問題も検討に値する。つまり、世界政治経済の場において交易構造の分析が、国境を越えた交易に限定されるべき説得的な理由は何もない、ということである。一つの交易構造というのは、財・サービスの購入者と販売者との間に成立する、すべての取引のネットワークを意味する。各国政府が国内交易よりも、国境を越える輸出入についてよりよく監視できるのは、たんに政治的な偶然事にすぎないのである。政府が越境交易を監視するのは、まず外国貿易に対して賦課する関税が国家財源の一つだからである。さらに国家はもし貿易収支が赤字になった場合に、自国通貨の対外的価値あるいはまた外貨準備に影響を受けるので、その収支には注意をはらう必要がある。それゆえ、貿易に関する経済学の文献は、国際貿易に関心を集中してきた。しかしながら、交易の意義——費用と便益、あるいはリスクと機会の配分——や、人びとが自分自身や自分の家族のためよりもむしろ交換のために生産するようになる時の、またはそうすることを国家により強制された場合の政治的帰結について、政治経済学的な設問をたてる際には、世界経済の場と同様、国内交易の問題も、多くの場合、同じように重要で意義のある問題となろう。

不均等成長

おそらく国内交易についても妥当すると考えられる国際貿易に起こった第二の重要な事

実は、最近半世紀以上にわたり、ある数年間はその他に比べてずっと成長率が高いという具合に、貿易の伸びは断続的また不均等だったということである。国際貿易の総量が、前年に比べて減少したことさえ何度かあった。こうしたことは、一八七〇年代とか一九三〇年代のように、世界大戦が勃発したり、景気後退で世界経済の成長がスローダウンした時に起こった。両大戦時は、商船が攻撃されたり、沈没の憂き目にあったりした。また、海域封鎖によって交通が妨げられたり、商船が軍用に徴用され、兵士や武器を（アメリカやイギリスの海軍によって）戦場に輸送することを強制されたりしたのである。当然、平和的な交易は阻害され、ラテンアメリカやオーストラリアなどの大陸では、輸入品の国内代替生産を余儀なくされた。要するに、戦争ほど国際貿易を衰退させるものはないのである。安全保障構造の状態がどうであるかは、紛争が局地的であれ全般に及ぶものであれ、また超大国間の冷戦のように相対的なものであれ、あるいは全面対決の場合であれ、貿易パターンに直接影響を及ぼすことになろう。

一八七〇年代の大不況と第一次大戦間、また一九二〇年代、さらに第二次大戦後の時期に、国際貿易は飛躍的に成長した。さらに逆説的な話だが、これらの急速な成長期にも、いくつかの主要な貿易国が厳しい保護主義的政策をつねに採用して、貿易を制限していたのである。アメリカ、日本、ドイツ、フランスといった最も急速に経済成長をしていた工業国が、貿易に対しては強く保護主義を採っていたのである。しかし市場諸力は、諸国家が採用した政策に対して勝利したように見える。つまり、保護主義的な国のすべてにおいて、輸入は輸出と同様に成長したのである。

第一次大戦以前の三〇年間に、世界の貿易総額は、一〇年ごとに平均四〇パーセント（世界人口一人当たり三四パーセント）も拡大した。両大戦間には、貿易の回復は緩慢で、しかもその回復も一九二九年の大恐慌であっけなく元の木阿弥になってしまった。その結果、大戦間期の二〇年間には、世界貿易は一〇年ごとに平均一四パーセント（人口一人当たり三パーセント）しか成長しなかったのである。

貿易内容の変化

第三番目の事実としては、過去一〇〇年間に、国際的な貿易品目が大きく変化したことがあげられる。貿易されるものがほとんど財、それも食糧や鉱物その他の原料であった初期の貿易構造から、近年の工業製品がそのほとんどを占める貿易構造へと変化してきた。一次産品は、一九世紀には世界貿易の三分の二を占めていたが、一九六六年までには三分の一に、一九八三年には一七パーセントにまで減少してしまった。したがって、多くの経済学の教科書で二国間貿易の説明に引用されている、イギリスの羊毛とポルトガルのワインとの交換というデビッド・リカードの古典的な例示は、まったく時代遅れの今日の国際貿易から見れば、非典型的なものになってしまった。国際貿易の最も一般的な形態は、一次産品と工業製品との交換ではない。発展途上国でさえ、ますます一次産品の輸出を減少させてきている。一九八四年に一次産品は、アフリカ諸国からの輸出の四分の一以下、アジア諸国からの輸出のわずか一五パーセントでしかなかった。七七カ国グループは、その他の国連加盟国の協力によって商品価格の安定化の対象となる一八品目を選んだが、その一八品目は、一九七〇年代の時点においてさえも、世界貿易の重要な品目ではなくなってしまっていた。ザンビアの銅、ガーナのカカオ豆、バングラデシュのジュートといったような個々の一次産品は、特定の国にとってはいまだ主要な輸出品目でありうるにせよ、一次産品全体をとると、一九七〇年には世界総貿易額の一〇パーセント、そして一九八三年にはもはや五パーセントを占めるだけであった。

現在でも国際貿易のなかで重要な位置を占めているただ一つの一次産品といえば、もちろん石油である（第九章参照）。しかし、第一次世界大戦以前においては、石油は貿易統計のなかにはほとんど姿を現さなかったのである。そのころは重要な貿易品であった数品目（天然ゴム、グアノ燐鉱石、コプラ、毛皮やダチョウの羽毛）はいまではほとんど姿を消してしまった。あらゆる種類の電子製品や、コンピュータ、飛行機、その他半世紀前には夢想だにしなかった工業製品が、今では世界市場で活発に貿易されている。また、広告宣伝やコンサルタント、教育といったあらゆる種類のサービスも貿易されるようになっている。

つまり国際貿易は、毎年同じような構成をもつ静止画ではけっしてなく、動画なのである。ただ古代世界、中世、一八、一九世紀がそうであったように、現在でも国際貿易というものは、その時々で相対的に富み、権力をもつ国の購買力のあり方を反映しているのである。

不平等な参加

世界貿易にはさまざまな国の人びとが参加しているが、その程度はきわめて不平等である。その理由としては、経済的なものと政治的なものとが考えられる。

経済的な理由とは、世界的に所得分配が不平等であるから購買力も不平等になる、というものである。所得のより大きな先進国の人びとは、より貧困な発展途上国の人びとよりも、多くの工業製品やサービスを購入できる。したがって、今日の国際貿易の大半を占める工業製品は、主に先進国によって輸出、輸入される。発展途上国の方が経済成長率は高いのに、先進市場経済諸国による世界貿易の支配的傾向は依然として揺るぎない。先進国の世界貿易に占めるシェアは、第二次世界大戦の終わりに六〇パーセント近くであったが、六〇年代には七〇パーセント、一九八五年には七二パーセントに増加している。同じ八五年に、第三世界の非産油発展途上国ははるかに多数であったにもかかわらず、これらの国の輸出は先進国のそれの四分の一をわずかに超えるにすぎなかった。

政治的な理由としては二つ考えられる。一つは、明白なことだが、国際政治システムにおいてある国は大きな勢力をもっているが、他の国は小さいということである。中国、ロシア、アメリカといった大陸国家は、その広大な国境内での交易によってほとんどの必要物資をより容易に調達することができる。それと対照的に、一七世紀オランダの州連合国から二〇世紀のシンガポールや香港にいたる小国は、貿易というものが国富を豊かにするよい方法であることを知っていた。それゆえ小国は、貿易に積極的に参加しようとしてきたのである。

もう一つの理由は、他国との貿易に対する諸国家の政策が、いつでも国家の安全保障問題に左右されてきたということである。国家はその同盟国や支配地域との貿易を促進するが、政治的なライバル国や敵国との貿易はこれを厳しく規制する。しかしながらこの単純な事実は、超大国間の冷戦が相互の、またそれぞれの同盟国との貿易に対する政策に影響をもっていたここ四〇年間に初めて明らかになったのである。一九四〇年代の終わりにアメリカ議会は、アメリカの企業がソ連や東欧諸国に販売できる商品の種類を非常に厳しく制限する法律を通過させた。次にアメリカ政府は、COCOM（対共産圏輸出統制委員会）をパリに設置した。これは、NATO諸国によって構成された、貿易禁止品目リストの作成と実施機関である。これと同時に全東欧諸国では、共産党政府が国民に対して、西側との貿易を提唱したり実行したりすることは罪になると宣言した。その結果世界の貿易システムは、市場経済的なシステムと計画経済的なシステムという、お互いにほとんど隔絶された二つのシステムによって構成されることになったのである。一九六〇年代までに東西貿易は成長したが、GATTの統計表の中で「東側貿易圏」と婉曲に表現されている、ソ連圏諸国の輸出の三分の二が、まだ同じブロック内向けであった。一九八〇年代初期になって、西側諸国のポーランドやその他東側諸国に対する豊富な信用供与によって東西貿易は促進されたが、それでもソ連圏輸出の五〇パーセント程度がまだ同一ブロック内へのものであった。その時点でソ連圏輸出の一七パーセントが発展途上国へ、三〇パーセントが先進市場経済国へ向けられていたのである(1)。

アメリカでは、COCOMの場で同盟国(アメリカの防衛力へ依存しているという意味での)に対し、ソ連圏との貿易を抑制するように政治的影響力を行使する一方で、同盟国間の貿易発展を積極的に推進した。ヨーロッパ諸国が植民地との間に築いてきた帝国主義的な閉鎖貿易体制に対してアメリカは反対してきたが、その反対はずいぶん前からのことだった。ウィルソン大統領は、第一次世界大戦へ参戦を説明した一四カ条宣言の中の一つとして世界貿易に関する「門戸開放」政策を打ち出した。一九四〇年代のルーズベルト政権も、同じ目標を抱いていた。コーデル・ハル国務長官は、世界平和と良き秩序にとって、より自由で無差別な貿易は必要条件である、という思想を抱いていた。もっともアメリカ実業界の方では、小麦、綿花、その他の一次産品の輸出拡大にとどまらず、工業製品の輸出拡大によっていっそうの利益がもたらされると考えていたのだが。アメリカは、「世界中の市場や原料への平等なアクセスを実現し、そして平和を保持すること」が貿易政策の目的であると公言していた。一九三〇年代の不況期に、イギリス連邦オタワ協定（一九三二年）によって強化された大英帝国特恵協定の弱体化、可能ならばその解体が、アメリカ貿易政策の中心目標であった。それゆえイギリスとの交渉は、戦後の開放貿易体制の確立にむけての重要な第一歩であった。この開放貿易体制が比較的容易に成立した原因としては、次の事実があった。ドイツと日本に勝利するという共通目的をもったアメリカ・イギリスは、資源の共同利用に関する協定を結び、連合委員会を設置して、船舶、軍備、その他のすべての財や原料を、戦争を遂行する上で最も都合よく配置することを検討したが、これが新しい貿易体制協議のステップとなったのである。しかし、この協定が金融面にはけっして適用されなかったことに注意しておこう。それというのもイギリスは、パール・ハーバー以前の戦争初期に、アメリカから武器を購入して金ドル準備を減少させる一方、カリブ海域の基地のアメリカへの貸与、六ペンス銀貨を鋳溶かし（アメリカ式の十進法に合わせた）、民間資本のアメリカ企業投資を奨励するなど、考えられるかぎりの手段を尽くしてドル資産を増加させており、最終的にはアメリカの好意と利害関係に全面的に依存するにいたったからである。ガードナー（Gardner, 1969）が詳しく述べたように、アメリカの開放貿易体制の確立にとって必要なイギリスの譲歩がこうして首尾よく引き出されたのである。この譲歩の最初は一九四二年の武器貸与協定交渉、次いで一九四四年のブレトンウッズ協定に先立つ一連の交渉、そして最後に一九四五年の対英借款（公式には米英金融協定）をめぐる取引をつうじて積み重ねられた。しだいにイギリスは、アメリカに対し軍事的にまた金融的に依存を深める代償として、無差別な貿易体制の確立、そして閉鎖的な帝国主義的貿易体制の解体——少なくともその漸次的消滅の実現——というアメリカの計画を支持するような政治的な約束をしてきたのであった。

しかし国々の間に政治的な理由によっていったん確立した貿易の絆は、容易なことでは解消されない。この理由の一つは、投資と貿易との間に密接な経済関係が成立することである。植民地通貨を宗主国通貨に結びつけ、宗主国の銀行制度に植民地のそれを統合するようにはたらく金融構造は、貿易の流れに絶大なる影響力をもっている。しかもこの連関は、植民地主義が終焉し独立国旗がはためいても、そのまま継続するのである。その結果、独立後三〇年を経過してもなお、アフリカ諸国の貿易の多くは、フランスやイギリスとの間で行われているし、またインドネシアも、オランダとの貿易が顕著である。同様に、アメリカはラテンアメリカへの投資で、また日本は東南アジアへの投資でそれぞれ支配的位置を占めており、この両国の優越性はそれぞれの地域における輸出入両方向の貿易にも表れているし、それがまた投資国に有利にはたらいているのである。

いま見たような歴史的要因が及ぼす政治経済的な影響の一つとして、南南貿易（発展途上国相互間の貿易）が、世界輸出のたった三パーセント超、発展途上諸国の対先進国輸出の三分の一しか占めていない、ということをも指摘しておこう。

標準的ルールはないということ

われわれがたんに国際貿易だけではなく、世界経済全般にわたって国境の内外を通じてはたらいているような交換構造について考察しようとする時、ただちに浮かび上がってくる驚くべき事実は、国家内交易に適用される原則と国家間貿易に適用される原則との間に著しい違いがあるということである。

ありとあらゆる交換対象となる生産物の種類にも、いくつかの大きな変化が見られてきた。綿花や羊毛のような一次産品は、ずっと重要ではなくなってきたし、反対に石油やボーキサイトなどはますます重要な貿易品目になってきている。また、いくつかの工業製品も、他のものに道を譲ってきた。たとえば、最初は織物製品が鉄や機械にとって代わられ、次には化学製品や自動車、エレクトロニクス製品が総輸出市場で大きな割合を占めた。最近、世界貿易において成長している分野は、「目に見えない」、つまりサービス分野である。サービス貿易の中には、芸能、旅行、教育、広告、コンサルタント、その他の専門的サービスなど、あらゆる越境交易がふくまれる。

国境内における交易については、当該国政府はつねに国内交易を調節する規則、自由市場原則よりも、ある種の社会的政治的目的や価値を優先させるような規則を設けてきた。社会主義国はさらにすすんで、調節機能を市場から中央行政機関に移行し、最も重要な交換取引を国家統制下におこうとしている。しかし、最も自由主義的で自由企業経済を志向している国々の政府でさえも例外なく、交易のコントロールに努めてきた。その理由としては、国民的生産・消費システムの安全性や安定性を、無規制の市場で自ずと生み出されるがままに委ねるのではなく、明白にこれらを確保するためとか、企業の利潤追求が野放しとなっている状態で実現される以上の雇用の安定、物価の安定を確保するためとか、また契約の履行、負債の解消、製品の品質・使用説明書きや法人企業の一般的な経営慣行などに関するルールを定めた法律が存在しない状態で生み出されるよりも、より公正で安心できる状態を実現するためであるとか、があげられてきた。国内交易の面でも、交易品についてより厳しい禁止措置、あるいは制限措置が採られる可能性がある。規則は各国ごとにさまざまだが、酒類や麻薬、売春や児童労働、銃や爆発物、毒物の交易については禁止されているのが普通だろう。ある種の交易は国家、あるいは特定の独占体により行われているし、またその国の国民や特別に免許を受けた企業にのみ許可されている交易もある(タバコ、鉄道、郵便や電話、医療・法律・銀行サービス)。ある国内でのさまざまな交易への参加者が、さらに地方ごとに異なる税制、反トラスト=競争政策、さらには国民労働法、特許法、企業法によってより厳しく制限を受ける場合もある。これらすべての法制は、市場の安全、安定性を高め、いっそう大きな公平性を実現する代わりに、市場の効率性を低めるにちがいない。だが各国の政府が、その管轄権の及ぶ範囲で、自国民のために上記のような価値を追求することに対し他国の国民の利益のために奉仕することよりもはるかに熱心であることは、あらためて付け加えるまでもない。実際、貿易政策において、国家の安全保障は、他者を犠牲とすることによって、しばしば得られてきたともいえるだろう。しかし、国家主権に基礎を置いた政治システムの中で、このような行動を国家が採ることは、基本的な権利とされ、それに疑問は提起されていない。

もし先進国、発展途上国の両方の政府が、国内交易に関する規則を同じものにし、自由貿易政策と保護貿易政策とを同じ割合でミックスした同一の対外貿易政策を採用した場合には、先進国の規模、つまりその大規模な市場という事実によって、先進国の採る自己本位な種々の規制措置が、発展途上国の輸出者に対してより大きな負担をかけるようになるのであって、けっしてその逆の事態は起こらない。先進国政府と途上国政府、つまり主として工業製品輸出国と一次産品輸出国とが、貿易協定や貿易政策を通じてそれぞれ自国の経済的安全保障をはかる際に、両者の権力がもつ基本的な非対称性は、世界貿易構造の現実に関するもう一つの事実であって、経済理論の世界とは異質のものである。

交易条件

国内交易と国際貿易との間で交易が行われる条件が異なることが知られたが、さらに国際貿易の中でも部門により交易の条件には大きな違いがあることを最後に見ておこう。発展途上国はしばしば、国際交易条件がしだいに不平等化しており（次節「貿易の諸理論」を見よ）、自分たちにとってより不利なものとなってきていると主張し、またそう信じてもいる。この主張を一般的傾向として裏づけるのはむずかしく、経済学者は、この点の議論に時間を費やしてきた。交易条件がどうなっているかは、結局比較する時期いかんによっているのである。たとえば、朝鮮戦争が最も激しく、それに伴って商品市況がブームを起こしていた一九五一年と、同じ商品市況が景気後退に見舞われていた一九五〇年代末の発展途上国の輸出交易条件とを比較し、あるいは一九七二年と一九八二年または八三年とを比較すれば、その結果は途上国側の主張を裏づけることになろう。だが同様に、もし基準の時期として景気後退によって商品市況が低迷している時期を選べば、これとはまったく逆の議論が成立する。

事実から確信をもっていえることはただ、石油、コーヒー、砂糖、錫、銅、カカオ豆などの商品市場は、工業製品市場よりもずっと激しく価格が上下し不安定であるということだけである。その理由の一つは、ガルブレイスが指摘したように、工業製品生産者は価格を「管理」しているからである。つまりかれらは、価格リストを作成し、これを消費者にむかって宣言する。もちろん需要が貧弱であったり、表示価格を下げるような競争がある場合には、それに対処しなければならない。しかしその場合でも、生産者がまったく統制力をもたずに、日々の交易市場システムにふり回される場合とはくらべ物にならない。多くの場合そういった市場では、需要にも供給にも変化がないのに投機的な交易によって価格が上下することさえある。

また別の事実も指摘できる。国家を含む生産者は市場の安全を求め、工業生産者は一次産品生産者よりも容易にカルテルを組織しやすく、制限的慣行を維持しやすいということである。工業製品生産者は、一次産品生産者よりも通常数が少なく、「管理」販売価格も設定しやすい。アメリカでのある調査では、一九三〇年代頃に国際的なカルテルは知られているだけで一七九あり、そのうち一三三が工業製品生産に関わるものであった。その業種は、石油製品から化学製品、鉄鋼、アルミニウム、マッチや電球まで、幅広いものであった(Berle and Means, 1967)。戦争による中断、アメリカの反トラスト訴訟によって、一九五〇、六〇年代には、そのようなカルテルは明らかに数を減らした。しかし一九七〇年代までには、カルテルは、ふたたび増えはじめた。そして今や国際カルテルは、関係国政府が輸出自主規制(VERs)や市場秩序維持協定(OMAs)に関する交渉によって外国の競争者を阻止し、国内の雇用水準を維持しようとする努力によって、しばしば勇気づけられその存在を保証されている。各国政府間のそのような協定は、鉄鋼業のように生産者の数が少なく、国内ではすでにしっかり組織化が終わっている場合に、容易に成立するのである。

近年生産の国際化が展開されているが、これは財が国境を越えて交易される際に交易条件に影響を与える一つの重要な要因である。多国籍企業の世界戦略が、母国の親企業で開発された生産工程をそのまま移植する「移動」型子会社の設立であろうと、また、世界市場向け製品の生産工程の一段階のみに責任をもたせる「作業場」型子会社の設立であろうと、そのどちらの場合にしても、その企業は政治的国境を越えて交易を内部化しているのである（Michalet, 1976）。いくつかの調査によって、一九七〇年代ですら、企業の世界戦略に従ってその中央経営部門が計画し指揮する企業内貿易は、アメリカ輸出の七〇パーセント、イギリス輸出の七五パーセントに達していたことが報告されている。(2) 世界市場での競争がしだいに激しくなるにつれ、リスクを拡散し開発コストを分担し減少させるために、大企業は合併・吸収を行い、あるいはライバル企業とでさえも合弁事業の交渉をするようになってきた。その結果、自動車、コンピュータ、オーバーコートや紳士用スーツ、飛行機やテレビ受像器などの「国籍」はもはやかなり曖昧になってしまった。国際貿易においても、産業間貿易――つまりスウェーデンの自動車が北海を渡ってイギリスやフランスに輸出されると同時にイギリスやフランスの自動車もスウェーデンに向かって別の船で運ばれている——が大規模に行われているだけでなく、企業内貿易も盛んに行われるようになった。つまり、「スウェーデン車」(ボルボの場合)も実際にはスウェーデン国内で製造された部品よりも多くの外国製部品によって組み立てられている可能性が高い。その場合、明らかに、組立工場——フォード社やゼネラル・モーターズ社でそうであるように、組立工場も当該企業の中央経営部門が位置する国以外の他の国に立地しているかもしれない——に部品が提供される際の条件は、税制の有利さ、労働組合の圧力、輸送システムや市場との関係など、取引に影響を与えるさまざまな要因を勘案して決められる複雑なものとなる。

この複雑な事実背景を要約するには相当の省略をしなければならなかったが、この背景を理解した上で、世界貿易に関する相対立する諸理論、諸学説の考察に移ろう。

貿易の諸理論

国際貿易に関しては主に三つの学派があるが、なぜ国境を越えて交易が生じるのかを説明している理論で、いま見たような世界貿易の現実に関する事実を十分に説明しているものはない。国際的に貿易される財・サービスの市場に対する国家固有の適切な役割について、それぞれの理論は相異なった結論に達している。いったい何が「固有」かということは、本質的には政治の問題なので、これら三つの学派の考え方が、国家間関係に関する三つの学派の国家観とほぼ一致していることは、たんなる偶然ではない。

国際関係論でこれら三つの学派とは、現実主義学派、多元主義学派、構造学派という名で知られている（Little and McKinlay, 1986; Gilpin, 1987; Barry Jones, 1983）。国際経済学においてこれらに対応するのは、重商主義（または新重商主義）、新古典派あるいは自由主義、マルクス主義（新マルクス学派、あるいはラテンアメリカやその他の第三世界諸国では「従属学派」）といういくぶん違った呼び名の諸学派である。これら三つの学派の違いを突き詰めると、どの価値に最も重きを置くか、逆にいえば政治的権威の介入、また権力――強制し、取引し、また説得する力――の利用によって正す必要のある社会システムの欠陥をどこに見出すか、という違いである。現実主義者あるいは重商主義者は、不安定な世界において最も重要な価値は安全保障であると考えている。生き残ることは国家の主要な目標であり、世界市場経済がもしその国家の存続に脅威になるならば、その国家は生き残るために必要な条件を獲得するために政策努力を傾注する。社会の結集力は国家の基礎だと考えるこの学派は、高い代償を払って外国の侵略者に対抗して国家を防衛するのと同じように、社会の結集力を高め、それを維持することは、他の価値の実現を犠牲にするという高い代償を払うに値すると見る。

自由主義者あるいは多元主義者は、生産要素の効率的な組み合せによる富の創造を物質主義社会の究極の目的であると考えている。国家は企業と同様に、権力を保持し、生き残るために、資源を必要とする。したがって効率性こそが最優先の価値である。経済の非効率を回避する政策に高い優先順位を与えるべきであり、最小のコストで最大の富の創造を確保すべく、市場機能を制限する規制はごく少なくすべきである。

それとは逆に、構造学派、ラディカル派、あるいは「従属」学派は、システムの公正、いやむしろ不公正に関心を集中している。あるシステムの不公正な偏向を正すことは、他の価値に優先するものである。そこにはすべての国の政治権力に対する道徳的命令も含まれており、過去の国際政治経済システムの働きによってもたらされた不公正——一つは植民地主義、もう一つは低開発——を正すために積極的に行動するよう求めている。

目的の違いは必然的にとられるべき政治的手段についても違いを生ずる。だからわれわれは、この三つの学派の主要な主張点について概括的に述べることができる。もしそれらの学派が、もっぱら客観的な事実観察から結論を導き出そうとはしないという意味で、科学的であるというよりも政治的、イデオロギー的であり、そしてどの理論も事実とうまく合致していないとするならば、それらの学派のいずれもが世界貿易に関する特定の問題や課題——それらが貿易関係をもつ特定の二国、あるいは特定の国々のグループに関することがらであろうとも、また世界市場経済の特定の産業分野に従事している国家や企業にのみ関することがらであろうとも――に取り組む研究者や学者に、十分に適切な道標を与えることはできそうにない。実際、国際政治経済学を学ぶ研究者に必要なのは、それぞれの学派の著作や論点の中で出会う主要な概念や議論の方法に親しんでおくということぐらいになってしまう。

自由主義理論は、アメリカの経済学者の間では最も支配的な考え方である、実際ヨーロッパや日本でもかなりの程度そうである。その中心的な教義が「比較生産費の法則」である。その要点は、貿易当事者の両国は、お互いに最も大きな比較優位をもつ財・サービスの生産に特化すれば、お互いの富を極大化できる、というものだ。この法則はさらに、二国・二財モデルを用い、もし仮に一方の国が両財の生産に優位性をもつ場合でさえも最大の比較優位を有する財生産に特化した方が両国の富を極大化できる、と述べている。この考え方を思いついた先覚者はいたものの、伝統的にはこの概念の確立者は、一九世紀初期のロンドンの金融業者、デビッド・リカードとされている。それは、資本の下で労働者が生み出し、生産物に体化され、そして結果的に資本家の利潤となる剰余価値の搾取についてのマルクスの考えの基盤となっているのと同じ労働価値説から導き出されたものである。

新古典派の膨大な仕事から派生した二つの重要な議論について紹介しておくことにしよう。一つは、ジェイコブ・ヴァイナーの仕事で、ある国々のグループ内における貿易の自由化を理論的に擁護したものである。関税同盟理論として知られているこの理論では、そのような排他的同盟によって得られる純福祉（ないし富）の追加分がどのくらいかは、グループ内の貿易自由化によってもたらされる貿易創出効果と、グループ外のより効率的な生産者からグループ内の効率的でない生産者に貿易相手が移ることによって生ずる貿易転換効果とを比較することによって計算されなければならないとしている。その総計がプラスの時は、関税同盟が、多角的な自由化につぐ次善の解法として、自由化原則にのっとり支持されることとなる。

もう一つは、第二次世界大戦前のスウェーデンの二人の経済学者によってつくり上げられたヘクシャー＝オリーン・モデルである。このモデルでは、国により財の生産に関して異なった比較効率が生ずるのは、資本、労働という生産要素の賦存の違いによるとされている。先進国と発展途上国との貿易は、前者には資本が、後者には労働力が相対的に豊富に存在していることによって生ずる、と説明される。生産要素賦存がお互いに異なっていると、ある国では資本集約的な生産が当該国の国内消費および輸出用に生じ、他方の国では労働集約的な生産が、同じく国内消費、輸出の両方のために生じるのである。

多くの経験的事実の研究によって、このモデルは必ずしも事実に合致していないことが明らかにされてきた。たとえば、一九五〇年代にワシリー・レオンチェフは、労働力が相対的に稀少で高価であり、資本のほうが相対的に豊富で安価なアメリカで、実際には輸入財よりも一労働者・年当たり相対的に資本集約度の劣る財が輸出されていることを示した。

しかし、より根本的にいって、国際貿易に関する自由主義理論は企業、とくに大企業が生産計画を作成する段階において、また国家が通商政策を決定する段階において、それぞれ資源の最も効率的な配置を優先し、安全保障、したがって生き残りの問題を無視することができるという、重大な誤った仮説を導入してしまっているのである。

現実主義派の理論は、それとは逆の仮説に立っているので、そのような過ちは犯していない。自由主義理論は、アカデミズムの世界では支配的だが、政治の世界では現実主義理論が支配的である。過去何百年の歴史をつうじて、自由主義理論よりも、現実主義理論に従って行動した国の方が多いのである。その現実主義理論の基本的な考え方は、国家の生き残り、自律こそが政策の最優先課題であり、工業化を早く始めた国と遅く始めた国との利害は一致しない、というものである。自由貿易は、前者にとっては都合のよいものであるが、後発工業国は自由競争体制の下ではけっして先発国に追いつくことはできないであろう。したがって、それらの国がうまく工業化を達成するには、国家の介入や産業保護政策を採る必要があろう。この現実主義的考え方は、新しく独立したてのアメリカ合衆国のアレクサンダー・ハミルトンや、ドイツでは一八七〇年にビスマルクが国家統一をする以前の何十年の間、フリードリッヒ・リストによって、激しく主張されてきた。フランスや日本においても、何十年という年月の間に国家と産業との密接な関係が築き上げられてきたが、これらの国も同様に、世界市場における競争力は政府の介入や保護措置、補助金その他の非関税障壁、また選択的信用の供与や時には競争の抑制までをも正しく用いることによって大幅に確保されるものであるという、共通した信念をいだいている。それぞれの時と場合によって政策を選択するというプラグマティズムは、現実主義的分析がとる暗黙の前提である。最近自由主義経済理論から転向した開発経済学者のダドレー・シアーズは、「政策というものは、……国家的必要から導かれてくるもので、存在しもしない国際共同体について国際主義者が描く理論的前提から導かれるようなものではない」と述べている。[3]

構造学派、あるいは従属学派の理論もやはり、市場は中立ではなく、歴史的要因によって世界各地で経済発展状態がそれぞれ均等でないことが、アジア、アフリカ、ラテンアメリカの発展途上国に不利な力を及ぼしている、という前提に立っている。この発展途上国に不利にはたらく力は、現在の世界経済システムに本質的に備わっているものであるとして、第三世界諸国が、北米やヨーロッパ、日本のような先進国に追いつき、より平等な貿易パートナーになるのを助けるような政策的諸手段の組み合せが正当化されている。

より大きな平等性が優先的な価値であるとされ、したがって一九七〇年代に新国際経済秩序の確立をめざして主張された方針は、すべて共通にこの要素をふくんでいた。すなわち、最後の章で述べるように、商品価格の安定、援助額の増加や信用供与条件の緩和、貿易特恵あるいは海運経営のいずれの手段にしろ、不平等性を緩和する方向での政策の変更を求めたのである。

これらの目的について、また現在の貿易システムにつきものの本質的な歪みという考え方については、発展途上国の間で広範な合意が見られた。そうした壮大な戦略をつくり上げた功績は、アルゼンチンの経済学者で国連ラテンアメリカ経済委員会の事務局長を務めたラウル・プレビッシュに帰せられなければならない。かれは一九五八年の「ハーバラー報告」で明らかにされた戦後世界貿易に関する傾向的事実を利用して、自論を展開したのである。国際貿易における一次産品の地位が相対的に低下し、第三世界諸国の輸出と輸入にとって市場の条件が非対称である事実を彼ほど強調したものはない。かれはそれを利用して、後に一九六四年に開催された最初の国連貿易開発会議(UNCTAD)を招集することになった一連の政策的提言を行ったのである。しかし、理論的にいって、新マルクス主義、構造学派、従属学派の著作には、不平等あるいは従属の究極的原因をめぐって幅広い見解の相違が存在しているといわねばならない。たとえば、構造学派の重鎮の一人であるアルギリ・エマニュエル(Emmanuel, 1972)は、国家の移民政策を反映して労働力は相対的に不動であるのに比べ、投資家や銀行の利益を反映する資本の移動性が相対的に高くなっていることが、不平等の根本的な要因であると論じている。西インド諸島出身の経済学者アーサー・ルイス(Lewis, 1978)は、ヨーロッパと熱帯大農園《プランテーション》間の、農業における労働生産性のもともとの違いにとくに注目し、それが第三世界諸国の生産物の低価格、低賃金をもたらしていると考えた。アミン(Amin, 1976)やグンダー・フランク(Gunder

Frank, 1978）などのその他の論者は、経済的不平等は国内的、国際的に政治権力を利用することによって保持される資本主義システムと不可分の不平等性の反映であると考えている。

前述したように、これらそれぞれの異なった解釈が、国家が世界市場経済にどう対処すべきか、という政策的処方箋について違った結論を引きだし、それを正当化していることは驚くに当たらない。これら三つの主な学派はそれぞれ現実に照らし合せてみると欠陥をもっているが、これらの欠陥を次に要約してみよう。まず初めに、どの理論も国民経済相互の――とくに先進経済諸国の――構造的相似性を十分に説明してはいないことがあげられる。すべての先進諸国は同じような一連の製品を生産し、それらをお互いに交易する傾向がある。さらに構造的相似性の第二段階である、多国籍の複合生産を説明する貿易理論もない。次に、同じような経済発展段階にある国々の間で、また国の集団の間でさえ、どうして採用される政策に大きな多様性が生じるのかを、どの理論も十分に説明していないことがある。経済学者は、政策に現れるその本質的な差異は政治家の不合理な政策決定によって生じるのだとして、その差異を無視しようとするが、実際は歴史的、地理的要因とともに経済的な要因もそれに関連しているのである。

国際貿易の場で、発展途上国が達成してきた成果が多様なことにさらに注目すべきだ。自由貿易理論の立場に立つ実証的研究によって、とくにラテンアメリカで行われた輸入代替工業化政策が、輸出志向経済が達成した状態にくらべて生産と経営両面で低い国際競争力と緩慢な経済成長しかもたらさなかったことが明らかにされた。しかし、自由経済理論は、なぜある発展途上国が最初の段階で輸出志向政策に伴うリスクを引き受けるだけの自信をもてたのか、その他の発展途上諸国がなぜその自信をもてなかったのかを説明しようとはしていないのである。たとえばアジアの四つの新興工業国（NICs）の実績は、どの貿易理論によっても十分に説明されていない。経済学者は、中国人や韓国人の活発な企業家精神の基礎として、儒教哲学をもち出し、お茶を濁してしまっている。

最後にどの理論も、異なる財・サービスの交易に関して、国家‐市場関係が大幅に違ってくる事実を説明していない。他の点においてはまったく同質であるにもかかわらず、国家が確固とした目的をもって介入する産業部門と、そうでない産業部門とが分かれる。たとえば石炭業や石油業、海運業や航空輸送業、鉄鋼業やアルミニウム工業、繊維業や衣料を、ラジオ、テレビ受像器製造業と比較すると、それは一目瞭然である。

極端にいって諸貿易理論の弱点は、イデオロギー的に偏向していようがいまいが、貿易を他の要素からあまりに分離して説明しようとしていることに求められる。諸貿易理論は、政治経済の四つの主要構造が国家間の交換関係（人びととの交換関係についても同様である）に与える影響について、十分な考慮を払っていないのである。もしそのような交換関係が、四つの構造に起因するさまざまな影響の結果であるとしたら、世界経済のすべての貿易関係を説明できる一般理論をいくら探しても、埒の明かない不十分なものしか得られないのは、当然のことといえる。

どの国の経済パフォーマンスや貿易政策を見ても、また世界市場経済でどの産業部門の貿易パターンを見ても、以上のことは明白である。第一に、安全保障構造の影響が考えられる。同盟を結んだり、紛争状態に入ったりすることが、貿易相手国との関係を密接にしたり疎遠にしたりするのは自明である。国家の安全保障政策についての関心は、所得分配や消費需要のような他の要素にも影響を与え、産業生産パターンを相似させる。主導的な先進工業経済が必要とする時にはいつでも、防衛上の理由から重要と見なされる同一の型の基幹産業が育成されてきたことは驚くばかりである（Sen, 1983）。第二に生産構造の影響がある。つまり、第四章で説明したように、すべての産業で資本費用が増加し、工場や機械設備、時には製品自体の寿命が短くなってきているという経験が見られる。そういった産業構造の影響というものが考えられる。陳腐化までの時間が短くなってきていることによって、あらゆる財・サービスの生産者は、国内市場で期待できる以上の広い市場を外国に求め、利潤の早期回収をめざすことを余儀なくさせられる。この産業生産に発する至上命令によって、多くの企業、そして多くの国家が、ますます世界市場へ参入するようになっている。これはまた、競争相手の企業との共同事業協定を促している理由でもある。それがなされるのは、とくに次世代の製品・サービスを開発するために、単独企業によって調達できる限度以上の資金的、人的資源が必要とされるような場合である。

第三に、金融構造の影響が考えられる。ここで金融構造とは、各国通貨が共存しかつ交換可能であるような構造であるということと、銀行・政府の両者によって信用が創造され、かつ国際的に高い流動性を有している構造であるということとの、両方を意味している。貿易に対する金融構造の影響という問題は、経済学者たちが貿易か金融のどちらかの分野に専門化してきたことによって、あまりに長い期間曖昧なとらえ方しかなされておらず、また見過ごされてきた点である。貿易と金融の問題を一緒に論じるべきだという認識が登場するまでにはずいぶん時間がかかった。外国資本、したがって国際流動性資本の流入によって為替レートが高くなると、貿易は簡単に沈滞してしまう。これは、一九八二年から八六年にかけてアメリカが経験した古典的な事例である。それとは逆に、世界経済である産業部門の市場が弱体化し、そのため、ある国の貿易収支が悪化して外国資本の新たな供給もなされなくなってしまうと、必須部門への投資——おそらく政府支出をも含めて——資金供給のために、その他の経済指標から見て逆の戦略が必要な場合でさえも、デフレ金融政策が必要とされてしまう。一九八五年から八七年にかけて、ナイジェリアとインドネシアは石油輸出国として、そのような経験をしたのである。

過去一世紀にわたる貿易統計が、不安定で不平等な成長の波を記録しているとすれば、それは第一義的には、世界市場経済における不平等な信用創造、不平等な信用の利用可能性の結果である。世界貿易がブームの時期というのは、銀行や政府（あるいはその双方）によって自由に信用創造がなされ、その利用が国際的に、直接あるいは世界資本市場を通して可能であった時である。逆に不況の時期というのは、例外なく、信用が干上がった時期で、それは時には国際市場から国内市場へ資本が還流してしまったことによって起こった。たとえば一九二八年のアメリカで、ヨーロッパへの短期信用の流れがウォール街に進路を変えたことがそれである。また、一九八四年頃からアメリカの銀行が、資本を国際金融市場から自己の資本資産比率の改善を図るために還流させ、すでにラテンアメリカの債務国を襲っていた信用飢饉をさらに悪化させたこともその例である。このような状況の下で各国政府は保護主義的対策をとるのだが、それは、金融面での無秩序の表現にほかならず、けっして貿易沈滞の結果ではないということに、貿易理論は最近まで気づかなかったのである。(4)

最後に、世界貿易に及ぼす知識構造の影響については、技術進歩が加速化しており、製品および生産工程の陳腐化が早まっているという点からもすでに類推できる。しかしそれ以外の、知識がもたらす影響もある。教育を通して知識の利用を学ぶことと、輸出貿易での実績とは密接に関連している。台湾は、一九八七年までに長年の貿易収支の黒字によって六二〇億ドルにのぼる通貨準備をもつにいたった。そして同時に、世界全体で全日制の教育を受けている人口比率では最高の部類にはいっている。アフリカ諸国の識字率はいまだに低いが、それは輸出能力を高める上での主要な障害となっている。

知識が工業化のために利用されるやり方が貿易に影響を与える場合もある。一九世紀に欧米で発達してきた特許制度により、日本は工業的知識の取得の代価を課され、一九七〇年代になってもまだその費用を支払っていた。しかし一九七〇年代になると、世界の知識構造は、大多国籍企業による変容をこうむってきた。つまり、大多国籍企業は、競争相手に対して自己の市場シェアを確保するために、研究開発部門によって獲得された技術的知識をますます内部化し、産業スパイがそれらを盗み出すのを防ぐために、ますます多くの費用を安全システムにつぎ込むようになってきたのである。この新しい構造において、発展途上国で将来起こりうべき競争企業に知識が流出するのを防ぐことができるかどうかは、産業部門ごとに、また国ごとに大きく異なるが、これが技術移転の古いシステムに比べて変化した点である。したがって、途上国が製品輸出国になれるかどうかも、この点に左右されるようになった。

以上述べてきたことの多くは、常識的なことばかりである。しかし最終的な結論は、基本構造のうちのどの一つをとっても、それがある時点である国の貿易に及ぼす影響は多様でありうるのだから、ましてや四つの基本構造すべてが与える複合的な影響を考えると、良い方向にはたらく場合、悪い方向にはたらく場合の組み合せしだいで、一段と幅広いものとなろう。どの二つの国をとっても、その将来予測――機会と障害、費用と便益――は同等のものではあり得ず、さらに同一の国の将来予測でさえ、世界の構造が変化すれば変わってしまう。したがって、ある国が市場面でもつ競争力や市場外における取引力、たとえばその国に新しい工場を建設しようとしている強力な多国籍企業や市場外における他国政府との取引における力関係などが、貿易システムの中におけるその国の位置を決定してしまうのである。一つの例をとれば、一九八〇年代の中頃、ナイジェリアとブラジルとの間で四〇億ドルにのぼる石油対砂糖・工業製品の大規模な貿易協定が交渉された。その動機は明らかに、一方では両債務国を襲っていた金融難のため信用を獲得する必要があったこと、他方では原油、砂糖の両方の世界需要を上回る供給過剰という事情があった。この取引は差別待遇であるとして他国からは非難された――もちろんれっきとした差別待遇だった――が、それぞれに互いに供給できる市場の規模が大きかったので、魅力のあるものとなった。二国間の協定貿易は、長い間東西貿易において実行され黙認されてきており、外貨不足に悩む多くの国にとって、重要な抜け道であることが実証されていたので、それを非難した第三国もやめさせることはできなかったのである。

国際機関

個別の国際交換の条件を決定する取引力や、また一次的構造から導かれる複数の要因の作用の複雑な結果である取引力それ自体を考察することは、「一体何が支配しているのか」という古くて新しい問題を考える上で有効であろう。支配しているのは市場か、国家か、それとも国際機関であろうか。ラギーが主張しているように、国際機関が貿易構造の中に自由主義を「埋め込んだ」ので、国家は政治的、経済的な取引力の行使に際して、実際にはルール・ブックによって制約を受けているのであろうか（Ruggie, 1983）。世界経済の貿易構造は、どのくらい各国政府の継続した支持に支えられているのだろうか。またGATTのような国際機関によってつくられた多角的協定にどの程度依存しているのであろうか。これらの疑問を解決するには、国際機関の役割や、国際機関と各国の政策との関連を正確に推し測る明晰な思考が必要である。

最初に、諸協定を作成し国際機関を設置する過程で、各国は複数の、互いに相矛盾する目的をいだいていたことを思い出さねばならない。各国は、奴隷貿易や麻薬の貿易など、いくつかの貿易を共同して非合法化し、また貿易を妨害する海賊のような行為を共同で懲罰した。さらにCOCOMに見るように、敵対国、潜在的敵対国との貿易を行わないことを申し合わせた。また諸国家は、EUやASEAN（東南アジア諸国連合）、CARICOM（カリブ共同体）のようにグループをつくって、あるいはアメリカとイスラエルやメキシコとの貿易協定のように二国間で、協定国に有利になるように、したがってそれ以外の国に対しては不利になるように、差別待遇をすることも、つねに辞さなかった。諸国家は、

ＧＡＴＴに結実しているような無差別待遇原則にのっとって貿易の自由化を行うことに同意した。そしてまた、ＵＮＣＴＡＤに見るように、低開発諸国に有利になるような貿易・開発政策を話し合うことについても、意見の一致を見た。そして驚くべきことに、以上の国際機関のほとんどすべて――地域的な理由で入れない地域機関をのぞいて――に加盟している国が存在するのである。貿易に関する国際機関が、自由な合意に基づいているという概念は、それゆえあまりに行きすぎた単純化である。いくつかの機関に加盟している国家は、自由貿易原則を遵守すると公言しているが、それはまた別の問題である。

二番目には、国際貿易機関の目的は、そのグループの中で最も強力な国によって設定されるか、さもなければ二つ、あるいはそれ以上の強力な国々の間での取引の結果として設定される。したがってその主導的な国、あるいは国々のグループは、その組織を通して行うことを約束する協力の限度をも同時に設定する。すでに説明したようにＧＡＴＴの目的は、イギリスとの間でなされた戦時中の取引をもとに、アメリカが設定したものであった。その目的はまた、アメリカ議会が政府に対して設けた限界によって制約を受けていることも、記憶しておくべき重要なことである。国際貿易機関（ＩＴＯ）の設立に関するハバナ憲章の批准を拒否した責任は合衆国上院にあり、それゆえトルーマン政権はその後ＧＡＴＴとして知られるようになる行政協定を発足させたのである。しかも正加盟国（High Contracting Parties, ＧＡＴＴ加盟国は正式にはこう呼ばれている）による自由化手続きは、一九三四年の相互貿易協定法で合衆国議会が定めた限度内に制限されていた。この法律により、大統領は議会の同意を必要とせず、通商協定を交渉する権利を初めて与えられた。ただし、その通商協定は特恵を相互に認めあうということによって「補償」され、関税切下率が五〇パーセントを超えないことを条件としていた。

GATTをつうじた貿易自由化の擁護者たちは、このシステムを「四つの柱」によって説明している。カーゾンズ（Curzons）によれば、「四つの柱」とは、(1)無差別原則（つまりヨーロッパがかってつくったような帝国による特恵的な貿易関係をやめるということ）、(2)多角的な最恵国待遇原則、したがってある一つの国に認められた特恵は全加盟国に適用される、(3)互恵原則の多角的適用、したがって多角的取引をつうじてA国がB国に対して与えた特恵はC国から供与される特恵によって「補償」され、C国はB、D、E、Fその他の国の特恵によって、その分「補償」されることが期待される。(4)GATT協定を支えている四つ目の、つまり最後の柱は、GATT総会による監視の下で、ある特定の状況にある国は前記の三つの原則の適用を免れうるという、貿易例外措置やエスケープ・クローズの一般的認定である。もちろん実際には、アメリカ自国のため、あるいは同盟国のために、国益の命じるままに、逃げ道を用意し実際に利用してきた。だから、それらの柱によって支えられている構造は、柱という比喩が呼び起こすような安定したものでも、不変的なものでもなかった。したがって、記憶しておくべき三番目のポイントは、国際貿易機関の役割や影響というものは、結局時間が経つにつれて変化する傾向をもっており、最も強力な国や国々のグループの考える価値の優先順位や関心のありようの変化を反映するものなのである。

ＧＡＴＴがこれまで歩んできた道は、矛盾と変則にあふれている。たとえば最初の柱である無差別原則は、おそらく最も奇妙な仕方で解釈されてきたものであろう。西ヨーロッパの経済復興（冷戦時代にアメリカは戦略的理由で、それを切実に必要とした）を強化するために、アメリカは西ヨーロッパ諸国がアメリカの輸出業者に対して、割当てを課したり免許交付を制限したりして、差別的な扱いをすることをただちに許可したのである。そしてイギリスが戦後、財政的な困難に直面した際には、アメリカは、スターリング圏がドル輸入に対して効果的な貿易障壁効果をもつ差別的な為替統制を実施することを許した。その為替統制は、戦時期にアメリカが必死になって廃止を唱えていた帝国特恵関税構造よりもっと貿易障壁として効果的にはたらくものだった。アメリカはヨーロッパ諸国に対し、アメリカの主要な差別貿易戦略——一九五一年のバトル法によって決定され、多角的なＣＯＣＯＭ機関を通して実施されている、中国、ソ連および東欧諸国との通商の戦略的禁止——にヨーロッパ諸国が協力するという条件の下に、支援を与えたのである。

ＧＡＴＴ加盟国相互の関係においても、規則の網の目に大きな逃げ道が用意されていた。主なものの一つとしては、国際収支を理由として関税を引き上げることができる自由がある。また、GATT第二五条で規定されているウェーバー措置がある。それはヨーロッパ石炭鉄鋼共同体、およびその後のヨーロッパ経済共同体（EEC）による差別的貿易措置に使われた。さらにそれは、一九五四年にアメリカによって農産物貿易の制限に拡大適用された。また別の逃げ道としては、「特定部門における困難」に関する第一九条で、特別の状況の下で、無差別原則に基づくことを条件として関税特恵の適用を見合わせることができるとしている。また第六条は、輸入国の国内生産者に損害を与えるダンピング（つまり母国での価格よりも低い価格で販売すること）の疑いのある輸入品に関して、防衛的な意味で課税することができると規定している。これらの逃げ道のほとんどは、アメリカや、アメリカと協定を結んでいるその他の先進同盟国によって、それらの経済的利益に見合うように利用されてきた。発展途上国に特別の関税特恵を与えるために変更された規則の唯一の例は、一般特恵制度（GSP）と呼ばれているものである。これは、途上国が長年にわたって要求し続けた結果、ようやく一九七一年になって、アメリカ、ヨーロッパ、日本によってしぶしぶ受け入れられたのであった。しかしこれは実際には特定条項や留保条件によって制限されており、現実的な機能としては無視しうるものでしかない（MacBean and Snowden, 1981）。

四番目の、そして最後のポイントは、それほど一般的に認められている自明の理ではないが、国際貿易機関というもの（あるいはウルグアイ・ラウンドというような場を通してなされる一連の交渉）を現実的に評価するために、まず最も重要な役割を果たしている国、国々のグループの取引力の範囲と限界が何かを知ることから始めるということである。アメリカは、GATTにおける交渉に君臨しこれらを動かしてきた。たとえば、多角的繊維交渉の開始や、一般特恵制度に当初は反対していたにもかかわらず、後にそれを制限付きながら承認したことなどがあげられる。なぜアメリカがそのように指導性を発揮できたかといえば、一つにはNATO／OECDの同盟諸国を核防衛の傘の下に入れることと引き換えに、金融管理に関するフリーハンドと貿易交渉における主導権とをかれらに認めさせたことであり、また他方では、アメリカ自体の市場は非常に大きくまた豊かであるので、この市場をコントロールしているということがそのまま大きな取引力の源泉を形づくったことがある。この大市場への参入という名誉に浴することは、他の工業先進国や発展途上国にとってはたいへん価値のあることであったので、報われない恋人のように、その市場から閉め出されることを望まず、取引というものの本来の性格に目をつぶり、その意味を都合よく再解釈することに腐心してきたのだ。しかしながら一九八〇年代になって、ヨーロッパや日本の企業は、アメリカの教科書にならって、アメリカ国内に直接投資あるいは吸収合併を通して橋頭堡としての子会社を設立し、文字どおりアメリカ市場にアクセスしていったのである。こうした動きは、アメリカ外の企業に対しこの国でみられる保護主義的政策へ対応する際、その仕方に幅を与え、アメリカの取引力のいくぶんかを減じている。

それと同時に、アメリカの貿易政策には、何がダンピング、不公正競争、国内産業に対する深刻なダメージとなっているかということの再解釈を一方的に行おうとする傾向が見られ、それが国内市場への新たな入り口を閉ざしており、そのことがかえって政府間取引においてアメリカ市場の価値を減じているのである（Winham, 1986; Destler, 1986）。

ウルグアイ・ラウンド（一九八六〜九三年）が長年月厳しい交渉を経て、ようやく妥結したにもかかわらず、世界貿易の主要当事者の多くにとって、GATTの諸ラウンドの重味はだんだん減退してきたように思われる。多くのマスメディアでは、ウルグアイ・ラウンドが一九九三年末の期限までに妥結しなければ世界貿易は大幅に妨げられる（たぶんフランスはそうは考えていなかっただろうか）という「常識」が説かれた。だが、この期限の問題が出てきたのは、アメリカ大統領が、米通商代表とヨーロッパ、日本間のGATT交渉について、議会の承認を得るための「ファスト・トラック」を設定したからであった。大企業は、もし期限が過ぎても交渉が妥結しなければ、世界経済に対する信頼性が大きく損なわれることを心配した。これら大企業は、交渉当事者たちに、何であれともかく協定に到達するように働きかけた。そこで予期されたことだが、ぎりぎりになっての交渉が何とかまとまった。だが、これも予期されたことだが、真の貿易問題は依然として解決されないままに残されたのである。

このことは残念なことだが、どうにもならない失敗というほどではない。ともあれ、ラウンド交渉は妥結にこぎつけたのだ。今日の貿易の問題は、貿易の主流が産業内、企業内貿易となってきていることにある。そのため、関税や数量割当てに意味があるとしても、それは、政府よりも企業の方が、供給が制限されることによって可能となる高価格から、より多くの利潤を獲得できるということを意味している。部品生産をどこで行うか、したがって企業内貿易のフローがどうなるかということが企業によって決定される時、各国政府の設ける規制は、もはや企業が意思決定を行う際の一つの変数にしかすぎなくなろう。貿易交渉を行うことは、発展途上国の輸出者にとっては依然として重要な意味をもちえよう。しかし、UNCTADの提案や貿易に関する南北協議の議事録がくりかえし示してきたように、アメリカ、ロメ協定に関して疑義が向けられたEU、そして日本から得られたわずかな譲歩以上のものを獲得できるほど、七七カ国グループの取引力は、強力なものではなくなっている。取引力を分析の基礎に据えて見ると、大きな市場、安定した政府、教育程度の高い労働力をもっている途上国は、政府間の国際機関の場で実りのない陳情をするよりも、外国企業と直接交渉して、自国貿易の将来展望を切り開くことができるように見える。しかしながらそのような取引力をもたない途上国にとっては、現在進行しているように、多角的な貿易「レジーム」が崩れていくことは、自国貿易の展望が将来ますます厳しく制限された機会しかもたないことを意味していくだろう。

第九章　エネルギー

第五の生産要素

計画経済であろうと混合経済または市場経済であろうと、すべての発達した経済にとって、エネルギーは重要な生産要素である。とりわけあらゆる経済の基礎となる産業——鉄鋼、化学、エンジニアリング——は、石油、石炭、天然ガスあるいは原子力などからもたらされる膨大なエネルギーの投入を必要とする。また、現代の経済は輸送なしでは機能しない。道路、レール、海路や空路の輸送はすべて大きなエネルギーの消費者である。そして、家庭や工場に対してエネルギー供給が停止された時には、現代社会はほとんど動きを止めてしまう。

古典派の経済学者たちは、生産要素を、土地、労働、資本の三つだけとした。これは、富の大部分が土地からもたらされ、多くの人々が依然として農耕、またはそれに関連した仕事——鍛冶屋、車大工、大工、屋根葺き工、桶屋等——に従事していたような経済では当然のことであった。しかし、アダム・スミスやデビッド・リカードが近代的な経済学の基礎を築いた時期でさえも、かれらはあと二つの重要な生産要素を考慮に入れるべきであった。すなわち、技術とエネルギーである。その当時でさえ、農業において、土地、労働、資本の一定の組み合せによって生産された富を、技術を若干付け加えることによって、著しく改善することができたであろう。一七、一八世紀の農業革命以前においてさえも、北西ヨーロッパにおける土地と労働の生産性は、あらゆる種類の技術改善——鉄鋤、風車、水車、沼地の干拓など——によって大きく上昇してきたのである。これらの改善は、たんに資本ばかりでなく、ノウハウを必要とした。その後、イギリスでは「かぶの品種改良者」タウンゼンド（第四章注6）によって一般化された四交替耕作制や、共有地の囲込み（エンクロージャー）によって可能となった牧畜業の改良などにより、産業革命の資金的基礎が築かれたのである。

より多くの富の生産に貢献した技術改善とともに、エネルギーの投入も増大した。チポラによれば、産業革命以前には、全世界で使用されていたエネルギーの八五パーセントは、人間や動物の筋力によりもたらされたが、社会が豊かになるとともに、動物の比重が増大していった（Cipolla, 1962）。一一世紀のイギリスで征服王ウィリアムが編纂したドゥームズデイ・ブック〔イギリス最初の土地および住民調査〕は徴税事務をよりよく行うためのものだったが、エネルギーを重要な生産要素として認めている。その中には、すべてのイギリスの村で飼育されている牡牛——これが当時の主要な農耕用の家畜であった——の数が記録されている。後に、馬——これは牡牛よりも飼育が容易であり、長く厳しい冬に耐える力もより強かった——に馬具をつける技術が改善されると、土地の生産性は上昇し、それがまた農民たちにより多くの馬を飼育し、保持することを可能とさせた。それとならんで、動物に代わって水力や風力を用い、穀物を製粉することが可能となった。こうして、原始的な形でのエネルギーの使用が農業革命の基本的な要素となった。

産業革命においてエネルギーが基本的な要素であったということは、学生たちは誰でも知っていることである。すなわち、風車や水車にかわって蒸気機関が工業で用いられるようになり、資本家によって集められた労働者たちが木綿工場や毛織工場に集まって、新しい機械を用い、一日何十梱《こり》の生地を生産するようになった。以前は一日の生産単位は何ヤードで測られていたのである。蒸気機関は当初鉱業で用いられていたが、後に鉄道の動力源として用いられるようになった。蒸気機関を動かすためには石炭が必要であった。そのため、一九世紀ヨーロッパでの工業化地図は、地下における石炭の地質学的分布と密接に関連している。イギリスでは、工業は石炭の豊富な中央部や北部で成長し、南部では興らなかった。工業がまた、フランスの北東部で発達し南西部で成長しなかったのも同じ理由による。ドイツのルール地方やシレジア地方で鉱業が発達し、北部平原では発達しなかったのも同じ理由である。イタリアは一五世紀においてヨーロッパの技術と富を主導する立場にあったが、この時期には二つの大きな不利益によって成長を制約されることになった。この不利益とは、政治的な統一の欠如と石炭が見出されなかったことである。イタリアでも、ギリシアと同じく人びとは土地に頼って暮らし続け、工業が本当に興ったのはやっと第一次世界大戦後のことであった。

第一次大戦時になると、諸国家は安全保障のためにエネルギー供給が重要であることを認識するようになった。フランスは一九一八年にドイツに対して戦争賠償を執拗に要求した。これは、フランダースの湿地で四年間血なまぐさい戦闘を展開したために、フランス北東部の広大な石炭地帯が破壊されたり、一時的に使えなくなったという理由によるものである。この損害のために賠償が必要とされたのである。ドイツに対して、石炭および現金で賠償を支払うことが要請された。また、フランスはドイツにザール炭田を譲渡することを迫った。しかしこのフランスの要求は、アメリカのウィルソン大統領によって提唱されたこれ一般に列強によって承認されていた民族自決の原理と明白に矛盾するものであった。この民族自決の原理は、旧オーストリア゠ハンガリー帝国を分割し、チェコスロバキア、ユーゴスラビアという新しい国家を創設するための正当な原理だと考えられたのである。また、同じ理由によって、エストニア、ラトビア、リトアニアのバルト三国も一九一七年大革命の直後、ロシアから離脱した。しかし、ザール地方の住民はすべてドイツ語を話していたのである。第一次大戦後、ヨーロッパの国境を定めた諸委員会が用いた民族の客観的な基準は言語であった。ウィルソン大統領はこのフランスの要求に腹を立て、これがパリ平和会議をほとんど決裂させかねない問題となった。ルアーブル港に停泊したアメリカ大統領の船の船長はエンジンを始動させるように命令を受け、ウィルソン大統領はパリを去って不満裡に帰国すると会議を脅かした。しかし、結局外交が勝利をおさめ、フランスとアメリカはザール地方を国際連盟の信託地とすることに同意し、ザール地方は（フランス人の）国際連盟代表によってフランスの一部として一五年間にわたって統治され、その後住民選挙で将来の帰属を決定することで折合いがついた(1)。

こう述べたのも、石炭の所有が国家の工業エネルギー源として重要であり、当時すでに外交の主要な目標の一つであると認められていた、ということを強調したかったからである。パリの平和会議で、石炭が重要な政治的主題となったもう一つの例がある。これは、シレジア炭田のケースである。シレジアは、ポーランド、ドイツ、チェコスロバキアに跨がっている。三国間に新しい国境を設定する任務を帯びた連盟委員会にとっておそらく幸いなことに、このシレジア地域の随所で、ドイツ語住民とポーランド語住民の居住帯が入り混じっており、民族を基準として明確な国境線を引くことはほとんど不可能であった。しかし、戦争に敗北したドイツ人たちは、この国境画定もまた、ドイツ人たちから主要な工業資源を奪いとるために、ヴェルサイユの「民族自決原理」が偽善的にベールとして用いられた例だ、と確信しつづけた。フランスは一九二三年にルール炭田を再占領したが、これは、ドイツが超インフレの悩みのために戦争賠償を支払えなかったことを口実としていた。だが、このこともドイツ人たちの疑心を増幅させるばかりであった。

他方で、石炭は国家工業に必要であり、工業――とくに鉄鋼業――は軍事力に必要である、との単純すぎる観念もやがて急速に消えた。第二次大戦時に、ルーズベルト政権の財務長官ヘンリー・モーゲンソーはいわゆる「ドイツ問題」について急進的な解決法を見いだした、と考えた。すなわち、ドイツの工業地帯を「農園化」し、ルール炭田を閉鎖するならば、ドイツはもはやヨーロッパ戦争を繰り返す力を持たず、そしてアメリカを三度にわたり大戦に引き込むことも不可能となるだろう。ドイツの炭田なくしては、ドイツの重工業も存在しない。重工業がなければ強力なドイツの軍隊も存在しない。したがって、東、南、または西側の近隣諸国をいじめたり、脅かしたりする衝動も湧かないだろう。これで、モーゲンソーの推論は完結する。しかし、イギリス、ヨーロッパの同盟諸政府、そしてもっと賢いアメリカの指導者たちはよりよい方法を知っていた。かれらはこうした戦後戦略を採用するならば、それはドイツの近隣諸国をも貧困化させるだろうと考えた。こうしたやり方は、西ヨーロッパ全体の経済回復を遅らせ、台無しにし、結局のところ新しく勃興してきた強力なソ連に対してドイツを無抵抗の状態としてしまうだろう。こうして、モーゲンソー計画は実現しなかった。

第二次大戦後、海軍も陸軍も石炭ではなく石油を使う時代となって、石油が国際政治の主要な問題として登場した後になっても、石炭に関する執念は依然として継続していた。フランスは、ふたたびザール炭田の支配権をせしめようとあらゆる努力をはらった。フランスは、あらゆる努力をはらってザール住民たちがドイツ語やドイツとの文化的結びつきを忘れ、ドイツの乏しい食糧配給を見捨てて、フランスの配給制度にひきつけられるようにつとめた。他方で、イギリスは、この重要なエネルギー資源を戦後管理するために国際ルール管理委員会を設置する提案を行った。この二国の動きは外交的な紛争を引き起こしたが、一九五〇年にロベール・シューマンがヨーロッパ石炭鉄鋼共同体（ＥＣＳＣ）という超国家的な権力をそなえた高等機関という天才的な提案を行うにいたって、ようやく解決した。シューマンの提案は、炭田を所有し支配するのが誰かという問題を解決したばかりではなく、フランスとドイツ間の長年にわたる紛争の核ともいうべき問題を除去することによって、両国間の戦争が再発しないことを願ったものであった（Diebold, 1959）。

やがて明らかになったことだが、ＥＣＳＣは、けっして、シューマンが願ったような新しい時代をひらくイニシアティブとはならなかった。この高等機関は石炭業や鉄鋼業の管理で国民国家にとって代わるものではなかったのである。ＥＣＳＣが一つのヨーロッパに対する忠誠心を強め、いわば裏庭から政治的統合を進めるだけの強力な機関となると見た考え方――新機能主義者的な考え方――はあまりに楽観的なことが明らかになった。政治的統合にはさまざまの障害があった。それはたんにドゴール将軍に率いられたフランスの反対にとどまるものではなかった。一九六〇年代のヨーロッパ経済共同体は、諸国家のゆるい連合あるいは連盟にとどまり、それが効力を発揮するのは共通の外敵に対する場合だ、ということについてはひろく同意が見られたのである。

しかし、ECSCが一九七〇年代にはもはや重要な役割を持たなくなったのはなぜか、という理由は政治的なものよりも経済的なものである。このころになると、石油が国家戦略や国家間外交の目標として石炭にとって代わる。エネルギーは依然として「高次の政治」(ハイ・ポリティクス)に属するが、エネルギー源が転換したのだ。そして北海油田が開発されるまで、すべてのヨーロッパ諸国は国境内に主要な産業エネルギー源を蔵することがなくなり、どこの国も石油と天然ガスの純輸入者として同一のボートに乗ることになった。かつて、国内で石炭が生産され消費されていたような国々で、いまは石油が新しい主要なエネルギー源として生産され、世界市場に販売されるようになった(ポーランドだけは今日依然として石炭の主要な輸出国であり、この一般的な傾向の例外である)。この変化がどのように起こったかについての政治学、石油が獲得される条件、石油が発見され市場に販売される方式などは、国家間外交や対外政治の問題よりはむしろ国際政治経済学の対象である。言い換えれば、関連諸国の国内政治が、市場の諸条件や新しい市場オペレーターの性質などとともに、新しくクローズ・アップされてきたのである。

石油が新しいエネルギー源として石炭から区別され、したがって工業世界経済における主要な五つの生産要素の一つとなった原因は、石油の大きな移動可能性にある。これは重要な点である。なぜなら、世界経済の重要な要素の一つとして、それぞれ異なる生産要素は移動性が等しくないということが指摘できるからである。石炭時代には、エネルギーはあまり移動しなかった。土地もまた、占領されたり、時には購入によって獲得されることはできるが、基本的には移動しない。労働は部分的に移動するだけである。労働の場合には、第一次世界大戦以前にはそれ以降よりもずっと移動性は高かった。第一次大戦を契機として、アメリカや他の諸国が新しい移民に対して門戸を閉ざすようになったのであり、また奴隷を買ったり、安い年季奉公労働者をつれてきたりする経済的、政治的要因が消滅したのである。労働はまた、一九六〇年代以降移動性を高めるようになった。つまり、合法的あるいは非合法的な出稼ぎ労働者が、ヨーロッパやアメリカで肉体労働に従事するためにつれてこられるようになったのである。石炭の時代には、資本の移動性はあったが、技術と同じく、資本もまた、石油時代に入って輸送や通信システムが改良され、国際資本市場や銀行制度が世界的に統合化されるとともに、はるかに移動性を高めるようになった。したがって、結局のところ、石油が大陸間をパイプラインで容易に運送され、また大洋間を巨大タンカーによって手軽に運ばれるという事実によって、主要な生産要素の移動性が飛躍的に高まった、ということができる。しかし、今日の世界経済におけるエネルギーの主要な源泉を眺めると、移動性が高まったということは必ずしも政治性が低くなったということを意味するのではない。それはたんに政治が国民国家の境界を超えるようになった、ということを意味するのである。

事実と理論

幸いなことに、貿易とは異なり、世界のエネルギー供給に関する政治経済学的分析は、多くの陳腐化した経済理論によって惑わされることが少ない。他方で、これはまだ大幅に未開拓の領域である。第二次世界大戦のかなり後まで、石炭や石油に関する有名な専門家は企業や政府で働いているか、それらの顧問的立場の人びとであった。かれらは、基本的には特定の問題について働く実務家たちであって、一般的な理論を探究する学者ではなかった。今日でさえも、石油やエネルギー問題の専門家は、企業や政府で仕事をしていても、とりたてて理論について考えることはない。かれらの主要な関心は市場の短期予測、市場――変動しやすく予測しがたい市場――の短期の見通しであり、また政府や企業がどのようにこれに対応するか、といった問題である。他方で、経済理論家たちはエネルギー市場に理論を適用する関心をもってはこなかった。かれらは、エネルギー市場が基本的には政治的な力の影響を大きく受けることを目の当たりにした。たとえば、一九七三年一〇月の

「石油ショック」の際には、市場価格が一夜にしてほとんど四倍となったのだが、それはイスラエルとアラブ諸隣国間の七日戦争と時を同じくしたものであったし、またこの戦争なくしては起こりえなかっただろうことである。中東における戦争、あるいは戦争の恐れを経済理論に取り入れることはむずかしい。一九八七年においてさえ、イラン・イラク戦争に発した紛争がペルシャ湾岸に広がる可能性が見えた時、クウェートからの石油供給は、イランやイラクからのそれとともに大きく減少し、数カ月にして原油価格はバレル当たり一五ドル以下から二〇ドル以上に、二五パーセントも値上がりしたのである。

また、他方で、政治学や国際関係論の一般理論家たちの貢献も小さかった。石油事業の政治的次元について仕事をした人びとはしばしば中東政治の専門家たちであった。これはもちろん、エネルギー問題と不可分の側面である。しかし、それは唯一の側面ではない。たとえば、アメリカ議会の政治的派閥や、ソ連の政治局の構成などもまた重要であろう。そして、エネルギーに関する国家の政策がエネルギー安全保障の問題と大きく関連していることは確かであるにせよ、安全保障問題を専門とする政治学者たちは、戦略を主として軍事的安全保障、防衛政策などと結びつけて考える傾向があり、エネルギー政策と関連させることは少ない。戦略研究（したがって、その裏返しである平和研究）の概念や方法は容易に世界エネルギー制度の政治経済学——誰が何を、いかにして手に入れるかという学問——に適応できるものではない。要するに、これは社会科学の諸領域間に横たわり、いまだ主要な理論分野のどれによっても探究され開拓されることのない「無人の地」の典型的なケースなのである。

必要なことは――今日の工業化された世界経済ではエネルギー政治学および経済学がきわめて重要になっていることは明白なので――国家がさまざまなエネルギー源を求めて市場に介入する行動を分析する理論的枠組みであり、それは市場が国家の政策や行動に及ぼす影響、すなわち国家の経済発展と国民的安全保障の問題とを結びつけて理解するような分析的枠組みにほかならない。石油、天然ガス、石炭そして原子力――風力、波力、太陽エネルギー等の「代替的」エネルギーはいうに及ばず――などに関して出版された資料、著作、新聞そして日々の新聞記事などの文献目録はすでに膨大なものとなっている。問題はどれを選ぶか、ということであり、また事実と意見の山の中から何を見出すか、ということである。E・H・カーが、歴史記述についてのべたように、問題は魚屋の店先に並べられた魚と似ている。つまり大洋で泳いでいる何万という魚の中からどの魚を選び、捕まえ、市場で売るか、ということなのだ。ある種の魚、つまりある特定の事実を選びだし、他を捨てるということには、何らかの理由、あるいは理由の組み合せが存在するにちがいない。この選択をどのようにして、本書で提起されたような政治経済学上の問いに答えるか。これを検討する際には、過去半世紀以上にわたって石油の需給に関して国家と市場がどう関連してきたかの歴史を簡単に見ておくことが有用だろう。われわれは、その後で他のエネルギー諸源泉について同様の事実が見出せるかどうか、上述の基本的な問題に同様の、または異なった答えが得られるかどうか、を見ることができる。

しかしながら、これらすべてを一度に眺めることはあまりに複雑であり、おそらく混乱をまねくだろう。石油こそは世界経済でもっとも重要なエネルギー源である。したがって、それは他の諸資源に対する需要やこれら諸資源の使用にもっとも影響を与えるような資源である。石油が高価となった時や、その供給が不確実なものとなった時、国家のエネルギー政策は石炭や原子力を重視するようになる。しかし石油が豊富で安価に存在する時、国家のこうした政策への熱は醒める傾向を持つ。過去の事例からすると、石油が依然としてきわめて重要な位置を占める一方で、石油市況が大きく変動しやすいことは容易に見てとれる。

というのは、エネルギーに関するいくつかの事実――たとえば枯渇性エネルギー資源の埋蔵量の程度――が専門家の議論の対象となって、費用や価格が変化するとともにたえず修正されるが、他方、すべての人に受け入れられている石油に関する若干の地質学的、経済史的事実が存在する。その一つが、気候や地質の偶然によって、原油――そして石炭や天然ガス――の埋蔵量は、地下できわめて不均等に分布している、という事実である。一九八〇年代半ばにおいて世界の原油確認埋蔵量の五二パーセント以上は中東に存在した。天然ガスの既知の四〇パーセント以上がソ連・東欧の地下に見出され、そして世界で他をひきはなして最大の石炭の埋蔵量はアメリカ（二八・七パーセント）、そしてソ連（二七・七パーセント）に賦存した。たえず新しい発見が行われているにせよ、こうした石炭、原油、天然ガス資源がいくつかの国に大きく偏っているという不均等な分布の事実が大きく変わるとは思われない。

石油についてのもう一つの事実は、それを地下からとり出す費用が安価であるということだ。あらゆるエネルギー資源の中で最も安いものは中東の石油であり、平均して北海石油の採掘費用の五分の一、そしておそらくは北アメリカのタールサンド鉱床から石油を抽出する費用や輸入された液化天然ガス費用の四〇分の一くらいであろう。この経済的な事実により、世界のエネルギー体制の中で中東石油が占める支配的な地位が説明される。一九八四年には、世界で消費されるエネルギーの四〇パーセント近くが石油からもたらされ、その三三パーセントが中東から供給された。一次エネルギー供給に占める石油の比重は一九七九年時に四五パーセントだったので、八四年には低下したのだが、中東はつねに他地域をはるかにひきはなして主要な供給者であった。

歴史的な事実もまた重要である。第一に、一九二五年から八五年までの六〇年間に、世界の総エネルギー需要は五倍に増えた。これは、食糧、鉄鋼あるいはその他の原料資源需要よりもはるかに大きい伸びである。同じ時期に、需要もまたきわめて不均等な形で伸びた。すなわち、工業諸国の需要が、アフリカ、あるいはラテンアメリカをさえも大きく抜いていた。そして、北アメリカの需要は全西ヨーロッパ、ソ連圏、または日本の需要を大きく抜いていた。

また、すべての工業国において、エネルギー投入と工業の産出高との間には同様の相関関係がつねに存在したとはいえないことも事実である。言い換えれば、運送や工業におけるエネルギー使用の効率は、総需要が増加している時期にも大きく上昇した。これは、一九七三年における石油価格の急騰以後の数年間に目立った現象であり、おそらく日本の産業でもっとも大きな成果が見られた。しかし、世界で最大の石油消費者として名高いアメリカにおいてさえも、国内総生産（GDP）に占めるエネルギー使用の比重は一九七五年以降の一〇年間に四分の一低落した。この原因は使用者に対して高い価格をつきつけた市場メカニズムと同時に、エネルギーをより経済的に使用することが得になるようなエネルギー保存政策をとった政府の介入にもよるのである。

最後にもう一つ歴史的事実を指摘しておこう。最近一五年以上にわたり、石油の「実質」価格と名目価格との間には大きな差があった。米ドルで示された（石油の場合には現在までつねにそうだが）名目価格が一九七〇年代当初のバレル当たり四ドルから一九七九年には三四ドル以上になったにもかかわらず、インフレとそれによる米ドルの価値低下により、実質価格はただ一五ドル程度に上がっただけだったのだ。その後、アメリカの通貨政策が引締めに転じ、ドル価値が強くなるにつれて、石油の実質価格低下は名目価格の低下ほど急ではなかった。こうした事実を念頭におき、われわれはいまや、国家、市場、石油会社のそれぞれの関係が近年歴史的にどのように変化してきたかを眺めることにしよう。

石油会社、政府、市場

政府、企業、市場――これらは石油業界の業務における三つの主要な登場者である。政治経済学においては、大部分の場合、権威と市場との間の複雑な関係を、単純に国家対市場関係として述べることは正当であり、たしかに便利である。しかし石油の場合には、もっとも重要な権威はしばしば国民政府によって代表される国家ではなく、市場を事実上支配している石油会社、あるいは石油会社のグループである。そして、企業も政府もともに、それぞれ異なる時点において、また異なる範囲で、市場の影響力を受けてきた。

石油産業の初期においては、市場は事実上アメリカ市場であり、したがって考慮に値する政府とはただアメリカ政府だけだった。石油採掘の技術とは、地下深く井戸を掘り、採掘権を受けた地表の面積よりもはるかに広大な地下の範囲から原油を汲み出す。アメリカの石油法は、石炭や金属鉱業の例にならっている。つまり、ある一人の企業者に与えられた採掘権は、その有効期間内で独占的である。しかし、この独占は事実上成立しなかった。というのは、近隣の採掘権を受けた地域もまた同じ油層から汲み出すのである。はやく採掘し、はやく販売することが利潤を極大とした。その結果は、近隣の採掘権者同士の間で死に物狂いの競争が市場で展開されることになった。つまり、価格は不安定となり、弱小企業者は強大な企業者に膝を屈することになった。石油業務でジョン・D・ロックフェラーが示した秘密は――これは後にすべての巨大石油会社が学ぶことになるのだが――、石油会社の力とは垂直統合から得られるというものだった。こうして、業者同士の激烈な競争市場はまもなくスタンダード石油トラストの独占支配へと展開することになる。そのかわりに、これに対して政治的反動が起こり、アメリカ政府は一八九〇年代に最高裁判所で州間に跨がる石油産業を不公正なものと決定し、市場をより多くの石油供給者に開放して、増大する需要を満たそうと努めた。

第一次世界大戦とともに石油ゲームの国内的局面は終了した。すでに陸海軍はすっかり石油供給に依存することになり、そして運輸や諸産業、とくに化学産業での石油使用・流通が急速にすすんだ。この国内的局面において、オスマン帝国の解体がもたらされ、あるいは促進され、これの大帝国は今やシリア、イラク、パレスチナなどの弱小諸国からなる中東へと名称を変更した。勝利した列強は、これらの諸国をいわゆる国際連盟の「委任統治領」という仮装のもとにおいた。これら弱小諸国の政府は、かつてアメリカが初期の石油採掘権を与えた地域よりもはるかに広大な地域に石油会社が利権を拡大することに抗議することはできなかった（こうした広大な石油権益の最初のものは、イランが一九〇一年、後にアングロ・イラニアン社と呼ばれる会社の設立者の一人に対して与えたダーシー採掘権である)。広大な採掘権とは、新しい原油の発見をめぐる激しい競争、また原油の埋蔵量が枯渇する以前に石油を採掘費以上ならいくらでも構わず売ってしまおうとするような激烈な販売競争などの危険がより少なくなることを意味していた。

こうして、石油ゲームの第二局面を支配したのは石油会社であった。利権供与国はあまりに貧しかったので、石油会社が生産量に対する利権料の形で提供するわずかな報酬に感謝していた。また、産油国は無力であった。これらの国々は、石油産業を支配するだけの資金力も知識も、また販路も持っていなかったのである。消費国政府は、自国の利害が脅かされないかぎり石油業でおかしいことが起こっていても、それには無関心だった。イギリスとフランスはもっぱら中東から他の列強を締め出し、影響権をひたすら維持することを外交目標とした(一九一六年には、この二国はサイクス=ピコ・ラインと呼ばれる見えない国境線を協定し、第一次大戦後の掠奪地を両国で分けあった)。この二国のもう一つの関心事は、戦争の場合に備えて戦略的な石油の供給を確保することであった。アメリカのクーリッジ共和党政府は、一九二〇年代後半に同様の関心からアメリカの石油会社が中東での利権獲得ゲームに参加することを支持した。こうして、中東でアメリカ産油会社の市場規模、そして富はしだいに増大することになったのである。そして、アメリカ政府は、強大なアメリカ石油会社の権力が、国内市場における反トラスト法や採掘権に関する取決めを脅かさないかぎり、国際石油貿易に対してますます大きな権力を行使することにはあまり関心を持たなかった。

このように、ほとんど半世紀にわたって、国際石油市場はセブン・シスターズと呼ばれた七つの巨大石油会社によって事実上支配された。ただ、ソ連とメキシコ――この国では石油の一部が一九三八年に世界最初に国有化された――での産油によって提供される市場だけが、巨大石油会社の支配の外にあったのである。産油ビジネスでは、原油の探査や採掘から、輸送を経て、精製、そして消費者に対する直接の販売にいたるあらゆる業務の垂直的統合によって、これらの巨大会社は富をなした。そして富裕になった会社は、価格をはじめ、あらゆる分野で競争を制限し、富をなした。セブン・シスターズは、サウジアラビア原油を基準とした「公示価格」を協定し、いろいろの種類や比重の原油の価格をそれぞれ定めた。産油国の支配者たちは、石油採掘の程度や、生産過程、あるいは石油の販売についてほとんど発言権をもたなかったし、実際発言をしなかった。石油会社こそがどの程度油井でガスを燃やし、原油をパイプラインを通じてターミナルへと運び、自らの所有するタンカーに積み、そして相互に談合した価格で販売するか、を決定したのである。

第二次大戦により、中東諸国家間の力のバランスに大きな変化が生じた。しかし、石油会社と産油国間の力のバランスはほとんど変化しないままだった。イギリスとフランスは、事実上中東から撤退し、イスラエルとその周囲のアラブ諸国が不安定な、解決のむずかしい厄介な紛争に陥るという状態がその後に残った。アメリカは、従来よりもはるかに強くこの地域における戦略的関心を持ち、まずトルーマンとダレスの指揮下にソ連の封じ込めを図る安全保障同盟を築きあげた。しかし、ソ連の南下をめざす拡張主義はたいしたことがないように思われたので、アメリカの外交政策は主として、超大国間の現状維持を志向することになった。これは、アラブ諸国家——これらの国がたえずアメリカに従っていることこそ石油の供給を確保するのに必要だった——と、イスラエル間の紛争の調停を定期的に行う政策によって補完された。ユダヤ人の故郷としてのイスラエルの立場を確固としたものとするという政策は、アメリカ議会で圧倒的な経済的支持を得ていた。

アメリカ政府と石油会社との間には次のような暗黙の取引が行われていた。つまり、アメリカ以外の場所で、また中東諸国に対しては、石油会社は自由にふるまい続ける。ただし、その代償として石油会社は利潤の一部をヨーロッパと日本の増大する石油需要を満たすための供給拡大を保証すべく探査に用いる、というものである。一九五〇年代以降、石油会社は利潤に対してアメリカ政府に税金を支払う義務さえ免れた。これらの会社が産油国に支払う利権料はアメリカ政府から免税とされたのである。長い目で見て、第二次大戦後の時期に起こった大きな変化が一つあった。この時、一九五一年にイランのモサデク首相が、アングロ・イラニアン会社を国有化することによって、石油会社の権力を破壊しようと試みたのである。産油会社は世界戦略を展開し、イランの石油をクウェートとイラクからの石油に置き換えた。それは後に、一九五六年になってスエズ運河が閉鎖された時に、中東石油をケープタウンをまわってヨーロッパに送りつづけたのと同じことである。しかし、イランでモサデク政権が倒れた後、結果として起こったことは、多くの独立系石油会社が新しくコンソーシアムをつくって主要な産油国でビジネスを始めたことである。

　第三世界の見地からすれば、一九六〇年代は、市場－企業－国家のゲームにおいて明らかに第三の新しい時期を画することになった。別の見地からすれば、重要な歴史的な出来事はＯＰＥＣ（石油輸出国機構）の結成ではなく、その一〇年後にＯＰＥＣが市場に効果的に介入することができるようになったことである。一九六〇年にベネズエラの主導の下に、産油国は石油利権収入を引き下げる石油会社の決定に対抗して行動し、ＯＰＥＣを結成したのであった。一九五八～五九年に起こった世界市場経済の不況により、一時的に石油の供給過剰状態が生まれた。その時石油会社は価格を引き下げ、こうして（おそらくそれと意識することなく）政府収入をバレル当たり一三・五セント引き下げたのである。当時、ＯＰＥＣの目標はとりたてて野心的というものではなかった。ＯＰＥＣはたんに「価格安定を保障する制度を研究し、つくりあげること」を目的としたのである。それはとりたてて市場を動かそうとするような試みから出発したのではなかった。当初の加盟国（サウジアラビア、イラク、イラン、ベネズエラ、クウェート）にまもなく他の中東産油国、そしてアルジェリア、リビア、ガボン、ナイジェリア、エクアドルが加わった。メキシコ、ソ連、イギリスは加盟しなかった。しかし、一九七三年にはOPECが世界産油量の五三・五パーセントを生産していたにもかかわらず、OPECの市場介入力は依然としてごく小さいものであった。その加盟国が国内で行われている石油事業に対し政治力を行使した時から、企業と国家の、したがって市場と国家との関係が大きく変化したのである。この動きはリビアで最初に現れた。一九六九年にムアマール・カダフィ大佐は王政を打倒し、リビア国内で生産量を引き下げ価格を引き上げないような会社を国有化すると脅かして、国家収入を増大させようとした。リビアは、セブン・シスターズの仲間ではないアーマンド・ハマーのオクシデンタル社の助けを借りて、生産量をサウジアラビア以上に引き上げ、国家と会社間の分け前に関する新しい交渉に有利な位置を占めた。

リビアが示した例に、他の産油国がただちにつづいた。これらの国々は会社の利潤からいっそう大きな分け前を得ることをめざしたのである。石油会社は、利権料支払いの増加分をアメリカの優遇税制で埋め合わせることができ、また石油需要も好調だったので、強く抵抗しなかった。石油会社は一九七一年にテヘラン協定を結び、産油国政府と利潤の五〇パーセントずつの分割を決め、それで満足した。産油国政府はその代わりに価格を年わずか二・五パーセントずつの引上げに抑えると約束したのである。しかしながら、この協定は同じ年の後半に起こったニクソン大統領のドル引下げを予測していなかった。また、一九七二年に起きた部分的な投機的商品ブームを予見することもなかった。このブームは、人々の一般的な不安感とスミソニアン体制以降ドルを基軸通貨とした国際通貨体制に信頼がもたれなかった事情を反映している（第五章参照）。一九七三年に一〇月戦争が勃発するや、ＯＰＥＣの中の不満分子がその結果石油市場に起こった不安感を利用し、石油価格を四倍に引き上げる舞台装置が整ったのである。これらの国は、石油価格の引上げをイスラエルに友好的すぎるとみなされた消費国に石油を禁輸するという脅かしと結びつけて成功させたのである。

こうして、一九六九年から七三年にかけて、段階を追って、政府、石油会社、市場の間の三者の取引関係の第四の局面が始まった。この局面では、石油会社は市場に対する支配欲を失い、市場はまた国家政策の動きに追従するように見えた。また、この新しい局面の状況を動かしたのはたんにＯＰＥＣ産油国の政策ばかりではなかった。消費国政府もまた舞台に登場したのである。ヨーロッパと日本は、石油価格の四倍引上げが輸入支払いに及ぼす影響を考慮し、消費を抑制すべく新しい税金をかけて石油価格を引き上げたのである。アメリカだけがこの政策をとらなかった。これは政府が議会を恐れたからである。アメリカはまた、一九七四年にＯＰＥＣの政策決定からアメリカ市場を「保護する」ことを目的とした複雑な価格統制制度を導入した。それでも現実には、この政策はうまく実行されず、輸入を増やす一方で国内の石油資源を新しく探査する努力を阻んだ。こうしてアメリカは世界の石油市場に二重の意味で依存性を深めたのである。

アメリカ政府が、OPECに対抗して国際消費国同盟を発足させようとした試みが失敗した主要な理由は、アメリカが国内で石油価格を引き上げるのを拒んでいたという事情による。キッシンジャー国務長官（当時）が一九七四年に提案した国際エネルギー機関（IEA）は、石油市場に介入して価格を引き下げることを目的としていた。これは、OPECが価格引上げという形で石油市場に介入したのと対照的である。アメリカ政府は従来国際石油市場から国内市場を遮断することに努めてきたし、また発展途上国の商品価格安定化——緩衝ストックや生産国、消費国による割当制を通じる——の提案に一貫して反対してきた（これはアメリカの自由主義という至高の理想に基づく）が、この政府にしてはおかしなやり方であった。それにもかかわらずアメリカ人たちはIEAの加盟国に対して石油在庫を積み増し、エネルギー節約政策をとるべくはたらきかけたのである。

実際、IEAよりもOPEC「打倒」に対してはるかに効果を発揮したのは、それとは意識しないアメリカの金融財政政策の副作用であった。一九七四年から七八年にかけてのインフレとドル価値の低下により、石油価格引上げに伴う利潤の膨張分はすっかり奪われてしまった。一九七八年から七九年までのイラン革命の際に、OPEC諸国は、この政治的事変をとらえてふたたび価格を引き上げるという同じ賭けを繰り返そうと試みた。しかし、第二の石油価格引上げはただちに挫折した。これは、消費国政府によって挫折させられたのではなく、市場メカニズムによって挫折したのである。一九八三年三月までに、O

PECは石油価格をバレル当たり五ドル引き下げることに合意せざるをえなかった。これにより、OPECはいまだ市場をコントロールしていることを示そうと望んだのである。しかし、このたびは市場メカニズムの力がはたらいた。サウジアラビアや他のOPEC諸国が実行した減産にもかかわらず、価格はさらに低落したのである。国家が市場を支配した第四の局面は決定的に終わった。

この理由は明らかだ。生産国は、石油会社から原油生産（および石油製品の下流部門の若干）を国有化したのだが、産油国は探査に伴う高い費用、高いリスクをひきつごうとしなかった。石油会社は、探査の努力および資金や技術資源をアラスカ、北海、メキシコなど非OPEC油田地域に向けたのである。世界の石油輸出に占めるOPECのシェアは七〇パーセントから三〇パーセントに低落した。この間、消費国政府および企業はエネルギーの代替資源の開発に努力した。核、水力、石炭などの資源が開発される一方で、エネルギー節約にも誰も予見しなかったような目をみはるばかりの成果が生まれた。日本のような国は、エネルギー資源の供給を確保するための長期の二国間協定をすすめた。ブラジルのような債務国は、同じく債務国である産油国のナイジェリアと、石油と砂糖、機械の現物取引契約を結んだ。こうした状況の下で、価格を固定するようなカルテルを維持することはきわめてむずかしかった。

したがって、第五の局面にあっては、市場の役割がふたたび重要なものとなった。しかし、モースが議論しているように、これが「自由主義への回帰」であったにせよ、それは石油会社や政府が舞台から去ったことを意味するのではない（Morse, 1983）。石油会社は依然として、探査・採掘技術・沖合（オフショア）生産技術、石油精製・販売技術を支配している。また、石油会社は本質的にリスクを伴う事業において、輸出負担に必要な資本をもっている。いくつかの会社は金融・技術資源を他会社を併合したり、買収したりして増やしてきた（IEA, 1986）。貧しい産油国のいくつかは、威丈高な石油会社に対して石油買収（バイバック）やスポット取引などの新しい形態の取引契約を競って要請する立場に立っている。多くの産油国（イギリスをも含め）は国営石油会社を設けて石油資源を支配しており、簡単に資本を引き揚げる状態にはない。石油、石炭、水力（可能なところでは）、原子力間のエネルギー選択は非社会主義国においてさえ、政府の責任となっている。世界市場からの石油輸入が不安定であるかぎり、また主な石油会社が世界の一〇ないし二〇の多国籍企業の頂点に位置するかぎり、国家－市場－石油会社間の複雑な三極バランスは何らかの形をとって継続するように思われる。

いま見た三者のバランスは、最近半世紀または一世紀にかけての動きの簡単な要約からも明らかであるように、非常に大きく変化してきたし、また近年ではむしろ突然の変化を示してきた。この動きのダイナミズムを説明するのは容易なことではない。コヘインとナイ（Keohane and Nye, 1977）が最初に示し、ついで国際政治経済学に関するアメリカ人学者の仕事でひろく採用されることになったアプローチの仕方は「レジームの変化」の理由を探ろうとするものである。ここで、レジームという言葉はクラスナーの次の定義に従って使用されていることを思い起こしておこう。すなわち、「ある特定の主題領域においてアクターの諸期待が合致することになる原理、基準、ルール、そして意思決定の過程」(Krasner, 1983) という定義である。これは広い定義のように見えるが、この定義の仕方によれば、われわれは直接に政策目標に関する政府間のメカニズムや協定に注意を払い、したがって国際機構の意思決定過程に注意を払うことになる。実際、このアプローチはまさしく次の問いに答えるべく展開されたのである。「なぜIMFや海洋法などの国際機関は時の経過とともに変化するのか」。このアプローチによれば、国際「レジーム」の性質に関して国際機関内部や政府間の交渉に焦点が当てられることは不思議ではない。この方法はいろいろな分野で賢く用いられるかぎり――その結果が証明しているのだが――市場からもたらされる経済力と、政府やその他の権力からもたらされる政治力の双方に対する関心をうまく結びつける分析的な仕事を可能とするのである。しかし、この方法に内在的な狭い関心に関連した危険がある。すなわち、この方法は誤った目的、つまり国際機関の発展を問う、という目的から出発したのである。これらの機関はまさしく一度かかげた原理や目的をなかなか変更しにくいし、また一度確立したやり方を現実にそって修正していくことも緩慢なので、現実と比べると、これを歪んで映す鏡と容易になりがちである。これは実際は、エネルギー問題に関するOPEC、IEA（国際エネルギー機関）そして原子力業務に関する中心的な査察機関である国際原子力機関（IAEA）などについて妥当する。レジームの変化を追求する分析方法によりしばしば見過ごされたり、また過小評価されている問題が二つある。一つは、市場力が国内外の国家政策に影響を与え、したがって間接的に分配上の諸結果に影響を与えるという点である。第二は、国内外の政策や市場条件——すなわち企業や政府にとっての市場シェアに影響を及ぼすような技術変化の力である。

四つの構造の影響

本書で示す分析的な枠組みあるいは方法は、こうした問題を政治経済学の対象として正当に扱うものである。したがって、われわれの方法によれば、四つの原初的な構造の変化から出発し、たとえば政府間機構の行動における変化を考えるといった終点から出発するのではない（最終章で、わたくしはこの方法がどのような段階を踏むかを、技術者のマニュアルブックか料理本の献立を書くように、明白にのべておこうと思う）。しかし、石油産業について、世界のエネルギー供給システムのもっとも重要な部分（あるいはサブ構造）として、本書においていままでのべてきたことを援用し、この方法がどのように実行されるかを簡単に示しておこう。まず、第三、四、五、六章に述べた四つの主要な構造における変化を眺めることにしよう。この変化は強大な国家の政策、企業の戦略、市場状況、そして国家、企業、市場間の関係を導く三者間の権力の全般的なバランスに大きな影響を与えてきた。これを検討したのちに、今度は他の国家の政策、国際機関の動き、また関連市場の政治経済学——石油の場合にはとりわけそれに近い代替資源、石炭、天然ガス、原子力など——に及ぼされる二次的または波及効果を見ることにしよう。

この点で読者は次のような疑問を発することができる。つまり、わたくしがしていることは循環論法ではないか、つまり、「誰が何を得るか」という広い問題の上を行き来しているのであると。これは正しい見方である。というのは、主要な諸構造について議論した四つの章の共通主題は、そのどれもが神によって選ばれたような先験的なものではなく、またまったく偶然的に拾い上げられたものでもないからだ。国家は、統制経済、混合経済、そして結局は市場経済においても支配的な役割を持ち、諸構造を形づくるところの政策を立案し実行する——または、こうした政策を実行しないこともできる。わたくしの方法を擁護するために、こう答えておこう。すなわち、わたくしは原因と結果の間に循環関係があることを認めるものの、それでも急激な変化にあまりさらされないような点、すなわち政策や市場条件よりも主要な諸構造から出発するのが好ましいと考えている。

安全保障構造においては、国家‐企業‐市場の関係を根本的に修正した二つの大きな変化が現れた。一つは、国家、とくにアメリカにとって、一九七三年のOPECによる最初の石油価格引上げの後、安全に必要な条件を再考せざるをえなくなったということである。他は知識構造における変化の結果である。つまり、第二次世界大戦時に原子爆弾によって開発された技術が産業のための電力生産に適応しうるということが知られたことである。(2)最初の変化を見よう。これは、ヘンリー・キッシンジャーの次の言明に要約されている。(3)

「最近三〇年間に、われわれはだんだん輸入エネルギーに依存するようになってきた。こうして今日われわれの経済と福祉は何千何万マイルかなたの諸国によってとられる決定の人質となってしまった。……

エネルギー危機は、わが国民が持つ世界的目標のすべてを危地に陥れた。エネルギー危機によりわれわれの経済は抵当に入り、外交政策はかつて例を見ない圧力によりその弱点をさらけだした。……これにより世界的規模で政治危機が勃発したためにわが国の安全も深く影響を受けた」。

キッシンジャーの言葉はややおおげさであり、その言明には誇張があるが、これはアメリカの安全保障に根本的な変化が起こったという感覚をまざまざと示しており、一九七三年の石油危機時に見られた一般的なアメリカ人の反応の代表的な表現でもある。このような認識の変化は他国よりもアメリカでいっそう明白であった。たとえば、スイスは長年エネルギーの不安定性を感じていたので、資本集約的な水力発電設備および高い費用をかけた原油の戦略備蓄に大きな投資を行った。しかし、スイス人のエネルギーに対する見方や政策は、他国にとって、また石油の世界市場において、アメリカのような超大国のそれのような影響力はとうていもたなかった。

キッシンジャーがここで述べていることは、アメリカの安全保障はたんに他国による自国の領土の侵略または攻撃を阻止するような軍事力をもつだけでは十分ではない、ということである。アメリカの安全保障は他の仕方で脅かされているのだ。エネルギー面での安全が脅かされる場合には、アメリカの防衛政策もまた外交政策もともに脅かされることになる。したがって、この新しい脅威に対し、防衛政策、外交政策、そして国内のエネルギー政策がすべて国家の安全保障という理由の下に動員されなければならない。かれが明白にここで述べていないことは——それは暗黙のうちに語られている——安全保障戦略を構成する三つの要因の一つが欠けたりあるいは不十分である時には、他の二つの要因のどれか、または双方を強化することによってこれを補わなければならない、ということである。経済学的な言葉でいえば、それぞれの政策は限界部分で代替可能なのである。次の例でこのことを述べてみよう。昔、ある町が敵の包囲によって脅かされていた。町の住民が飢え、その結果敗北するリスクを防ぎ減少させるためには三種類の政策を考えることができよう。

一つは、「国内」政策である。つまり食糧を配給制にしたり、または食糧に税金をかけ需要を減らし、食糧備蓄を行うことである。第二は「対外」政策であって、外部に軍事的、経済的同盟者をさがすことである。第三は軍事的政策であり、包囲者に先んじて攻撃をかけ、かれらを打ち負かすことである。石油の話にもどれば、アメリカの一九七五年以降の政策はこの三つの種類の政策の組み合せと見てよい。対外政策と国内政策は密接にリンクしていた。というのは、アメリカの安全保障を強めるべく、同時にエネルギー面での安全に関する弱点（コヘインとナイの言葉による）を減少させるためには、アメリカ市場における需要を引き下げるだけでは十分ではなく、世界市場における需要をも引き下げる必要があった。ここからIEA（国際エネルギー機関）が構想されたのである。しかしアメリカの需要が、キッシンジャーや他の指導者たちが望んだように引き下げられなかった時、他国のエネルギー需要引下げの効果も弱いものとなった。キッシンジャーがIEAを通じて組織しようとした消費国同盟の有効性は、アメリカの国内政策によって弱体化されたのである。IEAは現在の石油需要を制限する以外のあらゆることに取り組んだにもかかわらず、その効果は微々たるものであった。つまり、IEAはアメリカ産業が石油のかわりに石炭や天然ガスを入手して、石油輸入に対する依存を低下させるべく、努力を行った。この機関のもう一つの目的は地下に一〇億バレルにも達する石油の膨大な戦略備蓄を行うことであった。しかし、国内予算上の理由から、この目標も達成されなかった。その結果、アメリカは望んだ安全保障を達成するために他の諸政策、すなわち防衛および外交政策により真剣に取り組まざるをえなかった。アメリカの中東石油供給の安全に対する関心は一九七八年ペルシャ湾でクウェート籍のタンカーを護送したことにも現れている。これは、アメリカがこの地域での軍事的、また公海上の「責任」を増大させることが必要であったことを示している。国内政策の失敗は、世界的安全保障構造（第三章で述べた意味での）の評価——中東を高次のリスク地域とみなす——に反映したのである。

国家安全の指標に関する考え方が変わったのはアメリカばかりではなかった。第一次石油ショック以降、他の諸国がこの安全という問題意識——自国の産業および運輸システムにとってエネルギー供給をいかに保証するかという問題意識——を強めたことは、すでに見たように、市場に対するいっそう大きな国家の干渉と、石油以外のエネルギー源泉に関するさまざまな政策的な介入の増大に現れていたのである。

ＩＥＡは毎年加盟国のエネルギー政策やプログラムについての評価を白書として公表している。この白書を読むと、加盟国の中でも石油を生産する国は依然として石油を用いているが、石油輸入国はエネルギー源泉の多様化に（国内資源の範囲内で）大きな努力を払ってきたことがわかる。フランスのように、輸入石油、または石油およびガスに多くを頼ってきた国では原子力依存への転換が大規模に行われ、公衆がそれに伴うリスクを受容してきたことは驚くばかりである。この種の国々の政府はまた、米ソによるＩＡＥＡ（国際原子力機関）を通じた核燃料の核兵器製造への転換を阻止する査察制度の試みに対して強い政治的抵抗を示してきた。これらの国はエネルギーで核政策を選好したが、それは防衛面でも核政策を選好することにつながったのである。

この方式が始まったのは一九五三年にさかのぼる。当時、アイゼンハワー大統領はアメリカの原子爆弾による安全保障方式を他の国々に提案し、そのかわりに核兵器製造の断念を要請した。この政策は結局、一九六四年、一一一カ国が署名した核拡散防止条約（NPT）となった。この条約は原子力工場の査察制度を設け、国連がウィーンに置いたIAEAに監視の役割を委ねた。しかし、NPTには中国、フランス、イスラエル、南アフリカ共和国、台湾、インド、パキスタンが参加していない。これらの国に共通なことは非同盟政策や中立的外交政策をとっていることではないし、また軍事大国をめざしているということでもない。重要なことは、中国を除き、これらすべての国でエネルギー供給を輸入に依存していたことである。一九八〇年代にはエネルギー安全保障の問題が一段と重要になったのだが、その時点でもNPT「レジーム」の進展ははかばかしいようには見えなかった。もちろん米ソは一九七六年のロンドン核燃料サイクル評価プログラムによりこの制度を強化しようと努めたが、それもむだであった。石油事業の分野での不安定性により、諸国家が安全保障について抱く概念ははるかにひろがったことは事実と思われる。こうして、諸国家の対応が安全保障構造における（核拡散という）リスクをさらに増大させ、同時にそれが石油市場での不安定性を拡大したのである。

これらの不安定性の一つは生産構造に直接関連している。ＯＰＥＣは石油に対して急速に増大する市場需要を利用することができたのだが、このチャンスは一九六〇年代の例外的にはやい経済成長および一九七二年価格では石油需要が石油供給をはるかに上回るという状況が生じたことによった。石油市場はつねに世界経済の景気に敏感に反応してきた。一九八〇年代半ばの価格低落は、部分的には先に述べたような多角化によるものであったが、同時に大手のエネルギー消費者である主要工業国の成長率の低落にもよっていたのである。将来の予想はまた経済成長の水準、工業および農業生産の水準、そしてこれらの生産がどこで行われどの方向に進むか、などの要因にかかっている。将来について予測しがたい主要な問題の一つは、ロシアにおけるエネルギーの需要供給である。経済改革がうまくいくならば、産業エネルギーの生産はさらに増大し、その多くは石炭、天然ガス、原子力などの生産増大によってまかなわれるだろう。これらは中国についても同様である。したがって、西欧市場を分析する際に、この中ロという二大計画経済国の役割を無視することはできないのである。なぜなら、中ロは昔よりもずっと世界のエネルギー構造への統合度を高めているからである。ロシアは天然ガスをヨーロッパに供給しているし、日本は中国から石炭を買っているのがその例である。また旧ソ連圏諸国が一九八六年のチェルノブイリ原子力発電所事故以降、原子力生産の計画をどうすすめていくかも未知の領域に入る。

エネルギー・システムに対し金融構造の影響がどのようなものであったかについては二つの点を注意しておこう。一つは、石油価格と各国通貨価値――とくに米ドル価値――が大きく変動したことであり、また相互の変動が影響しあって、金融構造およびエネルギー供給、そして価格予測の不安定性を増大させたことである。石油貿易の大部分はドル建てで行われている。たとえ、サウジアラビアが日本に輸出する時でも同様である。こうして、一九八〇年代はじめに石油価格は下落したが、自国通貨がドル価値に比べて弱化したような他の消費国にとっては石油費用はかえって高くつくことになった。石油価格を安定化させるにはドルの購買力を長期的に安定化させるのが一番である。また、石油価格を各国通貨のバスケットで測るか、または石油輸出国によって購入される製造品やサービス価格に対する指数で測っても同じことである。他の点は世界の金融構造に関連している。つまりいまの金融構造の下では、「持てる国」は信用を容易に得られるが、「持たざる国」はそれを得ることがむずかしい。巨大石油会社は信用をたやすく得られるが、取引相手の貧しい若干の産油国は信用を得ることができない。アメリカやその豊かな工業同盟国および産油国の数カ国（サウジアラビアを除く）は世界経済の正常な動きを保障するために、非OPEC国が、一九七〇年代に石油価格が急騰した時、石油購買を援助するためにIMFの場でウィッテフェーン・ファシリティ（Witteveen Facility）と名づけられた特別の信用勘定を提供したことは事実である。しかし、このような急場の援助は、巨大石油企業のもつ金融資産に比べればごくわずかなものにすぎなかった。近年石油会社の投資戦略は、中東のような政治的リスクの高い地域をさけて、アラスカ、北海のような費用は高いがリスクの低い地域に向かっている。この例にも見られるように、将来も石油会社の投資や開発の決定が大きな役割を果たすことになろう。またこれらの決定は、生産に対する長期の投資から得られると予測される利潤と、経営者が短期の金融取引から得られると予想する利潤とを比較することにも依存するだろう。なぜなら、通貨市場の上がり下がりや資本を切実に必要とする政府への貸付の可能性から利益を得るために、石油会社は生産構造に対する投資よりも金融構造に資金をもっと有用に使うことができると考えることもあろう。

世界のエネルギー構造で石油会社がもつ権力の源泉の一つが金融であったとしても、企業がもっている知識もまた重要な戦力源泉である。この知識とは、地層に関する地質学的な知識や、また新しい油井から石油を噴出させる機械についての知識、そして石油事業のその他の側面に対する知識などを含むが、これらを国家はいままでほとんど知らなかった。たとえば、北海油田で沖合油井掘削の技術が最初に使用された時、この沖合油井掘削の費用および石油を発見する可能性の度合いについての情報は、ただ石油会社だけがもっていたのである。イギリス政府は、石油会社に課税してその利潤の一部を得ようとしたが、どれだけの金額を要求すべきかについての知識をもたなかったために、当初不利な立場に置かれた。他国政府、とくに発展途上国政府は、外国の石油会社と取引の経験を積む中で、石油会社の技術力、とくに探査および生産開発技術を評価して利権料を支払わなければならなかったのだ、という点を理解するようになった。

一般的にいえば、生産会社が優越した知識をもっているがために、これらの会社は産油国政府に石油事業の中でもリスクを伴う部分をうやうやしく譲り渡すことができた。その場合に、石油会社は最も利益のあがる部分は自分でにぎりつづけていたのである。OPEC諸国は油田を国有化することによって、原油市場の変動リスク、非OPEC産油国とのしだいに増大する競争、また価格水準を維持しようとするならば余剰生産能力を集団的に確保しなければならないのだが、その場合の困難な取引などのリスクを、正面から引き受けることになった。

エネルギー構造は一般的にいうならば、知識構造の変化に対応して変化してきた。一九六〇年代に人びとは、石油供給が無限に続き、永久に現在の生産がたえず増加していくものと信じ、そのように行動していた。一九七〇年代初めの「第一次石油ショック」の効果は、ローマ・クラブが公にした『成長の限界』という表題の報告（Meadows, *et al.*, 1972）によるPRを通じて増幅されたのである。この報告は、人口成長と工業化をつうじる経済成長がともに、地球の非更新性資源ストックを枯渇させ、このペースがますますはやまるために、石油価格上昇は市場メカニズムによってまもなく修正される一時的現象にとどまらず、むしろ石油がますます稀少となり、したがって高価となる長期の傾向を示す多くの

表 9-1　発展途上国で電気供給を得ている人口

（％）

台　湾	99
メキシコ	81
中　国	60
ブラジル	56
フィリピン	52
セネガル	36
インドネシア	16
インド	14
ケニア	6
バングラデシュ	4

（出所）　世界銀行『世界開発報告』1985 年版.

市場の最初のものである、と述べたのである。この信念こそが、ＯＰＥＣ諸国が長期的な市場支配能力について過度の楽観主義を持ち、また消費国側もエネルギー節約および石油、とくにＯＰＥＣ石油依存からの多様化が必要であることをただちに納得した原因となった。支配的な信念がこのように変化しなかったならば、ＯＰＥＣが市場管理を効果的にやってのける国際組織としての機能も限られていただろうし、エネルギー源として原子力の使用を効果的に監視しうる国際機関としてのＩＥＡの力も限られていたことだろう。

このように、エネルギーは国際政治経済における権力の行使にとっての必要条件であることが知られ、安全もまた富もエネルギーの安定した供給なくしては保障されないことが知られた。それにしても世界のエネルギー制度における変化は、先に述べた四つの主要な構造の枠内で、またその影響によって起こったのである。これら四つの構造は一般的には、石炭から石油、水力、原子力などへのエネルギー源泉の転換、そして蒸気からディーゼルや電気への転換以前から現存したのである。エネルギー・システムとこれら四つの主要構造との間には相関関係、フィードバック関係があることは事実だが、エネルギーが今日におけるほど重要な生産要素となる以前にすでに、国家が安全保障を提供する国際政治システムが存在したことは大きな意味をもった。つまり、生産諸要素が国際・国内市場向けの財の生産のために結合される資本主義生産システムがすでに存在していたのである。また、生産や貿易に信用を提供することを可能とした銀行や資本市場による金融制度もすでに整備されていた。最後に、利潤、富、より大きな物質的快適さなどの追求――これらすべてにより多くの安価なエネルギー供給が大きく役立つのだが――ということが望ましく正当なことであることを広範な人びとに受け入れさせる知識構造が働き続けたこともまた重要であった。

第一〇章　福　祉

福祉はたんに、政府が失業者、老人、貧困者に対して与える施し物を指すにとどまらず、それ以上の意味合いをもつ。それはちょうど世界的な政治経済学の文脈の中では、富める諸国が貧しい諸国に対して施す海外「援助」（やわらかないい回しでこうよばれるのだが）に福祉以上の意味があるのと同じである。多くの国際政治経済学の教科書は海外援助という主題にかなりのページをさき、世界経済における福祉の問題を扱っているつもりでいる。しかし実際はかれらの教科書は、福祉の全体像の小さな一側面に光を当てているにすぎない。海外援助とは、たとえそれが商業的目的で行われる信用供与を粉飾した名称にとどまらない場合でも、たんに資源移転のただ一つの形態というわけではない。そして資源移転は、一国内でもまたはより広い世界システムの中でも、福祉が提供される唯一のやり方ではない。じっさい福祉とは、市場を通じて、また国家その他の権威の政治的介入を通じて得られる利得や機会を含む、幅広く包括的な用語なのである。政治経済学において「経済的」な種類の福祉と「政治的」なそれとを分離することはできない。

したがってここでわたくしが試みているのは、第一に、福祉システムとは正確には何かを明らかにすることである。そして第二に、少なくとも次のような問いのいくつかに答えることである。すなわち世界ではどのような種類の福祉システムが機能しているか、また市場と政府当局との行為が結びついて、福祉がどのように分配されるか、どの権威が最も強大で、誰の利得のために介入するのか。いかなる種類の福祉が、誰に、どのような手段で与えられるのか、という問いである。

その答えは、世界事情や国際法、国際政治学に興味をもつ人びとの間で長年たたかわされてきた論争に、影響を与えるだろう。それは理想主義者と現実主義者との（あるいは機能主義者の言葉を用いれば、ゲマインシャフトとゲゼルシャフトとの）論争といえるかもしれない。理想主義者は情熱的に、たとえ進展が遅くとも、ある意味での世界共同体への漸進的発展、世界的な福祉システムのゆっくりとした出現が見られるのだといい、そういい続けている。ある国際法学者は、「ちょうど民族国家が福祉国家になるように、世界共同体は必ずや福祉共同体になるだろう」(1)とさえいっている。理想主義者は一九六〇年代の国連の「開発の一〇年」や、一九七〇年代に世界銀行が人間の基本的ニーズへの資金援助の考え方を評価したことに、福祉システムの発展の萌芽を見よ、と主張する。早くも一九五〇年代には、国連の第三代事務総長となるビルマのウ・タントが、「こうした目標が採択されたということは二国間関係でも、資源を分け合うという概念が国家哲学に入り込んできたことを示している」(2)と宣言した。テレビの視覚的な影響力も手伝い、共通の問題意識が人びとの認識を変えつつある、と彼は論じている。まず何よりも国家に帰属するという考え方から、肌の色、文化、政治的信念とは無関係に、人類に帰属するという考え方への移行が始まったのだと。

しかし現実主義者はこれに同意しない。彼らが頑固に主張する唯一の現実的な社会とは、紛争の可能性と商売の機会によって結びつけられ、本質的には競争ゲームに熱中している諸国家から成る社会なのである。このゲームにおいて政府はすべてある種の権威カルテルに所属し、共通して支配者としての特権をもち、この特権をそれぞれやっきになって守ろうとしている。この「統治者クラブ」はいかに強力な国家でも皆、国家主権の装い――それがいかにもろいものであろうと――を守るという共通の利害で結ばれている。国際組織がそれに介入しようとすると抵抗が起こる。そして福祉の供給に対する国家の責任をたやすくは国際機関に引き渡そうとはしない。

貿易、輸送、エネルギーと同じように、福祉を供給する構造もまた、多くは安全保障、生産、金融、知識という主要構造の性質を反映している。これらの主要構造はこれまで見てきたとおり、国際政治経済における構造的権力の源泉である。その権力やその行使のされ方によって、国家、階級、その他の社会集団の間での福祉の分配は大幅に決定されているように見える。そのかぎりで福祉もまた依存的、すなわち二次的な構造である。ここでもまた国際政治経済学の文献の多くを依然として支配している国家間レベルの見方にとどまらず、さらに幅広い方法で、「誰が何を得るか」を見ていくことにしよう。

福祉システムとは何か

権威の主要な属性の一つは、それが福祉を配分する権力、つまり特殊な権利、特権の形態をとった利得や、さらにはもっと物質的な種類の利得を与える権力をもっているということである。父母は家庭で福祉を配分する。教師は学校で福祉を配分する。政府は国家社会で福祉を配分する。どの場合にも、配分は本質的に政治的な行為である。

福祉の配分がまったく市場の力に委ねられている場合とは異なり、権威はこの配分をきわめて異なった仕方で行う。市場は価格メカニズムを通じて需給を一致させるだろう。それはある者の欲求を満たし、他の者のそれを否定するような仕方で、稀少な資源を配分する。権威による配分はこうした配分の仕方と調和するかもしれないが、市場の命令をいわば撤回させるように政治的権力が用いられるかもしれない。権威は、もしある集団が食物を買う余裕がない、あるいは法律家のサービスを受ける余裕がないとしても、その集団が無料の、あるいは廉価な食物や法律のアドバイスを受けるべきであると決定するかもしれない。したがってあらゆるレベルにおける政治経済学の永続的な問題は、福祉のどれだけが市場の働きから生み出され、どれだけが権威の政治的介入によって配分されるか、ということなのだ。その権威は国家であるかもしれない。あるいは国際的な組織かもしれない。もしくは宗教的な社会組織、慈善的な財団基金や、あるいは（たしかに奇妙なことだが）ある企業が市場や利潤の最大化を直接目標とせずに行動しているとすれば、こうした企業であるかもしれない。それが行使する権威は、部分的には強制的権力から、また巨額の富から、また社会の他の成員の同意からそれぞれ引き出されるだろうし、またもちろんこれら三者の結びついたものから引き出されるかもしれない。

福祉システムを見る場合にはいつも、それイクォール政策決定者のいう「進歩的」な——つまり富める者から取り、貧しいものに与える——ものだといった先入観から出発しないことが大切である。福祉の配分は必ずしも、たいていの人びとが「善行を施す」と呼ぶものと同義だとはかぎらない。それは「退歩的」、つまり貧しいものから取り、富める者に与えることもありうるのだ。今日、支配者が人びとからくすね、海外の銀行口座や現物の資産として隠匿している財貨が、そこから貧者にむけて渋々差し出されたほんのひとかけらをずっと上回っているという権威主義国家がある。イランのシャーはそのような支配者であった。ボカサ〔中央アフリカ共和国の元大統領〕やフィリピンのマルコス夫妻もそうである。教会組織が福祉を進歩的に配分しているか、それとも退歩的に配分しているかは、論争の多い問題である。カトリック教会はその財政や、まして何世紀にもわたって蓄積した宝物の価値を公表しないだろうが、どんなに貧しいカトリック信者の共同体でさえも、貧しい者たちの一ペニーを要求しつづけているのである。普通、企業団体もまた株のオプションという形で、賃金のより低い労働者向けのスポーツ施設に費やす以上の福祉を幹部に配分している。富める諸国の資源を、貧しい諸国の経済発展の手助けに用いるよう尽力しているとされている援助機関においてさえ、かれらの手からかれらのいう被援助者へとこぼれるよりも多くの金額を、職員の給与や慰安に費やしている例がいくらでもある。

第二のポイントは、福祉システムがどんなに公正で進歩的なものだとしても、完全に利他主義に動機づけられているものは稀だということである。たいていは、不足をある程度満たすのと引きかえに権威を補強するのに役立つようなある種の表面に出ない取引、すなわち政治的・経済的な交換がある。たとえば政府は、自分にとって役立つ選挙民――つまり福祉の利得を受けとる見返りに政府の権威を支持し、政府を支え続けるような人びと――の支持をかち得るために、(農民や、あるいは年金受給者に対する)福祉の配分を用いるのである。本書の冒頭にあった孤島の話の中で、年老いたトムが子供たちの世話を担当することになった時、市場システムが母親たちの支持を得たことを思い出して見よ。その共同体は子供の世話のサービスを組織することによって母親たちに食物や魚を集める時間をより多く与え、それで集団としての生産性を高めたり、母親たち、そしてトムの福祉を高めたりした。同様にかつてのタマニーホール〔一八世紀後半から二〇世紀前半のニューヨークにおける、民主党の一派閥の本拠地。歴代のボスと腐敗政治で知られる〕時代のニューヨークでは、政治的ボスが冬の石炭や食物を必要な家族に分配するよう調整し、そのことで選挙の際にかれらの票を獲得しようとした。ある体制内で、市役所や警察を動かす権力を手に入れることにより、福祉システムを機能させることも可能になるが、この場合、福祉の配分は必要に基づくのではなく、必要プラス政治的交換に基づくのである。

福祉システムが最も利他的なのは、福祉を誰とも取引のない人びと——現在活躍している年齢層よりも、過去あるいは未来の年齢層——に配分する時である。福祉経済学は福祉の受け手としての死者や子孫に触れないことが多いが、実は多くの社会が、高度産業化社会をも含めて、実質的な資源を死者に捧げている。鎮魂の祈り、墓、花、建造物や記念碑などは実質資源を生者から死者へと配分しているといえる。そして支払った者の死後ずっと後になり子孫にとって引き合うことになるような長期の利得を考えた環境保全措置、慈善的遺産、そして堕胎禁止の法律でさえも、現実的な意味ではまだ生まれて来ない者たちのための福祉の配分である。

世界経済における福祉が誰によってどのように配分されるかを分析しようとする時、福祉が国家やその他の権威によって配分される三つの方法を区別し、また別々に考えるのが助けになるだろう。第一にそれは保護規則をつくることによってなされる。第二にそれは資源の移転によってなされ、第三に公共財の供給によってなされる。二国間のものであれ、多国間のものであれ、世界銀行や世界保健機関といった国際組織を通じて流される対外援助のプログラムを見るだけでは、明らかに不十分である。われわれは他にいかなる国際的、または超国家的な資源移転が行われているかを問わなければならない。また国内、あるいは国際間でいかなる保護規則が決められたかを問い、またいかなる公共財が誰に、いかなる特定の福祉利得を与えているかを問わなければならない。

権威により福祉が配分されるこれら三つの方法、またはチャネルのそれぞれを、いくつかの例で検証すると、二つの重要な点がただちにわかるだろう。それは、配分される福祉の主な源泉が国家であり、したがって福祉とは大部分——まったくとまではいえないが——国家の問題であるということ、またその帰結として、さまざまな国家政府によって配分される、あるいはされうる福祉には非常に大きな差があるということである。

保護規則は否定的である場合もあるし、また肯定的な場合もある。ある国々では——すべての国ではないが——否定的規則を設けて、児童労働の搾取を妨げることが試みられよう。イギリスではディケンズの時代と異なり、もはや少年たちが暗く、煤だらけで危険な煙突を掃除するために登らされることはない。しかし今日でもなお児童労働が搾取され、それを妨げる保護規則のない国もいくつかある。また別の否定的規則は廃棄物の不衛生な投げ捨てや川、海辺の大気汚染を取り締まるだろう。とはいえヨーロッパの中でさえ、こうした規則が実施される程度にはまだ大きなばらつきがあるのだ。肯定的規則もまた特定の集団や集合的利益を守ることができる。寒冷地諸国の中には、自らの家の前の道路の雪だけは取り払うことを各家庭に義務づけているところもある。先進国では子供たちを学校へ通わせる規則があるが、アフリカ諸国の多くはこのような規則を持たない。アメリカ合衆国とたいていのヨーロッパ諸国――イタリアを除く――では、事故の場合の負傷を最低限に抑えるため、シートベルトの着用を義務づける規則がある。歩行者が自己責任でなく自動車事故の犠牲になった場合、すべての自動車所有者に対して強制される第三者保険によって、多少保護される国もある。しかし他方で、そうした規則のない国もある。もし不運にもこうした規則のない国で車に轢かれたり、負傷させられたりしたとすると、あなたはいかなる補償も得ることができないかもしれない。

資源移転は、貨幣であったり、財またはサービスであったりするが、国家社会間ではさらにばらつきがある。かつての年金、既婚もしくは未婚の母に対する児童手当、家賃補助金、失業手当などをちょっと考えればよい。移転される財の対象は食物であるかもしれない。たとえば、農民に対する移転支払いによって穀物、バター、チーズの膨大な余剰が生まれてきた。また、それは補助金付きの住居、エイズ感染防止用の無料コンドーム、あるいは無料か割引の医薬品、学校の教科書であるかもしれない。しかし貧しい諸国では、これらの財のうち、国家によって移転されるものはずっと少ない。人々は福祉の援助をむしろ、家族や民間の慈善、宗教団体に依存しているのである。これらの組織の方が政府よりも、財とサービス、弁護士・医師・教師・看護師の専門的サービス、そして非常時のサービスなどの両面でより多くのものを供給するだろう。これらがたっぷり供給される時、それは公共財と呼ばれることになる。つまりそれらが供給される場合、共同体の誰に対しても拒否されず、また誰かがこのサービスを利用したとしても、他の人びとに対する供給が減ることもない。国立の学校や、教師のサービスがその一例である。公共秩序を守る警察力や、火事の広がりを防ぐ消防サービスもその例だろう。社会の経済的インフラストラクチャーの大部分、たとえば道路などもまた、公共財とみなされる。しかし貧しい国々では、警察か病院か、学校か道路か、空港か公園または自然保護地域か、という供給の経済的選択がずっと深刻なことは明らかだ。というのは公共財は誰にでも等しく利用可能なのだが、誰にでも等しく利用されないし、また等しく利用価値があるわけでもないからである。したがって、さまざまな公共財間での経済的選択とは必ず、あるものを他よりも選好する政治的選択でもある。そして福祉配分の権威としての国家に利用できる資源は、世界市場におけるその国の比重に多少なりとも依存している。したがって国際間で、また国家間でも、福祉が保護規則、資源の移転、特定の公共財選択という三つのどの形態においても、どのくらい配分されるかを全般的に決める際に、最も富んだ経済を統御できる政府は、貧しい経済の政府よりも恵まれた位置にあると考えることができる。

世界福祉のためのルール

世界的なレベルでの福祉ルールはほとんど存在せず、あってもいままでのところあまり効果的ではない。先に述べたように、国家が安全保障構造を支配し、正義や人間の福祉といった抽象的原理よりも自らの生存に関心を持つかぎり、そうしたルールが成り立つかどうかについては意見が分かれているのである。(3)

世界社会の福祉原理についてのもっとも包括的かつ意欲的な声明は、世界人権宣言に見出される。その起源は国際法学者ローターパクト教授の考えに発するが、かれ自身、ナチの圧迫を逃れてケンブリッジへと渡った戦時難民であった。かれは、大戦後にひとたび各国政府の批准と支持とを得たならば、政府にとってある種の基本的人権を侵すことがむずかしくなるような原案を起草した。一九四八年国連総会は、個人の権利と自由を守る例外なき自由原理の長いリストを含む世界宣言を、満場一致で可決した。そこにうたわれた提唱者の意図によれば、こうした世界的な保護規則をつくった後、やがては諸国家が自らを法的に拘束するような国際協定を締結するにいたり、そして結局は強制力をもった協定が生まれるだろうというものであった。しかしいまのところ、それは第一段階を越えてはいない。たとえば世界宣言の第四、五、九条には「何人も、奴隷にされ、又は苦役に服することはない」「何人も、拷問又は残虐な、非人道的な若しくは屈辱的な取扱若しくは刑罰を受けることはない」「何人も、ほしいままに逮捕、拘禁、又は追放されることはない」と宣言した部分がある。しかし、最後の恣意的な逮捕に関する「規則」だけをとってみても、遵守されたケースよりも侵犯されたケースの方が目立つといって、いい過ぎではない。軍部政権、そしてソ連その他の社会主義諸国のような一党支配体制の国ではつねに、「社会主義原則への敵対」とか「転覆行為」、さらには「寄生生活」といった曖昧な告発によって、人権原理を撤回し人びとを逮捕する権利を宣言してきた。こうした国家以外でも、リベリア、ナイジェリア、エジプト、モロッコといった国々では、明白に法的措置によって、敵対者を逮捕する「特別権力」を想定している。さらに現実には、これらの世界的原理を支持する国法を有しながら、「一時的」な「非常事態法」によって、人権原理を無視している諸国もある。たとえばシンガポールの国内安全保障法、タイの共産主義活動禁止法、インドの国家安全保障法、ジンバブエの暫時非常権力法などであるが、これらはほんの一例にすぎないのである。アルゼンチンにおける「政治的」誘拐、チリの拷問、ソビエトの精神「病院」における人間の品位を貶めるような扱いなど、国連に加盟する多くの国家がとっている慣行により、世界人権宣言が無意味化されている。そしてそれは同時に、一九四九年の大量虐殺の防止及び処罰に関する条約と、全欧安保の一環として採択されたヘルシンキ宣言――そこでは、ソ連市民に対して出国の自由、そして信条の自由が明文化されていたが——をも無意味なものとしている。確かに国連には、人権委員会が設置され、この委員会は毎年、ジュネーブで荘重に開かれているのだが、この委員会の機能も、加盟国に対する内政干渉を禁じた国連憲章第二条の七によって制限されている。そこでこの委員会は、限られた知識に基づいて勧告を行うが、これに留意する政府は、もしあったにせよごくわずかでしかない。また、一九四九年の大量虐殺に関する国際条約では、国家による留保権については何ら述べていなかったが、一九五一年の国際司法裁判所の勧告では留保権を入れ、これがツチ〔ルワンダの部族〕、ナガ〔インド北東部に住む少数民族〕、ヘレロ〔ナミビアとアンゴラの間の高原に住む少数民族〕、またその他多くの少数民族集団に対する大虐殺に道を開いてしまった。

これらに対し、抑圧的な国家をたとえ少しでも動かす能力のある唯一の権威は、アムネスティ・インターナショナルのような非政府組織、つまり政治犯や良心の囚人〔思想信条の理由で投獄された囚人〕たちの運命を改善させるように、広報手段を用いたり、政治家、判事、担当官らに直接的、個人的に干渉したりする組織だけではないか、と結論する論者もいる（Vincent, 1986: 34; Vasak, 1982）。ヨーロッパだけをとれば、一九五〇年の欧州理事会により設立された欧州人権委員会を、人権に関し国家の決定を覆す権力をもった国際団体とみなすことができる。しかし一九五〇年協定で批准国は欧州裁判所による不偏不党の判決を実行することを約束したにもかかわらず、実際に進歩が見られた分野といえば、協定に先立ってすでに諸国家内で実現していたようなものだけであった。協定に従うことが可能だったのは、加盟国がすでに、自らの存続に自信を持ち、国内外からの反対を恐れずにすむような国々だったからである。

国際的に合意された規則から最低限の保護を受け、自らの福祉を高めえたといえる集団は、戦争捕虜と外交官という二つの集団だけである。しかしどちらの場合も、政府が保護的な福祉規則を――少なくとも一時的に――保証することを定めた、公式の協定を締結したわけではない。一国の軍人や外交官が他国によって手ひどい取扱いを受けた時、相手国もまた、自国の軍人や外交官に対する手ひどい取扱いを覚悟しなければならないという意味での相互脆弱性によって、双方がこうした行為を控えるにいたったのである。しかしそれでも軍人が捕虜となったり、外交官が人質になることは、一方の国の損失であることは確かなので、この相互脆弱性の原理が働きにくい政府や状況もつねに存在する。

資源の移転

譲許《じょうきょ》的な条件による海外援助――すなわち貨幣や財の贈与（あるいは市場価格以下で移転される貨幣や財）――は、世界経済で移転されるすべての資源の中でごくわずかな部分、あるいは比較的重要でない部分である。先に述べたとおり、世界で行われる福祉移転の大部分は、福祉規則と同様に国家の枠内で行われる。そしてどんなに豊かな国家でも、福祉資源の漸次的な移転は全移転の中で、しばしば小さな部分を占めるにすぎない。ソ連のような計画経済のもとでは、一人当たりの福祉にしてより多くが、地位と権力のある者により、自らの階級であるノーメンクラトゥーラに、つまり外貨商店、最良の別荘や休暇地を利用する特権、子供に特別の教育を受けさせる特権のリストに名をつらねている人びとに配分される。資本主義市場経済においても、すでに豊かな人びとは市場における購入――別荘、高価な衣服、消費財、教育、医療や法律のサービス、旅行、娯楽の購入――によって、より多くの福祉を得ることができる。いずれのシステムにおいても、税金として取られて福祉移転のために再配分される所得の割合は、あまり重要でない。というのは、どちらのシステムも、第一段階で所得を不平等に配分しているからである。所得は一方のシステムの下では、社会的地位、そして権力ヒエラルキーにおける位置に応じて配分され、もう一方のシステムの下では、労働市場（およびある程度まで資本市場）によって提供される報酬に応じて配分されるので、それ自体高度に差別的である。

これらの重要な点を見た上で、どれだけ福祉資源が国境を越えて現実に移転しているかを考えよう。簡単な答えは、統計が不完全で信用できないため誰もわからないというものである。ＯＥＣＤ開発援助委員会（ＤＡＣ）の開発センターが編集した年次報告は、先進国から発展途上国に供与された資金フローの最新統計を示すことを目的としている。それはたしかに広く利用され、引用されているが、その数字は海外直接投資（ＦＤＩ）を含むものの、利潤や配当の支払いによる還流資金を含んでいない。同時に、ＦＤＩの数字は、過小評価になっている可能性が高い。それは、実際に為替支払いの形で移転された投資資本を数えているだけである。つまり、ある企業が国内で資金を調達し、それを途上国に移転し、何らかの工業プラントを建設したり、生産設備を整えたりする場合を入れているにすぎない。今日よく起こることだが、もしある企業が研究開発に大規模な投資を行い、しかもその技術が実際に途上国における生産プラントに適用される場合、この「投資」は――その額は容易に一〇億ドルにも達するのだが――、ＦＤＩの数字にはまったく現れないだろう。実際、プラント輸出から生産物による償還にいたるまで多くの新しい投資形態のうち、通常海外投資と認められている数字に反映されているのは、ごくわずかな部分にすぎない（Streeten, 1987）。

しかし金融構造の章（第五章）で述べたとおり、明らかなことは、どんな形態をとるにせよ大部分の海外投資が発展途上国の中でももっとも先進的で、したがってもっともそれを必要としていないはずの国々に向かっているということである。先進的な途上国には危険が少なく、経済成長とそれに伴う利潤の機会がより豊富なので、資金の流れは最貧国に向かうよりは、より発展した諸国へと流れる。金融機関の対途上国信用供与の額だけを取り上げて見ても（それもまた、確実ではなく推測を必要とするいくつかの疑わしい要素、灰色の部分を含んではいるが、相対的には信頼できる)、近年では民間の利潤や利益を求めるこうした資金移転の方が、政府によって移転されて「海外援助」に数えられる公的移転よりもずっと重要だということが、ただちに明らかとなる。たとえば一九八三年にはアメリカ合衆国の海外援助総額は八〇億ドルであったと記録されている。これは一国政府によって移転された最高の額であり、偶然にもソ連とCOMECON加盟諸国全体によって移転された総額の二倍以上になっている。しかしそれは国際銀行による資金貸付総額として記録されているものの四分の一以下にすぎない。

だがこの一九八三年は、途上国向けの銀行貸出が激減した年でもあった。その結果、それまで銀行からかなりの借金をしていたラテンアメリカ諸国が、債務の元利返済の形で逆移転する額が新たに銀行から得る資金を実際大幅に上回ったという異例の状況がつくり出された。UNCTADの評価によると、一九八三年から一九八五年の間にラテンアメリカから外国銀行に対してできたこの逆フローの純額は、一〇〇兆ドル以上だとされている。簡単にいえば、市場をつうじた移転は、時に援助プログラムの下で政府によって配分される移転額よりもずっと大きく(とくに先進的な途上国に対しては)、また大部分ひもつきでないという意味で自由だが、これもやはりあまり信頼できない甘い話だ、ということである。

政府からの資源移転は、多国籍企業や外国銀行からの移転と同様に、利他的なものでない。経済発展のための海外援助について書く論者たちの結論は、ひどく毒舌的、糾弾的なものから残念がる口調のものまで、幅広い用語で共通の結論を言い表しているのだが、この一点についてだけはかなり一致している（Hayter, 1971）。援助を与える際に政府はたいてい、自らの戦略的外交政策の利害に一致する政治的取引か、自国の輸出産業、雇用目的を念頭においた経済的取引を考えている。海外援助についてのきれい事や、時にはＯＥＣＤのＤＡＣ報告を読んでも、あまり多くを知ることはできないだろう。というのは、国際的な公的信用、すなわち政府間の信用供与が一九世紀に知られていたわけではなかったし、また戦間期には中央ヨーロッパの中央銀行の救援措置として、「国際連盟」の場でいくつかの信用供与がまとめられたとはいえ、永続的な国際関係としての援助が生まれたのは実際、第二次大戦後、すなわち一九四五年以降「国際連合」と名乗る連合が戦後の目標を宣言して以降のことである。

国連憲章の前文は、「いっそう大きな自由の中で、社会的進歩と生活水準の向上とを促進する」共通の決意について述べている。それは「すべての人民の経済的及び社会的発達」に言及している。憲章は第五五、五六条で、「諸国民間の平和的かつ友好的関係に必要な安定及び福祉の条件を創造する」とさえ主張している。これに署名した諸国家は個々に、あるいは団結して、人権とともに「いっそう高い生活水準、完全雇用並びに経済的、及び社会的進歩及び発展の条件」を促進すべく行動するよう国際社会に約束する。まして

「経済的、社会的及び保健的国際問題と関係国際問題の解決並びに教育的国際協力」はいうまでもない。

これらの言葉が国連憲章に書き込まれてから、今や五〇年が経過しようとしている。その間ずっと「援助供与」諸国は世界的福祉システムというきれい事を主張し続け、数次の国連開発の一〇年の諸目標を受け入れてきたが、残念なことにかれらはまだGNPの一パーセントを援助に向けるという当初の「目標」、あるいは後に決められたそれ以下の目標にさえ達することができないと述べている（一九八三年のアメリカのそれは一パーセントの四分の一以下、日本のそれはちょうど三分の一パーセントであり、COMECON諸国全体でGNPの〇・一七パーセントであった）。しかしどの国も、国境を越えた世界福祉システムという当初の概念への支持を取り消したわけではない。

だが現実の物語はちがって展開してきた。援助の「供与者」——だが援助の多くは贈与ではなく貸し付けられるので、「貸手」という方が正確な記述だろうが——は、多国間よりも二国間信用を好んで供与した。つまりかれらは世界銀行や国連開発計画（UNDP）、国際開発協会など多国間の国際機関を通じてではなく、途上国に直接借款を供与したのである。これはかれらが、どの国を援助し、どの国にしないのかについて、自分で決めてきたということを意味する。またかれらは、資金がどのような目的に費やされるか、またしばしばどこで費やされるか（それは供与者の輸出に結びついているだろう）についても、受け手と交渉することができる。このことを示すには、一九八三年の数値において、二国間の援助総額二六〇億ドルに対して、国際機関を通じて流された援助が七億ドルにとどまるのを見さえすればよい。一九八〇年代の一時期にＧＮＰの三パーセント近くを海外援助に配分し、最も寛大な供与者のように見えたＯＰＥＣ諸国でさえ、なお大部分を貧しいイスラム諸国やアラブ、アフリカ近隣諸国に好んで与えていた。サウジアラビアは国際農業開発基金（ＩＦＡＤ）を設立するよう西側諸国に働きかけ、また非産油諸国に対するウィッテフェーン融資のためにＩＭＦに二〇億ドルを実際与えたのだが――ウィッテフェーンは五〇億ドルを要求したが、それは無理だった――、かれらでさえ多国間援助に供与した額の約三倍もの援助を二国間のそれに与えている。

かれらの動機は、アメリカやソ連の動機と同じく、主に戦略的なものであった。援助供与者もタマニーホールのボスたちと同じく、カネによって政治的支持をかち得ようと望んでいたのである。一九五〇年代、一九六〇年代のアメリカの分配パターンは、主に戦略的防衛目的によって決定されていた。ソ連をヨーロッパから封じ込めるために、マーシャル・プランの資金が生み出されたのである。後に朝鮮戦争後、アメリカからソ連および中国の東部、そして南部、そしてアジア周辺諸国、すなわちパキスタン、インド、韓国、台湾などへ供与された。

マッキンレーとミューガン（McKinlay and Mughan, 1984: 34）が観察しているとおり、共産主義一般、とくにソ連による世界的なイデオロギー的、軍事的脅威とされるものに対して、アメリカのとった主な返答が、封じ込めだったという事実は、一九五〇年までには明らかだった。さらに付け加えておかなければならないことは、政府援助が、封じ込め戦略を実施するための、唯一とはいわないまでも主要な手段だった、ということである。

提供するものがより少なかったソ連はもっと差別的に、政治的支持と軍事的協力を期待した五、六カ国にだけ援助を与えてきた。ヨーロッパの援助供与者たちはもっと、過去の政治的結びつきにとらわれていた。かつての植民地主義諸国は援助を分配する際に、旧植民地に優先権を与えてきた。イギリスは新しいイギリス連邦諸国に、フランスはフランス語圏アフリカ諸国に、オランダはインドネシアにという具合である。マハブブ・ウル・ハクによると、一九七〇年代中頃の資金移転の約二五パーセントは、相対的貧困や発展途上国の成長の必要性よりむしろ、少数の旧植民地や属領との特殊な結びつきによって、流されていたという（Sauvant and Hasenpflug, 1977: 249）。

最近、富裕諸国の戦略目的は、軍事的、政治的であると同時に、商業的になってきている。それは援助が、贈与国の輸出を促進するために用いられ、軍事的同盟や国連における票を得ようとするものでなくなってきているということである。実際、発展途上国の資金フローに占める輸出信用の重要性は近年、大幅に高まってきた。この輸出信用——それは本質的には、すでに海外に発送されながら、まだ受け取られず、支払いを受けていない商品に対し、ただちに確実な支払いを輸出者に与える役割を持つつなぎ融資だが――は基本的に補助金の要素を持っている。それは支払いがなされないというリスクに対し、商業レート以下での保証を供与し、輸出者が貧しい諸国や政治的に不安定な諸国に輸出を行うよう促すのである。それは誰のためなのか。輸入国は積荷が商業的に保証される場合よりも安価で、海外の財をよりよく選ぶ機会に恵まれる。しかし輸出国もまた、納税者を犠牲にし、リスクに覆われた市場を拡張するという利得を得るのである。もちろんこの他に輸出を促進する方法は、「ひもつき」援助――つまり贈与国の財・サービスを購入するためにしか利用できない援助――をすることである。この方法はアメリカで補助金付き輸出信用が提供される際、好んでとられ、これはとりわけ軍事援助に関して効果的である。実際、一九七〇年代の初頭以来、アメリカから第三世界への兵器輸出は、しばしば割引価格や信用付きで行われるのだが、アメリカの経済援助、直接的軍事援助の双方を上回っている(前掲書、p. 41, Fig. 2.1)。

このことから、援助プログラムとはたんに豊かな諸国から貧しい諸国への資金の――軍事的たると非軍事的たるとを問わず――福祉的な移転ではなく、むしろ受入れ国と同時に供与国の特定層に有利な移転だということがわかる。(4) さらにたいていの場合、これらの層は貧しい人びとではない。公的援助は政府から政府へ与えられる。武器、ミサイル、航空機の形での軍事援助は、供与国の軍需産業と受入れ国の軍隊とに、共に利益を与える。発展途上国への食糧援助もまた、その国の消費者に利益を与えるのと同時に、供与国の農家にも利益を与える。しかし長期的には、その国の消費者に利益を与えるかどうかは確かではない。というのは、安価な輸入食物が地方農家に悪影響を与えて農業投資を低下させ、生産性を低め、コストを高くする傾向があるからである。

貧困者のための福祉

いかなる福祉システムでも鍵となる問いは、本当に必要な人びと――すなわちもっとも貧困かつ厳しい状況に陥っている人びと――に対して、いかに福祉を供給できるかということである。ここでもまた、世界的なシステムはきれい事を並べ立てるものの、具体的な行動、とりわけ実質的な資源移転には欠けている。ここで簡単に児童や難民の扱いを見ておこう。

一九五九年、国連総会は子供の人権宣言――保健ケア、教育の無料化、住居、残虐な扱いや無視からの保護など――を満場一致で採択した。しかし、国連が特別機関として国連児童緊急基金(UNICEF)を設立してから四〇年経った一九八六年にも、五〇〇〇万人の子供たちが、はしかなど小児病に対する最低限の保護の不足によって死亡したと推定されている。またUNICEFは国連機関の中でも最も基金の不十分なものの一つであり、その予算の大半を、寄付金やきれいなクリスマスカードの販売で賄っている（それは一九六〇年代の一時期には、管理コストに費やされる予算比率が最も高い機関の一つでもあった）。宣言文のきれい事があっても、UNICEFや政府によって提供される救援は、宗教団体や児童救援基金などの慈善団体をつうじた救援に及ばないのである。

ところが児童福祉が情けないほどに無視されてきたとしても、戦争の犠牲者やその他の難民――すなわち第二次大戦後、婉曲な表現で「移転させられた人びと」と呼ばれた人びと――の扱いは、無関心のためだけでなく激しい政治的衝突のために、国際協力を得ようとする努力が妨げられ、ずっとひどいものであった。

第一次大戦後、中央ヨーロッパは、チフス、死にいたるインフルエンザの深刻な流行と、厳しい食糧難で、ほとんど混沌に近い状態に陥った。これらの困難に対してフーバー委員会が音頭をとり、民間慈善団体の連合体が活動した。第二次大戦後国連に結集した連合国は、同じような混沌状態に陥ることを恐れ、一九四三年、戦後の苦難を救済するための多国間組織を設立する協定を起草した。一九四二年に枢軸勢力の無条件降伏を要求したこれらの国にとって、戦後の苦難や貧窮を救済する責任が誰にあるかは明白であった。連合国は政治的差別なく、受入れ国政府の要望にのみ応じて救済を与える原則を採択した。また国連救援復興機関（UNRRA）に対する拠出は、一九四三年時の各国GNPの一パーセントという基準に基づき、その十分の一は兌換紙幣、残りは現物で寄付するということがとり決められた。

ＵＮＲＲＡは戦後数カ月、めざましく効果的に活動し、中央ヨーロッパに蔓延していた疾病と無秩序の危険をしだいに減退させた。しかしそれは、政治的に中立的な福祉組織――複数民主制の下の人びとと同じように、共産主義政府の下にある人びとも救援する組織――に対する支払いを拒否するというアメリカ議会の決定によって、機能を停止してしまった。アメリカのＵＮＲＲＡにおける投票権は六パーセントであったが、資金に対する貢献は七二パーセントにも達していた。そしてＵＮＲＲＡの職員が、中国やギリシア、イタリアに比べて、ユーゴスラビアは公正かつ正直な食物分配の記録をもっていると抗議したにもかかわらず、冷戦の開始とともにアメリカ議会は、前三国への援護を続ける一方、ユーゴスラビアへの援護を打ち切ることを決めてしまったのである。ＵＮＲＲＡの消滅については、イギリスやソ連にもいくぶん責任があるのだが、主な責任がアメリカにあることはほとんど疑いがない。ここでも世界福祉システムの発展は、指導的大国と最大の出資者が自国の利害に一致すると考える枠内でしか、前進することができなかったのである。

世界社会による難民の扱いにも、同様の点が多く見られる。国際連盟の下でナンセン国際難民事務所（それを運営したノルウェー人の探険者に因んでそう名づけられたのだが）は、国籍のない人びと――かれらは主に、東ヨーロッパからパスポートを携帯せずに逃れてきた人びとであった――に身分証明書を発行し、硬直的な国籍法を緩和しようと努めてきた。

第二次大戦後、UNRRAがつぶれた一九四八年には、国連加盟国の拠出に基づく予算により、国連の特別機関として国際難民機関（IRO）が発足した。難民キャンプを多くかかえた諸国では、難民をできるだけ早く他国に渡したいと考えていた。これらの国はIROの場で、難民を再定住させる資金を加盟全国家が負担して、難民問題を処理すべきだということ、また加盟諸国は、難民割当てを受け入れて間接費用を分け合うべきだということ、を主張した。しかしこの肝要の点では、富裕諸国は拠出を引き受けず、人口密度の低い諸国は（カナダやオーストラリアのように、多くの難民を引き受けた諸国でさえも）、健康で生産力の高い人々を引き受けて、老人や病人を背後に残す自由を望んだのであった。ソ連にいたっては、難民を彼らの希望に逆らって出身国に送還する権利、そしてアメリカやイギリスがこれを助けることまでも主張した。

このような不協和音のためにもIROは、国連難民高等弁務官事務所（UNHCR）というような、資金にも権限にも限界のある小規模の機関に解消してしまう結果となった。後者はヨーロッパ難民と、それから一九四八年の第一次中東戦争の後はパレスチナ人のために、仲介を行ったのだが、残念なことに効力をもたなかった。ここでもまた、難民をかかえたヨルダンのような国家と、難民を現状のままにしておこうとする強い政治的、経済的利害がなければ、難民を受け入れていただろうシリアのような国家との間の利害闘争によって、何もなされえないことが明らかになってしまったのである。またインド・パキスタン戦争、朝鮮戦争、ベトナム戦争、その他多くの国際的、あるいは市民間の紛争においても、同じように不幸な物語が続けて起こった。戦争負傷者と同様、難民らも政治的権威にではなく、民間の慈善に救済を求めたのである。先に述べたとおり政治犯もまた、いかなる政府間の団体よりもアムネスティ・インターナショナルから多くの援助を得たのである。

公共財

国際政治経済は公式の中央の権威をもたないので、純粋な公共財を多く供給すると考えることはできない。ここで公共財というのは、一国の政府やまたはその他の中央の政治権力が、一般の利用のために無料で供給することを決めた財や施設という通常の意味での用語である。公共財と呼べるものに近いのは、個々の国家権力が主として自国の国益に沿って供給した財や施設からの利益を、たまたま他国が享受しているといった場合である。たとえば、超大国の防衛政策の結果、他国が安全性という利得を享受する、つまり超大国の力が多少とも安定的な均衡状態を生み出すというのは、その一例である。また、国際政治経済が、国際的に受け入れられ利用される通貨である米ドルを得て、これを活用し、その恩恵に浴しているという人があるかもしれない。しかし軍事的均衡の場合と同様に、この世界的通貨の利用によって享受される利得が、アメリカの通貨政策の変化によって他の利得が翻弄されるコストや危険性を多少上回っていたにせよ、それはたんなる偶然、または一時的な現象にすぎない。

国際政治経済において公共財に近いもう一つの例は、非常に近いとはいえないが、政府によって部分的に供給されたり補助されたりして、世界市場で一般的に購入されうるような財やサービスである。それはたとえば先に記述、分析した海上あるいは航空輸送システム、人工衛星をもとに開発された通信システムである。これら三つは主に世界市場経済のために存在し、その利得は主に、世界市場に依拠してものを販売する生産構造の中にある人びとへと与えられる。海上あるいは航空輸送システムは実際、現実には公共財である、ある種の下部構造——たとえば、航空あるいは海上交通管制システム、コンピュータが処理する衛星写真をもとにした天気予報、交通標識、灯台など——の援助によって支えられている。これらをすべての新規参入者が利用できるようにするコストは、ほとんど国家が負担しているが、一方、利得は主な貿易業者や運送会社に与えられる。

世界通信システムは、かなり異なっている。通信衛星の中には民間が所有し、運用しているものもある。また国家、たとえば旧ソ連、インド、インドネシアなどによって所有されているものもある。これらに加え、国際電気通信衛星機構は商業法人と国際機関との奇妙な混合物であるが、おそらくこれが、通信施設という公共財を供給する機構に最も近いものであろう。

これら国際貿易や通信に役立つ公共財は、どちらかというと限られた範囲で小規模にしか提供されてこなかったが、その反面、何世紀にもわたりすべての人びとにとって利用可能だった公共財、すなわち公海が失われたことに注意しておこう。今日では世界の主な大洋で、どこかの政府によって排他的経済水域であると宣言されていない部分は、ほとんどない。これは国連会議が合意し、効果をおさめた事柄であった。海底資源が人類共通の遺産であり、したがって公共財として扱われるべきだということ、そして開発は国際海底機関当局によって行われ、その収入は国際的歳入として扱われるべきだということについて、合意が見られなかったことの意味をわれわれは考えなければならない。

結論

世界的な視野から見ると、福祉システムは輸送システムや貿易システム——エネルギー貿易を含めて——と比べて、はるかに未発達である。後の二者は統合された世界市場経済に役立つのに対し、福祉は主に個々の国家市民のためのものである。貿易と輸送は強力な超国家的利害によって支えられ、大部分の先進国政府は国益に基づいてこれを奨励している。これに対して、福祉が先進国の枠を超えて他の諸国家へと積極的に与えられる場合、その動機は戦略的であるか、または本質的に見せかけにとどまっているか、のいずれかである。

ここでの一つの例外は、マルポール七三／七八条約（一九七八年に採択された船舶からの廃油・廃棄物排出を規制する条約）のように国際的に合意された環境規制であろう。しかし集団の協調が必要な時、残念なことに進歩は遅々としている。「汚染者が支払う」原則は、国家の法律体系の下で機能し、司法により実施されうるはずである。だがそれを国家間で実施するのは容易ではない。酸性雨を例にとってみよう。イギリスはドイツやスカンジナビア諸国の森林を救うべく行動しようとはせず、アメリカもカナダに対して同様の態度をとっている。大気のオゾン層破壊を阻む協定も、原則的にはすぐ合意されるだろうが、国家が実行に移すには時間がかかるだろう。

宗教団体や慈善的な感情、利他的な信念から生まれた無宗派組織によって、国家権威とは独立に、超国家的な福祉が提供されることもある。世界的福祉システムの中でもこの部分は、規模は小さいながら成長しつつあるように見える。それは、人びとの認識や信念に関わる知識の構造の領域がしだいに変化していることを意味している。それでもこの変化は今までのところ、国家の行動にほとんど影響を及ぼしてこなかった。

実際、安全保障構造が変化して、海外の軍事基地、航空基地を獲得することがそれほど重要でなくなり、新たに発達した大陸間の防御・攻撃システムを開発することがより重要になってきたので、国益の経済的用具として海外援助〔軍事援助を含む〕を利用する際も、政治的な利害という根拠は魅力がなくなってきた。多くの「供与者」国家が準譲許的な信用供与を行う戦略的動機は、軍事基地を獲得・維持することよりも、市場のシェアを拡大することにある。おそらくこうした一般的傾向に対する唯一の例外は、超大国がとくに太平洋、そしてインド洋においても、海軍基地を保持し続けていることだろう。たとえば、ソ連がヴァヌアツのような太平洋の小国家から〔艦船の〕補修、供給設備を入手したとすると、アメリカもまたすぐにこれに対し、同じように戦略的な配慮から、同様か、あるいはそれと比較しうるような援助を提供するのである。

過去四〇年間、援助が効果的な政策用具でなくなってくるという一般的な傾向があったことは明らかだ。これはとくにアメリカ――飛び抜けて大きな援助供与国であるが――、イギリス、カナダといった古くからの援助供与諸国家に共通に見られることである。このように援助の効果に関心が薄れてきたにもかかわらず、日本、イタリア、西ドイツ、あるいはスイスまでも含む「新しい」援助供与国の重要性が統計上で増してきたために、全体としては流れがよくわからなくなっている。またそれは、一九七〇年代のインフレで〔価値の低くなった〕ドルで測られた援助が急上昇したかに見えたことによっても、曖昧となった。しかし、一九八〇年代になると、非譲許的貸付は上昇し続けたが、公的な開発援助の総額は横ばいか、あるいは下降しさえした。同じ時期に、富裕国が貧困国の窮状に対して示した見せかけの同情の表現はたえず増え、積み重ねられた。こうした見せかけの回答の仕方は安くつくかもしれないが、長期的には政治的爆発を導く類のものであるかもしれない。

第四部　自分自身の答えを見出したまえ、さもなければお好きなように

第一一章　問題提起といくつかの答え

本書の目的は、決まった答えを出すよりは、問題提起の仕方を示すところにある。本書は、国際関係において、国家間の関係という見方に含まれる以上の、はるかに広範囲な問題が重要であることに、読者の注意を促すことを意図した。このことによって本書は、ある程度新しい一連の問題、とくに国際政治経済の基本的構造に関する問題を提起している。著者としては、読者が自分自身の価値基準や政治的選択に従って、自分なりの答えを出してくれることを望んでいる。つまり、摘み取り自由の果樹園に招待しているので、すでに摘み取ってケース詰めにした果実を店頭に並べているのではないのだ。

こういったからといって、実際に、問われた事柄に次々に答えていくことは容易なことではない。とりわけ、四つの一次的構造から二次的または従属的構造へと問題が移行するにつれて、貿易や運輸で何が起こってきたか、それが過去の政策決定や市場変化からどのように展開してきたかを叙述するだけでは、その叙述の仕方に沿った組み合せの答えが必然的に導き出され、他の組み合せの答えが放棄されてしまう。これはとりわけ、運輸システムや世界経済へのエネルギー供給に関する諸章についていえることだ。両者は、部門分析の試みとして提示されたが、石油にしても海上運輸にしても、たんに経済の一部門にかぎらず、インフラストラクチャーの問題でもあり、経済の他の広範な諸部門に必要な手段や投入材料を提供しているのである。これら両者とも、構造と諸部門の境界線に位置する。この点を掘り下げて、相互に関連する諸部門の政治経済学の概略を描き出すためには、より大部で包括的な書物、または本書の続編が本来必要となるだろう。たとえば、政治面で見ても経済面で見ても、穀物の生産、貿易、消費に関する政治経済学的分析はきわめて重要だし、この種の問題をいくつか考えることもできる。他のいくつかの問題、たとえばクジラや錫の問題は、市場と政府の関係について、新しいいくつかの考え方を明らかにするだろう。これらは魅力ある主題だが、いまここでこれらの主題に分け入っていくとなると、それは、答えを示すよりもむしろ問題を提起するという本書の性格をぼやけさせてしまうだろう。

しかしながら、部門別の分析で自分自身の答えを見出したいと思う人のために、既述の石油、運輸に関する諸章でとられた方法を掘り下げ、説明して、研究をすすめるいくつかの段階を要約しておくことは、むだではないだろう。

六つの卵をとる

料理の本を開くと、まず料理をする前に、何をそろえておかなければならないかが示されている。エンジンの油を代えるにせよ、何かのキットを組み立てるにせよ、手引書とかハンドブックといった類の本は、必要な部品の配置を示して、何からとりかかるかを説明する図やイラストから始まるだろう。政治経済学で部門分析を行う際に、われわれはマトリックスの図から始めてみよう。マトリックスの横軸には四つの基本的構造をとり、そこに変化が起こるようであれば記入する。縦軸には政府と市場の関係を示す四つの分野を示す。これは図11-1に描かれている。論理的にいえば、縦軸には三つの分類——国家、市場、国家と市場間の均衡——が記述されて然るべきである。しかし、ある種の部門では、重要な非国家権力が国家権力と共存し、これらの部門で生まれる成果の分配にも大きな影響をもつがゆえに、当初からこれらの非国家権力を別に扱っておくことが望ましい（石油に関していえば、これは多国籍石油メジャーに相当する。またたとえば、骨董品の世界市場でいえば、大きな国際オークションの開催者や、かれらに雇われて売りに出される絵画や家具や古文書を評価し、値段を付ける専門家たちもこの範疇に入るといえる）。また、これとは別に、国際官僚機関が、その傘下にある各国政府の影響とは区別された独自の影響を市場諸力に及

図 11-1　構造変化と権威/市場の組み合せ

権威／市場の組み合せ

	安全保障	生産	金融	知識
（国際機関）				
国家				
（非国家）				
市場				
バランス				

ぼすと、読者が真剣に考えるのであれば、これは第五番目の分類として、縦軸にもう一つの欄を設けてもよいだろう。たとえば、発展途上国の債務をどう割り引くかという市場問題を検討する際に、債務国の経済政策に対するＩＭＦ官僚機関の態度は、アメリカのそれとは異なり、金融・信用構造の変化からは独立し、区別されていると議論することが当然できよう。金融・信用構造の変化とは、構造面での不確定性に関連するよりはむしろ、信用供与銀行の立場の強弱に関連しており、その意味でアメリカ政府の態度に影響を及ぼしているのである。また、国営ラジオ放送プログラムの例をとると、世界無線通信会議（World Administering Radio Conference, ＷＡＲＣ）の役割を議論する場合に、ＷＡＲＣ官僚機関の行動は多くの場合、波長をめぐる国家間の競争からある程度独立したものということもできる。実際、ある国際機関が、必ずしも各国政府の認可によらず、その政策により影響を受ける関係者の

合意と尊敬によって存在するだけの技術的能力なり、特別の権威なりの正統性を得ている時、その機関の政策は国家政策から区別されていると考えることができるだろう。たとえば、NATOの権威をアメリカのそれと混同し、COMECONの権威をソ連のそれと混同することは、それが国際機関のPR努力に負う面があるにせよ、あまりに容易だし、また実態の判断を誤ることにもなる。「市場条件」は、一次構造の変化の影響を受ける場合もあるし、そうでない場合もある。もちろん、市場が安定的であるか変動しているか、価格が上昇傾向をたどるのか下降傾向にあるのか、生産者が少数か（アルミニウム、ソーダ灰のケース）、または逆に生産者が多く買手が少数か（飛行機のエンジン）、また生産者が多く買手も多いか（綿の半ズボン、プラスチック製のボウル、ナイフやフォーク類）等は、みな重要である。それぞれの場合に市場の立体的構造は異なるために、これらの条件はすべて、一次構造の変化の影響に違いをもたらす。高利子率は、巨大な買手（または売手）よりも、小さい買手（または売手）にいっそう大きな影響を及ぼし、これはこの分析の第二段階で述べることに関係している。

第1マトリックスの最後の線から第二段階がはじまる。政府（または複数の政府）と市場間の力関係の動きから、政治的管理に対して市場がどの程度依存するか（すなわち、本質的に利潤追求型でない、つまり純粋に経済的ではない理由による操作なり介入がどの程度起こるか）を明らかにしなければならない。もちろん、四つの一次的構造のうちの複数の変化から生まれる結果――しばしば反対の方向に動く変化――から、そこでの政府‐市場バランスにどのような純影響が出てくるか、を判断するには主観的な要因がつきまとう。たとえば、ある特定の型の武器や軍備の市場で、安全保障構造の変化――おそらくは感じとられる非安全度の増加――がこれら武器市場に対する政府税制を強化させるかもしれない。しかし、同時に、金融規制の緩和が起これば、同じ武器の購入に関する金融手段はより容易となるのである。

この種の困難がときおり起こるにもかかわらず、第二段階では、国家や市場の対応、また両者のバランスを通じて、構造的変化がどのような二次的効果をもたらすかを決めることができる。このバランスをシーソーの形で表現するとすれば、このシーソーは、市場の端と、この市場に作用する主要な権力――これは国家または国家連合の場合もあれば、一九五〇年代の石油市場におけるセブン・シスターズのような市場管理者たちのカルテルの場合もあるが――の端に働きかけるさまざまな圧力によって、上下すると考えることができる。図11‐2では、一次構造は相互に重なり合った円形として描かれている。なぜなら、先に見たように、一つの構造を他の構造から切り離されたものとして扱うことは不可能だからである。

第三段階では、われわれはシーソーの動きに見られる分配面での結果を明らかにすることに努める。シーソーの傾きの変化が、国内外の社会集団にどのような影響を及ぼすかが

図 11-2　諸構造の相互関連

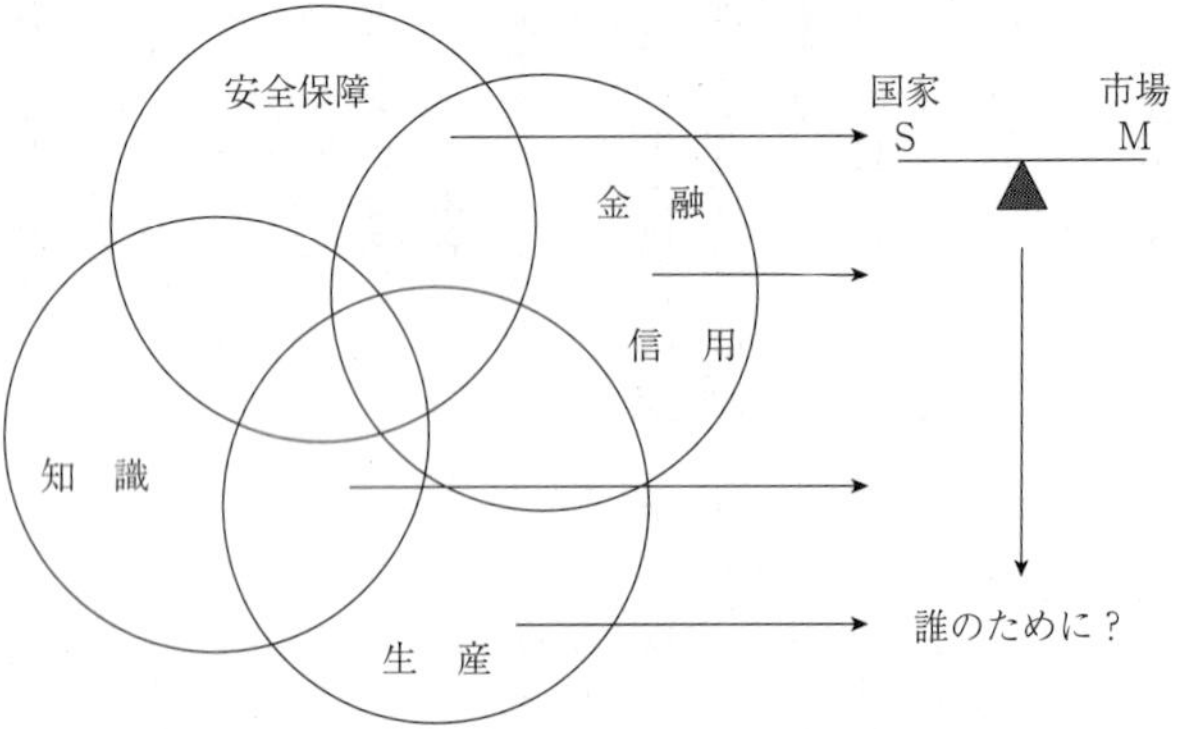

問われなければならない。労働者の立場は改善されただろうか。債権者は以前より安泰だろうか。債務者は以前より激しい圧力にさらされているだろうか。そして、いま少数の国家が市場－政府シーソーに影響を与えるような統合された世界市場を想定するとして、他国家に対する影響はどうだろうか。他の非国家機関に対する影響はどうか。国際組織に対する影響はどうか。また、この市場－政府バランスの変化が、関連他市場に与える影響はどうだろうか。たとえば、航空運輸の規制緩和やＩＡＴＡカルテルの航空機旅客市場に対する権力衰退が、ツーリズム市場や、したがって各地方の、また国際的なホテル建設に影響を与え、建設会社の地方市場にも影響を及ぼす可能性はどうだろうか。

未解決の諸問題

国際政治経済の研究にはいろいろな困難があること、また研究をすすめる上でわれわれは、あらゆる偏見から解放されていなければならないことがわかったが、ここで、この研究ではつねに答えよりも問題提起の方が多いのだということに注意しておこう。学生諸君がぶつかる問題の中で、けっして完全に解決できない問題もあるだろうし、また必ずしも答えを必要としないような問題提起の仕方もあるだろう。こうした問題について三つのことをここで注意しておこう。

一つの問題は、国際政治経済学の一般議論というような解が存在しないことを前提とした上でも、なお、どの構造が支配的であり、また、ある特定の部門あるいは状況のもとでどの構造変化が決定的な影響をもつかということについて、何らかの信頼できる主要な法則が存在するかどうか、ということである。私にとっては、たとえば、安全保障構造の変化が、金融、思想、または知識構造における情報アクセスの変化、さらには生産が組織される方法の変化などよりもつねに大きな変化をもたらすなどということはありえない、と考えられる。したがって、大事なことはわれわれの精神をつねに開いておくことである。一例として、製造業の情報化とそこでのパソコンの使用を考えてみよう。この情報化コンピュータ化は、多くの人びとが以前には限られていたような知識へのアクセスを持つという知識構造の変化を基本的にもたらしたが、それは、NATO諸国からソ連圏への戦略財貿易を制限したCOCOMの変化を導いた。したがって、安全保障構造における諸国家の政策は、以前よりも限定された。そのかわりに企業にとっての行動機会が拡大した。また、発展途上国に対する国際銀行の貸付や、武器輸出に伴う政府の信用供与が拡大している例をとろう。その結果、ペルシャ湾に見られるように地域的な安全保障は、外部からの信用供与がなくなったり、また石油の実質価格が低くなったりした場合には、維持できなくなるほど弱まってしまった。したがって、一次的諸工業のどれか、またはどれか一つの要素が支配的になるということには、十分警戒をしなければならない。

国家の性質についてはあと二つの未解決の問題が存在する。現実主義者たちは、国家がいかに自由主義的イデオロギー路線をとり、いかに民間企業をもりたてる決意を固めていたにせよ、政治経済学において最終的な政治的権威はつねに国家に帰着すると考えている。しかし、この現実主義者たちでさえも、いまでは国家の政治的権威をどう正確に定義してよいか、また誰がその権威に服すると考えるか、についてはあまり確固とした信念をもってはいないのである。

アメリカの場合を考えてみよう。アメリカ政府が世界経済の多くの分野で最大の影響力を行使する権力であること、また、アメリカ政府がアメリカ国家の正統な代表だということについては、大方の異論はないだろう。だが、そもそも国家とは何か、わたしたちは正確に定義できるだろうか。国家とは、土地を指すのだろうか、資本の投資先で決まるのだろうか、それとも公の領土内に居住する人民のことをいうのだろうか。アメリカの企業が他国に所有する工場、アメリカ市民が海外に持つ資産は国家外のものだろうか。これらは、アメリカの対外投資ストックとして統計上計算され、アメリカ政府がアメリカ国家を代弁して、それに対して何らかの権利を主張する資産ではないだろうか。第二次世界大戦時に、イギリスの市民や企業がアメリカに所有する投資は、イギリス政府の命令により接収され、武器を購入するために競売に付された。新たな大戦が起これば、アメリカがそのお返しに、アメリカ市民が所有しながら外国の国籍を得て航行する船舶を差し押える権利を主張するかもしれないのだ。アメリカ国内での日本の投資はどうだろうか。オハイオ州コロンバスでのホンダ社工場は日本に「属する」といわないだろうか。第二次大戦の例をもう一度引くと、アメリカ政府は、日本が所有する資産ばかりか、日本出身のアメリカ市民が所有する資産までをも、敵性資産として接収したのだった。現在のところ、オハイオ州コロンバスから引き揚げられる利潤は、たとえホンダ社が生産した自動車をカナダに輸出して、アメリカの国際収支に貢献したにせよ、結局日本の国際収支の黒字となるのである。

いくつかの国の政府は、産業奨励政策をとろうとする時、製造業の分野でも国家主権の及ぶ範囲は限られているのに、サービス産業の分野ではこの範囲を定めることがいっそうむずかしいことを発見した。銀行、保険、広告、映画、コンサルティング等の分野では「足元が定かでない」程度がきわめて大きいのである。裁判権が及ぶ範囲を確定することも、それがしばしば入り組んでいるだけに、複雑である。今日世界で起こっていることは、諸国家がそれぞれ異なる裁判権の問題で力関係を確かめあっており、その結果がどうなるかはまだわからない、ということのように思われる。

個人の場合にも同様の状況が、より小規模の範囲で現れている。たとえば、イギリス市民やアメリカ市民を正確に定義することはだんだんむずかしくなっている。二つ以上の旅券を所有する男女はだんだんふえているが、旅券発行国の政府はしばしばこの状況を把握さえしていない。ある程度の権利は、市民権に伴うのではなく、居住に伴って発生する。また、ある種の権利は行政機関の裁量によって付与される。かつてトゥキュディデス〔紀元前五世紀、ギリシアの歴史家〕が述べたように、強者はかれらにできることをするが、弱者はその義務に従う、ということは今日まで真実だったが、この言葉のとおり、諸国家に共通の権力や限界はだんだんぼやけてきて、強国と弱小国間の差が目立つようになった。その結果、国家の性質に関する一般的また理論的な言明を行うことはだんだんむずかしくなってきている。

というのは、いま述べた国家が管轄する裁判権の限界という概念は、ある国家が世界市場経済と一体化すればするほど、怪しげなものになっていることは明白だからである。この点での曖昧さは、ソ連や中国の裁判権と対照すればすぐわかる。これは次の事情によっている。つまり、ある国家が世界経済に一体化する程度が弱ければ弱いほど、この国、またはこの国の企業や市民は、世界経済の中での生産、金融、思想や情報に関して、国境を越えて行使される構造的権力の影響を受けにくいのである。これは部分的には、たとえばアメリカがフィリピンや中国に対して行使する相関権力の単純な反映といえる。もちろん、構造的権力と相関権力とを完全に区別することはできない相談だが、それにしても権力関係を考える時、構造的な要因を見逃したり、過小評価したりすべきでない、ということはわたくしの信念である。

矛盾するいくつかの結論

この構造的要因を考慮に入れていないということが、国際政治経済学派の中でも今日最も影響力を持つ学派、すなわち「覇権衰退」学派の主要な欠点であるようにわたくしには思われる。学界の文献、すくなくともアメリカ学界の雑誌——それはヨーロッパや日本の学界誌と異なり世界中で読まれているのだが——に現れた思想潮流から判断するならば、今日の世界経済の混乱の原因は主として、アメリカの覇権が衰退したことによる、とされる。この学派は、覇権衰退が原因であることについては意見が一致しているが、混乱の解決策についてはばらばらである。おおまかにいうと、リベラル派の説と現実主義派の説とに分かれる。前者はコヘインの『国際関係の政治経済学』(一九八七年)にその例が示される。リベラル派は、覇権大国に代わる集団行動を次善の策として、これに期待をかける。国際政治経済がうまく機能しないとするならば、国際機関を強化して多角的な意思決定をすすめていくというのが、この学派の提示する解決策である。ギルピンのような現実主義者はもっと悲観的で、バーグステンやマッキノンのようなリベラル派経済学者が主張するような国際機関や経済調整の可能性を疑問視している。現実主義者にとっての希望は、その可能性があまりないとはいえ、「慇懃な重商主義」であって、つまり、他国や経済システムをあまり損なわないような形で、国益を限定されたやり方で追求することにほかならない。

これらに対立する見方というのは、わたくし自身のそれであり、また思うに非アメリカ世界――ソ連、ヨーロッパ、日本、第三世界――の学者の多くが口に出さずとも支持している見方である。これは、世界経済の混乱の原因についてはアメリカのリベラル派とも現実主義者とも異なるが、おそらく解決策については現実主義学派に近いものである。原因について異なるというのは、アメリカは実は世界市場経済における権力を失っていないとわれわれが見ているからである。アメリカ経済が成長し世界に拡散すると同時に、アメリカの権力の源泉は、アメリカの土地や人民をはなれて、世界システムを形成する諸構造のコントロールへと移ったのである。ところが、アメリカが近年獲得した構造的権力は、せまい意味での国益を追求するという形で、誤って使用されてきた。こうした権力の誤った使用により、アメリカの納税者や消費者は（そして労働者もある程度は）短期的に見て打撃を受けたが、またアメリカの構造的覇権もともに弱体化するという深刻な危険が生まれている。ただし、経済制度は十分強いので、アメリカによる権力の誤った使用の結果がはねかえって現れるにはまだ若干の時間がある。この過程をくつがえすのに遅すぎるというわけではない。

アメリカの覇権衰退について引かれる証拠を検討してみよう。証拠としてあげられるのは、一九五〇年代初めから八〇年代初めまでの三〇年間に、アメリカの世界GNPシェアが四〇パーセントから二二パーセントに低下し、そして製造品輸出に占めるシェアが三〇パーセントから一三パーセントに下がった、等のことである。これらの「事実」を引くということは、言い換えれば、世界市場経済を動かすアメリカ政府の権力が、世界GNPや製造品輸出に占めるシェアによって正確に表現されるということを、暗黙のうちに前提としている。「USA原産」が要するに権力の指標というわけだ。しかし、こういうことは、フォード社の世界自動車市場に占める役割の指標が「ウイロウ・ラン（イリノイ州）原産」によって示される、というのと同じである。本国原産品に固執することは、ある会社の製品が本国工場製であるかどうかにこだわることと同様に、国や会社の権力や地位を現すよい指標であるとはいえない。またＧＮＰや製造品輸出のみを考慮に入れて、銀行、保険、データバンクなど、いまでは他産業に対して影響力を大きく行使しうるアメリカのサービス産業が世界市場にどれだけ大きなシェアを占めているかも忘れている。もちろん、サービス産業につきまとう困難としては、先に述べたように、工業生産の場合よりも「アメリカのシェア」を計測することがむずかしい、ということである。サービス産業の場合には、前述したとおり、はるかに曖昧である。サービス産業の取引を計算することは容易でないし、その利潤が必ず「本国に戻る」わけでもない。企業にとってサービス分野の海外生産は、国内市場のそれをずっと上回ることもあるが、企業会計を調べてどれだけ上回るかを知ることはきわめてむずかしいし、しばしば不可能でさえある。この理由のために、アメリカの製造工業が、ヨーロッパ、日本そして韓国や台湾などの発展途上国からのしだいに激しくなる競争により追い上げられる程度を、同時に急速に成長する高利潤のサービス産業の分野で他のアメリカ企業に開かれた機会と比べた時、前者が後者を上回ってアメリカの権力を損なっているとは簡単に断言できないのである。

二〇世紀末の時点で、製造工業にのみ注意をはらうことは、一九世紀末の時点で、世界総生産にイギリスの農業生産がどれだけの比重を占めるかとか、オーストラリアの羊毛輸出に対してイギリス市場のシェアが低下したとかを論じることと同様に、政治経済学の目的をゆがめるものだろう。もちろん、アメリカにとってかつてのような製造品自給を放棄するということは、新しく輸入に依存すること、つまり、ちょうどイギリスが戦時中の海上封鎖に対して脆弱性にさらされたのと同じことを意味していることは確かである。しかし、戦争や封鎖がないことを前提とすれば、イギリスに対して穀物を供給しようとしたのと同じく、アメリカに対してはTシャツの供給者の競争が行われることになり、こうした脆弱性に付随する危険性もおそらくは限定され、無視できるものとなるだろう。

もしわれわれが、国家＝領土という先入観念から解放されるならば、権力関係の方程式もずいぶん違って見えるだろう。重要なのは、政治権力をそなえたアメリカと、この国の内外で操業している大企業間の関係なのだ。これらの多国籍企業のあるものは、アメリカ法人により所有され、外国人経営者により動かされるものだったし、いまもそうである。また、ある会社は、アメリカ国内市場で操業し、国内市場を対象としたり、またおそらくは輸出業務を行うものでもある。ワシントンはたしかに、アメリカ系多国籍企業に対する権威を失っているかもしれないが、これら多国籍企業の経営者たちは依然としてアメリカ旅券を携行し、アメリカの裁判所で裁判を受け、戦時や国家の緊急時にはたぶんワシントンの命令に最初に従うだろう。他方で、アメリカ政府は、合衆国内で操業する多くの外国系企業に対して新たな権威を獲得している。これら外国系企業はすべてが、アメリカ市場こそは世界市場の競争ゲームで最大の賞金が懸かっているところだということを、正確に理解している。わたくしがアメリカ人やヨーロッパ人の会社重役と話した印象からすれば、世界経済におけるアメリカの権威は、実際には増大しているのであって、下落しているのではない、と思われる。

多くの場合、いわゆる「アメリカの衰退」について証拠が示されているときにも、それがきわめて誇張されている。こうしたやり方を見ると、覇権大国の衰退という概念が提起されるのは、そこに学問知識分野で何らかの既成の利害関係が存在するからではないか、という疑いを抱かせる。端的にいうならば、こうした議論は、国際政治経済システムの混乱を過去においては見誤り、そして現在においては見て見ぬふりをしている学者たちにとって都合のいい弁明にすぎない（Wightman, 1993）のではないか。このシステムの混乱は、アメリカ人よりも他国の住民たちにはるかに厳しい圧力を与えているというのに。

たとえば、よく使われる統計のスタートラインを検討してみよう。一九五〇年代初めの時点で、製造業生産や輸出でアメリカが他国に大きくぬきん出ていたことには誇張がある。なぜなら、大戦によってヨーロッパや日本が沈下していたからだ。一九八〇年代にもなって、同じ差が続いていたとしたら、それは驚くべきことだろう。第二に「世界GNP」計算の中身を見る必要がある。統計が、GNPパイ全体の大きさの増加を過大評価し、アメリカのシェアとして計算される部分を過小評価していると考えるべき十分な理由がある。たとえば、貨幣経済がひろがっていくにつれ、以前は家庭内でつくられたり供給されていた財やサービスが、外部から購入されるようになり、したがって、初めて貨幣価値で計算されるＧＮＰとして現れる現象は周知のとおりである（もし、皆さんが自分で料理をつくるならば、それは趣味の領域だが、もし、レストランで料理を求めたり、テイクアウト品を購入したりする場合には、レストランやテイクアウト店のＧＮＰを増やすことになる）。アメリカ人はいつもこうした財やサービスを最初に売り買いする役割を演じるので、ＧＮＰ計算は、ヨーロッパ、日本、その他途上国の成長率が高いほど、それだけ急速に増加することになる。また、一九五〇～六〇年代にはアメリカ企業がいち早くオフショア生産を開始したがために、これらの企業のアメリカ外の国のＧＮＰ上昇に対する貢献は、ヨーロッパや日本の企業がアメリカのＧＮＰに対して貢献したよりも、ずっと大きなものであった。これらアメリカ系多国籍企業は、家計がサービスや部品を「買い始める」のと同様に、マクロ経済の場でも買い入れを増やし、世界のＧＮＰとして計算される部分を、アメリカのＧＮＰとして計算される部分の増加よりも、いっそう早く増大させたのである。

要するに、数字というものが役に立つにしても、それはごくおおざっぱな指針にすぎない。これらの統計が、諸外国の経済が本当にアメリカ経済に追いついているかどうかについては、おそらく過大評価しているということはありそうなことである。これは、覇権の衰退のもう一つの証拠としてあげられるアメリカの生産性上昇が、たとえば日本のそれよりも緩慢であるという問題についても妥当する。経済成長率の場合と同様に、ここでも先発国は後発国を大きく引き離していたので、多少生産性の上昇が緩慢になろうとも、後発国が追いつくには長い年月を要するのだ。これは今日の開発途上国がたとえ年成長率がめざましく高くても、先進国に追いつくのは容易ではない事実を見ても明白である。

次のように結論づけることができると思う。つまり、世界の基本的な諸構造に影響を及ぼす点では、アメリカの権力と、その他のライバル国家のそれとの格差はあまりに大きいので、国際機関等の場でもアメリカが反対するような政策はけっしてとられえないし、また、アメリカによる提案（しょっちゅう行われるわけではないが）の大部分は実際、国際機関によって遂行されるのが現実である。

また、大国の衰退についてあげられる証拠が疑わしいこととは別に、アメリカの現実主義学派とリベラル学派との間で行われている論争についてはもう一つ奇妙な側面がある。リベラル派はいつも自分たちが国際主義の立場に立っていると主張している。この派の人びとは多くの場合、国際機関を何らかの形で改革すべきだとする提案を行い、また実際、かれらの職業的名声がこれらの国際機関にかれらがしばしば関係して仕事をしていることと結びついている事実に負うことも多い。ところが、アメリカの外交政策を擁護するナショナリストの役を演じるのはいつもリベラル派なので、現実主義者たちではない。現実主義学派と比べると、かれらはアメリカ経済の運営に誤りがあり、対外貿易・金融関係をアメリカが一方的に進めるやり方にこそ問題があるのだ、ということを認めたがらない。またかれらは、国際経済通貨体制の混乱を嘆きながらも、アメリカのやり方にこそ大きく責任があるのだ、ということを認めたがらない。たとえば、ギルピンは銀行・金融システムに関する研究の結論として、「アメリカが国内問題そして国際金融体制をうまく管理してこなかった」と述べながらも、その責任を日本のせいにしている。しかし、国際通貨金融体制が依然として大部分ドルを基軸通貨として運営され、連邦準備制度の政策変更にただちに反応し、そして、アメリカがBISなりIMFなりの場で日本にその席を譲ろうとしていないときに、こういい張るのは無理のように思われる。この議論を展開した次の章で、ギルピンは、Calleo（1982）の結論を繰り返す形でこう述べている。

「世界経済において貿易、通貨、債務の領域で起こっている主要な問題は未解決のままである。アメリカは、ベトナム戦争に始まり、レーガン政権の時代にかけてだんだん、ジョン・コニィベアの言葉を使えば、寄生的な覇権大国へと転化していったが、しかし自国の利害を優先させて他国のそれを尊重しようとはしなかった。アメリカはむしろ、覇権的地位を利用して自国のせまい国益を追求する傾向を示した」（Gilpin, 1987 : 345）。

カレオはその原因を次のように説明している。アメリカは、ケネディ時代からさまざまな出費を伴う福祉国家と高価な防衛計画を同時に追求したが、これをまかなうべき貯蓄率や課税率の引上げという努力を払わなかった。アメリカの構造的権力が他国に優越した結果、アメリカはニクソン政権の下でドル価値を切り下げ、アメリカの恒常的な赤字のつけを当時ドルで準備通貨を保持していたすべての国に押し付けることができた。また、カーター政権の下ではインフレ政策をとり、さらにドル切り下げを行うことによって、国際経済通貨体制から税をとりたてることができた。最後に、レーガン政権の下では一段と防衛支出を拡大させて、財政赤字が空前の規模に高まった。しかし、アメリカはこの赤字を日本の貯蓄黒字をカラにさせてまかなうことができたのである。また、ラテンアメリカ諸国から資金の流れを受け取ることによってもまかなうことができた。結局のところ、アメリカが世界の資金不足国に資金を供給したのではなく、むしろ反対に世界中の国から資金の供給を受けて自分の赤字を融資したのである。

覇権力をこのように寄生的、またはシステム破壊的に行使するやり方が悪影響を生んだことは当然だが、アメリカの政策決定が一方的に行われる程度が高まり、サミットの会合でこれに恭しく唱和する宣言が発せられるごとに、この悪影響はいっそう拡大することになった。サミットの場では政策調整とか、チームワークや協調の実をあげる必要がうったえられたが、これはアメリカが「スターウォーズ構想」(SDI)や、ソ連との戦略兵器をめぐる取引で、同盟国にほとんど相談さえしてこなかった外交の実態にそぐうものではなかった。アメリカの指導権に対する信頼が失われたのは、他国に行使する権力が衰退したからではなく、むしろ自国内で威丈高となっている官僚機構の複雑な網を十分統制できなくなっているからである。イランゲートに関する調査が示したのは、命令系統の切れ目のない輪が続いていて、最終的な責任を負う者が誰もいないという官僚機構の実態であった。国の政策が、その執行の段階で行政機関の縄張りや無責任性とごたまぜになってしまう。たとえば、一九八五年に当時のベーカー財務長官が提案したベーカー・プランは第三世界の債務国のために新規資金を集めることを提案して、世界中から歓迎されたが、アメリカの行政機関はこれにアメリカの銀行を従わせる意思も、また権力も、おそらくはその両方を明らかに欠いていた。

この延々と続いている論争を通じて、若い人たちをがっかりさせるのは、専門家たちが問題の原因や処方箋について意見を異にしているからではなく、むしろこの論争にかかわる誰一人として、自分の主張する解決策が十分実施されて実質的な変化をもたらすべく身命を賭す用意がないということだろう。リベラル派は、過去の経験からして国際機関を根本的に改革する可能性は結局のところ十分あるとはいえないことを告白しなければならない。現実主義者は、アメリカの覇権を日本が引き継ぐ可能性についても、また、アメリカの指導者たちが、少なくとも主要な議会のメンバーを刺激しないよう配慮するのと同じくらいに同盟国の利害損失をも考慮に入れて政策決定を行う可能性についても、いずれにせよあまり期待をかけているわけではない。こうした一般的な悲観主義は、第二次世界大戦後、あるいは一九八〇年代になってさえまだひろく存在していた未来に関する楽観的なビジョンと対照的である。

わたくしはここで若い読者たちを慰める若干の断片的な材料しか提供できない。その一つは、悲観主義が一般化しているということは、おそらく、つい最近までひろく見られたが、今日では見られなくなったいくつかの幻想よりは、何らかの決定を行う際に有用である、ということだ。一つの幻想とは、ソ連やまたは中国が、革命によってより公正な社会主義体制に人びとを導きうるというものであった。今日では、これら両国とも、中央計画経済と国有制に背を向け、資本・労働・土地の行政裁量による分配制度を一所懸命に自由化するのに努めている。政治改革を伴うケースと伴わないケースの違いはあるが、両国とも農業、工業、サービス業の管理を民間企業の手に渡しつつある。ロシアでは、共産党とKGB（国家保安委員会）の鉄の支配は破れ、政治改革の試みが始まった。中国では、北京への中央集権が弱まっている。

他の幻想とは発展途上国が集まって、集団的底力を行使し、新しくより公正な国際経済秩序を形成するというものである。途上国は、連帯しつつ交渉活動を行い、豊かな工業世界を説得して、途上国の利益のために援助を大量にふやし、貿易ルールを変えることを考えた。こうした新国際経済秩序の論法のこだまは依然として聞えているが、第三世界政府の行動はそれとはちがっている。社会主義国や豊かな先進国の指導者たちと同様に、かれらはこの問題の本質に関して、また変化の可能性や自助が望ましいかどうかということについては、はるかに現実主義的な感覚を示すようになった。

今では、これら二つの幻想は幸いなことに、共に消え失せた。われわれはいまや、結局のところ全世界が実際に市場制度に結合され、それに代わる制度が目に見えて存在するわけではないことを知っている。われわれはまた同時に、市場制度が、不公正、環境破壊、財政不安、大規模の移民、失業、都市秩序の衰退等の深刻な問題を伴っていることをよく知っている。そして、これらすべての問題に対して、国境内に限られた政府権力は、解決する力をもたないし、また、解決するには不向きだし、そして解決する意欲をももっていないのである。

しかしながら、いかに小さいとはいえ、二つの希望の源泉が存在する。一つは、アメリカ人の自信と理想主義の回復が再び見られるようになったこと、昔ほど排外主義的でなく、せまい愛国主義にとじこもるのでもない若い世代が、アメリカがリーダーシップをとり覇権管理を行う新しい時代を夢見はじめていることである。この新しい時代においては、アメリカ外部の人びとの長期的な利害が考慮に入れられ、アメリカ人自身をもふくめたすべての人びとにとってのより大きな富、公正、安定が実現する可能性がある。そして、そこにはアメリカ人自身のより大きな富、公正、安定も含まれるのである（Tucker and Hendrickson, 1992）。アメリカはつねに人びとの思考方式や政府の政策が大きく変わったり、Uターンを繰り返してきた歴史を持つ。したがって、こうした新しい時代の出現も今では実現性のないこととはいえない。実際、アメリカで、経済が再建され、アメリカ産業が再び競争力を取り戻すようになると、理想主義と将来へのビジョンが、楽観主義の再生とともに、取り戻されることは十分可能だろう。われわれヨーロッパ人、日本人、中国人、アフリカ人、ラテンアメリカ人等にとって、それは望ましいことなのである。

他の希望の源泉は、アメリカが寄生的行動をいつかはやめるという期待にいつまでも閉じこもっているのではなくて、ヨーロッパ人あるいは日本人たちが、アメリカの主要な経済パートナーとして、ワシントンとの交渉でもっと建設的かつ責任のある態度を示し始めることである。安全保障と防衛面での自己依存はその最初のステップであろう。その次に、国際組織の改革と再生が課題となるだろう。現在まで、ヨーロッパ人も日本人も、世界システムをこわすように働く覇権大国に対し、きわめて弱腰かつ不定見にしか行動できなかったことを反省すべきである。両者とも、アメリカ人の「分割統治」策を受け入れてきた。つまり、アメリカ人は、北米自由貿易協定（ＮＡＦＴＡ）を設立することによって、広大な米州大陸市場からはじき出されまいとする日本人の恐れを利用しようとした。また、アジア太平洋経済協力閣僚会議（ＡＰＥＣ）の音頭を取ることによって、アメリカ人は、東アジアの急成長する市場に取り残されまいとするヨーロッパ人の恐れをうまく利用することができた。ＥＵ（ヨーロッパ連合）と日本との間に新しく創造的な友好関係を築くことこそが、平和、進歩、繁栄に向けての実りある種まきをすることにつながるだろう。

それまでは、人間の諸条件改善に向けての責任ある政策を提起したり、国際政治経済の管理の仕方についての方策を提案しても、それらはあまり有効とはいえないだろう。もし、現在の世界システムが、その内包する弱点や矛盾にもかかわらず、存続させられるべきものだとするならば、各国の政治家や高級官吏は、かれらが現在とらわれている狭い国益の枠を超えるような、より壮大な将来ビジョンをそなえていなければならない。かれらにとっては、選挙民からの支持票が得られるような、また、マスメディアから拍手されるような問題のみにかかわることでは十分ではないし、また実際そうすることは致命的な失敗へとつながり得るのである。そして、各国政府やそのお雇い評論家が、人を瞞着するような議論や歴史をゆがめるような引用例の陰に逃げ込むような時には、ジャーナリストや学者は公然とこれを批判する責任をもつ。このような責任は何といっても、自由主義的な政治体制の下で暮らし、公に言論をたたかわせても何の制限をも受けず、また異端の言を吐いても何の罰をも受けることのないわれわれの肩にこそ、もっぱらかかっている。われわれは、一国レベルの政治的経済的管理よりも、世界経済の政治学こそが重要になっていると確信し、国際政治経済を変えるためには、まずその仕組みを理解しなければならないと考えた。この本は、このような立場に共感をもつ人びとのために書かれたのである。

本文注

第一章

（1）ここでフランス語の「プロブレマティーク」という言葉を用いたのは、英語の problematic という言葉が「疑わしい」とか「問題がある」という意味の形容詞としても用いられており、混同を招くおそれがあるからである。フランス語の problématique という言葉をここでは「現象の背後に存在する問題」または「ある分野の研究に方向性を与えるような設問」として用いている。

（2）こうしたもう一つのアプローチの仕方をとっている最近の研究として、次のものをあげておこう。R. Little and R. McKinlay, *Global Problems and World Order*, London, Pinter Publishers, 1986; R. Gilpin, *The Political Economy of International Relations*, Princeton, Princeton University Press, 1987（佐藤・竹内監修『世界システムの政治経済学』東洋経済新報社、一九九〇）; R. Barry Jones, *Perspectives on Political Economy*, London, Pinter Publishers, 1983. この最後の本は、しかしながら、マルクス主義的方法をとっているわけではない。

（3）この議論はさらに次の本で展開されている。Miriam Camps, *The Management of Interdependence*, New York, Council on Foreign Relations, 1974 および W. Diebold, *The United States and the Industrial World*, New York, Praeger, 1972. 後者も外交問題評議会（Council on Foreign Relations）の本である。

（4）"Global Reach"とは、一九七〇年代に書かれた多国籍企業に関する啓蒙的な本の題名からとった。R. J. Barnet and R. E. Muller, *Global Reach*, London, Cape, 1974（石川・田口・湯沢訳『地球企業の脅威』ダイヤモンド社、一九七五）。

第二章

（1）スミスの著作の中でのこの側面に関するすぐれた研究として、David Reisman, *Adam Smith's Sociological Economics*, London, Croom Helm, 1976がある。

（2）同様の仮定が、後にK. Knorr, *Power and Wealth*, New York, Basic Books, 1973でとられている。ノアはこの本で、資源統制に基づく各種の権力を区別しようと試みた。国際経済学や国際政治学の業績以外の分野で、権力理論に関する研究が多数出版されていることに注意しよう。これら権力理論の主要業績を紹介した興味深い本として、Jack Nagel, *The Descriptive Analysis of Power*, New Haven, Yale University Press, 1975をあげておく。また、J. Hart, "Three Approaches to the Measurement of Power in International Relations," *International Organization*, Spring, 1976, p. 291を参照。

（3）社会学の分野でのこの研究は、多くをブローデル（Fernand Braudel）の大著 *The Mediterranean in the Age of Philip II*（浜名優美訳『地中海』I・II、藤原書店）に負うている。この分野での初期の研究として、Perry Anderson, *Lineages of the Absolutist State*, London, NLB, 1974; Barrington Moore（1967）を参照。最近のものではMichael Mann（1986）, Jonathan Hall（1985）がある。さらに詳しくは、参考文献目録を参照されたい。

第三章

（1）国際政治経済学に関する最新のテキストとしては、次のようなものがある。使用頻度が高いJ. E. Spero, *The Politics of International Economic Relations*, London, Allen & Unwin, 1985（小林陽太郎・首藤信彦訳『国際経済関係論』東洋経済新報社、一九八八）; R. Gilpin, *The Political Economy of International Relations*, Princeton, Princeton University Press, 1987（佐藤・竹内監修、前掲訳書）; D. Blake and R. Walters, *The Politics of Global Economic Relations*, Englewood Cliffs, NJ, Prentice-Hall, 1983. とくにすぐれているのは、R. Cox, *Production, Power, and World Order*, New York, Columbia University Press, 1987である。

（2）「革命」は、安全保障に関する語彙の中でとくに意味が弾力的に解されやすい用語であり、暴力、または安全性の欠如と同義であると認める前に慎重な定義づけが必要である。フランスの政治学者ジャン・ベシュレルが指摘したように、「革命家」という用語には、従来の社会の目標や価値を全面的に拒否する運動への参加者のほかに、個人的な形での社会拒否を孤独なままに行う自殺者までを含める方が筋が通っている。さらに、無血の革命——一六八八年のイギリス名誉革命や一九五八年のドゴール革命、あるいは一九二三年のトルコ革命のような——がこれまでに数多く生起しており、そのいずれもが安全を脅かすのではなく、それを高める結果をもたらした（Baechler, 1975）。

（3）税の問題については、第四章の一九九ページを参照。

(4)Jervis (1970); Howard (1983); Gilpin (1981); Waltz (1979); Holsti (1983) を参照のこと。

(5)アメリカ議会上院は、一九三〇年代半ばに、ナイ委員会に対してこの問題を調査するよう指示した。古典的な著作としては、次の二つがある。H. C. Englebrecht and F. C. Hanighen, *Merchants of Death* (1934); G. Thayer, *The War Business: The International Trade in Armaments* (1970). A. Sampson, *The Arms Bazaar* (1977) および R. D. McKinlay and A. Mughan, *Aid and Arms to the Third World* (1984) も参照されたい。また、バーナード・ショウの小説 *Major Barbara* に示された兵器製造業者アンドリュー・アンダーシャフトについての刺激的な研究も、再読の価値がある（詳細については参考文献目録を参照)。

第四章

(1)参考文献を参照。

(2)第六章を参照。

(3)Baechler (1975: 56-59)。利潤追求の正当性に関しての聖アウグスティヌスからアダム・スミスにいたる思考変化の重要性については、Hirschman (1977) を参照。

(4)マルクス『資本論』第I巻、ジェイムズ・オコナーの引用による (O'Connor, 1984: 24)。

(5)第一一章も参照のこと。

(6)"Turnip" タウンゼンドは、イングランド東部における四年輪作のノフォーク農法の主唱者の一人であった。この農法によって、収量が増大しただけでなく、より多くの牛・羊を年間を通じて舎飼することができるようになった。一八世紀におけるスコットランド人の強制的移住については、ジョン・プレッブル（John Prebble）がその著書 *The Highland Clearances*, London, Secker & Warburg, 1983の中で感動的な調子で叙述している。

（7）Cipolla（1962）を参照。また、より簡潔にまとめたものとしては、Strange（1984）に所収されているN. Demerath, "World Politics and Population" がある。

（8）イギリスの学齢期児童であればたいてい知っているように、反乱が拡大したのは、インド人兵士、すなわちセポイがイギリス人支配官僚からヒンズー教、イスラム教のいずれの宗教的タブーをも無視するよう命じられていたとインド人が考えたからであった。

（9）「多国籍企業」（multinationals）を、複数の国で国境を越えて業務を行う企業と定義することは誤りである。というのは、そのほとんどは、性格の点でも管理の点でも多国籍ではないからである。それらはむしろ、脱国家的な操業を行う国籍を一つしかもたない企業である。「多国籍企業」は、一九六〇年代初期にＩＢＭによって戦略的につくられた用語である。国連で用いられているような「脱国家的企業」（transnational corporation）の方が、実態をより正確に表している。United Nations（1983）を参照。

（10）ヴァーノンの著作の一部は、キンドルバーガー門下のスティーブン・ハイマーの遺稿に負うところが大きい（Hymer, 1976）。

（11）Nader（1976）. ネーダーは、とくに自動車問題で消費者の利害を擁護したことで名声をあげた。

（12）Franko（1976）は、極端にも、多国籍企業を革命前夜のフランスその他の工業化に先立つ体制の下での税金「取立て請負人」にたとえている。当時、国家は徴税権を「売り渡したり」、民間に委譲したりした。フランコの議論は、援助を得て行われるプロジェクトにおいて管理料やピンハネを政府が認めるのであれば、それは、本質的にはこれと同様のことを行っているにほかならないというものである。

第五章

（1）ＥＣＵもＳＤＲも、これらを真の国際通貨とみなすことはできない。両通貨とも各国通貨の交換レートの加重平均、いわゆる「バスケット」に基づいているので、その価値は各国政府の純インフレ政策、または純デフレ政策に依存する。何らかの多国籍政治権力が、ＥＣＵやＳＤＲの発行を管理する責任を持つようになった時、はじめてこれらの通貨は国民通貨から切り離されて独自に存在するようになるだろう。

（2）ガルブレイス（J. K. Galbraith）は、*Money: Whence it Came, Where it Went*, 1975（都留重人監訳『マネー』ＴＢＳブリタニカ、一九七六）でこうした話を絶妙に物語っている。

（3）一九世紀ヨーロッパの貸付政策に関する古典的な研究は、依然としてFeis（1964）である。

（4）M. de Cecco, *Money and Empire: the International Gold Standard*, 1974を見よ。世界貿易における資金循環をより明快に説明している研究として、A. G. Kenwood and A. L. Lougheed, *The Growth of the International Economy 1920–1980*, 1983がある。

（5）Judd Polk, *Sterling: its Meaning in World Finance*, 1956. この点は重要である。なぜなら、アメリカは紙幣本位制の下で、これとは反対のことをしばしばうまくやってきたからである。つまり、自国に対する外側からの衝撃を防ぎ、調整の任務を他国におしつけることができたのである。
(6)アラン・ミルワードは、一九四七年の時点で、ヨーロッパはすでに経済回復の道をうまくたどっており、アメリカ政府が議会に対して示したヨーロッパが経済崩壊の瀬戸際に立っているというイメージは、まったく誇張されたものだった、と述べている。このことは確かだが、しかしヨーロッパ復興がアメリカの援助を得て長続きするものになったこともまた事実である。A. Milward, *The Reconstruction of Western Europe 1945-51*, 1984 参照。また、Kindleberger（1987）を見よ。
(7)A. Maddison, *Economic Growth in the West*, 1964（大来佐武郎監訳『西欧の経済成長——ヨーロッパと北アメリカの比較研究』紀伊國屋書店、一九六五年), p. 77.
(8)IMF協定について行われた事実上の主要な修正とは、経常収支のみならず資本収支についても赤字の国がIMF資金を引き出すことができる（これはもともと設立時にはそう考えられていたのだが）という決定であって、イギリスを助けるために導入された。同時に、赤字国のみならず黒字国も同様に調整の責任を持つとする「稀少通貨」条項はこっそり落とされた。これは、一九五〇年代のアメリカにとって都合のいいやり方だったが、後になって、一九六〇年代末以降、ドイツ人と日本人に通貨切上げを説得することをむずかしくさせた。
(9)こうした方策とその導入の理由を説明した包括的なリストは、Kaufman（1986）に見出される。
(10)R. Dale, *The Regulation of International Banking*, 1984, p. 83.
(11)アメリカの銀行も結局は損失を計上することになった。それというのも、メキシコ債権が簿価の五〇パーセント以下に割り引いて売られることになったからである。しかし、この、ペナルティの実行は遅らせられたし、またこっそり支払われることになった。
(12)R. Dale (1984: p. 185). この本の付録としてバーゼル協約の全文が掲載されている。
(13)もっと厳格で一率な適用をめざす規制の方向への望ましい動きとして、銀行資本と資産(=貸付)間に一定の標準的比率を設ける米英協定がある。一九八七年一二月には、これがBISの場で加盟国銀行による多角的協定へと発展した (*Financial Times*, 9 Dec. 1987)。
(14)これは、アイゼンハワー大統領期からレーガン大統領期までのアメリカ通貨政策を研究したカレオの結論である (Calleo, 1992)。

第六章

(1)このスローガン (*Siamo sempre con te*) は、最近イタリアでヒューレット・パッカード社が用いたもので、世界のどこであろうと観客は先進的な通信システムにより、データ・ソース、本社、第三者の顧客等と接触できることを謳っている。
(2)この知的移行についての興味深くわれわれを惹き入れる物語は Hirschman (1977) に見られる。また、Heilbroner (1983) も参照。
(3)Schumacher (1973) には「仏教経済学」と題した章がある。また、B・ウッド (B. Wood) が父について公にした伝記 *Alias Papa* (1984) を見よ。
(4)同上書の第9、10図および六四〜六五ページ。こうしたネットワークについてヘームリンクが述べている資料は、J. P. Chamoux, *L'information sans frontières* (1980) にみられる。

(5)これはデーヴィスの博士論文J. Davis, *The Grain Trade and Food Security in Mexico, Brazil and Argentina*, London, London University, 1984の主要な結論である。

(6)国境を越えたデータの流れに関する資料は、国連多国籍企業センター（ＵＮＣＴＣ）の*Reporter*に掲載された諸種の報告に基づいている。また、K. Sauvant（1986）をも見よ。

(7)次の文献を見よ。J. Habermas, *Communication and the Evolution of Society*, 1979; R. Barthes, *Mythologies*, 1972（篠沢秀夫訳『神話作用』現代思潮社、一九六七年）; J. Baudrillard, *For a Critique of Political Economy of the Sign*, 1981（今村仁司ほか訳『記号の経済学批判』法政大学出版局、一九八二年）; R. Williams, *Communications*, 1976; A. Smith, *The Geopolitics of Information: How Western Culture Dominates the World*, 1980; R. Hoggart, *An Idea and its Servant: UNESCO from Within*, 1978; M. Mulkay, *Science and the Sociology of Knowledge*, 1979; K. Popper, *The Poverty of Historicism*, 1960（岩坂彰訳『歴史主義の貧困』日経ＢＰ社、二〇一三年）; C. Gordon（ed.）, *Power/Knowledge*, 1980; M. Foucault, *The Archaeology of Knowledge and the Discourse of Language*, 1972; K. Deutsch, *Nationalism and Social Communications*, 1953; J. I. Gershuny and I. D. Miles, *The New Service Economy*, 1983. これらの文献の詳細については、巻末の参考文献を参照。

第七章

(1)西側の海運業界では、ソ連海運のやり方を不公正だとしてよく批難している。それというのも、ソ連の商社は輸入品をＦＯＢ価格で、輸出品をＣＩＦ価格で取引し、貨物船の往復について、保険金を徴収しているからである。

(2) *The Economist*, 6 June 1987, p. 79 に引用。

(3)最初の大きな座礁事故は、一九六七年に起こったイギリス海岸でのトリー・キャニオン号のそれで、この時は約一二万トンの原油が流出した。これより大規模のものとして、一九七八年に新造されたばかりのスーパー・タンカー、アモコ・カディス号が、フランス海岸で難破した事故がある。この際には原油流出は前者の二倍近くに及んだ。この両者ほどの損害は出なかったが、それでも大騒ぎされた事故として、一九七六年にマサチューセッツ州の海岸で起こったアルゴ・マーチャント号の難破がある。

(4)これは一九七三年にIMO関係者が推定した数字である。一九八三年に、この比率は二対一以下に下がっていた。Bongaerts and de Bievre (1987: 146) を参照。

(5)リベリア籍タンカーによる原油漏出事故に対する損害賠償の請求額は二億五四〇〇万ドルにのぼっているが、これに対し日本とノルウェー籍タンカーへの請求額は各二二〇〇万ドル、一〇〇〇万ドルにすぎない (Bongaerts and de Bievre, 1987: 155)。

(6)筆者の父であるルイス・ストレンジ大佐は、戦闘機に機関銃を搭載した——最初はその機関銃を下ろすようにいわれたのだが——最初の英空軍パイロットであった。また、かれはフランス砲兵隊の使用していた砲弾を両翼の下にくくり付けて、敵目標——トゥールネ駅——を爆撃した最初の英空軍パイロットという格別の経歴をも経験することになった。L. A. Strange (1933).

(7)同じことはジブラルタルについてもいえる。一九八七年に、ヨーロッパ空路にもっと競争を導入しようとする試みがつぶれたのは、スペインがイギリスのやり方に異議を唱えたからであった。つまり、イギリスはジブラルタルを「イギリス」空港として扱っていたのだが、実際はジブラルタルからの航空便の大半はスペインのコスタ・デル・ソル向けだったからである。

(8)他の抜け道は二つの小国によって開かれた。これはアイスランドとルクセンブルクで、この両国とも地理的な理由でIATAに依存する必要がなかったため、大西洋横断の直行線で運賃引下げをすることができた。

(9)A. P. Ellison and E. M. Stafford, *The Dynamics of the Civil Aviation Authority*, New York, Saxon House, 1974, p. 188.

第八章

(1)ソ連圏の輸入実績では、発展途上国一三パーセント、西側市場経済国三二パーセントであった。GATT, *International Trade 1982/3*, Table A14.

(2)アメリカ上院報告(一九七三年二月)による。*Implications of Multinational Firms for World Trade and Investments and for US Trade and Labor*, pp. 278-9. イギリスについてはMeyer (1978: 33); Tussie (1987) を見よ。

(3)Seers (1983: 13).

(4)Tsoukalis (1985) 所収の筆者の議論を参照。

第九章

（1）一九三五年に行われた住民投票は、国際平和維持軍が最初に設置される機会となった。ザール地方の住民は圧倒的多数でドイツ復帰を選んだのである。

（2）国際原子力機関（International Atomic Energy Agency, IAEA）は一九五七年に設立された国連の専門機関である。この機関の要約的分析については、Cox and Jacobson（1973）所収の Scheinmann 論文を見よ。

（3）Ebinger（1982: xvi）における引用。

第一〇章

（1）Bull（1977: 146）に引用された次の論文 B. V. A. Röling, "International Law in an Expanding World"。

（2）Twitchett（1971）に所収の Strange, "International Economic Relations" を参照。

（3）この理由によって、「福祉経済学」とよばれる研究分野は、たんに経済学の一領域にとどまらず、むしろ政治経済学の対象となるのである。そこにはたしかに経済的側面が見られるし、経済的要因がからんではいるが、これは主として政治的な意思決定と関連しているのである。この点はライオネル・ロビンズによって指摘されている。かれは晩年には、経済学者が経済学と政治経済学の明確な区別を受け入れなかったことを残念だとした。

（4）それはまた贈与国の納税者に対し間接的な利益を与え得る。防衛産業での主要な費用としては新兵器開発のための研究開発等がある。それゆえ、追加的な兵器販売は、これら新兵器の開発に必要な平均費用を低め、自国の軍事力の単位費用全体を引き下げることになる。イギリスやフランスなどヨーロッパ諸国が、アメリカより小さな国内武器市場しか持たないのに、海外への武器輸出拡大に熱心なのは、この理由から説明できる。

eign Aid. London, Macmillan.

Wallerstein, I. 1974. *The Modern World System*. New York, London, Academic Press（川北稔訳『近代世界システム』I・II，岩波書店，2013年）.

Wallerstein, I. 1979. *The Capitalist World Economy*. Cambridge, Cambridge University Press（藤瀬浩司ほか訳『資本主義世界経済』1・2，名古屋大学出版会，1987年）.

Walter, A. 1991. *World Power and World Money*. Hemel Hempstead, Harvester Wheatsheaf.

Waltz, K. 1979. *Theory of International Relations*. Reading, Mass., Addison-Wesley Publishing Co.

Wheatcroft, S. 1956. *The Economics of European Air Transport*. Manchester University Press.

Wight, M. 1986. *Power Politics*. Harmondsworth, Penguin. 1st edn, London, RIIA, 1946.

Wightman, D. 1993. "American Academics and the Rationalization of American Power". University of Birmingham, occasional paper, No. 8.

Willetts, P. 1978. *The Non-aligned Movement*. London, Pinter Publishers; New York, Nichols Publishing Co.

Williams, R. 1976. *Communications*. Harmondsworth, Penguin.

Winham, G. R. 1986. *International Trade and the Tokyo Round Negotiations*. Princeton, NJ, Princeton University Press.

Woods, B. 1984. *Alias Papa*. London, Cape.

Wriston, W. 1986. *Risk and Other Four-Letter Words*. New York, Harper & Row.

Thayer, G. 1970. *The War Business: The International Trade in Armaments*. London, Paladin.

Tsoukalis, L. (ed.) 1985. *The Political Economy of International Money*. London, RIIA.

Tucker, R. and Hendrickson, D. 1992. *The Imperial Temptation: the New World Order and America's Purpose*. New York, Council on Foreign Relations.

Tussie, D. 1987. "The LDCs and the GATT". Mimeo., for International Studies Association, April.

Twitchett, K. 1971. *The Evolving United Nations*. London, Europa.

United Nations Centre on Transnational Corporations (UNCTC). 1983. "Transnational Corporations and World Development". Third Report. New York, UNCTC.

Vaitsos, C. 1976. in Gerald Helleiner (ed.) *A World Divided*. Cambridge, Cambridge University Press.

Vasak, K. (ed.) 1982. *The International Dimension of Human Rights*, vol. 2, UNESCO.

Vatter, H. 1985. *The US Economy in World War Two*. New York, Columbia University Press.

Vernon, R. 1971. *Sovereignty at Bay*. London, Longman (霍見芳浩訳『多国籍企業の新展開』ダイヤモンド社, 1973年).

Vernon, R. 1977. *Storm Over the Multinationals*. London, Macmillan (古川公成訳『多国籍企業を襲う嵐』ダイヤモンド社, 1978年).

Veseth M. 1991. *Mountains of Debt: Crisis and Change in Renaissance Florence, Victorian Britain and Postwar America*. New York, Oxford University Press.

Vincent, R. J. (ed.) 1986. *Human Rights and Sovereignty: Issues and Responses*.

Volcker, P. and Gyohten, T. 1992. *Changing Fortunes: The World's Money and the Threat to American Leadership*. New York, Times Books.

Wall, D. 1973. *The Charity of Nations: the Political Economy of For-*

University Press.

Smith, A. 1980. *The Geopolitics of Information: How Western Culture Dominates the World*. London, Faber.

Solzhenitsyn, A. 1972. *August 1914*. London, Bodley Head（江川卓訳『一九一四年八月』上・下，新潮社，1972 年）.

Spero, J. 1985. *The Politics of International Economic Relations*. London, Allen & Unwin（小林陽太郎・首藤信彦訳『国際経済関係論』東洋経済新報社，1988 年）.

Staniland, M. 1985. *What is Political Economy?* New Haven, Yale University Press.

Stoffaes, C. 1978. *La Grande Menace Industrielle*. Paris, Calman-Levy.

Stonier, T. 1983. *The Wealth of Information*. London, Thames Methuen.

Stopford, J. M. and Strange, S. 1991. *Rival States, Rival Firms: Competition for World Market Shares*. Cambridge, Cambridge University Press.

Strange, L. A. 1933. *Recollections of an Airman*. London, John Hamilton.

Strange, S. 1970. "International Economics and International Relations: A Case of Mutual Neglect". *International Affairs*, 46, No. 2, April, pp. 304–15.

Strange, S. 1976. *International Monetary Relations*. vol. 2 of A. Shonfield (ed.) *International Economic Relations in the Western World 1959–71*. Oxford, Oxford University Press.

Strange, S. (ed.) 1984. *Paths to International Political Economy*. London, Allen & Unwin（町田実監訳『国際関係の透視図』文眞堂，1987 年）.

Strange, S. 1986. *Casino Capitalism*. Oxford, Blackwell.（小林襄治訳『カジノ資本主義』岩波現代文庫，2007 年）.

Strange, S. 1990. "The Name of the Game" in N. Rizopoulos (ed.) *Sea Changes*, New York, Council on Foreign Relations.

Streeten, P. 1987. "New Directions for Private Resource Transfers". *Banca Nazionale del Lavoro*, March, Rome.

Beacon Press（野口建彦・栖原学訳『大転換』東洋経済新報社，2009年）.

Polk, J. 1956. *Sterling: its Meaning in World Finance*. New York, Harper.

Popper, K. 1960. *The Poverty of Historicism*. (2nd edn), London, Routledge & Kegan Paul（岩坂彰訳『歴史主義の貧困』日経 BP 社）.

Poster, M. 1984. *Foucault, Marxism and History*. Cambridge, Polity.

Reich, R. 1992. *The Work of Nations*. New York, Knopf（中谷巌訳『ザ・ワーク・オブ・ネーションズ』ダイヤモンド社，1991 年）.

Rothschild, K. W. (ed.) 1971. *Power in Economics*. Harmondsworth, Penguin.

Ruggie, J. G. 1983. *The Antinomies of Interdependence*. New York, Columbia University Press.

Sampson, A. 1977. *The Arms Bazaar*. London, Hodder & Stoughton（大前正臣訳『兵器市場』TBS ブリタニカ）.

Sampson, A. 1981. *The Money Lenders*. London, Hodder & Stoughton（田中融二訳『銀行と世界危機』TBS ブリタニカ）.

Sampson, A. 1984. *Empires of the Sky*. London, Hodder & Stoughton（大谷内一夫訳『エアライン』早川書房）.

Sauvant, K. P. and Hasenpflug, H. (eds) 1977. *The New International Economic Order*. London, Wilton House Publications.

Sauvant, K. 1986. *International Transactions in Services: the Politics of Transborder Data Flows*. Boulder, Westview.

Savary, J. 1984. *French Multinationals*. London, Pinter Publications.

Schumacher, E. F. 1973. *Small is Beautiful*. London, Blond & Briggs（長州一二監訳，伊藤拓一訳『宴のあとの経済学』ちくま学芸文庫，2011年）.

Seers, D. 1983. *The Political Economy of Nationalism*. Oxford, Oxford University Press.

Sen, G. 1983. *The Military Origins of Industrialization and International Trade Rivalry*. New York, St Martin's.

Skocpol, T. 1979. *States and Social Revolutions*. Cambridge, Cambridge

Routledge.
Moffitt, M. 1984. *The World's Money*. London, Micheal Joseph.
Moore, Barrington, 1967. *Social Origins of Dictatorship and Democracy*. London, Penguin（宮崎隆次・森山茂徳・高橋直樹訳『独裁と民主政治の社会的起源』岩波文庫, 2019 年).
Morse, E. 1983. "The Petroleum Economy: Liberalism Reborn?" *SAIS Review*, 3, No. 2, Summer.
Mueller, J. 1989. *Retreat from Doomsday: The Obsolescence of Major War*, New York, Basic Books.
Mulkay, M. 1979. *Science and the Sociology of Knowledge*. London, Allen & Unwin.
Murphy, C. and Tooze, R. 1991. *The New International Political Economy*. Boulder, Rienner.
Mytelka, L.（ed.）1991. *Strategic Partnerships: States, Firms and International Competition*. London, Pinter.
Nader, R. 1976. *The Taming of the Giant Corporation*. New York, Norton.
Nau, H. 1990. *The Myth of America's Decline: Leading the World Economy into the 1990s*. Oxford, Oxford University Press.
O'Brien, R. Cruise, 1985. *Economics, Information and Power*. London, Hodder and Stoughton.
O'Connor, J. 1973. *The Fiscal Crisis of the State*. New York, St. Martin's Press（池上惇・横尾邦夫訳『現代国家の財政危機』御茶の水書房, 1981 年).
O'Connor, J. 1984. *Accumulation Crisis*. Oxford, Blackwell.
Olson, M. 1982. *The Rise and Decline of Nations*. New Haven, Yale University Press（加藤寛監訳『国家興亡論』PHP 研究所, 1991 年).
Penrose, E. 1959. *The Theory of the Growth of the Firm*. Oxford, Blackwell（日高千景訳『企業成長の理論』ダイヤモンド社, 2010 年).
Pettman, R. 1991. *International Politics: Balance of Power, Balance of Productivity, Balance of Ideologies*. Boulder, Rienner.
Polanyi, K. 1957. *The Great Transformation*.（1st edn 1944）, Boston,

Maddison, A. 1964. *Economic Growth in the West*. London, Allen & Unwin（大来佐武郎監訳『西欧の経済成長——ヨーロッパと北アメリカの比較研究』紀伊國屋書店，1965 年）.

Maddison, A. 1982. *Phases of Capitalist Development*. Oxford/New York, Oxford University Press.

Malthus, T. 1798. *Essay on the Principle of Population as it Affects the Future Improvement of Society*. London, J. Johnson（高野岩三郎・大内兵衛訳『初版人口の原理』岩波文庫，1955 年）.

Mann, M. 1986. *The Sources of Social Power*.（vol. 1. *A History of Power from the Beginning to AD 1760*）. Cambridge, Cambridge University Press.

Marris, S., 1985. *Deficits and the Dollar: The World Economy at Risk*. Washington DC, Institute for International Economics（大来佐武郎監訳『ドルと世界経済危機』東洋経済新報社，1986 年）.

Meadows, D. H. *et al*. 1972. *Limits to Growth: A Report for the Club of Rome's Project on the Predicament of Mankind*. London, Earth Island Ltd.; New York, Universe Books（大来佐武郎訳『成長の限界』ダイヤモンド社，1972 年）.

Melman, S. 1970. *Pentagon Capitalism*. New York, McGraw-Hill（高木郁朗訳『ペンタゴン・キャピタリズム』朝日新聞社，1972 年）.

Melody, W. 1985. "The Information Society: Implications for Economic Institutions and Market Theory". *Journal of Economic Issues*, June.

Meyer, F. V. 1978. *International Trade Policy*. London, Croom Helm.

Michalet, C.-A. 1976. *Le Capitalisme Mondiale*. Paris, Press Universitaires de France（藤本光夫訳『世界資本主義と多国籍企業』世界書院，1982 年）.

Mikdashi, Z. 1986. *Transnational Oil*. London, Pinter Publishers.

Miller, J. D. B. 1986. *Norman Angell and the Futility of War*. London, Macmillan.

Milward, A. 1984. *The Reconstruction of Western Europe 1945–1951*. London, Routledge.

Milward, A. 1993. *The European Rescue of the Nation-State*. London,

訳『国際経済の成長』文真堂，1977 年）.
Keohane, R. O. 1984. *After Hegemony. Cooperation and Discord in the World Political Economy*. Princeton, NJ, Princeton University Press.
Keohane, R. O. and Nye, J. S. 1977. *Power and Interdependence*. Boston/Toronto, Little, Brown & Co（滝田賢治監訳『パワーと相互依存』ミネルヴァ書房，2012 年）.
Kindleberger, C. P. 1987. *Marshall Plan Days. Cambridge*, MIT Press.
Knorr, K. 1956. *The War Potential of Nations*. Princeton University Press, Oxford University Press.
Knorr, K. 1973. *Power and Wealth*. New York, Basic Books.
Krasner, S. D. 1983. *International Regimes*. Ithaca and London, Cornell University Press.
Krasner, S. D. 1985. *Structural Conflict: The Third World against Global Liberalism*. Berkeley, University of California Press.
Lall, S. 1983. *The New Multinationals: The Spread of Third World Enterprises*. Chichester, Wiley.
Latham, A. 1978. *The International Economy and the Underdeveloped World, 1865–1914*. London, Croom Helm.
Lever, H. and Huhne, C. 1985. *Debt and Danger*. Harmondsworth, Penguin.
Lewis, W. A. 1978. *The Evolution of the International Economic Order*. Princeton, Guilford, Princeton University Press（原田三喜雄訳『国際経済秩序の進展』東洋経済新報社，1981 年）.
Lindblom, C. 1978. *Politics and Markets*. New York, Basic Books.
Little, R. and McKinlay, R. 1986. *Global Problems and World Order*. London, Pinter Publishers.
Lowes Dickinson, G. 1916. *The European Anarchy*. London, Allen & Unwin.
MacBean, A. I. and Snowden, P. N. 1981. *International Institutions in Trade and Finance*. London, Allen & Unwin.
McKinlay, R. D. and Mughan, A. 1984. *Aid and Arms to the Third World*. London, Pinter Publishers.

ton University Press（佐々木毅訳『情念の政治経済学』法政大学出版局，2014 年）．
Hoggart, R. 1978. *An Idea and its Servant: UNESCO from Within*. London, Chatto & Windus.
Holsti, K. 1983. *International Politics*. 4th edn, Englewood Cliffs, NJ, Prentice-Hall.
Howard, M. 1983. *The Causes of Wars and Other Essays*. 2nd edn, London, Temple Smith.
Hufbauer, G. and Schott, J. 1985. *Economic Sanctions Reconsidered*. Washington, MIT Press for Institute for International Economics.
Huntington, S. 1992. "The Clash of Civilizations?" in *Foreign Affairs*.
Hymer, S. 1976. *The International Operations of National Firms*. Boston, MIT Press（宮崎義一訳『多国籍企業論』岩波書店，1979 年）．
Innis, H. 1950. *Empire and Communications*. Oxford, Clarendon Press.
International Energy Agency（IEA）. 1986. *Energy Policies and Programmes of IEA Countries*. Paris, OECD/IEA.
Jervis, R. 1970. *The Logic of Images in International Relations*. Princeton, NJ, Princeton University Press.
Johnson, D. Gale. 1973. *World Agriculture in Disarray*. London, Penguin.（沼田鞆雄訳『混迷の世界農業』大明堂，1975 年）．
Johnson, T. J. 1972. *Professions and Power*. London, Macmillan.
Joll, J. 1968. *1914: The Unspoken Assumptions*. Weidenfeld and Nicolson.（LSE Inaugural Lecture.）
Jonsson, C. 1987. *International Aviation and the Politics of Regime Change*. London, Pinter Publishers.
Kaufman, H. 1986. *Interest Rates, the Markets and the New Financial World*. London, Tauris.
Kennedy, P. 1987. *The Rise and Fall of the Great Powers*. New York, Random House（鈴木主税訳『大国の興亡』上・下，草思社，1993 年）．
Kenwood, A. G. and Lougheed, A. L. 1983. *The Growth of the International Economy 1920–1980*. London, Allen & Unwin（岡村邦輔ほか

Andre Deutsch.（都留重人監訳『マネー』TBSブリタニカ，1976年）.

Gardner, R. 1969. *Sterling-Dollar Diplomacy in Current Perspective*. New York, Columbia University Press（村野孝・加瀬正一訳『国際通貨体制成立史』上・下，東洋経済新報社，1973年）.

Gershuny, J. I. and Miles, I. D. 1983. *The New Service Economy*. London, Pinter Publishers.

Gill, S. and Law, D. 1988. *The Global Political Economy: Perspectives, Problems and Policies*. Hemel Hempstead, Harvester Wheatsheaf.

Gilpin, R. 1981. *War and Change in World Politics*. Cambridge, Cambridge University Press.

Gilpin, R. 1987. *The Political Economy of International Relations*. Princeton, Princeton University Press（佐藤誠三郎・竹内透監修『世界システムの政治経済学』東洋経済新報社，1990年）.

Habermas, J. 1979. *Communication and the Evolution of Society*. T. F. McCarthy, London, Heinemann Educational.

Hall, J. 1985. *Powers and Liberties*. Oxford, Blackwell.

Hamelink, C. 1983. *Finance and Information*. Norwood, NJ, Ablex Publishing Corp.

Hart, J. 1992. *Rival Capitalists: International Competitiveness in the US, Japan and Western Europe*. Ithaca, Cornell University Press.

Hayter, T. 1971. *Aid as Imperialism*. Harmondsworth, Penguin.

Heilbroner, R. 1983. *The Worldly Philosophers*. 5th edn, Harmondsworth, Penguin（八木甫ほか訳『入門経済思想史』ちくま学芸文庫，2001年）.

Helleiner, E. 1993. "The Challenge from the East: Japan's Financial Rise and the Changing Global Order" in P. Cerny (ed.), *Finance and World Politics: Markets, Regimes and States in Post-hegemonic Order*. London, Elgar.

Hirsch, F. 1976. *Social Limits to Growth*. Cambridge, Mass., Harvard University Press（都留重人監訳『成長の社会的限界』日本経済新聞社，1980年）.

Hirschman, A. O. 1977. *The Passions and the Interests*. Guilford, Prince-

Spring.

Drucker, P. 1989. *The New Realities*. London, Heinemann. Mandarin（上田惇生訳『新しい現実』ダイヤモンド社，2004年）．

Dunning, J. 1985. *Toward an Eclectic Theory of International Business*. Mimeo Reading University.

Ebinger, C. K. 1982. *The Critical Link: Energy and National Security in the 1980s*. For Center for Strategic and International Studies, Cambridge, Mass., Ballinger Publishing Co.

Ellison, A. P. and Stafford, E. M. 1974. *The Dynamics of the Civil Aviation Authority*. New York, Saxon House.

Emmanuel, A. 1972. *Unequal Exchange*. tr. from the French, London, New Left Books.

Engelbrecht, H. C. and Hanighen, F. C. 1934. *Merchants of Death*. Toronto, Dodd.

Feis, H. 1964. *Europe the World's Banker 1870–1914*. New York, Kelly.

Finlayson, J. and Zacher, M. *Managing International Markets: Developing Countries and the Commodity Trade Regime*. New York, Columbia University Press.

Foucault, M. 1972. *The Archaeology of Knowledge and the Discourse of Language*. London, Tavistock Publications（渡辺一民・佐々木明訳『言葉と物』新潮社，2020年）．

Foucault, M. 1980. *Power/Knowledge*, C. Gordon（ed.）, Brighton, Harvester（桑田禮彰・福井憲彦・山本哲士編『権力・知・歴史』新評論，1997年）．

Frank, A. Gunder. 1978. *Dependent Accumulation and Underdevelopment*. London, Macmillan.（吾郷健二訳『従属的蓄積と低開発』岩波書店，1980年）．

Franko, L. 1976. *The European Multinationals*. London, Harper & Row.

Funabashi, Y. 1988. *Managing the Dollar: From the Plaza to the Louvre*. Washington DC, Institute for International Economics（日本語版：船橋洋一『通貨烈烈』朝日文庫，1993年）．

Galbraith, J. K. 1975. *Money; Whence it Came, Where it Went*. London,

Summer.

Cox, R. 1987. *Production, Power, and World Order*. New York, Columbia University Press.

Cox, R. and Jacobson, K. 1973. *The Anatomy of Influence*. New Haven/London, Yale University Press.

Dahl, R. 1961. *Who Governs? Democracy and Power in an American City*. New Haven, Yale University Press（河村望ほか訳『統治するのはだれか』行人社, 1988 年).

Dale, R. 1984. *The Regulation of International Banking*. Cambridge, Woodhead Faulkner.

Dale, R. 1992. *International Banking Deregulation: The Great Banking Experiment*. Oxford, Blackwell.

Delamaide, D. 1984. *Debt Shock*. London, Weidenfeld and Nicholson.

Destler, I. M. 1986. *American Trade Politics: System Under Stress*. Washington DC, Institute for International Economics.（宮里政玄監訳『貿易摩擦とアメリカ議会』日本経済新聞出版社, 1987 年).

Deutsch, K. 1953. *Nationalism and Social Communications*. Cambridge, Mass. MIT Press（勝村茂・星野昭吉訳『ナショナリズムとその将来』勁草書房, 1975 年).

Deutsch, K. 1968. *Political Community and the North Atlantic Area*. Princeton, Princeton University Press.

Dicken, P. 1992. *Global Shift: The Inter-nationalization of Economic Activity*. 2nd edn, London, Chapman.

Diebold, W. 1959. *The Schuman Plan: A Study in Economic Cooperation, 1950–1959*. Published for the Council of Foreign Relations, Praeger, Oxford University Press.

Diebold, W. 1980. *Industrial Policy as an International Issue*. New York, McGraw-Hill.

Drache, D. and Gertler, M. (eds.) 1991. *The New Era of Global Competition: State Policy and Market Power*. Montreal, McGill Queen's University Press.

Drucker, P. 1986. "The Changes in World Economy". *Foreign Affairs*, ley, London, University of California Press.

Bongaerts, J. C. and de Bievre, A. 1987. "Insurance for Civil Liability for Marine Oil Pollution Damages". Geneva Papers on Risk and Insurance, April.

Bull, H. 1977. *The Anarchical Society: A Study of Order in World Politics*. London, Macmillan.

Cafruny, A. 1987. *Ruling the Waves*. Berkeley, University of California Press.

Calleo, D. 1982. *The Imperious Economy*. Cambridge, Mass., Harvard University Press.

Calleo, D. 1992. *The Bankrupting of America: How the Federal Budget is Impoverishing the Nation*. New York, Morrow.

Carr-Saunders, A. M. and Wilson, P. A. 1933. *The Professions*. London, Frank Cass.

De Cecco, M. 1974. *Money and Empire: The International Gold Standard*. Oxford, Blackwell.

Cerny, P. (ed.) 1993. *Finance and World Politics: Markets, Regimes and States in the Post-hegemonic era*. London, Elgar.

Chandler, A. 1977. *The Visible Hand*. Cambridge, Mass., Harvard University Press（鳥羽欽一郎・小林袈裟治訳『経営者の時代』上・下，東洋経済新報社，1979年）.

Chase-Dunn, C. 1989. *Global Formations: Structures of the World Economy*. Oxford, Blackwell.

Cherry, C. 1971. *World Communication: Threat or Promise?*. New York, John Wiley.

Cipolla, C. M. 1962. *The Economic History of World Population*. Harmonds-worth, Penguin（川久保公夫・堀内一徳訳『経済発展と世界人口』ミネルヴァ書房，1972年）.

Congdon, T. 1988. *The Debt Threat*. Oxford, Blackwell.

Cooper, R. 1968. *The Economics of Interdependence: Economic Policy in the Atlantic Community*. New York, McGraw Hill.

Cox, R. 1981. "Social Forces, States and World Order". *Millennium*,

参考文献

Amin, S. 1976. *Unequal Development*. Hassocks, Harvester（西川潤訳『不均等発展』東洋経済新報社，1983 年）.

Angell, N. 1909. *The Great Illusion*. London, Heinemann.

Aron, R. 1958. "War and Industrial Society". *Millennium*, 7, No. 3, 1979.

Baechler, J. 1975. *Revolution*. Oxford, Blackwell, tr. from the French: *Les Phénomènes Révolutionnaires*, Presses Universitaires de France, 1970.

Baechler, J. 1975. *The Origins of Capitalism*. Oxford, Blackwell.

Barnet, R. and Muller, R. 1974. *Global Reach*. London, Cape（石川博友・田口統吾・湯沢章位訳『地球企業の脅威』ダイヤモンド社，1975 年）.

Barry Jones, R. 1983. *Perspectives on Political Economy*. London, Pinter Publishers.

Barthes, R. 1973. *Mythologies*. London, Granada（篠沢秀夫訳『神話作用』現代思潮社，1967 年）.

Baudrillard, J. 1986. *For a Critique of Political Economy of the Sign*. tr. C. Levin, 1972, Saint-Louis, Telos Press（今村仁司ほか訳『記号の経済学批判』法政大学出版局）.

Bell, D. 1974. *The Coming of the Post-Industrial Society: A Venture in Social Forecasting*. London, Heinemann Educational（内田忠夫ほか訳『脱工業化社会の到来』上・下，ダイヤモンド社，1975 年）.

Bergsten, C. F. and Nau, H. R. 1985. "The State of the Debate: Reaganomics". *Foreign Policy*, Summer.

Berle, A. and Means, G. 1967. *The Modern Corporation and Private Property*. New York, Harcourt Brace（森杲訳『現代株式会社と私有財産』北海道大学出版会，2014 年）.

Blake, D. and Walters, R. 1983. *The Politics of Global Economic Relations*. Englewood Cliffs, NJ, Prentice-Hall.

Block, F. 1977. *The Origins of International Economic Disorder*. Berke-

解説　グローバル化時代の国際政治経済権力構造とは何か

鈴木一人

ベルリンの壁が崩壊した数か月後の一九九〇年四月に私は大学に入学し、その一年の間にドイツ再統一やイラクのクウェート侵攻が起こり、まさに国際関係がどうなるか全く見通しが立たない中で勉強を始めることとなった。冷戦を前提に書かれた教科書や国際関係の解説書をいくら読んでもわかった気にならない、モヤモヤした思いを抱えながら本書に出会ったときの衝撃は忘れられない。しかも、この訳書は一九九四年の第二版を基にしているが、その第一版は冷戦が崩壊する兆しも見えていなかった一九八八年に出されていたというのだから驚きである。

それまで国際政治は「現実主義」「自由主義」「構造主義（マルクス主義ともいわれていた）」といったアメリカの国際政治「理論」に基づいて、国家の力と利益を中心に国際秩序を理解することが当然のように思われていた。そこにストレンジは安全保障、富、自由、公正という価値を基軸に国際秩序は作られるという前提を置き、それらが安全保障構造、生産構造、金融構造、知識構造という四つの面をもつ、「構造主義」とは異なる「構造」を描き出した。この時点で、これまでの国際政治理論になじんだ頭にはパニックが起こる。国際秩序は力や利益ではなく、価値が軸にあり、生産や金融、さらには知識や信念、情報といったものまでが「力」になりうる、という世界観は、全く独自のものであり、これまでの国際政治「理論」が表面的なものしかみていないような気にさせられた。

さらに、本書は「国家と市場」を権力構造で読み解くというスタイルをとったのも新鮮であった。これまで「国際政治経済学」といえば、ナイとコヘインの「相互依存論」に基づく国家間相互の経済関係が政治的な関係にどう影響するのかといった、「関係的権力」の分析が中心であったのに対し、ストレンジは、個別の関係性を超えた「構造的権力」による政治経済秩序があることを示した。しかも、本書の凄みは四つの構造だけでなく、二次的な権力構造として輸送システム、貿易、エネルギー、福祉の四つの分野において、今の言葉で言えばグローバル・ガバナンスの仕組みを取り上げ、そのガバナンスの仕組みの中に権力構造を見出すという視点を提供している点にある。今でこそ、中国の台頭による国連などの国際機関における力関係の変化が当然のように議論されているが、そうした権力構造のスケッチをこの時代に提示していたのは恐るべき洞察力である。

もちろん、三〇年以上前に書かれた本書だけに、現在から見れば物足りないところも少なくない。当時はまだ萌芽に過ぎなかったグローバル化、とりわけ生産と金融のグローバル化については十分くみ取られておらず、アジア通貨危機やリーマンショックのような国際政治経済上の大きなショックが生まれたことを分析するには力不足と言わざるを得ない。また、グローバル化の影としてポピュリズムが台頭するという流れを感じさせる記述は見られない。ないものねだりは承知の上で、この点について、少し掘り下げてみたい。

アメリカの覇権を知らしめるための国家中心主義

国際政治経済学にはいくつかの流儀があるが、その一つに国際政治を経済学的な手法で分析するものがある。ゲーム理論などを用いた国家の利益分析から入るものなどがそれにあたる。また、国際政治の中で経済的なイシューに関わるものを国際政治経済学と呼ぶ場合もある。日米貿易摩擦や国際金融レジームの分析などはそうであろう。さらに、国際政治の秩序構造に経済問題を取り入れていくのも、国際政治経済学となる。例えば日韓関係における輸出管理問題や、米中の間で繰り広げられる技術覇権の問題などが挙げられる。

ストレンジは『カジノ資本主義』など、ジャーナリストであったバックグラウンドから、市場の動きを捕まえ、それを政治的な文脈で解釈するのに秀でた人である。しかし、本書では、国家が前面に押し出され、国家間の権力構造を支える面として生産や金融、知識といったものを組み込んでいる。こうした国家中心主義はストレンジ批判の主要な論点の一つであるが、ここで指摘したいのは、本書はこれまでの国際政治経済学に一石を投じ、新たな視点と分析枠組みを提供するために書かれたものであり、それゆえ、これまでの議論に引きずられて国家中心主義の枠組みにならざるを得なかった、という点である。それゆえ、終章である11章では「国家とは何か」と自問し、「国家が世界市場経済と一体化すればするほど、怪しげなものになっている」と、国際政治経済を見るうえで、国家が中心であることに疑問を抱いている。

にもかかわらず、ストレンジは最後に「重要なのは、政治権力を備えたアメリカと、この国の内外で操業している大企業間の関係」であり、アメリカの覇権は衰退するどころか、四つの権力構造の面から見ても、アメリカの覇権は増強しているとの結論を出している。この最後の結論に至ったのは、それまで「覇権衰退論」が唱えられ、国際秩序の不安定化が懸念される中、ストレンジは、今後もアメリカは国際秩序の権力構造において覇者で居続けると訴えたかったのであろう。冷戦が崩壊し、国際秩序が流動化する中で、覇権衰退論を排し、アメリカの権力構造をつまびらかにするのが本書の目的だったのではないかと考えたくなるほどである。

つまり、ストレンジは、国際政治経済を国家中心主義で分析することに疑問を持ちながらも、ポスト冷戦の世界におけるアメリカの覇権を明らかにするため、あえてアメリカという国家に焦点を当て、その政治権力と経済権力を握る大企業との関係を描こうとしたのだとみることができる。そしてそれはポスト冷戦と呼ばれる期間を見ていく上で極めて重要な視座を提示したと評価できる。

国家と市場の関係

現代にも通じる洞察を見せ、冷戦後の世界におけるアメリカの覇権維持を見通していた著作ではあるが、どこか物足りないところがある。ストレンジは未来を予測するための「理論」を提示するものではなく、「分析枠組み」を提示すると本書を位置付けているが、その分析枠組みは不完全なものと言わざるを得ない。その原因は、いみじくもストレンジ自身が感じていた政治と経済の論理のズレをどう調整するかというメカニズムの不在である。

現在では「グローバル化」と呼ばれているグローバルな生産、流通、消費や金融システムの一体化、情報の流通など、一九八〇年代の後半にはすでにその萌芽が見られたものが、本書では当時としては画期的なまでに生産、金融、知識構造として取り入れられている。しかし、ストレンジは「なぜ」生産や金融がグローバル化し、情報が世界を駆け回るようになったのかという「原理」を示さず、あくまでも「現象」として捉え、アメリカの覇権を支える構造としての静的《スタティック》なものとして捉えていた。これはストレンジが「権力構造」という、国際秩序の政治的な側面を静的に捉えるというリサーチデザインをした結果でもある。

しかし、政治も経済も動的《ダイナミック》で常に変化するものである。特にそれがグローバルな規模で相互に作用しあう中では「構造」といった静的な捉え方では不十分である。

ではどう捉えるべきなのだろうか。その鍵となるのは「国家」という法的、政治的、領域的存在と、「市場」という経済的、非領域的空間の間のズレを読み解くことである。つまり、国家は法律を作り、政治的権力をもって企業や個人の経済活動をコントロールしようとするのに対し、市場は国家によって規制や税制、賃労働関係や通貨が異なることを利用し、その格差から利益を上げようとする活動によって成り立つ。ストレンジは多国籍企業を、ある特定国家（特にアメリカ）の企業が、権力構造を利用して活動を世界に広げようとする存在と見ているが、多国籍企業はそうした権力構造とは関係なく、生産コストが安く、利益が最大化できる場所で生産し、販売する。税制の抜け穴を利用して、支払う税金を少しでも安く抑えようとする（米国企業であるアマゾンは米国に納税しておらず、アイルランドに利益を集め節税している）。

国家はそうした企業を誘致しようと法人税を競って低くする（いわゆる「最底辺への競争《Race to the Bottom》」）。さらに、国家は自らの財政を賄うための国債を発行するが、その国債はグローバルな金融市場で取引され、国家が財政赤字を増やせば金融市場での信用を失い、最悪の場合、一九九〇年代前半のメキシコや一九九八年の韓国、二〇〇〇年代のギリシャのようにＩＭＦなどの債権者からコンディショナリティを突きつけられ、強制的に緊縮財政を取らざるを得なくなる。つまり、国家と市場はグローバルな規模で相互に影響しあい、動的に変化していく。

その行き着いた先が、グローバル化の影となる、先進国内の経済格差であり、アメリカのトランプ大統領を代表とするポピュリズムの台頭である。グローバル化が進み、自由貿易が世界的に拡大すれば、企業は製造コストの高い先進国から中国や東南アジアなどに生産拠点を移す。その結果、先進国の経営者や株主は豊かになるが、労働者は雇用を失い、生活水準は下がる。その格差を埋めるための国家による富の再分配も、グローバル市場による国債市場の制約などから、かつてのようなケインズ主義的福祉国家政策が取れなくなる。それが結果として貧富の格差を一層拡大させ、国民の不満を生む。国家が富の再分配で経済格差を解消できなければ、その不満を誰か（例えば移民や中国）のせいにし、格差を解消できないエスタブリッシュメントを批判する。アメリカの覇権を支えた「知識構造」はグローバルに拡散し、ロシアや中国による選挙介入やフェイクニュースに犯されるようになる。

もちろん、ストレンジにこうした未来を予測することを求めることは理不尽な要求である。しかし、「国家と市場」を考える上で、その両者の動的な相互作用を十分に描ききれず、静的な構造に落とし込んでしまったところに、本書の限界があったといえよう。

とはいえ、一九八〇年代に日本やヨーロッパからのチャレンジを受けたアメリカにおいて覇権衰退論が華やかな中で、国際秩序を四つの構造から見通し、アメリカの覇権の強靭さを捉えた本書の価値は現在でも十分にある。今でも、この四つの側面を注視することは国際秩序を形成する上で有用であり、その構造がどうなっているのかを理解することが国際秩序を見る上で重要である。しかし、気をつけなければならないのは、その時点での構造はあくまでもスナップショットでしかない、ということである。国家と市場は不断の相互作用を繰り返し、常に流動的である。本書は副題にあるような「入門」というほど優しい読み物ではないが、本書を入り口に、国家と市場のダイナミックな関わり合いを読み解いていくことで、これからの国際政治経済を理解できる分析枠組みに発展させていくことは、現在でも国際政治経済学の課題である。

（東京大学公共政策大学院教授）

ワ 行

ヤ 行

ラ 行

マ 行

ナ　行

ハ　行

タ　行

サ 行

カ　行

索　引

ア　行

本書は東洋経済新報社から一九九四年十二月に刊行された『国際政治経済学入門――国家と市場』を文庫化したものである。

アイデンティティが人を殺す　アミン・マアルーフ　小野正嗣訳

アイデンティティにはひとつの帰属だけでよいのか？　人を殺人にまで駆り立てる思考を作家は告発する。大反響を巻き起こしたエッセイ、遂に邦訳。

世界の混乱　アミン・マアルーフ　小野正嗣訳

二十一世紀は崩壊の徴候とともに始まった。国際関係、経済、環境の危機に対して、絶望するのではなく、緊急性をもって臨むことを説いた警世の書。

震災画報　宮武外骨

混乱時のとんでもない人のふるまいや、同じ町内で生死を分けた原因等々を詳述する、外骨による関東大震災の記録。人間の生の姿がそこに。（吉野孝雄）

独裁体制から民主主義へ　ジーン・シャープ　瀧口範子訳

すべての民主化運動の傍らに本書が。独裁体制を研究しつくした著者が示す非暴力による権力打倒の実践的方法。「非暴力行動の198の方法」付き。本邦初訳。

私の憲法勉強　中野好夫

戦後、改憲論が盛んになった頃、一人の英文学者が日本国憲法をめぐる事実を調べ直し、進行する事態に警鐘を鳴らした。今こそその声に耳を傾けたい。

法の原理　トマス・ホッブズ　高野清弘訳

ホッブズ最初の政治理論書。十七世紀イングランドの政治闘争を背景に、人間本性の分析を経て、安全と平和をもたらす政治体が考察される。（加藤節）

戦略の形成（上）　ウィリアムソン・マーレー／マクレガー・ノックス／アルヴィン・バーンスタイン編著　石津朋之／永末聡監訳　歴史と戦争研究会訳

戦略の本質とは！　統治者や国家が戦略を形成する際の錯綜した過程と決定要因を歴史的に検証・考察した事例研究。上巻はアテネから第一次大戦まで。

戦略の形成（下）　ウィリアムソン・マーレー／マクレガー・ノックス／アルヴィン・バーンスタイン編著　石津朋之／永末聡監訳　歴史と戦争研究会訳

戦略には論理的な原理は存在しない！　敵・味方の相互作用であり、それゆえ認識や感覚の問題である。下巻はナチス・ドイツから大戦後のアメリカまで。

アメリカ様　宮武外骨

占領という外圧によりもたらされた主体性のない言論の自由の脆弱さを、体を張って明らかにした、ジャーナリズムの記念碑的名著。（西谷修／吉野孝雄）

組織の限界
ケネス・J・アロー
村上泰亮 訳
現実の経済において、個人より重要な役割を果たす組織。その経済学的分析はいかに可能か。ノーベル賞経済学者による不朽の組織論講義！（坂井豊貴）

資本主義から市民主義へ
岩井克人
聞き手＝三浦雅士
来るべき市民主義とは何か。貨幣論に始まり、資本主義論、法人論、信任論、市民社会論、人間論まで、多方面にわたる岩井理論がこれ一冊でわかる！

有閑階級の理論［新版］
ソースタイン・ヴェブレン
村井章子 訳
流行の衣服も娯楽も教養も「見せびらかし」にすぎない。野蛮時代に生じたこの衒示的消費の習慣はどう進化したか。ガルブレイスの解説を付す新訳版。

資本論に学ぶ
宇野弘蔵
マルクスをいかに読み、そこから何を考えるべきか。『資本論』を批判的に継承し独自の理論を構築した泰斗がその精髄を平明に説き明かす。（白井聡）

社会科学としての経済学
宇野弘蔵
資本主義の原理は、イデオロギーではなく科学的態度によってのみ解明できる。マルクスの可能性を極限まで突き詰めた宇野理論の全貌。（大黒弘慈）

満足の文化
J・K・ガルブレイス
中村達也 訳
なぜ選挙で何も変わらないのか。それは政財官学が作り出した経済成長の物語に、多くの人がのっかっているからだ。先進資本主義社会の病巣に迫る。

ノーベル賞で読む現代経済学
トーマス・カリアー
小坂恵理 訳
経済学は世界をどう変えてきたか。ノーベル経済学賞全受賞者を取り上げ、その功績や影響から現代経済学の流れを一望する画期的試み。（瀧澤弘和）

経済政策を売り歩く人々
ポール・クルーグマン
伊藤隆敏 監訳
北村行伸／妹尾美起 訳
マスコミに華やかに登場するエコノミストたち。実はインチキ政策を売込むプロモーターだった！ 危機に際し真に有効な経済政策がわかる必読書。

クルーグマン教授の経済入門
ポール・クルーグマン
山形浩生 訳
経済にとって本当に大事な問題って何？ 実は、生産性・所得分配・失業の3つだけ!? 楽しく読めてきちんと分かる、経済テキスト決定版！

自己組織化の経済学
ポール・クルーグマン
北村行伸／妹尾美起訳
複雑かつ自己組織化している経済というシステムに、複雑系の概念を応用すると何が見えるのか。不況発生の謎は解ける？　経済学に新地平を開く意欲作。

企業・市場・法
ロナルド・H・コース
宮澤健一／後藤晃／藤垣芳文訳
「社会的費用の問題」「企業の本質」など、20世紀経済学に決定的な影響を与えた数々の名論文を収録。ノーベル賞経済学者による記念碑的著作。

貨幣と欲望
佐伯啓思
無限に増殖する人間の欲望と貨幣を動かすものは何か。経済史、思想史的観点から多角的に迫り、グローバル資本主義を根源から考察する。（三浦雅士）

意思決定と合理性
ハーバート・A・サイモン
佐々木恒男／吉原正彦訳
限られた合理性しかもたない人間が、いかに最良の選択をなしうるか。組織論から行動科学までを総合しノーベル経済学賞に輝いた意思決定論の精髄。

「きめ方」の論理
佐伯胖
ある集団のなかで何かを決定するとき、望ましい方法とはどんなものか。社会的決定をめぐる様々な理論・議論を明快に解きほぐすロングセラー入門書。

増補　複雑系経済学入門
塩沢由典
なぜ経済政策は間違えるのか。それは経済学の理論と現実認識に誤りがあるからだ。その誤りを正し複雑な世界と正しく向きあう21世紀の経済学を学ぶ。

発展する地域　衰退する地域
ジェイン・ジェイコブズ
中村達也訳
地方はなぜ衰退するのか？　日本をはじめ世界各地の地方都市を実例に真に有効な再生法を説く、地域経済論の先駆的名著！（片山善博／塩沢由典）

市場の倫理　統治の倫理
ジェイン・ジェイコブズ
香西泰訳
環境破壊、汚職、犯罪の増加——現代社会を蝕む病理にどう立ち向かうか？　二つの相対立するモラルを手がかりに、人間社会の腐敗の根に鋭く切り込む。

アマルティア・セン講義　経済学と倫理学
アマルティア・セン
徳永澄憲／松本保美／青山治城訳
経済学は人を幸福にできるか？　多大な学問的・社会的貢献で知られる当代随一の経済学者、セン。その根本をなす思想を平明に説いた記念碑的講義。

アマルティア・セン講義
グローバリゼーションと人間の安全保障
アマルティア・セン
加藤幹雄 訳

貧困なき世界は可能か。ノーベル賞経済学者が今日のグローバル化の実像を見定め、個人の生や自由を確保し、公正で豊かな世界を築くための道を説く。

日本の経済統制
中村隆英

戦時中から戦後にかけて経済への国家統制とはどのようなものであったのか。その歴史と内包する論理を実体験とともに明らかにした名著。（岡崎哲二）

第二の産業分水嶺
マイケル・J・ピオリ／チャールズ・F・セーブル
山之内靖／永易浩一／菅山あつみ訳

資本主義の根幹をなすのは生産過程である。各国の産業構造の変動を歴史的に検証し、20世紀後半から成長が停滞した真の原因を解明する。（水野和夫）

ポランニー・コレクション
経済と自由
カール・ポランニー
福田邦夫ほか訳

二度の大戦を引き起こした近代市場社会の問題点をえぐり出し、真の平和に寄与する社会科学の構築を目指す。ポランニー思想の全てが分かる論稿集。

経済思想入門
松原隆一郎

スミス、マルクス、ケインズら経済学の巨人たちは、どのような問題に対峙し思想を形成したのか。その今日的意義までを視野に説く、入門書の決定版。

自己組織化と進化の論理
スチュアート・カウフマン
米沢富美子監訳
森弘之ほか訳

すべての秩序は自然発生的に生まれる、この「自己組織化」に則り、進化や生命のネットワーク、さらに経済や民主主義にいたるまで解明。

人間とはなにか（上）
マイケル・S・ガザニガ
柴田裕之訳

人間を人間たらしめているものとは何か？　脳科学界を長年牽引してきた著者が、最新の科学的成果を織り交ぜつつその核心に迫るスリリングな試み。

人間とはなにか（下）
マイケル・S・ガザニガ
柴田裕之訳

人間の脳はほかの動物の脳といったい何が違うのか？　社会性、道徳、情動、芸術など多方面から「人間らしさ」の根源を問う。ガザニガ渾身の大著！

私の植物散歩
木村陽二郎

日本の四季を彩る樹木や草木。本書は、植物学者がそれら一つ一つを、故事を織り交ぜつつ書き綴った随筆集である。美麗な植物画を多数収録。（坂崎重盛）

餓死《うえじに》した英霊たち　藤原彰

第二次大戦で死没した日本兵の大半は飢餓や栄養失調によるものだった。彼らのあまりに悲惨な最期を詳述し、その責任を問う告発の書。（一ノ瀬俊也）

裏社会の日本史　フィリップ・ポンス　安永愛訳

中世における賤民から現代社会の経済的弱者まで、また江戸の博徒や義賊から近代以降のやくざまで――フランス知識人が描いた貧困と犯罪の裏日本史。

古代の朱　松田壽男

古代の赤色顔料、丹砂。地名から産地を探ると同時に古代史が浮き彫りにされる。標題論考に、「即身佛の秘密」、自叙伝「学問と私」を併録。

横井小楠　松浦玲

欧米近代の外圧に対して、儒学的理想である仁政を基に、内外の政治的状況を考察し、政策を立案し遂行しようとした幕末最大の思想家を描いた名著。

古代の鉄と神々　真弓常忠

弥生時代の稲作にはすでに鉄が使われていた！　原型を遺さないその鉄文化の痕跡を神話・祭祀に求め、古代史の謎を解き明かす。（上垣外憲一）

古代大和朝廷　宮崎市定

記紀を読み解き、中国・朝鮮の史料を援用して、日本の古代史を東洋と世界の歴史に位置づける、壮大なスケールの日本史論集。（砺波護）

増補　海洋国家日本の戦後史　宮城大蔵

戦後アジアの巨大な変貌の背後には、開発と経済成長という日本の「非政治」的な戦略があった。海域アジアの戦後史に果たした日本の軌跡をたどる。

日本の外交　添谷芳秀

憲法九条と日米安保条約に根差した戦後外交。それがもたらした国家像の決定的な分裂をどう乗り越えるか。戦後史を読みなおし、その実像と展望を示す。

世界史のなかの戦国日本　村井章介

世界史の文脈の中で日本列島を眺めてみるとそこには意外な発見が！　戦国時代の日本はそうとうにグローバルだった！（橋本雄）

ちくま学芸文庫

国家《こっか》と市場《しじょう》　国際政治《こくさいせいじ》経済学入門《けいざいがくにゅうもん》

二〇二〇年十一月十日　第一刷発行

著　者　スーザン・ストレンジ
訳　者　西川潤（にしかわ・じゅん）
　　　　佐藤元彦（さとう・もとひこ）
発行者　喜入冬子
発行所　株式会社　筑摩書房
　　　　東京都台東区蔵前二―五―三　〒一一一―八七五五
　　　　電話番号　〇三―五六八七―二六〇一（代表）
装幀者　安野光雅
印刷所　株式会社精興社
製本所　加藤製本株式会社

ISBN978-4-480-51014-3 C0133